321 SUPERSCHLAUE DINGE, DIE DU UNBEDINGT WISSEN MUSST

Mathilda Masters

mit Illustrationen von Louize Perdieus

321 SUPERSCHLAUE DINGE

die du unbedingt wissen musst

Aus dem Niederländischen
von Stefanie Ochel

Carl Hanser Verlag

INHALT

– 1 –

WUNDERSAME TIERWELT

1 DIE DIEBSAMEISE HAT SICH IHREN NAMEN VERDIENT

(ABER IHR FRESSEN NICHT!)

Ameisen sind sowieso klein, doch mit ihren 1,4 bis 6 Millimetern ist die Gelbe Diebsameise klitzeklein. Ihre Arbeiterinnen sind oft nur 2,5 Millimeter groß, ein Stückchen kleiner als bei der »normalen« Ameise, und das hat einen guten Grund.

Die Diebsameise hält Ausschau nach den Nestern von anderen Ameisen und baut sich ein gemütliches Häuschen in der Nachbarschaft. Während die Königinnen zu Hause bleiben, ziehen die Arbeiterinnen los, um die Nester der größeren Ameisen auszurauben. Nachdem sie winzige Gänge in die Wände der großen Ameisennester gegraben haben, klauen sie den Bewohnern ihre Nahrung und ihre Brut.

Wenn die Wächterinnen der großen Ameisen sich gegen sie wehren wollen, suchen die kleinen Räuber durch die Tunnel, durch die die großen Ameisen nicht hindurchpassen, schnell das Weite. (Noch mehr Infos zu Ameisen findest du bei Nummer 40).

2 JEDE HAUSKATZE ÜBERHOLT USAIN BOLT

In weniger als 10 Sekunden legt Usain Bolt 100 Meter zurück. Das sind unglaubliche 10 bis 11 Meter pro Sekunde. Sein Talent hat ihm den Spitznamen »Lightning Bolt« (der Blitz) eingebracht.

Aber wusstest du, dass deine Katze noch schneller rennen kann? Eine stinknormale Hauskatze schafft mal eben so 13,9 Meter pro Sekunde und ist damit noch einen Tick schneller als der jamaikanische Supersprinter.

Der große Bruder deiner Katze, der Tiger, ist mit 23,9 Metern pro Sekunde noch rasanter unterwegs. Und sollte dir mal ein Gepard auf den Fersen sein, musst du echt aufpassen: der schafft über 30 Meter pro Sekunde – das Tempo eines Autos auf der Autobahn. Damit ist er das schnellste Landtier der Welt.

3 FRAU GOTTESANBETERIN IST EINE KANNIBALIN

Gottesanbeterinnen sind äußerst seltsame Tierchen. Manche Arten werden nur 2,5 Zentimeter lang, andere bis zu 25 Zentimeter. Für ein Insekt ist das enorm groß.

Gottesanbeterinnen gehören zur Familie der Kakerlaken, und ihr Name verweist auf ihre typische Pose, bei der sie aufrecht auf den Hinterbeinen stehen und die Vorderfüße aneinanderlegen. Es sieht so aus, als würden sie stockstill und in sich gekehrt beten, doch in Wahrheit suchen sie gerade ihre Umgebung nach Beute ab.

Es gibt über 2400 unterschiedliche Arten von Gottesanbeterinnen, die vor allem in tropischen Gebieten heimisch sind. Alle Arten haben einen dreieckigen Kopf, einen langen Hals sowie mächtige Vorderbeine. Außerdem verfügen sie über gleich fünf Augen: nämlich zwei riesige Facettenaugen (zusammengesetzte Augen) und drei kleinere Punktaugen, Ocellen genannt. Die kleinen Augen sitzen auf dem Kopf und sind nicht so leicht zu erkennen.

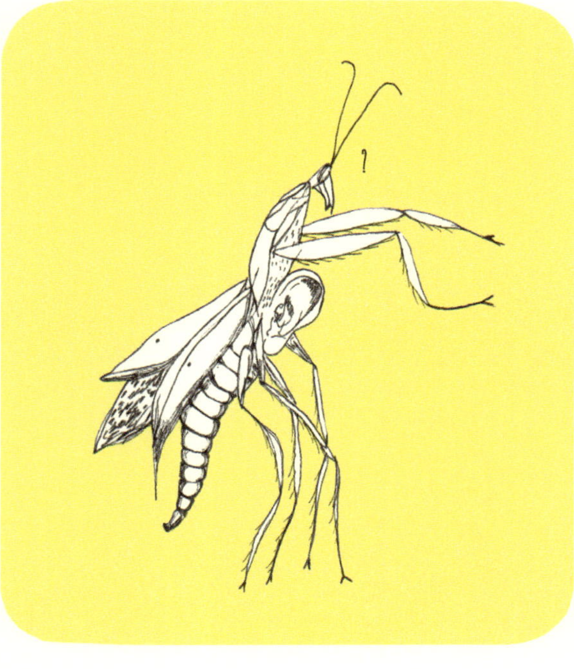

Das seltsamste Sinnesorgan der Gottesanbeterin ist aber definitiv das Ohr. Das befindet sich auf dem Bauch zwischen den Laufbeinen und sieht aus wie ein langer Schlitz. Übrigens können Gottesanbeterinnen nach jeder Häutung besser hören – ihr Gehör wird also mit dem Alter immer besser. Erzähl das mal deinen Großeltern.

Im Allgemeinen ernähren sich Gottesanbeterinnen zwar von anderen Insekten, doch die etwas größeren Arten machen sich auch schon mal über einen kleinen Vogel oder über einen Frosch her.

Gottesanbeterinnen sind richtige Kannibalen und fressen manchmal sogar ihre eigenen Geschwister auf. Die stärkste Nymphe (so nennt man eine junge Gottesanbeterin) frisst so schnell wie möglich ihre Brüder und Schwestern auf, bis nur noch ein paar übrig sind. So hat die Nymphe bessere Überlebenschancen.

Bei den größeren Arten frisst das Weibchen ihren Gatten nach der Paarung auf. Kein Wunder, dass das Männchen für die vorsichtige Annäherung mehrere Stunden braucht und das Weibchen während des Aktes keine Sekunde aus den Augen lässt. Er riskiert für diesen Moment buchstäblich sein Leben.

Extrafiese Bonusinfo:

Manchmal beginnt Madame schon während der Paarung damit, ihren Partner zu essen. Aber selbst halb gefressen und ohne Kopf bleibt das Männchen so lange dran, bis es sein Samenpaket ordentlich an das Weibchen übergeben hat.

4 KANINCHEN FRESSEN IHRE EIGENEN KÖTEL

Wer selbst Kaninchen hält, hat vielleicht schon gemerkt, dass sie einen Teil ihrer eigenen Kötel fressen. Das liegt daran, dass sie nicht gleich beim ersten Mal alle Nährstoffe aus ihrem Futter ziehen können.

Die unverdaulichen Nahrungsanteile werden als harte Kötel ausgeschieden. Von denen halten die Kaninchen sich fern.

Aber danach scheiden sie noch andere, viel weichere Kötel aus, die sie sofort wieder aufessen. Die weichen Kötel, die noch viele Nährstoffe enthalten, werden im Blinddarm (lateinisch *caecum*) gebildet. Erst wenn das Futter ein zweites Mal durch den Darm wandert, werden alle Nährstoffe freigesetzt, die das Kaninchen braucht. Ein Kaninchen, das seine Kötel nicht frisst, kann an Mangelernährung sterben.

5 ELEFANTEN SPRINGEN NICHT GERN SEIL

Du denkst vielleicht: besser so! Denn würden jetzt alle Elefanten im selben Moment in die Luft hüpfen und landen, könnte das die Erde aus ihrer Bahn werfen!

Aber wusstest du, dass Elefanten gar nicht springen können? Das liegt daran, dass sie zu schwer sind und sich bei der Landung die Füße brechen würden. Je nach Art bringt ein Elefant zwischen 1500 und 7000 Kilo auf die Waage. Der leichteste ist der Borneo-Zwergelefant, der aber mit seinen 1500 Kilo immer noch schwerer ist als ein normales Auto. Der Afrikanische Steppenelefant ist ein richtiger Koloss. Den kann man eher mit einem großen Lkw vergleichen.

Übrigens können Elefanten trotz ihres Gewichts sehr schnell rennen und schaffen über kurze Strecken schon mal bis zu 40 Stundenkilometer.

Elefanten sind aber nicht einfach nur groß und schwer. Sie sind vor allem sehr intelligente und soziale Tiere. Sie teilen ihr Fressen miteinander, sogar wenn es sehr knapp ist.

Außerdem haben sie ein echt gutes Gedächtnis und können auch von einer weiten Reise immer wieder zurückfinden. Sie freuen sich riesig, wenn sie unterwegs Familienmitglieder treffen, und schmusen und kuscheln sofort drauflos.

Wenn sie Stoßzähne oder Knochen von toten Elefanten finden, wissen sie meistens, von wem diese stammen. Sie zeigen ihren Respekt, indem sie die Überreste vorsichtig mit ihren Rüsseln streicheln.

Bonuswissen Elefanten:

- Elefanten brauchen kein Handy, um über große Distanzen miteinander zu sprechen. Sie erzeugen in ihrer Kehle einen Ton, der so tief ist, dass Menschen ihn überhaupt nicht hören können. Der ermöglicht ihnen, über bis zu fünf Kilometer Entfernung miteinander zu kommunizieren. Unter anderem teilen sie einander so mit, wo es Fressen gibt oder wo Feinde sind, von denen man sich fernhalten sollte.

- Elefanten beim Grasen können selbst aus Dutzenden Kilometern Entfernung eine fliehende Elefantenherde spüren. Das Getrampel warnt sie, dass etwas nicht stimmt und dass sie auf der Hut sein müssen, zum Beispiel vor Wilderern.

- Der einzige richtige Feind des Elefanten ist der Mensch. Eine Elefantenherde braucht viel Platz zum Leben, aber durch den Menschen wird ihr Lebensraum immer weiter eingeschränkt. Außerdem gibt es Wilderer, die wegen des Elfenbeins der Stoßzähne Jagd auf Elefanten machen. Während im Jahr 1930 noch ungefähr fünf Millionen Afrikanische Elefanten lebten, ist der Bestand heute auf wenige Hunderttausend geschrumpft. Deshalb gibt es heute an vielen Orten der Welt spezielle Programme, um die Elefanten zu schützen.

- Vor sehr langer Zeit, bevor sie an Land gingen, lebten Elefanten wahrscheinlich unter Wasser. Sie sind heute noch ausgezeichnete Schwimmer, die ihren Rüssel als eine Art Schnorchel gebrauchen, mit dem sie lange untertauchen können.

- Weil die Stoßzähne beim Fressen immer im Weg waren, benötigte der Elefant ein Hilfsmittel, um die Nahrung in den Mund zu befördern. Dazu entwickelte sich im Laufe der Evolution aus der Oberlippe der Rüssel, bis er schließlich zu einer Art Greifarm wurde.

- Der Rüssel ist sowieso ein unglaublich praktisches Instrument: Mit ihm kann der Elefant einen Baumstamm – aber genauso gut ein kleines Geldstück – aufheben, andere Elefanten streicheln, Ohrfeigen verteilen oder eine Dusche nehmen. Ein alter indischer Name für den Elefanten ist *hastin*, was »Tier mit einer Hand« bedeutet.

6 DIESER FISCH HAT EINEN DURCHSICHTIGEN KOPF

Tief im Ozean, wo es stockdunkel ist, wohnen sehr seltsame Fische. Einer davon ist der **Glaskopffisch** aus der Familie der Gespensterfische. Der lateinische Name ist *Macropinna microstoma.*

Der Körper des Glaskopffisches ist dunkelbraun, aber seine Augen sitzen unter einer durchsichtigen Haube, die die gesamte Oberseite seines Kopfes bedeckt. Er kann die Augen in alle Richtungen drehen, damit er seine Beute immer gut im Blick hat und seine eigenen Feinde rechtzeitig entdeckt. Vorne am Kopf hat er zwei Nasenlöcher, die eigentlich eher wie Augen aussehen, und darunter einen kleinen Mund. Wegen ihrer Augenform werden die Gespensterfische auch »Hochgucker« genannt.

Gespensterfische sind kaum 15 Zentimeter lang und leben in einer Tiefe von bis zu 2500 Metern im Ozean. Weil es dort unten nur wenige Lebewesen gibt, müssen diese Fische ziemlich gewitzt sein, um an Futter zu kommen. So klauen sie zum Beispiel Nahrung von Staatsquallen *(Siphonophorae)*, die zu den Nesseltieren gehören. Die fangen nämlich weiter oben im Meer winzige Quallen und Schalentiere und schwimmen dann zurück in die Tiefe, um ihre Beute in Ruhe zu verspeisen – wenn da nicht gerade ein listiger Gespensterfisch lauert, um sie ihnen aus den Tentakeln wegzuschnappen.

Noch mehr Gespenstertiere:

Auch auf dem Land und in der Luft gibt es durchsichtige Tiere:

- **Der Glasfrosch hat einen durchscheinenden grünen Bauch, sodass man von außen seine inneren Organe glasklar erkennen kann. Im Regenwald, wo er lebt, sorgt die durchsichtige Haut für die perfekte Tarnung, weil man seine Umrisse nur schwer erkennen kann.**
- **Der Glasflügelfalter hat wunderschöne durchsichtige Flügel. Weil der Saum und die Adern des Flügels farbig sind, sieht es aus, als wären sie aus kleinen Fenstern zusammengesetzt.**
- **Dann wäre da noch die Schildkäferart mit dem Namen *Aspidimorpha miliaris.* Ihr orangefarbener Körper ist von transparenten Flügeln bedeckt, die als eine Art durchsichtiger Schutzschild funktionieren.**

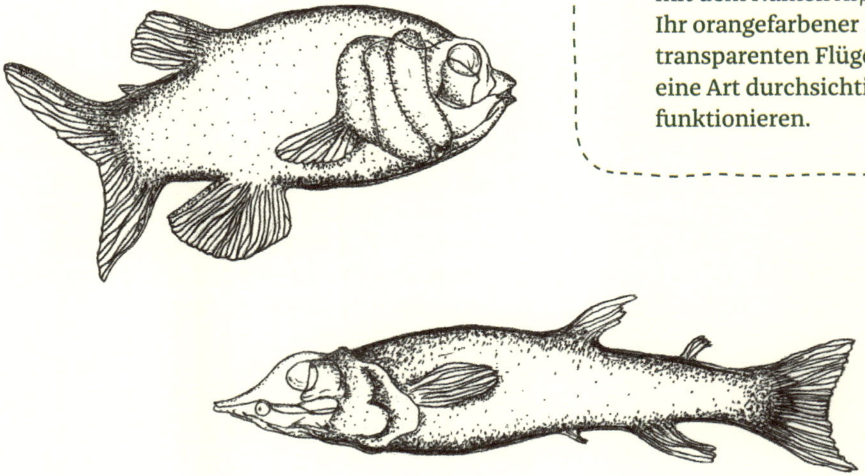

Hochgucker

7 KÖNIG DER SCHLAFMÜTZEN

- **Löwen** mögen imposant aussehen, aber eigentlich sind sie Faulpelze. Am liebsten schlafen sie bis zu zwanzig Stunden am Tag, sind also nur gut vier Stunden pro Tag aktiv.

- Mit einem Gewicht von 120 bis 250 Kilo ist der Löwe die größte der afrikanischen Großkatzen. Im Durchschnitt wiegt das Männchen ungefähr 70 Kilo mehr als das Weibchen.

- Die Mähne des Männchens ist ein riesiger Bart, der einmal rund um seinen Kopf herumgeht. Ungefähr ab dem dritten Lebensjahr beginnt die Mähne zu wachsen. Die lässt den Löwen nicht nur gefährlicher aussehen, sondern schützt auch seinen Kopf und Hals bei Kämpfen. Je dicker die Mähne ist, desto mächtiger und stärker ist der Löwe.

- Löwen sind sehr soziale Tiere. In einem Rudel von ungefähr fünfzehn Tieren lebt ein Männchen mit ein paar Weibchen und den Jungen zusammen. Die Weibchen sind häufig Schwestern oder Mutter und Töchter. Die erwachsenen Löwinnen in der Gruppe sind einander in der Rangordnung gleichgestellt und verstehen sich bestens.

- Um eine Gruppe Löwinnen für sich zu gewinnen, muss ein Männchen kämpfen. Da kann es schon mal richtig hart zur Sache gehen, weshalb männliche Löwen in der freien Wildbahn oft kaum älter als zehn Jahre werden. Die älteren Männchen werden irgendwann durch jüngere und stärkere Löwen von ihrem Thron gestoßen.

- Herr Löwe muss mit seinem Gebrüll dafür sorgen, dass andere Löwen nicht in sein Revier eindringen. Er brüllt so laut, dass man es manchmal aus bis zu 8 Kilometern Entfernung hören kann.

- Viel mehr tut der Herr eigentlich nicht – um das Jagen und Heranschaffen der Nahrung kümmern sich nämlich die Frauen. Indem die Löwenweibchen gemeinsam auf Jagd gehen, können sie größere Beutetiere erlegen. Und obwohl sich der feine Herr Löwe nicht an der Jagd beteiligt, darf er als Erster fressen.

- Zwar ernähren sich Löwen hauptsächlich von Antilopen, Warzenschweinen und Zebras, aber manchmal trauen sie sich auch an Büffel, Gnus, Nilpferde, junge Nashörner oder junge Elefanten heran.

- Löwen rennen mit einer Geschwindigkeit von bis zu 60 Stundenkilometern, die sie aber nur über eine Strecke von 100 Metern durchhalten. Meistens verstecken sie sich lieber im hohen Gras der Savanne und schleichen sich ganz leise an die Beute heran. Sobald sie sich bis auf etwa 30 Meter angenähert haben, sprinten sie los und versuchen, ihre Beute mit einem gezielten Biss in die Luftröhre oder Nase zu packen, sodass das Tier erstickt.

8 MONARCHEN AUF DER REISE IHRES LEBENS

Der Zug der **Monarchfalter** ist eines der größten Wunder der Natur. Jedes Jahr fliegen Millionen dieser Falter aus Kanada über Nordamerika bis zu den Bergen in der Mitte von Mexiko. Bis zu 8000 Kilometer legen sie auf ihrer Reise zurück.

Wie alle Falter ist auch der Monarch am Anfang eine kleine Raupe. Diese ernährt sich von Giftpflanzen, gegen deren Gift sie selbst immun ist. Das Gift wird aber nicht verdaut, sondern im Körper der Raupe gespeichert, wodurch sie für viele ihrer natürlichen Feinde, wie zum Beispiel Vögel, Reptilien oder Nagetiere, ein tödliches Fressen wäre.

Im Laufe ihres Lebens häutet sich die Raupe vier Mal. Beim fünften Mal erreicht sie das nächste Entwicklungsstadium: Sie wird zur Puppe, aus der nach einiger Zeit ein prachtvoller Schmetterling mit Flügeln in Orange und Schwarz schlüpft.

Am Ende des Sommers, zwei Monate nach dem Schlüpfen, kommen gut hundert Millionen Monarchfalter zusammen, um von Kanada aus gemeinsam ihre unglaubliche Reise anzutreten.

Unterwegs machen sie nur halt, um Wasser oder Nektar zu trinken oder um bei extremen Wetterlagen Schutz zu suchen. Obwohl sie alle die Reise zum ersten Mal unternehmen, finden sie problemlos zu ihrem Ziel. Wie genau sie das anstellen, ist für Wissenschaftler immer noch ein Rätsel.

In Mexiko freuen sich die Menschen sehr über die Ankunft der Falter, denn sie sehen in ihnen die Seelen ihrer Verstorbenen, die nach Hause zurückkehren. Aus diesem Grund bauen sie ihnen kleine Altäre mit allerlei Früchten und Blumen darauf, an denen die Monarchfalter sich nach ihrer anstrengenden Reise stärken können.

Die Falter saugen sich die Bäuche voll. Im Spätherbst hängen sie dann zum Überwintern in riesigen Trauben von den Ästen der Bäume herab. Indem sie so dicht aneinandersitzen, können sie sich warm halten, ohne viel Energie zu verbrauchen. Zwar holen sie sich ab und zu Wasser oder Nektar, begeben sich aber anschließend schnell wieder zurück zur großen Traube.

In diesen Trauben bleiben sie den ganzen Winter hängen, bis der Frühling wieder Einzug hält. Dann öffnen sie vorsichtig ihre Flügel und lösen sich voneinander. Kurz darauf machen sie sich in großen Gruppen in Richtung Norden auf. Die erste Station ihrer Reise ist Texas, wo sie haltmachen, um sich zu paaren.

Nachdem das Weibchen zwischen drei- und vierhundert befruchtete Eier gelegt hat, sterben Mutter und Vater Monarchfalter. Aus den Eiern schlüpfen Raupen, die sich wieder zu neuen Faltern entpuppen. Diese zweite Generation fliegt weiter nach Norden, wo sie sich paaren und neuen Nachwuchs bekommen. Mit der dritten Generation passiert das Gleiche. Man kann es mit einem Staffellauf vergleichen. Im Sommer dann kommt die vierte Generation in Kanada an und setzt den Kreislauf von Neuem in Gang.

9 DER MAUERSEGLER FRISST IM FLUG

- Der Mauersegler wird manchmal mit einer Schwalbe verwechselt, mit der er aber nicht näher verwandt ist. Er gehört zur Familie der Segler. Der lateinische Name dieser Familie ist *Apodidae*, was wörtlich »ohne Füße« bedeutet. Das stimmt aber auch nicht ganz. Mauersegler haben nämlich sehr wohl Füße, wenn auch ganz kleine. Sie verfügen über vier Zehen mit scharfen Krallen, mit denen sie sich an Mauern oder Dachrändern festhalten können. Daher stammt auch der Name »Mauersegler«.

- Mauersegler landen fast nie auf dem Boden. Sie sind fürs Fliegen gemacht, und das kann keiner so gut wie sie! Bis zu 170 Kilometer pro Stunde können sie erreichen und nebenbei Tausende Insekten verputzen. Zum Trinken streichen sie haarscharf über Tümpel oder Flüsse und schöpfen das Wasser mit ihrem Schnabel ab.

- Zur Aufzucht ihrer Jungen bauen Mauersegler ihre Nester in Hohlräumen oder Spalten von Häusern und anderen Gebäuden. Im Flug schnappen sie sich Fasern, Federn und Halme, die sie mit ihrem klebrigen Speichel zu einem Nest verbauen. Wenn sie aber zufällig ein altes Spatzen- oder Starennest finden, ziehen sie einfach da ein.

- Mauersegler kehren jedes Jahr zum selben Nest zurück. Sollte es eines Tages nicht mehr da sein – vielleicht ist es kaputtgegangen –, reagieren sie ganz verstört.

- Um ihre Jungen zu füttern, gehen die Mauersegler auf Jagd. In der Luft können sie mühelos 20 000 bis 50 000 Insekten pro Tag fangen. Manchmal müssen sie Hunderte von Kilometern zurücklegen, um ausreichend Nahrung für ihre Jungen zusammenzubekommen.

10 DER ZIGARRENHAI KÖNNTE PLÄTZCHEN AUSSTECHEN, WENN ER WOLLTE

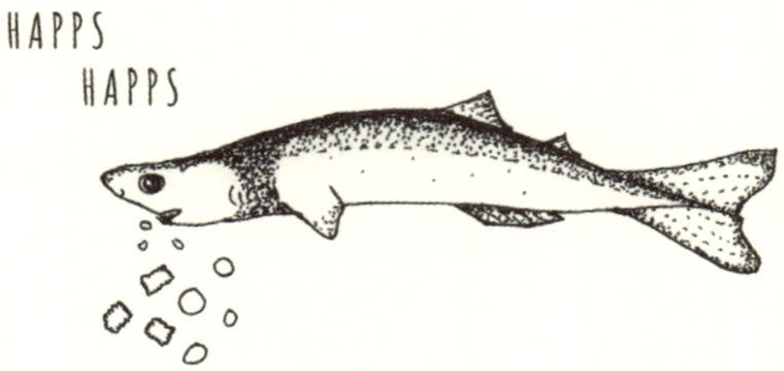

Will er aber nicht, er frisst lieber Fisch. Sein deutscher Name spielt auf seine längliche Körperform an, die an eine Zigarre erinnert. In manchen Sprachen heißt der Zigarrenhai aber wörtlich übersetzt auch »Keksausstecher«, was an seinem Gebiss liegt, mit dem er wie mit einer Plätzchenform präzise Fleischstücke aus seinen Opfern herausbeißt. Das können Fische oder Menschen oder manchmal sogar U-Boote sein! Der im Atlantischen und Indischen Ozean heimische Hai verfügt nämlich über eine besondere Schnauze, bei der die Zähne des Unterkiefers viel länger sind als die des Oberkiefers.

1970 wurden die U-Boote der US-Marine einmal so stark beschädigt, dass sie für Reparaturen zurückkehren mussten. Die Besatzung begriff nicht sofort, wer die Übeltäter waren. In der Kunststoffhülle des Sonardoms der Boote waren so viele Löcher, dass Öl herauslief. Anfangs glaubte die Besatzung, dass eine feindliche Marine sie angegriffen hatte. Bis sie feststellen mussten, dass sie es mit einem ganz anderen Gegner zu tun hatten: dem Zigarrenhai mit den Keksausstecher-Zähnen.

11 GIRAFFEN KÖNNEN SICH DIE OHREN SAUBER LECKEN

- Große Tiere müssen viel fressen, ganz klar. Aber eigentlich sind der Schädel, der Kiefer und die Schneidezähne der Giraffe zu klein, um genug fressen zu können. Zum Glück hat sie aber große Lippen und vor allem eine riesige Zunge, die gemeinsam eine Art Verlängerung des Mundes bilden.

- Die Zunge einer Giraffe wird bis zu einem halben Meter lang. Damit kann sich Frau Langhals also mühelos Dreck aus den Ohren entfernen. Aber natürlich braucht sie ihre Zunge vor allem, um Blätter und Zweige von den Bäumen zu rupfen und zu fressen. Die Giraffenzunge ist hart und kräftig, damit sich das Tier nicht an den Dornen ihres Lieblingsbaums, der Akazie, verletzt.

- Beim nächsten Besuch im Zoo musst du unbedingt mal auf die besondere Farbe der Giraffenzunge achten. Sie ist blau, was sie vor Sonneneinstrahlung schützt. Giraffen lassen nämlich gern mal die Zunge heraushängen, und die blaue Farbe wirkt als eine Art natürliche Sonnencreme.

Bonuswissen Giraffen:

- Bei der Geburt ist eine Giraffe schon 2 Meter groß. Als Erwachsene kann sie dann gut 5 Meter erreichen.

- Der nächste Verwandte der Giraffe ist das Okapi. Zusammen bilden sie die Familie der *Giraffidae.*

- Mit ihren seitlich am Kopf sitzenden Augen können Giraffen sehr scharf und sehr weit sehen. Ihre langen Wimpern dienen nicht etwa dazu, um verführerisch damit zu klimpern, sondern um die Augen vor Staub und den Dornen der Bäume zu schützen. Wie Menschen können auch Giraffen mit den Augen blinzeln.

- Giraffen haben zwar ein ziemlich kleines, aber extrem starkes Herz, was auch nötig ist, um genug Blut durch ihren langen Hals ins Gehirn zu pumpen.

- Eine Giraffe hat genauso viele Halswirbel wie ein Mensch – aber natürlich sind die Wirbel viel länger als beim Menschen.

- Männliche Giraffen benutzen ihren langen Hals für eine Art »Halsringkampf«. Sie schlagen ihren Kopf und ihre Hälse so lange heftig gegeneinander, bis einer von ihnen nicht mehr gerade stehen kann. Der Gewinner eines solchen Kampfes hat bessere Chancen, eine Partnerin zu finden.

- Giraffen können es mehr als einen Monat lang ohne Trinken aushalten. Zum Glück, denn sie sind am verwundbarsten, wenn sie vornübergebeugt an einem Tümpel oder einem Fluss stehen. Dazu müssen sie nämlich ihre langen Vorderbeine sehr weit spreizen, wodurch sie bei Gefahr nicht schnell weglaufen können.

- Die erste Giraffe, die Europa erreichte, wurde von Julius Caesar mitgebracht.

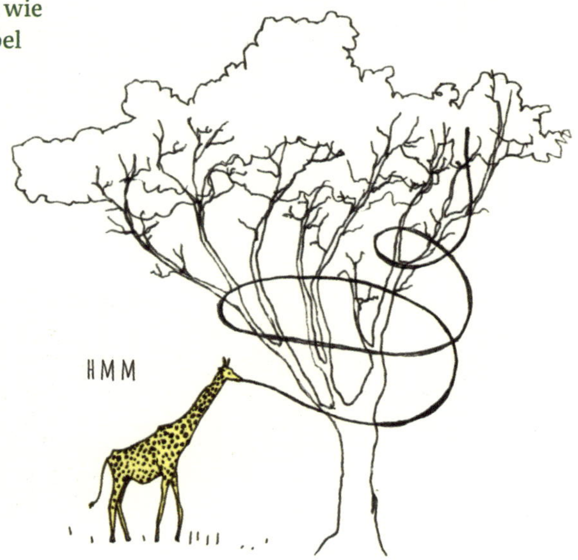

12 DER WALHAI IST DER GRÖSSTE FISCH DER WELT

Moment, denkst du vielleicht: Wieso nicht der Blauwal? Ganz einfach: Obwohl wir manchmal »Walfisch« sagen, ist der Blauwal kein Fisch, sondern ein Säugetier.

Ein Walhai wird im Durchschnitt 9,7 Meter lang. Das größte je gemessene Exemplar war 12,7 Meter lang, allerdings wollen manche Fischer und Taucher schon gut 18 Meter lange Walhaie im Meer herumschwimmen gesehen haben.

Walhaie kommen in allen Weltmeeren vor. Wie viele es genau gibt, ist schwer zu schätzen, aber Wissenschaftler gehen davon aus, dass es noch einige Zehntausend sind.

Im Vergleich zu anderen Haien sind Walhaie mit ungefähr fünf Kilometern pro Stunde langsame Schwimmer. Das liegt an ihrer Schwimmtechnik: Anders als die meisten anderen Haie bewegen sie dabei nicht nur ihre Schwanzflosse, sondern ihren ganzen Körper.

Zwar können Walhaie bis zu einhundert Jahre alt werden, aber mit dem Kinderkriegen lassen sie sich oft bis zum dreißigsten Lebensjahr Zeit. Vermutlich ist das, zusammen mit ihrer Langsamkeit beim Jagen, der Grund, warum diese Haie vom Aussterben bedroht sind.

Obwohl der Walhai so riesig ist, stellt er keine große Gefahr dar. Er würde dich nicht angreifen, wenn du ihm nahe kommst, aber aufpassen musst du trotzdem, damit er dich nicht mit seiner enormen Schwanzflosse erwischt.

Beim Schwimmen hat er das Maul auf, damit Plankton, Krill (kleine Krebstiere), kleine Fische und Tintenfische hineinströmen. Wenn er das Maul wieder zumacht, wird das Wasser über seine Kiemen ausgefiltert. Es verlässt seinen Körper, aber die Nahrung bleibt drin. Er kann so pro Stunde Tausende Liter Wasser filtern.

Außer dem Orca hat der Walhai nur wenige natürliche Feinde. Nur der Mensch macht auf ihn Jagd, um sein Fleisch zu essen und aus seinen Flossen Suppe zu kochen. Außerdem enthält die Leber einen Stoff, der zum Bau von Schiffen nützlich sein kann, und auch die Haut der Walhaie lässt sich teuer verkaufen.

13 MANCHMAL TRIFFT MAN FISCHE IN BÄUMEN

Stell dir vor: Du sitzt gerade auf einem Ast deines Lieblingsbaums, und da taucht plötzlich ein Fisch neben dir auf. Das ist wahrscheinlich ein **Kletterfisch**, manchmal auch **Labyrinthfisch** genannt.

- Kletterfische haben sich an das Leben in sauerstoffarmen Gewässern angepasst. Zu diesem Zweck entwickelten sie ein besonderes Organ: das Labyrinthorgan. Das sitzt auf ihrem Kopf, zwischen den Augen. Die Fische kommen an die Oberfläche, um Luft zu schlucken, die sie dann in das Labyrinthorgan pressen. So können sie den Sauerstoff aus der Luft nutzen. Mit der Luft, die sie in ihrem besonderen Organ gespeichert haben, bauen Kletterfische eine Art Schaumnest. Darin legen sie ihre Eier ab.

- Aber können Kletterfische wirklich auf Bäume klettern? Zumindest hatten frühe Forscher behauptet, in Baumkronen lebende Kletterfische gesehen zu haben. Sie gingen davon aus, dass die Fische es selbst dorthin geschafft hatten.

- Im Jahr 1927 entdeckte aber ein schlauer Forscher, dass die Fische nicht aus eigener Kraft auf die Bäume gelangt waren: Weil sie oft so nah an der Oberfläche schwimmen, werden sie regelmäßig von Vögeln aus dem Wasser gefischt. Die legen die Kletterfische in Bäumen ab, um sie später zu fressen. Manchmal vergessen sie ihre Beute auch, und weil die Fische so lang ohne Wasser auskommen können, schien es den ersten Beobachtern, als wären sie selbstständig auf den Baum geklettert.

- Kletterfische können aber durchaus über Land von einem Tümpel zum nächsten wandern. Meistens in Form einer Gruppenreise, bei der sich eine große Schar von Kletterfischen gemeinsam auf die Wassersuche begibt.

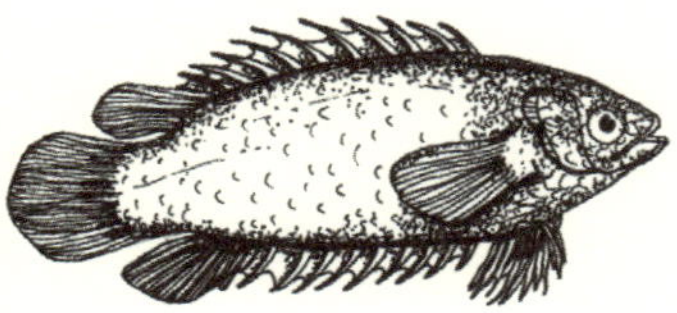

Kletterfisch

14 ELCHE SPÜREN, WENN EINE FLIEGE AUF IHREM GEWEIH LANDET

Elche sind die größten Hirsche der Welt. Sie sind in Nordeuropa, in den Vereinigten Staaten und in Sibirien zu Hause. Noch Anfang des zwanzigsten Jahrhunderts kamen Elche auch in Deutschland vor.

Die Männchen (oder auch Bullen) verfügen über ein sehr großes und breites Geweih mit kurzen Enden. Das nennt man Schaufelgeweih. Manchmal sieht man auch Elche mit einem eher verzweigten Geweih, dem sogenannten Stangengeweih. Das Geweih eines Elchs kann bis zu zwei Meter breit werden.

Jedes Jahr zwischen Dezember und März werfen die Bullen ihr Geweih ab, und im April wächst es dann wieder nach. Das Geweih eines Elchs ist unglaublich empfindlich. So sehr, dass er sogar merkt, wenn eine Fliege darauf landet.

Neben dem Geweih fallen auch die extrem langen Beine des Elchs auf. Die braucht er, um durch tiefen Schnee rennen zu können.

Elche können zwar fantastisch riechen und hören, allerdings könnten sie eine Brille gebrauchen, denn Sehen ist nicht ihre Stärke.

Elche fressen am liebsten Sprossen und Zweige der gemeinen Kiefer, die Rinde von Weide und Pappel, außerdem Kräuter, Blätter und Wasserpflanzen. Im Herbst pickt der Elch auch schon mal ein Getreidekorn.

Weil Elche gerne schwimmen, fühlen sie sich in der Nähe von Seen oder Flüssen am wohlsten. Nur im Winter suchen sie sich ein trockeneres Gebiet zum Wohnen. Während sie im Sommer meist alleine umherziehen, verbringen sie den Winter lieber mit einer kleinen Herde.

In der Paarungszeit begleiten die Männchen die Weibchen ein paar Tage lang, um sie anschließend wieder in Ruhe zu lassen. Ein Elchkalb bleibt so lange bei der Mutter, bis das nächste Kalb beinahe geboren ist. Kurz vor der Geburt aber jagt Mutter Elch ihr Junges dann davon, und es muss lernen, auf eigenen Beinen zu stehen.

15 WARUM NICHT MAL GEGEN EIN SCHWEIN ZOCKEN?
(ABER SEI DIR DES SIEGES NICHT SO SICHER!)

Nach den Menschenaffen, den Walen, den Elefanten und den Raben sind wahrscheinlich die Schweine die intelligentesten Tiere auf der Erde:

- Sie gebrauchen gut zwanzig verschiedene Laute, um miteinander zu kommunizieren.
- Daneben benutzen sie eine ausgefeilte Körpersprache, um andere Schweine vor Gefahr zu warnen und ihre Gefühle auszudrücken.
- Ein Schwein reagiert auf seinen Namen und kann wahnsinnig schnell neue Dinge lernen.
- Das Muttertier singt sogar beim Säugen zur Beruhigung für ihre Ferkel.

- Aus wissenschaftlichen Studien geht hervor, dass Schweine vorausplanen können und dass sie verstehen, was Menschen ihnen begreiflich machen wollen.
- Manche Schweine können sogar zocken. Sie begreifen schnell, dass man mit einem Controller Dinge auf einem Bildschirm bewegen kann. Nach kurzer Zeit haben sie den Sinn eines Spiels erfasst und spielen dann sogar besser als Schimpansen.

In der freien Natur sind Schweine sehr saubere Tiere:

- Sie waschen sich am liebsten im Matsch, weil der Schlamm ihre Haut vor Sonne, Wärme und Parasiten schützt.
- Schweine in der freien Wildbahn wählen einen bestimmten Platz, an dem sie ihr Geschäft verrichten. Dieser liegt weit genug von ihrem Nest entfernt, sodass dort alles schön sauber bleibt.

Vielleicht sollten wir überlegen, ob wir uns nicht statt einem Hund lieber ein Schwein als Haustier halten wollen …

16 DER WOMBAT MACHT WÜRFELHÄUFCHEN

Mit ihren kurzen Beinen, dem runden Körper und dem Stummelschwanz sehen Wombats sehr niedlich aus. Sie sind Beuteltiere wie die Koalas und wohnen ebenfalls in Australien, aber niemand weiß genau, wer ihre Vorfahren waren.

Als echte Pflanzenfresser ernähren sie sich von Gras, Samen, Rinde und Wurzeln. Die Nahrung wird in viereckigen, etwa zwei Zentimeter großen Köteln wieder ausgeschieden.

Diese Kotwürfel verteilen die Wombats auf Felsen oder Baumstümpfen, wo sie dank ihrer Form nicht herunterrollen.

Als Nachttiere können Wombats nämlich nicht besonders gut sehen. Durch das Ablegen ihrer Kotwürfel an wichtigen Stellen ihres Reviers lassen sie andere Wombats riechen, dass ein Platz schon vergeben ist. Außerdem erfahren die Weibchen auf diese Weise, dass sich ganz in der Nähe ein Männchen auf Partnersuche befindet.

17 SCHAFE SIND VIEL SCHLAUER, ALS DU DENKST

Zugegeben, Schafe sehen mit ihren dicken Wollköpfen und Wollkörpern eher dumm aus. Ihr Mähen ist auch nicht gerade das intelligenteste Geräusch. Aber der Schein trügt!

Aus einer Studie der Universität Cambridge geht hervor, dass Schafe viel schlauer sind als gedacht. So können sie sich zum Beispiel die Gesichter von Freunden zwei Jahre lang merken, können andere Schafe auf Fotos an der Schnauze erkennen, sie wissen, zu welcher Familie bestimmte Pflanzen gehören, und sie können den Weg durch ein Labyrinth finden. Mehr noch: Sie schneiden selbst in Tests gut ab, in denen Affen durchfallen!

Um Schafe an einem bestimmten Ort zu halten, werden oft Viehgitter auf den Boden gelegt, über die die Schafe nicht laufen können, weil ihre Hufe darauf nicht stehen können und durch die Spalten zwischen den Rohren rutschen würden. Aber Bauern können uns Geschichten von Schafen erzählen, die sich über die Gitter rollen, um wegzulaufen. Ist das nicht superschlau?

Die Tests funktionieren übrigens am besten bei Schafen, die nicht in einer Herde leben. Wissenschaftlern zufolge verhalten sich Tiere in Herden oft dümmer als Tiere, die alleine leben.

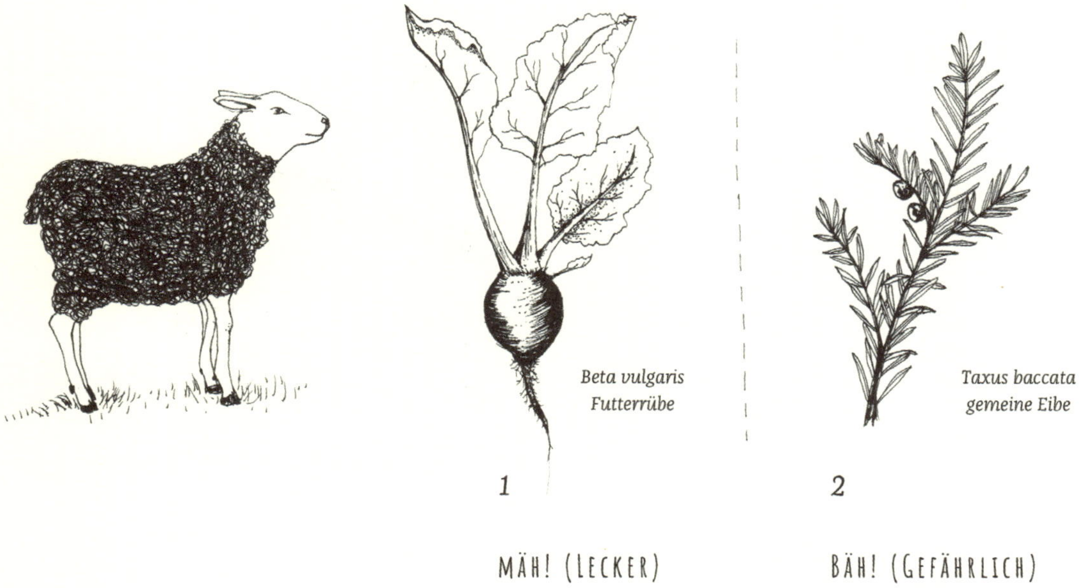

18 KOLIBRIS KÖNNEN RÜCKWÄRTS FLIEGEN

Der Kolibri ist ein kleiner Vogel, der vor allem in Südamerika lebt.

- Der kleinste Kolibri ist die Bienenelfe. Sie wird nur 5 bis 6 Zentimeter lang und wiegt kaum 2 Gramm.
- Der Riesenkolibri kommt vor allem im Andengebirge vor und ist mit 20 Gramm und 22 Zentimetern der größte Kolibri.
- Die Flügel eines Kolibris bewegen sich unglaublich schnell, mit oft über achtzig Schlägen pro Sekunde. Dadurch kann er, ohne sich vom Fleck zu bewegen, in der Luft schweben, um zu fressen. Der schnelle Flügelschlag sorgt auch dafür, dass er senkrecht nach oben und unten fliegen kann.
- Der Kolibri ist der einzige Vogel, der sogar rückwärts fliegen kann. Das tut er aber nicht oft, denn es kostet sehr viel Energie.
- Das Herz von einem Kolibri ist zwar winzig klein, aber es schlägt gut tausend Mal pro Minute. Damit er genug Energie dafür hat, muss ein Kolibri den ganzen Tag über fressen.
- Um Nektar aus den Blüten zu saugen, gebraucht der Kolibri seinen langen, spitzen Schnabel. Und wenn er seine Zunge ausrollt, erreicht er Nektar, an den selbst Insekten nicht drankommen. Nektar aus orangen und roten Blüten findet der Kolibri am leckersten.

19 WIE MAN EINEN HAI VERHEXT

Manche Haiarten versteifen sich, wenn man sie auf den Rücken dreht und ihre Schnauze streichelt. Wissenschaftler nennen dieses Phänomen »tonische Immobilität«. Das ist ein Reflex, der das Tier lähmt und deshalb tot erscheinen lässt. Wahrscheinlich passiert bei der Berührung etwas im Körper der Haie, wodurch sie sich nicht mehr bewegen können. Lässt man sie in Ruhe, kommen sie meistens nach einer Viertelstunde wieder zu sich.

Aber Vorsicht! Das klappt nicht bei allen Haien. Wenn du das nächste Mal einem Hai begegnest, versuche erst dann, ihn umzudrehen, wenn du dir sicher bist, dass er zur richtigen Sorte gehört.

Bei anderen Tieren kann man manchmal *Thanatosis*, eine sogenannte Schreckstarre beobachten, die zwar so ähnlich aussieht, aber nicht genau das Gleiche ist. Bei der Schreckstarre stellt ein Tier sich absichtlich tot. Säugetiere, genau wie Reptilien und Insekten, setzen sie ein, um einem Raubtier vorzutäuschen, dass sie tot sind. Im Idealfall löst das Tier, das sie gefangen hat, dann seinen Griff, und sie können entwischen.

Manche Fischarten wiederum stellen sich tot, um Beute anzulocken. Sie bleiben stocksteif liegen, sodass andere Fische sie für tot halten. Sobald die Beutefische dann nah genug sind, schnappen sie zu.

20 DER RIESENMANTA HAT EINE SPANNWEITE VON 7 METERN

Riesenmanta oder Teufelsrochen sind riesige Fische mit einer Spannweite von bis zu 7 Metern. Unter »Spannweite« versteht man die Breite von Flossenspitze zu Flossenspitze. Ein Manta kann zwischen 1350 und 3000 Kilo auf die Waage bringen.

Schon bei der Geburt ist er 1,2 Meter breit. Die Jungen kommen voll entwickelt zur Welt.

Riesenmantas sehen aus wie enorme Ufos. Meistens gleiten sie einfach nur elegant durchs Wasser, aber sie können auch pfeilschnell nach oben schwimmen, indem sie kräftig mit ihren riesigen Flossen schlagen. Dann schießen sie meterhoch aus dem Wasser, und weil ihre Flossen wie Flügel aussehen, scheint es, als ob sie fliegen.

Die Oberseite ihres Körpers ist dunkel, die Unterseite aber hell. So sind sie für Feinde schwerer zu erkennen. Von oben sehen die nämlich nur etwas Schwarzes auf schwarzem Untergrund. Und von unten sehen sie etwas Weißes vor der von der Sonne erhellten Meeresoberfläche.

Mantas ernähren sich von Plankton und kleinen Fischen, indem sie Wasser einsaugen und gefiltert wieder ausstoßen.

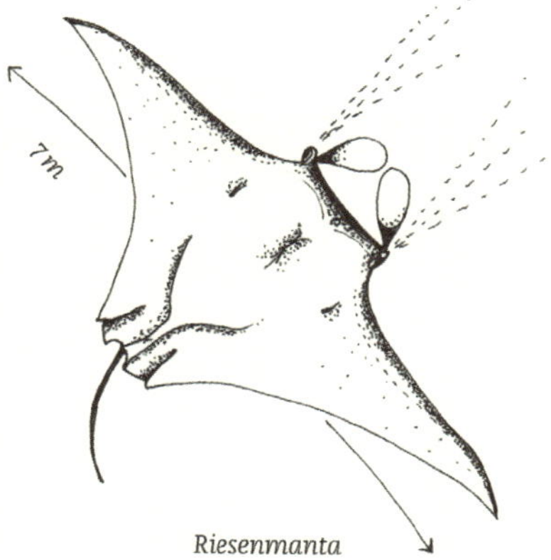

Riesenmanta

21 ZU VIELE ZÄHNE FÜR EIN EINZIGES MAUL

- **Viperfische** sehen ganz schön furchterregend aus. Sie haben einen blauschwarzen Körper und ein riesiges Maul, in dem entsetzlich lange durchsichtige Zähne stecken. Die Zähne sind so groß, dass sie nicht in das Maul des Fisches passen. Außerdem sitzen an den Zähnen noch kleine Widerhaken, die dafür sorgen, dass ein einmal gefangener Beutefisch nicht mehr entwischen kann. Der Viperfisch benutzt seine Zähne, um in besonders tiefem und dunklem Wasser Fische zu fangen. Er wird sicher keinen Schönheitspreis gewinnen, aber er ist mit seinem scheußlichen Aussehen nicht allein.

- **Piranjas**, die im Amazonasgebiet in Brasilien zu Hause sind, sind zwar scheue, aber auch aggressive Fische. Mit ihren scharfen Zähnen greifen sie auch Menschen an - aber nur, wenn sie sehr hungrig sind.

- Dann wäre da noch der Zitteraal, der auch nicht gerade ein Kuscheltier ist. Dieser Aal kann gut 2,5 Meter lang werden und einen Elektroschock von 600 Volt durch deinen Körper jagen. Taucher werden davon bewusstlos und können ertrinken.

- Dass ein Weißer Hai zwischendurch auch mal gerne einen Menschen frisst, hast du wahrscheinlich schon gehört. Sein Cousin, der Bullenhai, ist aber noch schlimmer. Der kann in flachen Küstengewässern genauso gut überleben wie in Flüssen mit Süßwasser, wo er ab und zu einen Schwimmer vertilgt.

BESSER EINEN ZAHN ZULEGEN?

Piranja

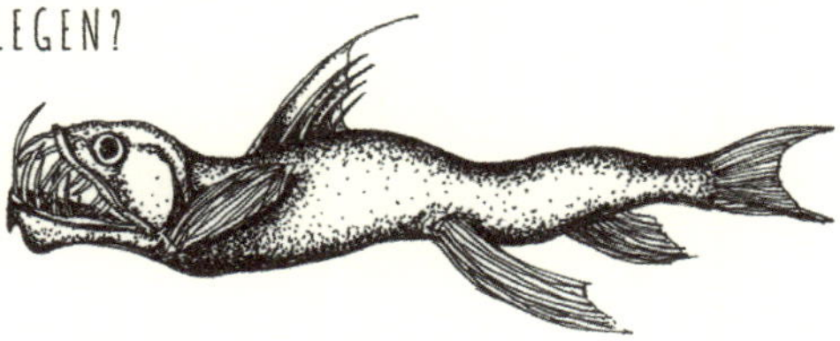

Viperfisch

22 PANDAS PINKELN IM HANDSTAND

Pandas kämpfen überhaupt nicht gern. Widersachern gehen sie wenn möglich aus dem Weg und zeigen nur durch Duftmarken an, dass ein bestimmter Platz schon besetzt ist.

Eine Duftspur kommt auch bei der Kommunikation zum Einsatz. Pandas reiben ihren Kopf oder ihren ganzen Körper an Bäumen und teilen so anderen Pandas mit, ob sie ein Männchen oder ein Weibchen und wie alt sie sind. Als einzige Bärenart verfügt der Panda über eine Duftdrüse, die einen Stoff absondert, dessen Geruch über drei Monate haften bleibt. Außerdem platzieren sie an bestimmten Stellen gezielt ihre Haufen, um andere Pandas zu warnen, dass dies ihr Revier ist.

Männliche Pandas haben eine sehr lustige Angewohnheit. Sie stellen sich auf die Vorderfüße und stützen sich mit den Hinterbeinen an einem Baum ab. Dann versuchen sie, so weit oben wie möglich gegen den Baum zu pinkeln. Ein Weibchen auf Partnersuche, das zufällig vorbeikommt, entscheidet sich dann für das Männchen, das am höchsten gepinkelt hat. Als Gewinner darf er sich mit dem Weibchen paaren, ohne dass er gegen andere Pandas kämpfen muss.

Das alles muss allerdings ziemlich schnell vonstattengehen, da die Weibchen nur zwei bis drei Tage im Jahr fruchtbar sind. Die Chancen auf ein Pandababy stehen also ziemlich schlecht, weshalb der Panda auch schon seit Jahren zu den bedrohten Tierarten gehört. In China leben nur noch weniger als zweitausend in freier Wildbahn.

Bonuswissen Pandas:

Ein Pandababy ist winzig klein: ungefähr so groß wie eine Packung Butter. Bei der Geburt wiegt es nur 100 bis 160 Gramm und wird von der Mutter in der Tatze gehalten. Erst nach neun bis zehn Monaten kann ein Panda ein bisschen für sich selbst sorgen.

Pandas verbringen ungefähr zwölf Stunden am Tag mit Fressen. In der Zeit verputzen sie bis zu vierzig Kilo Bambus.

Pandas haben sechs Finger. Den sechsten brauchen sie, um Bambusstäbe festzuhalten. Der Finger sitzt ungefähr an der Stelle, wo du deinen Daumen hast.

ICH BIN EIN SIEBENJÄHRIGES MÄNNCHEN UND SUCHE EINE PARTNERIN.

1. ≠ 2.

23 KEINE ZWEI ZEBRAS SIND GLEICH

- Mit ihren schwarzen und weißen Streifen sehen Zebras immer todschick aus. Aber wusstest du, dass jedes Zebra ein komplett einzigartiges Streifenmuster hat? Keine zwei Zebras auf der Welt sehen genau gleich aus.

- Warum Zebras Streifen haben, wissen wir nicht genau. Zur Tarnung kann es nicht sein, denn das Gras in der Steppe ist ja nicht schwarz oder weiß. Viele Wissenschaftler glauben, dass das Muster vielleicht zur Verwirrung von Löwen dienen könnte, und die sind schließlich der größte Feind des Zebras. Löwen sind nämlich farbenblind, wodurch die Streifen vor ihren Augen tanzen und sie durcheinanderbringen. Andere Wissenschaftler glauben, dass die Streifen Stechfliegen abschrecken oder dass Zebras die Streifen nutzen, um einander zu erkennen.

- Früher ging man davon aus, dass Zebras eigentlich weiß sind und schwarze Streifen haben. Untersuchungen haben aber das Gegenteil bewiesen: Das Zebra ist ein schwarzes Tier mit weißen Streifen.

- Lustigerweise können Zebras Farben gut erkennen, obwohl sie selbst schwarz-weiß sind. Ihre Augen funktionieren sogar nachts noch ziemlich gut. Außerdem haben sie ein ausgezeichnetes Gehör und können ihre Ohren in alle Richtungen drehen, sodass sie alle möglichen Geräusche empfangen können. Riechen und schmecken können sie allerdings weniger gut.

- Eine Gruppe von Zebras nennt man einen »Harem«. Der besteht aus einem Männchen mit ein paar Weibchen und Jungtieren. Die Männchen, die noch keine Partnerin gefunden haben, leben als Junggesellen zusammen.

- Zebras schlafen nur, wenn andere Zebras in der Nähe sind, die sie bei Gefahr warnen können. Zum Schlafen legen sie sich nicht hin, sondern bleiben einfach stehen, damit sie schnell fliehen können.

- Es ist unmöglich, Zebras zu zähmen, weil sie bei der geringsten Unruhe in Panik geraten und wegrennen.

24 DIE AUGEN DES KOLOSS-KALMARS SIND … TJA, KOLOSSAL!

Weißt du noch, wie Rotkäppchen den Wolf fragte: »Warum hast du so große Augen?«? Und wie der Wolf antwortete: »Damit ich dich besser sehen kann«? Und es stimmt: Mit großen Augen kann man tatsächlich besser sehen.

- **Koboldmakis** sind kleine Äffchen aus der Ordnung der Primaten, zu der auch die Menschenaffen gehören. Sie wohnen in Bäumen und sind nachtaktiv und haben deshalb im Verhältnis zu ihrem Körper enorm große Augen. Die erlauben ihnen, im Dunkeln die köstlichsten Fliegen und saftigsten Würmer zu erwischen. Jedes ihrer Augen ist so groß wie ihr Gehirn.
- Beim Menschen ist das anders: Ein Menschenauge ist viel kleiner als das menschliche Gehirn.

- Das Tier mit den allergrößten Augen der Welt ist der Koloss-Kalmar.
- Seine Augen haben einen Durchmesser von stolzen 27 Zentimetern und sind damit über elf Mal so groß wie das menschliche Auge. Man könnte sie mit einem Wasserball vergleichen. Der Tintenfisch braucht diese enormen Augen, um in der Tiefsee im Halbdunkel seine Umgebung zu erkennen.
- Natürlich sind nicht nur die Augen bei diesem Tintenfisch riesig. Wissenschaftler schätzen, dass der Koloss-Kalmar 12 bis 14 Meter groß werden kann. Das macht ihn zum größten wirbellosen Tier der Welt.
- Trotz seiner Größe ist der Koloss-Kalmar kein guter Jäger. Er frisst nur wenig und hat deshalb nicht genug Energie zum Jagen. Die großen Augen braucht er vor allem, um sich rechtzeitig vor Feinden in Sicherheit zu bringen. Besonders Haie und Pottwale haben ab und zu Appetit auf einen Tintenfisch.

25 MÜCKEN LIEBEN SCHWEISS

Ist dir auch schon aufgefallen, dass manche von uns öfter von Mücken gestochen werden als andere?

- Das liegt daran, dass Mücken manche Menschen wohlriechender finden als andere. Mücken werden von Kohlenstoffdioxid angezogen, dem Stoff, den Menschen ausatmen.
- Wahrscheinlich stehen Mücken auch auf Schweiß und andere Körpergerüche. Eine Mücke kann deinen Körpergeruch auf 30, manchmal sogar auf bis zu 70 Meter Entfernung riechen.
- Zwar haben alle Mücken einen langen Rüssel, mit dem sie saugen können, doch die meisten von ihnen stechen keine Menschen. Nur die Familie der Stechmücken macht sich nachts auf die Suche nach Blut.
- Nur die weiblichen Mücken stechen. Die brauchen nämlich die Inhaltsstoffe aus dem Blut, damit ihre Eier wachsen. Die männlichen Mücken geben sich mit Blütennektar zufrieden. Doch genau wie die Weibchen können sie einem mit ihrem lästigen Gesumme schlaflose Nächte bereiten.
- Manchmal können kleine Mücken für Menschen lebensgefährlich sein. Denk nur an die Malariamücken, die jedes Jahr für mehr als eine halbe Million Tote verantwortlich sind. Oder die Mücken, die das Zikavirus übertragen, das zu Fehlbildungen bei ungeborenen Babys führt.

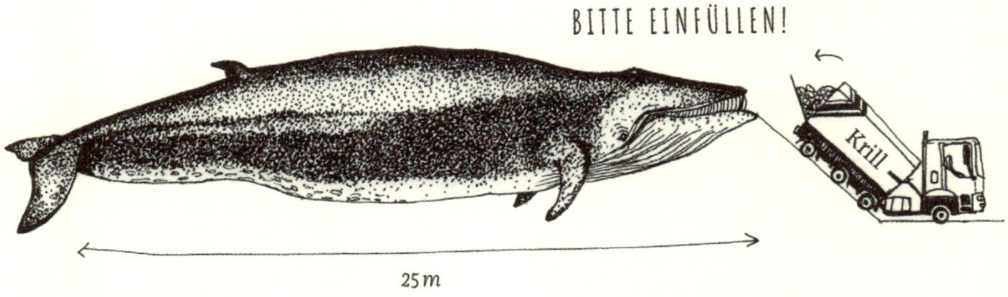

26 DER BLAUWAL FRISST JEDEN TAG EINEN LKW VOLLER KREBSE

Im Winter frisst der Blauwal 3,5 Tonnen Krill (kleine Krebstiere) pro Tag. Das entspricht ungefähr dem Gewicht von drei Autos oder einem Lkw.

Während der Sommermonate, wenn er in wärmeren Gewässern um den Äquator schwimmt, frisst er weniger.

Eigentlich ist es kein Wunder, dass der Blauwal so viel zu fressen braucht, immerhin ist er das größte Tier der Welt. Er ist ein Meeressäuger und gehört zur Familie der Bartenwale. Er wiegt ungefähr 150 Tonnen und wird im Durchschnitt 25 Meter lang.

Um Nahrung zu finden, legt er Strecken von Tausenden Kilometern zurück, von den Polen bis zum Äquator.

Blauwale können bis zu 100 Meter tief tauchen und kommen mit aufgerissenem Maul wieder an die Oberfläche. Mit den Barten – das sind Hornplatten anstelle von Zähnen – filtern sie kleine Beutetiere aus dem Wasser.

Der einzige Feind des Blauwals ist der Mensch. Der macht wegen Fleisch und Fett Jagd auf ihn. Darum war die gesamte Population der Blauwale (das sind alle Blauwale zusammen) im Jahr 1966 auf 1 % geschrumpft. Seitdem darf der Blauwal nicht mehr gejagt werden. Wissenschaftler schätzen, dass weltweit noch etwa 25 000 Blauwale in den Meeren herumschwimmen.

Bonuswissen Blauwal:

- Bei den Blauwalen sind die Frauen größer als die Männer. Im Durchschnitt erreichen die Männchen 25 Meter und die Weibchen 27.
- Der größte je gemessene Blauwal hatte eine Länge von 33,85 Metern.
- Der schwerste je gewogene Blauwal brachte 190 Tonnen auf die Waage. Das ist schwerer als eine Boeing 747.
- Allein die Zunge eines Blauwals ist ungefähr so groß wie ein Elefant und wiegt 2 Tonnen.
- Im Durchschnitt schafft ein Blauwal beim Schwimmen 22 Kilometer pro Stunde, aber wenn er einen kleinen Sprint einlegt, kann er lässig Geschwindigkeiten von 40 bis 50 Kilometern pro Stunde erreichen.
- Blauwale singen. Dabei erzeugen sie das lauteste Geräusch in der Tierwelt mit gut 188 Dezibel. Nur zum Vergleich: Ein Flugzeugmotor produziert 120 Dezibel. Das Geräusch wird durch das Wasser geleitet und dient zur Kommunikation mit anderen Blauwalen. Außerdem kann der Blauwal sehr tief brummen. Das nutzt er wahrscheinlich dazu, um sich ein besseres Bild von seiner Umgebung zu verschaffen, denn gute Augen hat er nicht.

27 ALL DIE (SCH)LANGEN TIERE

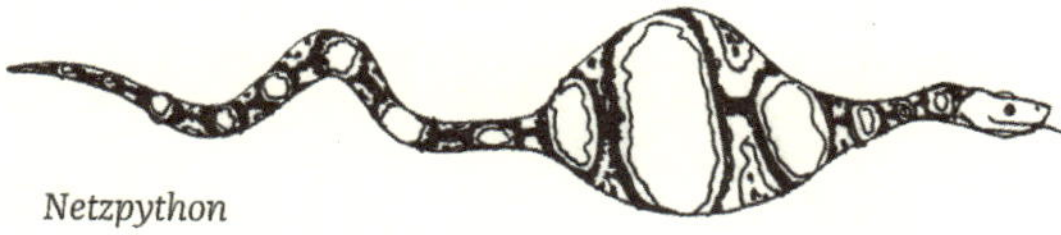

Die Netzpython ist mit seinen 10 Metern eine enorme Schlange. Sie lebt in Asien, und zwar bevorzugt in Wassernähe. Da wartet sie ab, bis sich ein durstiges Beutetier nähert, und dann schlägt sie zu. Netzpythons sind nicht giftig, sondern töten ihre Beute, indem sie sich um deren Körper wickeln und sie so erwürgen. Meistens handelt es sich dabei um Vögel und kleine Säugetiere, aber es kann auch mal ein Mensch auf dem Speiseplan stehen. Glücklicherweise kommt das nur sehr selten vor. Die Netzpython braucht etwa eine Woche, um ihr Essen zu verdauen.

Die zweitlängste Schlange der Welt ist die Anakonda, die bis zu 9 Meter lang werden kann. Die Anakonda, oder auch Wasserboa genannt, ist im Regenwald von Südamerika zu Hause und frisst wie die Python Vögel, Reptilien und kleine Säugetiere. Manchmal wagt die Würgeschlange sich auch an ein Krokodil oder einen Hirsch heran.

Weitere lange Schlangen sind: die Nördliche Felsenpython (bis über 6 Meter), die Tigerpython (5,7 Meter), die Königskobra (5,7 Meter), die Abgottschlange (3,6 Meter), der Buschmeister (3 Meter), die Indigoschlange (2,6 Meter), die Diamant-Klapperschlange (2,5 Meter) und der Taipan (2,4 Meter). Die kleineren Arten sind oft giftig. Die größeren sind meistens Würgeschlangen.

28 DAS GIFTIGSTE TIER DER WELT IST EINE QUALLE

Das Gift einer Würfelqualle ist hundert Mal stärker als das einer Kobra. Damit ist die Würfelqualle das giftigste Tier der Welt.

Eine Würfelqualle sieht aus wie ein durchsichtiger Würfel mit Tentakeln dran. An jeder Seite des Würfels, mit Ausnahme von Ober- und Unterseite, sitzen jeweils sechs Augen. Die Würfelqualle hat also insgesamt 24 Augen, mit denen sie das Meer nach Beute ausspäht. Außerdem verfügt die Würfelqualle über rund 60 Tentakel, die bis zu 3 Meter lang werden können. An jedem sitzen etwa 5000 Nesselzellen, und die sind es, die die Qualle lebensgefährlich machen. Die Zellen produzieren ein Nesselgift, das unvorstellbare Schmerzen auslöst und sogar tödlich sein kann. Mittlerweile gibt es zwar ein Gegengift, aber oft bleiben von der Begegnung mit einer Würfelqualle schlimme Narben zurück.

In der Nord- und Ostsee musst du dir keine Sorgen machen, einer Würfelqualle zu begegnen. Sie leben in den Meeren um Australien, Südostasien und Neuseeland.

Insgesamt gibt es neunzehn verschiedene Arten von Würfelquallen.

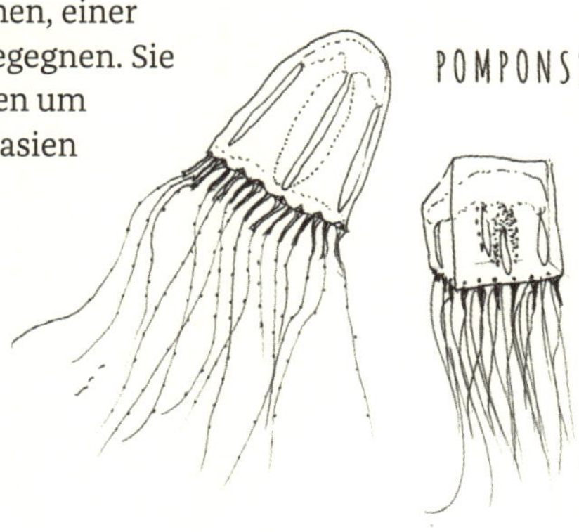

29 DIE GOLIATH-VOGELSPINNE WIEGT SO VIEL WIE ZWEI ÄPFEL

Nimm doch mal zwei kleine Äpfel in die Hand. Das ist das Gewicht der Goliath-Vogelspinne oder Riesenvogelspinne, des Schwergewichts unter den Spinnen.

Die Spinne misst von einem Bein zum gegenüberliegenden Bein 28 Zentimeter. Das nennt man die »Beinspannweite«. Die Goliath-Vogelspinne ist etwa so groß wie ein großer Teller.

Glücklicherweise wird man hierzulande so einer Spinne normalerweise nicht über den Weg laufen. Sie wohnt in Südamerika, wo sie sich von Insekten, Nagetieren, Fledermäusen, Schlangen, Eidechsen und gelegentlich auch mal einem Vogel ernährt.

Wenn sie hungrig ist, lässt sie sich von oben auf ihre Beute fallen und spuckt Gift aus ihren Beißklauen. Die sind ganze 2 Zentimeter lang und sitzen versteckt in ihrem behaarten Oberkiefer.

Die Goliath-Vogelspinne ist zwar sehr groß, aber es gibt eine Spinne mit einer noch größeren Beinspannweite. Die Riesenkrabbenspinne aus Laos misst mal eben so 30 Zentimeter von Fußspitze zu Fußspitze. Frau Langbein hat allerdings einen ganz kleinen Körper: der ist nur fünf Zentimeter lang.

1

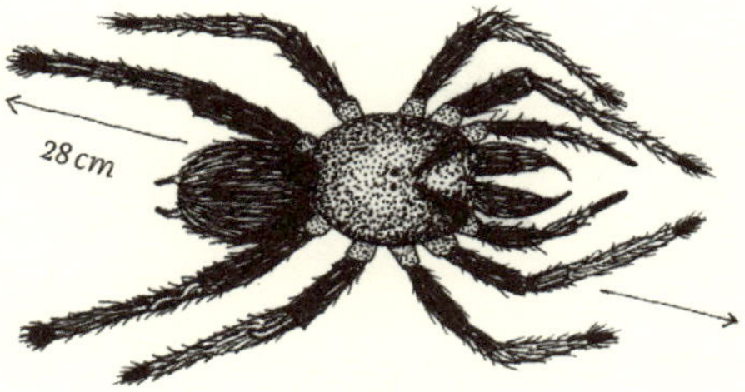

Goliath-Vogelspinne

Versus

2

Riesenkrabbenspinne

30 KLEINE SPINNEN HABEN IHR GEHIRN IN DEN BEINEN

Forscher am *Smithsonian Tropical Research Institute* in Panama haben neun verschiedene Spinnenarten untersucht. Darunter befanden sich ein paar riesige Brocken aus dem Regenwald, aber auch winzig kleine Spinnen, die kleiner waren als ein Stecknadelkopf.

Bei diesen ganz kleinen Spinnen sitzt das Hirn nicht nur im Körper, sondern auch in ihren Beinen. Die kleinen Spinnen müssen ja zum Beutefang genau wie ihre größeren Nichten und Neffen ein Netz spinnen können und brauchen dafür auch genauso viel Hirn – aber in ihrem Körper ist eben nicht genug Platz!

Bonuswissen Spinnen:

Die *Caerostris darwini*, oder auch Darwins Rindenspinne, kann Fäden von gut 25 Metern Länge spinnen. Damit kann sie eine Autobahn mit drei Fahrspuren in jede Richtung komplett überspannen. Und das Spinngewebe ist dabei auch noch unglaublich stark!

31 GRÄSSLICH GROSSE GRUSELVIECHER

Auf einer abgelegenen Insel vor Neuseeland ist die **Riesen-Weta** zu Hause, eine gigantische Grille. Sie ist ungefähr so groß wie die Hand eines erwachsenen Mannes und bringt stolze 70 Gramm auf die Waage – das ist so viel wie drei kleine Mäuse zusammen. Das Insekt konnte deshalb so groß werden, weil es keine natürlichen Feinde hat und an einem abgeschiedenen Ort lebt.

Schon seit mehr als hundert Millionen Jahren lebt die Weta auf der Insel und hat sich während der ganzen Zeit nicht verändert. Sie ist ein primitives Tier und wird deshalb auch manchmal der »Dinosaurier der Insektenwelt« genannt. Wetas ernähren sich von Pflanzenwurzeln und Halmen.

Auch an anderen Orten der Welt sind Rieseninsekten zu Hause:

- Der biologische Name dieses Käfers sagt eigentlich alles: *Titanus giganteus*. »Titanus« bedeutet Riese und »giganteus« gigantisch. Ein gigantischer Riese also, der im südamerikanischen Regenwald wohnt und bis zu 16,5 Zentimeter lang wird. Auf Deutsch heißt er **Riesenbockkäfer**. Er ist so stark, dass er mit seinen Kiefern einen Bleistift zerbrechen kann.
- Die **Riesenstabschrecke** *Phobaeticus chani* ist zweifellos das längste Insekt der Welt. Sie sieht aus wie ein wandelnder Ast, wohnt auf Borneo und ist mit ausgestreckten Beinen ungefähr 57 Zentimeter lang.
- Aber wenn es nach den Flügeln geht, ist der **Atlasspinner** das größte Insekt. Dieser Nachtfalter hat nämlich eine Flügelspannweite von bis zu 30 Zentimetern!

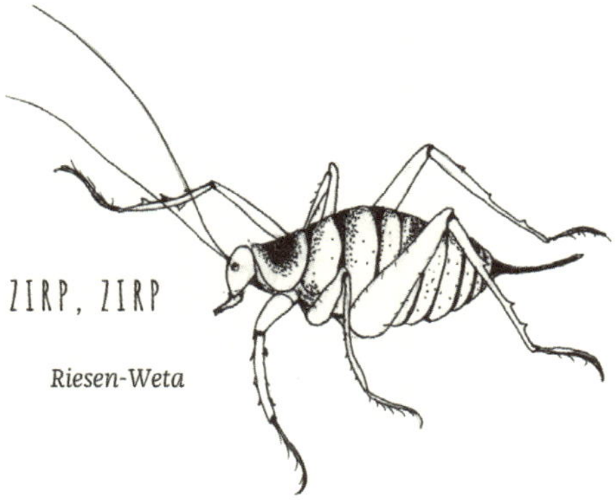

Riesen-Weta

Riesenstabschrecke

32 FRÜHER LEBTEN DIE WALE AN LAND

Als schlauer Kopf weißt du bestimmt schon, dass Wale keine Fische, sondern Säugetiere sind. Das bedeutet, dass sie ihre Jungen lebend zur Welt bringen und nicht wie die meisten Fische Eier legen.

Aber wusstest du auch, dass die Vorfahren der Wale, Delfine und anderen Meeressäuger einst an Land gelebt haben?

- Das ist auch der Grund, warum sie zum Atmen an die Oberfläche kommen müssen und warum sie Knochen in den Flossen haben. Außerdem bewegt sich ihre Wirbelsäule beim Schwimmen auf und ab wie die eines rennenden Landsäugetieres und eben nicht horizontal wie bei Fischen.

- Eigentlich ist der Wal eng mit dem Nilpferd verwandt, das sich aber nie so ganz für das Leben im Wasser entscheiden konnte. Vielleicht wollte es seinem Bruder nicht alles nachmachen.

- Ein früher Vertreter des Wals hieß *Pakicetus* und der drehte vor 50 Millionen Jahren auf der Erde seine Runden. Er war nur so groß wie eine Dänische Dogge und konnte wahnsinnig schnell rennen. Weil er in Seen und Flüssen Jagd auf Fische machte, wurde er mit der Zeit ein immer besserer Schwimmer.

- Ein paar Millionen Jahre später – auf der Erde dauert eben alles etwas länger – entwickelte sich der *Protocetus avatus* aus dem Pakicetus. Dieser war der wahre Vorläufer der Delfine und Wale. Ihm gefiel es im Wasser immer besser und so entwickelte er sich zunehmend zum Meerestier. Dabei wuchs er weiter, bis er schließlich den Umfang unseres heutigen Wals erreichte.

Bonuswissen Wal:

Delfine und Wale schwimmen jeden Tag weite Strecken, was natürlich sehr anstrengend ist. Klar, dass sie dann gerne mal ein Nickerchen machen wollen. Aber atmen müssen sie ja auch, und dafür müssen sie regelmäßig an die Oberfläche kommen. Richtig einzuschlafen wäre ohnehin ziemlich gefährlich. Darum können Delfine und Wale eine Hälfte ihres Gehirns einfach »ausknipsen« und mit der anderen Hälfte wach bleiben. Sie schlafen also immer nur zur Hälfte, mit einem offenen und einem geschlossenen Auge.

33 PAPA SEEPFERD IST SCHWANGER

Auch wenn es ganz anders aussieht als die meisten seiner Meereskollegen, ist das Seepferdchen ein Fisch.

- Seinen Namen verdankt das Seepferdchen seinem auffälligen Kopf mit der langen Schnauze, der an einen Pferdekopf erinnert.
- Aber seine Kopfform ist nicht das Einzige, was das Seepferdchen besonders macht. Es hat nämlich keine Schuppen, sondern sogenannte Knochenplatten. Diese Platten bilden ein hartes Außenskelett, wodurch andere Meerestiere Seepferdchen zu hart finden, um sie zu fressen.
- Auch beim Schwimmen fällt das Seepferdchen auf. Zur Fortbewegung nutzt es seine Rückenflosse, dank der es aufrecht schwimmen kann. Mit den Brustflossen lenkt es.
- Seepferdchen gibt es zwar in allen Farben – von leuchtend blau bis knallgelb –, doch die meisten sind bräunlich-grün, damit sie zwischen den Algen, dem Seegras und den Korallen nicht auffallen.
- Mit ihrem gekringelten Greifschwanz halten sie sich am Seegras fest und lassen sich im Wasser hin und her wiegen.
- Manche Seepferdchenarten werden kaum 2 Zentimeter groß, aber es gibt auch welche, die bis zu 30 Zentimeter erreichen.
- Nicht nur vom Aussehen her sind Seepferdchen etwas Besonderes: Auch ihre Fortpflanzung ist in der Tierwelt einzigartig. Sie beginnt mit einem wunderschönen Paarungstanz, bei dem die Seepferdchen ihre Farben wechseln können. Das Weibchen wirbt dabei um die Aufmerksamkeit des Männchens.
- Wenn sich ein Paar zusammengefunden hat, platziert das Weibchen Eizellen im Bauch des Männchens. Da sitzt nämlich ein spezieller Brutbeutel. Das Männchen befruchtet dann die Eier mit Samen und kümmert sich um sie, bis die Jungen zur Welt kommen. In der Zwischenzeit beginnt das Weibchen schon damit, neue Eier zu produzieren.
- Es gibt zwar noch andere Fischsorten, bei denen das Männchen für die Jungen sorgt, aber nur bei den Seepferdchen findet die Befruchtung im Bauch des Männchens statt.

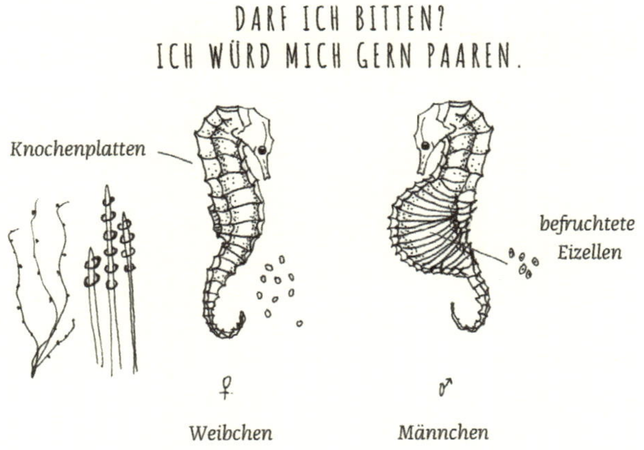

34 MANCHMAL STECHEN BIENEN BIENEN

Auf der Erde leben rund zwanzigtausend Arten von Bienen und Hummeln.

- Bei den Honigbienen hat das Weibchen einen Stachel, mit dem es zustechen kann. Das tut es nur, um ihre Kolonie gegen allerlei Feinde zu verteidigen. Das kann ein Bär oder ein Mensch sein, der den Bienen ihren Honig stehlen will.

- Honigbienen greifen die Arbeiterinnen anderer Kolonien an, die in ihren Bienenkorb eindringen wollen, und stechen sie mit ihrem Stachel tot. Wenn Bienen Menschen stechen, verlieren sie dabei selbst das Leben. Ihr Stachel bleibt nämlich dank eines Widerhakens in der Haut stecken. Dabei entsteht eine große Wunde im Unterleib der Biene, sodass sie stirbt.

- Bei den Königinnen gibt es eine Besonderheit. Sie stechen ausschließlich andere Königinnen. Das läuft so: Die gerade geschlüpfte Königin sucht im ganzen Nest die Zellen nach Waben ab, in denen andere Bienen sich gerade zur Königin entwickeln. Diese Bienen sticht sie dann eine nach der anderen tot. So bleibt sie selbst am Leben.

Fleißige Bienchen

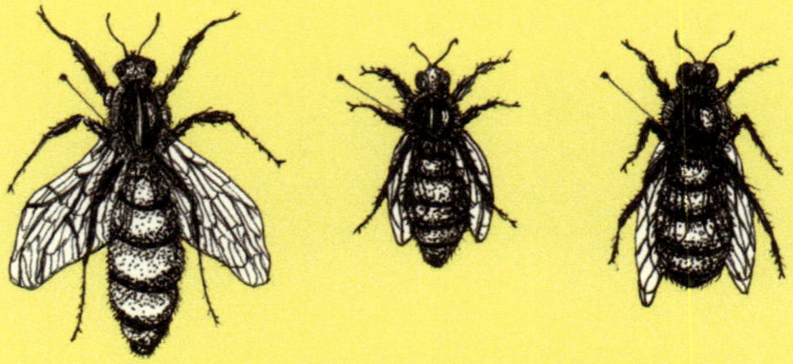

- Die Königin ist das wichtigste Weibchen der Kolonie. Nur sie kann Eier legen und so für Bienennachwuchs sorgen. Eigentlich tut sie ihr ganzes Leben lang nichts anderes. Dabei wird sie von den Arbeiterinnen mit reichlich *Gelée Royale* (Bienenköniginnenfuttersaft) gefüttert, einer speziellen Energiemischung. Die männlichen Bienen, Drohnen genannt, paaren sich beim Hochzeitsflug mit der neuen Königin, indem sie ihr ihre Spermien übergeben. Viel mehr haben eigentlich auch sie nicht zu tun. In einer Bienenkolonie sind es die Arbeiterinnen, die unermüdlich am Werk sind.

35 BOBBY WAR WIRKLICH EIN TREUER HUND

John Gray war Nachtwächter auf einer Polizeiwache in der schottischen Hauptstadt Edinburgh. Er hatte einen Hund namens Bobby, der ihn überallhin begleitete.

Im Jahr 1858 starb John. Er wurde auf dem Greyfriars Kirkyard, dem Friedhof im Zentrum von Edinburgh, begraben. Bobby blieb allein zurück, denn John hatte weder Frau noch Kinder.

Weil Bobby unendlich traurig war und sein Herrchen schmerzlich vermisste, wachte er jeden Tag an seinem Grab. Täglich um Schlag ein Uhr aber trabte er los, um bei einem Kaffeehaus in der Nachbarschaft ein bisschen Hundefutter zu holen. Danach lief er zurück und legte sich auf das Grab.

Das tat Bobby vierzehn Jahre lang. Er ließ keinen Tag aus, bis der treue Hund im Jahre 1872 selbst starb.

Die Bewohner von Edinburgh waren beeindruckt, dass Bobby seinem Herrchen über all die Jahre so treu geblieben war. Der Hund bekam sein eigenes Grab auf demselben Friedhof, und es wurde sogar eine Statue für ihn errichtet. Ihr könnt also Greyfriars Bobby selbst einen Besuch abstatten.

2005 wurde seine Geschichte sogar unter dem Titel *The Adventures of Greyfriars Bobby* (Die Abenteuer von Greyfriars Bobby) verfilmt.

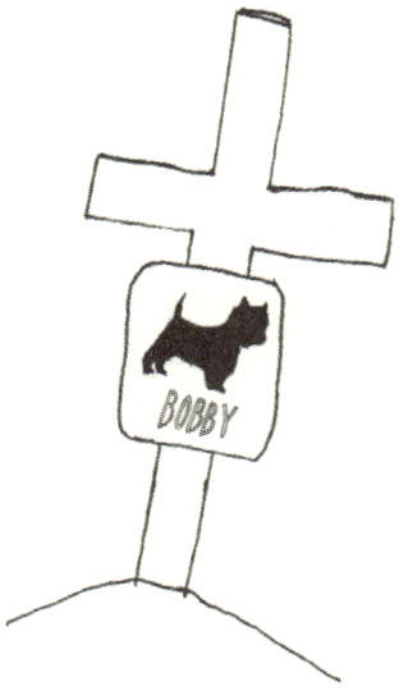

Bonusinfo – von wegen letzte Ruhe:

Auf dem Greyfriars Kirkyard in Edinburgh werden schon seit dem 16. Jahrhundert Menschen begraben. Viele bekannte Schotten haben dort ihre letzte Ruhestätte gefunden.

Den Einwohnern der Stadt zufolge treiben jedoch Geister auf diesem Friedhof ihr Unwesen. Vor allem die riesigen Sarkophage entlang der Friedhofsmauer sehen gruselig aus mit ihren furchteinflößenden, in den Stein gemeißelten Köpfen und Figuren. Wer Lust hat, kann nachts an einer Geisterwanderung über den Greyfriars-Kirchhof teilnehmen.
Nichts für Angsthasen!

36 FLIPPER UND RATATOUILLE ARBEITEN FÜR DEN MINENRÄUMDIENST

In Kambodscha wurde sehr lange Krieg geführt, weshalb dort bis heute Landminen im Boden verborgen liegen. Das bedeutet Lebensgefahr, denn sobald ein Mensch drauftritt, gehen sie in die Luft. Seit 1979 sind schon 20 000 Menschen auf diese Weise ums Leben gekommen.

- Mit einem Metalldetektor braucht man oft Tage, um eine Landmine aufzuspüren. Außerdem besteht immer das Risiko, dass eine explodiert. Deshalb werden jetzt **Ratten** trainiert, um die Minen zu finden. Sie lernen, wie Sprengstoff riecht, und machen sich dann auf die Suche. Meistens finden sie eine Mine innerhalb von elf Minuten, und zur Belohnung gibt es ein Stück Banane. Aber riskieren die Ratten dabei nicht selbst ihr Leben? Nein, das ist ja das Tolle! Sie sind so leicht, dass sie problemlos über die Minen laufen können, ohne sie auszulösen.

- Unter Wasser können Ratten natürlich keine Minen aufspüren. Dort übernehmen **Delfine** für sie. Mit ihrem eingebauten Sonar spüren sie Seeminen auf und warnen die Menschen davor. Danach werden die Minen unschädlich gemacht.

Gute Arbeit, Flipper und Ratatouille!

37 GLEICH UND GLEICH GESELLT SICH GERN – DAS STIMMT NICHT IMMER!

In einem beliebten Kartenspiel muss man die Körperteile von verschiedenen Tieren zusammenlegen, um ein lustiges, aber nicht existentes Tier zu schaffen. So etwas passiert manchmal auch in echt. Wenn das Weibchen und das Männchen von zwei verschiedenen Tierarten nicht zu verschieden sind, können sie zusammen Jungen zeugen. Die werden dann **»Hybriden«** genannt.

Allerdings kommt dieses Phänomen in der freien Natur nur selten vor. Meistens werden Tiere in speziellen Zuchtprogrammen oder in Zoos gekreuzt.

- Die Kreuzung zwischen einem Delfin und einem Kleinen Schwertwal wird Wolphin genannt (vom Englischen *whale* und *dolphin*).

- Ein Pizzly ist das Kind von einem Eisbären (englisch *Polar bear*) und einem Grizzlybären.

- Für ein Zesel braucht man einen Esel und ein Zebra. Um ein Zorse zu bekommen, muss man ein Zebra mit einem Pferd kreuzen. Das Wort kommt natürlich vom englischen *horse*.

- Die Kombination aus einer Ziege und einem Schaf führt zu einer Schiege. Dass eine Schiege überleben kann, überrascht die Wissenschaftler, weil Schafe und Ziegen nicht nur verschiedene Arten sind, sondern verschiedenen Gattungen angehören.

- Ein Lama und ein Dromedar, ein einhöckriges Kamel, können zusammen ein Cama zeugen. Weil ein Kamel aber viel größer und schwerer als ein Lama ist, geht das nur mit künstlicher Befruchtung. Heraus kommt ein großes Tier mit sehr weicher Wolle.

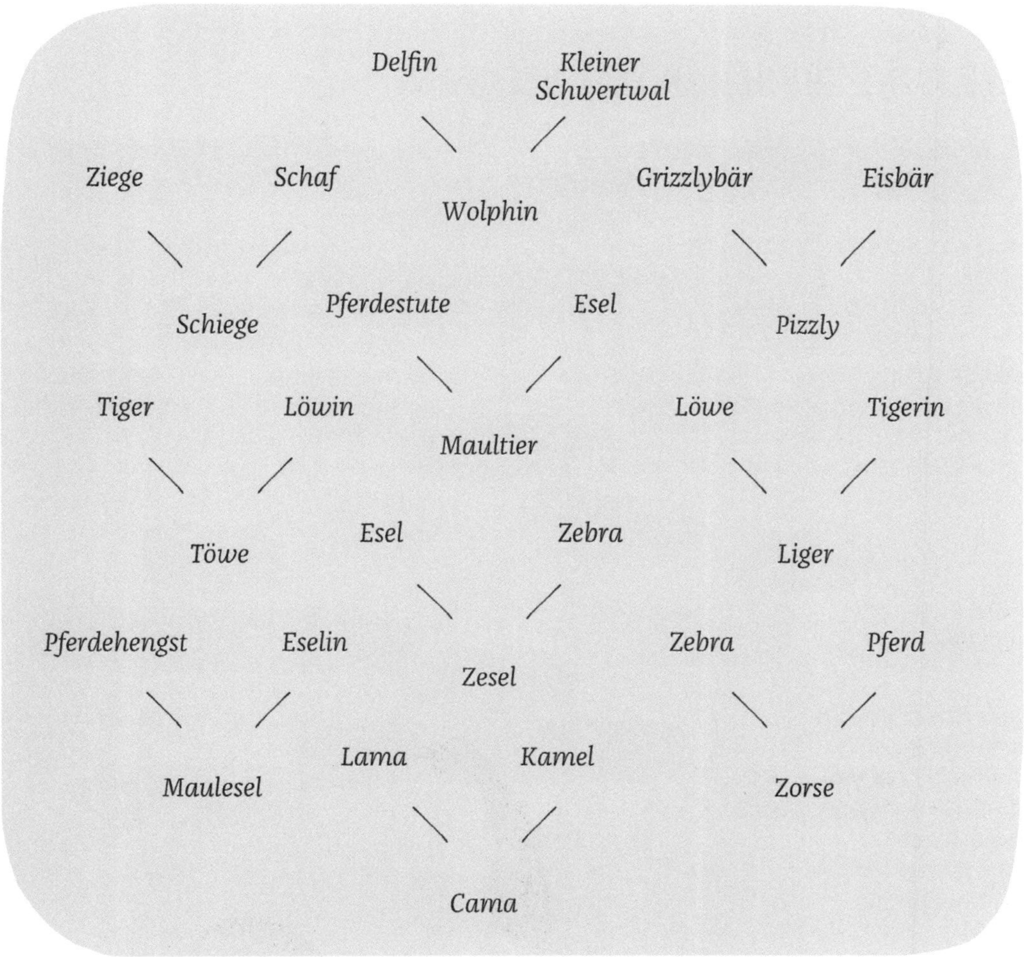

- Beim Wolfshund erkennt man schon am Namen, welche Tiere hier kombiniert wurden.

- Kreuzt man einen Pferdehengst mit einer Eselstute, erhält man einen Maulesel. Den Nachwuchs von einer Pferdestute und einem Eselhengst wiederum nennt man Maultier.

- Besonders interessant ist der Liger, das Junge von einem Löwenvater und einer Tigermutter. Liger können sehr groß werden, dank der Wachstumsgene, die sie vom Vater bekommen. Löwenmütter tragen Gene in sich, die das Wachstum des Jungen hemmen. Weil Tigerweibchen diese Gene nicht haben, wird der Liger so verblüffend groß. Der größte bekannte Liger heißt Hercules, ist vier Meter lang und bringt 410 Kilo auf die Waage.

- Töwen dagegen werden nicht so groß. Das sind die Kinder von einer Löwin und einem Tigervater.

- Bei diesem Hybriden ist nicht ganz sicher, ob es ihn tatsächlich gibt. Oder besser gesagt, sie – es handelt sich dabei nämlich um eine Katze: Die Ashera ist angeblich eine Kombination aus drei Tieren. Dafür muss erst einmal eine normale Hauskatze mit einer Bengalkatze ein Junges zeugen. Wenn man dieses dann mit einem Afrikanischen Serval kreuzt, erhält man eine Ashera. Die sieht wie eine riesige Hauskatze aus, die mehr als einen Meter lang ist. So ein schickes Kätzlein gibt es aber nicht umsonst: Bis zu 22 000 Euro muss man dafür hinblättern.

38 PINGUINE KÖNNEN IN DIE KNIE GEHEN

Wenn man sie so am Strand entlangwackeln sieht, könnte man sich über die Pinguine totlachen. Der komische Gang kommt daher, dass sie aufrecht stehen und sich auf ihren ganzen Fuß stützen. Andere Laufvögel gebrauchen nur ihre Zehen, wodurch ihr Gang eleganter wirkt.

Im Wasser verwandelt sich der stromlinienförmige Körper des Pinguins in eine wahre Rakete. Pfeilschnell schießt er im Kreis herum, um Fische und Krill (kleine Krebstiere) zu fangen und um dem tödlichen Biss der Orcas, Seelöwen und anderer Raubtiere zu entkommen.

Schwer zu glauben, aber Pinguine haben funktionierende Knie. Wenn du das Skelett eines Pinguins einmal genauer betrachtest, wirst du über seine langen Beine und die beweglichen Knie überrascht sein. Die sitzen normalerweise versteckt unter seinem dicken Federkleid, das er braucht, um sich gegen die Kälte zu schützen.

Noch mehr Pinguinwissen:

Der Magen eines Pinguins sitzt ganz weit unten im Körper, zwischen seinen Knien. Deshalb verfügen Pinguine über eine extralange Speiseröhre, die die Nahrung zum Magen führt.

Weil Pinguine keine Zähne haben, rutscht der Fisch unzerkaut direkt in den Magen, wo er dann verdaut wird. Manchmal schluckt der Pinguin Steinchen, um die Verdauung anzukurbeln.

Pinguine und Eisbären sind keine Feinde. Das liegt daran, dass Pinguine am Südpol leben und Eisbären am Nordpol – sie laufen sich also nie über den Weg.

39 DU WILLST WISSEN, WAS DEINE KATZE MEINT? ACHTE AUF IHREN SCHWANZ!

Katzen miauen natürlich, aber eigentlich kann man aus dem Miau nur wenig heraushören. Viel schlauer ist es, auf ihren Schwanz zu achten. Der kann dir viel über die Katze erzählen.

- Wenn der Schwanz starr und gerade nach oben zeigt und das Fell flach anliegt, sagt deine Katze freundlich: »Hallo, hier bin ich!«

- Mutterkatzen benutzen den aufgerichteten Schwanz auch, um ihren Jungen zu zeigen, dass sie ihr folgen sollen.

- Es ist auch die Haltung, mit der Katzen einander begrüßen: Mit hoch in die Luft gerecktem Schwanz reiben sie sich aneinander.

- Manchmal verhaken sie ihre Schwänze dabei auch ineinander. Damit wollen sie sagen: »Ich bin dein Freund. Vor mir musst du keine Angst haben.«

- Wenn deine Katze ihren Schwanz um dein Bein legt, kannst du dir sicher sein, dass sie es nett meint. Sie möchte in dem Moment deine Aufmerksamkeit gewinnen – und möglicherweise auch gleich ein paar Leckerli erbetteln.

- Achte mal auf die Schwanzspitze. Steht die ein bisschen schief? Das kann heißen, dass die Katze nicht ganz sicher ist, was sie von einer Situation halten soll.

- Wenn die Schwanzspitze deiner Katze hin und her zuckt, musst du vorsichtig sein. Wahrscheinlich ist die Katze verunsichert, und es kann sein, dass sie gleich kratzt oder beißt.

- Achte auch auf das Rückenfell. Zeigt der Schwanz in die Höhe, aber die Haare sind gesträubt? Dann fühlt sich deine Katze bedroht und könnte aggressiv werden oder sogar angreifen. Mit den aufgerichteten Haaren will sie sich größer machen, als sie ist.

- Ein schräg nach unten gestreckter Schwanz, der langsam nach rechts und links wippt, deutet auf einen bevorstehenden Angriff hin. Das sieht man auch, wenn die Katze auf der Jagd ist und sich an ihre Beute heranpirscht. Dann ist der ganze Körper angespannt, bis hin zur äußersten Schwanzspitze.

40 AMEISEN SIND WAHRE BRÜCKENBAUER

Die Wanderameisen aus Zentral- und Südamerika können Brücken bauen.

- Die ganze Kolonie wandert gemeinsam durch den Regenwald. Ab und zu gelangen sie an einen Erdspalt oder einen Graben, den sie nicht einfach so überwinden können. Dann nehmen die Arbeiterinnen die Sache in die Hand. Sie hängen sich aneinander und bilden eine Brücke, über die die anderen Ameisen laufen können. Das Ganze geht rasend schnell.
- Je mehr Ameisen darüber spazieren, desto breiter wird die Brücke. Wenn man sie mit einer Autobahn vergleicht, würde sie während der Stoßzeiten breiter, und dann wieder schmaler, wenn nicht mehr so viel los ist. Die Arbeiterinnen können die Brücke sogar verschieben, um eine kürzere Strecke zu wählen.

Extra-Ameiseninfos:

- Fliegende Ameisen sind geschlechtsreife Männchen oder eine junge Königin.
- Die Arbeiterinnen der Ameisen sind immer weiblich, können aber keine Eier legen. Die Männchen sind nur da, um die Königin zu befruchten.
- Wenn eine Ameise etwas Leckeres zu fressen gefunden hat, hinterlässt sie eine Duftspur bis zum Ameisennest. So kann sie (zusammen mit all ihren Freundinnen) jederzeit den Weg zurück zum Fressen finden.
- Ameisen sind unglaublich stark. Sie können das Fünfzigfache ihres eigenen Körpergewichts tragen. Bei einem Körpergewicht von etwa 40 Kilo könntest du also als Ameise eine Last von 2000 Kilo stemmen.
- Das älteste Ameisenfossil, das je gefunden wurde, ist ca. 92 Millionen Jahre alt.
- Ameisen verfügen über einen Magen, mit dem sie sich selbst versorgen, und einen »sozialen Magen«, um andere Ameisen zu ernähren.

41 REGENWÜRMER BENUTZEN IMMER DAS GLEICHE KLO

In Kolumbien und Venezuela sind Wissenschaftler bei ihren Forschungen auf riesige Haufen gestoßen. Als sie sie untersuchten, stellten sie fest, dass sie hauptsächlich aus den Ausscheidungen von Regenwürmern bestanden. Die Würmer leben unter der Erde. Um ihr großes Geschäft zu machen, gehen sie an einen bestimmten Ort. Weil alle Regenwürmer einer Gruppe dieselbe Toilette benutzen, entsteht dort ein riesiger Haufen.

Während manche dieser Haufen nur 30 Zentimeter breit sind, können andere auf bis zu 2 Meter Breite anwachsen. Dabei handelt es sich dann wahrscheinlich um mehrere Toiletten, die nach und nach zusammengeklumpt sind, weil sie so nah beieinanderlagen.

Aber wir haben nicht die leiseste Ahnung, wie sie sich hinterher den Regenwurmhintern abputzen.

– 2 –

DEIN KÖRPER, DAS WUNDERWERK

42 PRO TAG SCHWITZT EIN MENSCH BIS ZU ACHT LITERFLASCHEN VOLL

Über 24 Stunden produziert dein Körper zwischen 0,1 und 8 Liter Schweiß. Natürlich hängt die Schweißproduktion davon ab, was du machst und wie warm es draußen ist. Wenn du Sport treibst oder rennst, schwitzt du mehr, als wenn du vor dem Fernseher liegst. Bei hohen Temperaturen musst du selbst gar nichts tun, um zu schwitzen.

Schwitzige Stellen

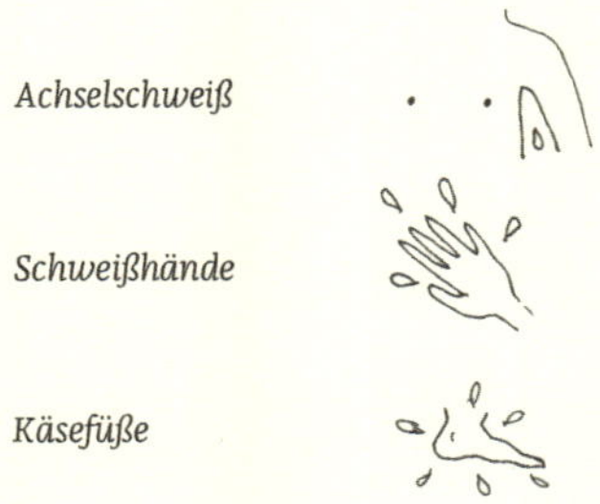

Das ist gut durchdacht von deinem Körper, denn durch das Schwitzen bleibt deine Körpertemperatur stabil. Die verdampfende Feuchtigkeit kühlt deinen Körper auf natürliche Weise ab.

Schweißdrüsen befinden sich zwar überall am Körper, aber die meisten sitzen in den Handflächen, an den Fußsohlen und unter den Achseln. An diesen Stellen verliert man also die meiste Flüssigkeit.

Hast du schon mal an deinem Arm geleckt, wenn es so richtig heiß war? Dann hast du gemerkt, dass dein Schweiß nicht nur Wasser, sondern auch Salz enthält. Aber wusstest du, dass er auch desinfizierende Substanzen enthält? Dazu gehört der chemische Stoff 4-Methylphenol. Das ist allerdings leider auch der Duftstoff, der weibliche Mücken anlockt.

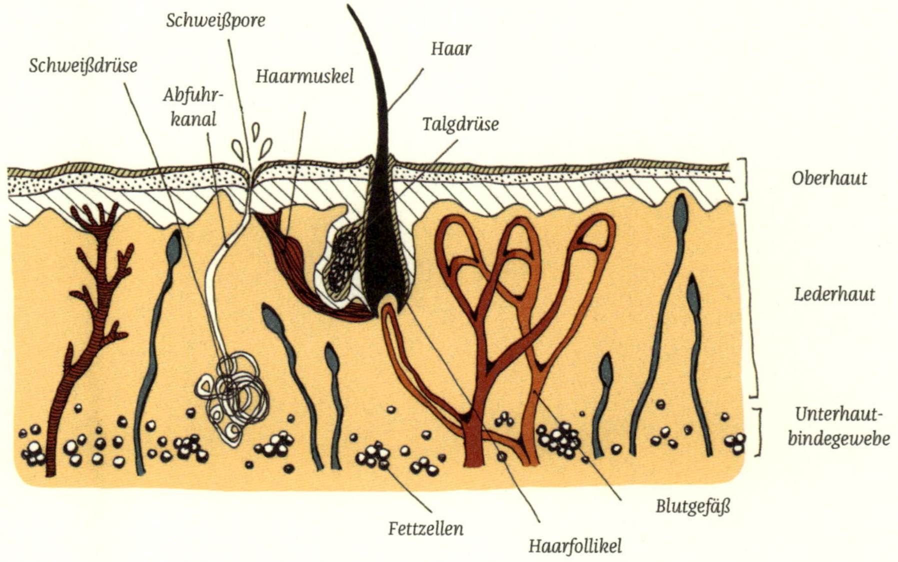

Die Haut

Schweiß von Kindern riecht so gut wie gar nicht. Das liegt daran, dass bei Kindern nur die *ekkrinen* Schweißdrüsen arbeiten, die dafür sorgen, dass der Körper sich nicht überhitzt. Im Laufe der Pubertät beginnen auch die *apokrinen* Schweißdrüsen zu arbeiten, die einen ölartigen Schweiß absondern. Sobald er in Kontakt mit der Haut kommt, fängt es an zu riechen. Dieser Schweiß wird den ganzen Tag in kleinen Mengen produziert und nicht erst dann, wenn es dir zu warm wird.

Niemand riecht gern nach Schweiß, weshalb viele Menschen ein Deo benutzen, um den Geruch zu bekämpfen. Aber das klappt natürlich nur für eine begrenzte Zeit. Deshalb ist es wichtig, dass man sich selbst und seine Kleidung regelmäßig wäscht.

Kleine Bonusinfo:

Hunde haben so gut wie keine Schweißdrüsen. Sie geben Körperwärme ab, indem sie ihre Zunge aus dem Maul hängen lassen und hecheln. Nur an den Ballen ihrer Pfoten können Hunde wie Menschen schwitzen.

43 VORSICHT: LACHEN MACHT SÜCHTIG!

Wo fühlst du dich am wohlsten – bei einem Menschen, der viel lacht, oder bei einem, der immer mürrisch guckt? Wahrscheinlich findest du ein lachendes Gesicht netter. Es kann auch passieren, dass du selbst lachen musst, wenn du jemanden lachen siehst.

- Durch das Anspannen der Lachmuskeln erklingt nämlich ein kleines Glöckchen in unserem Gehirn. Das Gehirn freut sich, dass gelacht wird, und sendet als Extrabelohnung Stoffe aus, die uns noch fröhlicher machen und die sogar dafür sorgen können, dass wir Schmerzen weniger spüren. Diese Stoffe heißen Endorphine und sind auch als »Glückshormone« bekannt. Sogar ein falsches Lachen regt die Endorphinproduktion an.

- Dein Gehirn liebt es, wenn Endorphine ausgeschüttet werden, und versucht, so viele Endorphinschübe wie möglich zu bekommen – vielleicht ist es selbst ein bisschen lachsüchtig.

- Lachen ist also wirklich eine Medizin. Wer oft lacht, wird weniger leicht krank und kann besser mit Problemen umgehen. Lass dich am besten schnell von jemandem kitzeln, und lach dich gesund!

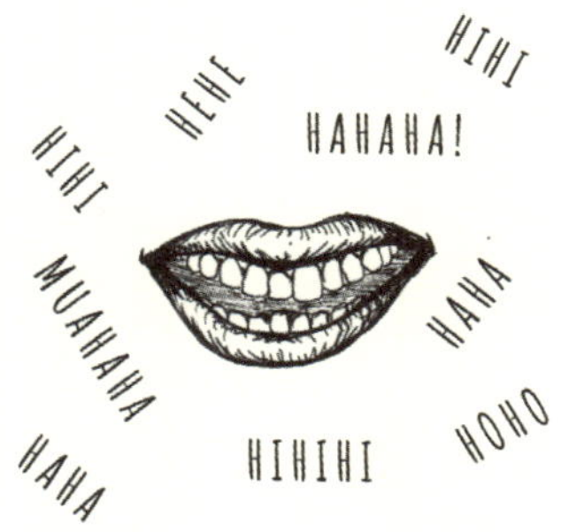

44 BABYS HABEN MEHR KNOCHEN ALS ERWACHSENE

Das Skelett oder Gerippe eines ausgewachsenen Menschen besteht aus ungefähr 206 Knochen. Dank ihnen kannst du nicht nur aufrecht stehen, sondern dich auch bewegen. An den Knochen sind nämlich die Muskeln befestigt. Außerdem schützt dein Skelett auch deine empfindlichen inneren Organe, wie Herz, Gehirn und Lunge.

Ein Baby hat etwa hundert Knochen mehr als ein erwachsener Mensch, nämlich knapp 300. Das liegt daran, dass bestimmte Knochen erst mit der Zeit aneinanderwachsen. Und das hat natürlich einen Grund: Zum Beispiel sind die Knochen im Schädel eines Babys noch nicht zusammengewachsen, damit das Baby leichter geboren werden kann. Das Köpfchen muss bei der Geburt ein bisschen zusammengedrückt werden, damit es durch den engen Geburtskanal passt.

Erwachsene

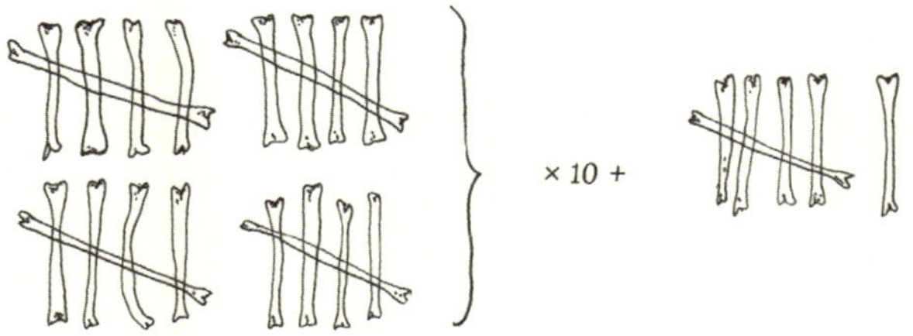

Babys

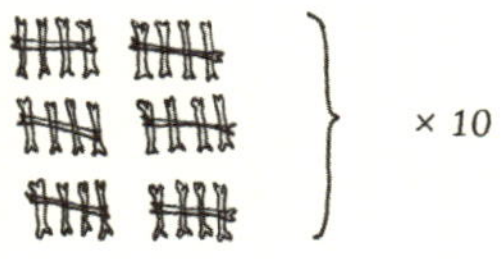

Bonuswissen Knochen:

Der allerkleinste Knochen in deinem Körper ist der Steigbügel (lateinisch *stapes*), eines von drei Gehörknöchelchen in deinem Ohr. Der längste, stärkste und größte Knochen ist der Oberschenkelknochen (auch das *Femur* genannt), der von der Hüfte bis zum Knie reicht.

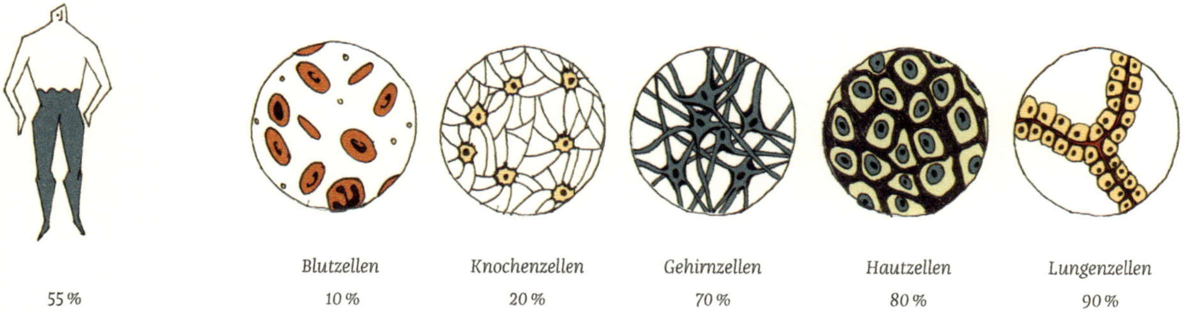

Wasseranteil

45 DEIN KÖRPER BESTEHT ZUM GRÖSSTEN TEIL AUS WASSER

- Der wichtigste Bestandteil des menschlichen Körpers ist Wasser. Ein Baby besteht sogar zu 75 % aus Wasser, doch der Anteil verringert sich, wenn es älter wird. Bei Erwachsenen beträgt der Wasseranteil im Körper immerhin noch 55–60 %.

- Der größte Teil des Wassers befindet sich in den Zellen. Je nach Organ enthalten die Zellen mehr oder weniger Wasser. In der Lunge sind es 90 %, in der Haut 80 % und im Gehirn 70 %. Deine Knochen hingegen bestehen nur zu 20 % aus Wasser und deine Zähne nur zu 10 %.

- 40 % des Wassers in deinem Körper findet sich außerhalb von Zellen und 10 % davon in deinem Blut. Kein Wunder, Blut ist ja auch flüssig. Der Rest befindet sich zwischen verschiedenen Körperzellen.

- Wenn man so viel Wasser im Körper hat, muss es doch einen Nutzen haben, oder? Und wie! Wasser ist ein Grundbestandteil deiner Zellen und sorgt dafür, dass alle möglichen wichtigen Stoffe aufgelöst und an die richtige Stelle transportiert werden. Daneben funktioniert es auch noch als eine Art Gleitmittel zwischen deinen Organen, damit die nicht schmerzhaft gegeneinanderscheuern. Wenn du pinkeln gehst oder wenn du schwitzt, führt das Wasser verschiedene Abfallstoffe aus deinem Körper ab, die dich sonst krank machen könnten.

- Ohne Wasser können wir nicht lange überleben. Wie lange man es aushält, hängt von der Außentemperatur ab und davon, ob man noch etwas zu essen hat. Wenn es nämlich sehr heiß ist und man außerdem nichts mehr zu essen hat, kann man schon nach ein paar Stunden an Austrocknung sterben. Im besten Fall kann man es ein paar Tage aushalten.

- An einer Überdosis Wasser kann man übrigens auch sterben. Wenn bestimmte Stoffe im Körper durch zu viel Wasser zu stark verdünnt werden, besteht die Gefahr einer »Wasservergiftung«. Die kommt aber zum Glück nur sehr selten vor.

46 MENSCHENOHREN WACHSEN IMMER WEITER

Nein, keine Angst. Du wirst im Alter nicht mit Elefantenohren rumlaufen. Aber es stimmt trotzdem, dass menschliche Ohrmuscheln mit der Zeit größer werden.

- Zwischen deinem dreißigsten und siebzigsten Lebensjahr können die Ohrmuscheln zwischen 8 und 10 Millimeter länger werden. Vor allem bei Männern über 65 werden die Ohrmuscheln größer. Wahrscheinlich liegt das daran, dass die Ohrmuschel immer mehr ausleiert.

- Das Ohr wird aber auch breiter und verändert seine Lage am Kopf. Weil die Haut hinter den Ohren dünner wird, liegen die Ohrmuscheln enger am Kopf an.

Irgendwie hatte Rotkäppchen also doch recht, als sie fragte: »Großmutter, was hast du für große Ohren?«

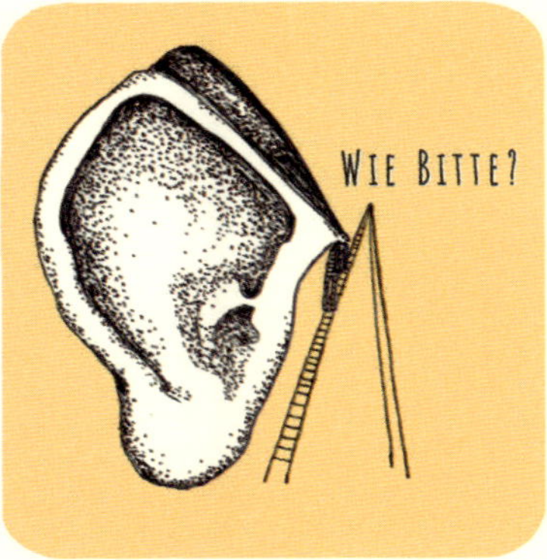

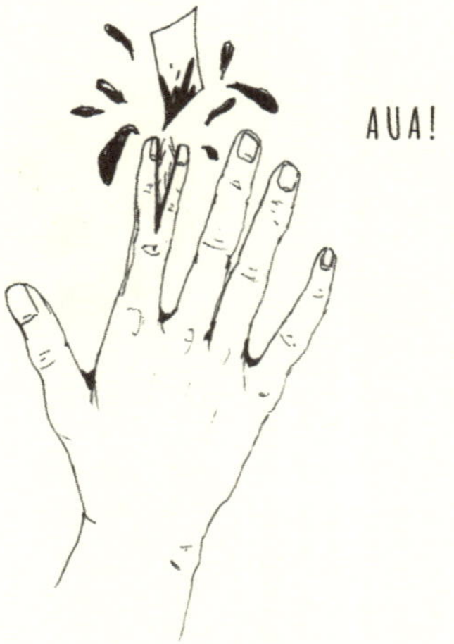

47 SCHNEID DICH BLOSS NICHT AN DER PAPIERKANTE ...

(DAS TUT NÄMLICH FURCHTBAR WEH!)

Und dafür gibt es einen guten Grund: In deinen Fingerkuppen kommen sehr viele Nervenenden zusammen. Die müssen sehr empfindlich sein, weil sie dazu bestimmt sind, die Welt zu ertasten und kleine, feine Aufgaben zu verrichten. Die Nervenenden machen dich auch vorsichtiger und verhindern, dass du einfach deine Hand auf eine heiße Herdplatte legst.

Die empfindlichen Fingerkuppen sind aber nur ein Teil des Problems. Da wäre auch noch das Papier: Die Kanten eines Stücks Papier sind nämlich alles andere als gerade und gleichmäßig. Wenn man sich an Papier schneidet, kann man das mit dem Schnitt einer sehr feinen, aber leider stumpfen Säge vergleichen, die deine Haut zerreißt und zerfranst. Außerdem ist ein solcher Schnitt normalerweise ziemlich tief und reicht bis an die äußeren Nervenenden.

So eine Wunde auf deiner Fingerspitze musst du gut versorgen. Es kann gut sein, dass sich auf dem Papier schädliche Bakterien tummeln, die sich nur zu gern in deinem Finger einnisten möchten. Dann könnte dein Finger sich entzünden – was noch viel mehr wehtut.

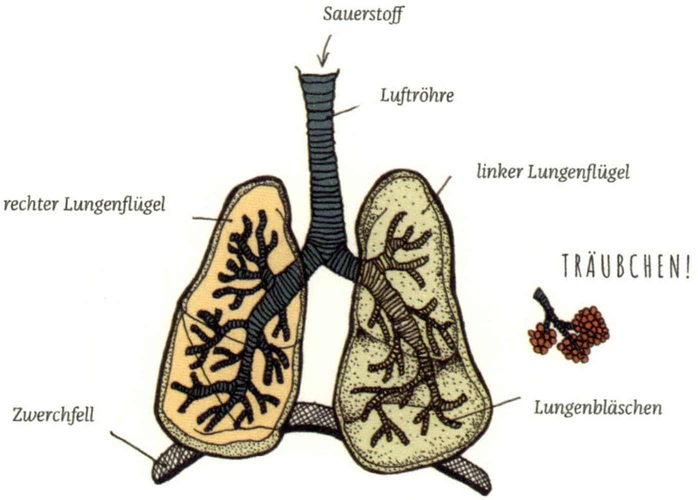

Die Lunge

48 DU ATMEST JEDEN TAG UNGEFÄHR 10 000 LITER LUFT EIN

Erwachsene atmen zwischen zwölf und achtzehn Mal pro Minute. So strömen in einem Zeitraum von 24 Stunden bis zu 10 000 Liter Luft durch die menschliche Lunge.

- Aus der Luft benötigen wir vor allem den Sauerstoff, um zu überleben. Etwa ein Fünftel der Luft, die uns umgibt, besteht aus Sauerstoff. Die Luft wird in die Lunge gesogen, und durch die Wände der Lungenbläschen, die traubenförmig beieinandersitzen, gelangt der Sauerstoff ins Blut. Dort bindet er sich an das Hämoglobin der roten Blutkörperchen und wird so in alle Zellen des Körpers transportiert. Nur mithilfe von Sauerstoff kann im Körper Verbrennung stattfinden und der Körper Energie gewinnen.

- Ohne Sauerstoff können wir nicht leben. Wenn das Gehirn nur eine halbe Minute keinen Sauerstoff bekommt, verliert man das Bewusstsein. Und schon nach wenigen Minuten trägt das Gehirn irreparablen Schaden davon. Wenn es noch länger dauert, stirbt man. Auch Gewebe*, das nicht genug Sauerstoff erhält, stirbt ab. Das nennt man einen »Infarkt«.

- Zum Glück musst du über das Atmen nicht nachdenken. Das passiert ganz von selbst. Aber vielleicht hast du schon mal ein Spiel gespielt, bei dem alle die Luft anhalten müssen. Wenn du bewusst die Luft anhältst, übernimmt das Kleinhirn die Kontrolle. Das bestimmt, wann du wieder einatmen musst. Man kann sich also zum Glück nicht selbst töten, indem man die Luft anhält.

* Unter »Gewebe« versteht man eine Ansammlung von Zellen, die alle eine ähnliche Funktion erfüllen. So hat man im Körper zum Beispiel Muskelgewebe, Bindegewebe, Nervengewebe. Organe sind aus verschiedenen Gewebearten zusammengesetzt.

49 MORGENS BIST DU GRÖSSER ALS ABENDS

Unglaublich, aber wahr: Wenn du morgens aus dem Bett kommst, bist du oft bis zu einem Zentimeter größer als am Abend. Dafür gibt es eine gute Erklärung:

- Dein Rücken besteht aus Wirbeln: sieben Halswirbel, zwölf Brustwirbel und fünf Lendenwirbel. Ganz unten dran sitzen das Kreuzbein und das Steißbein. Zwischen den Wirbeln sitzen kleine gefüllte Kissen, die Bandscheiben.

- Die Bandscheiben beschützen die Wirbel und funktionieren als eine Art Stoßdämpfer. Sie verhindern, dass die Knochen aneinanderreiben.

- Morgens sind die Bandscheiben prall mit Wasser gefüllt und schön dick. Aber sobald du aufstehst, fängt die Schwerkraft an, ihr Werk zu verrichten. Durch das Gewicht werden die Bandscheiben zusammengedrückt und ein Teil der Flüssigkeit tritt aus. Dadurch werden sie platter – und du kleiner. Im Verlauf des Tages können die Bandscheiben bis zu einem Zehntel ihres Inhalts verlieren.

- Wenn man nachts im Schlaf liegt, können die Bandscheiben sich wieder auffüllen. So repariert sich dein Körper nachts selbst, und du kannst morgens wieder loslegen.

Bonusinfo Wirbelsäule:
Jetzt weißt du auch, warum Menschen beim Älterwerden schrumpfen: Die Kissen zwischen den Wirbeln trocknen mit der Zeit aus und können sich nicht mehr so leicht wiederherstellen. Darum kann ein Mensch im Alter 4 bis 6 Zentimeter kleiner werden.

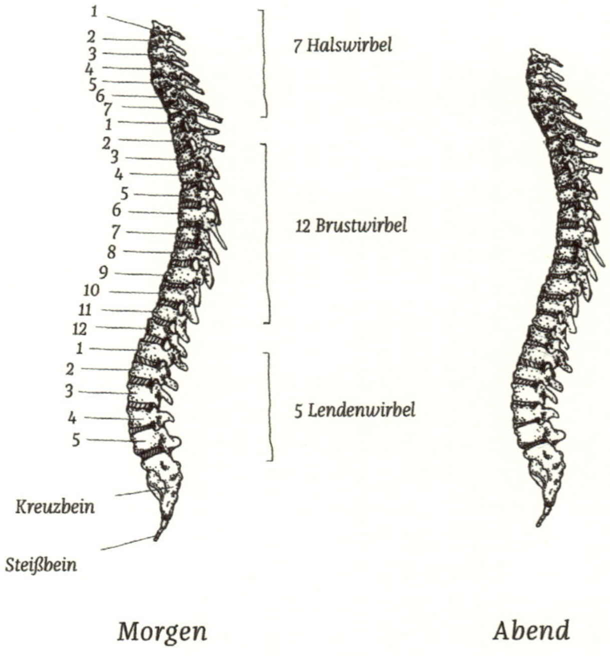

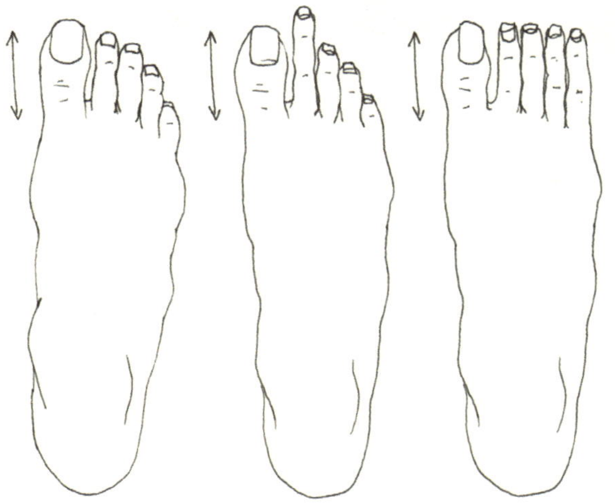

ägyptischer Fuß *griechischer Fuß* *quadratischer Fuß*

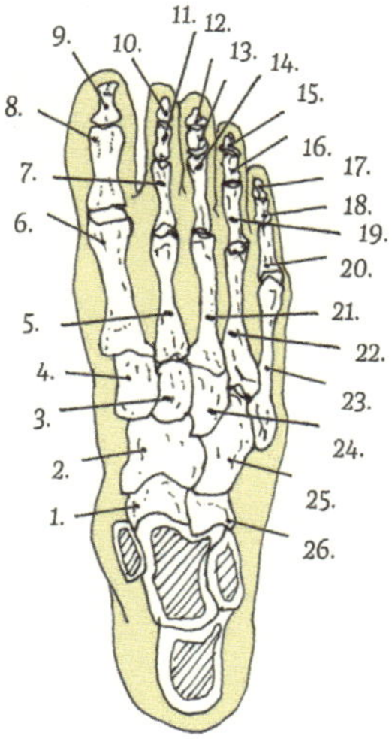

50 EIN VIERTEL DEINER KNOCHEN STECKT IN DEINEM FUSS

- Das menschliche Skelett besteht aus 206 Knochen. 26 von ihnen sitzen in jedem Fuß, also 52 in beiden Füßen zusammen. Das ist mehr als ein Viertel all deiner Knochen.

- Dein Fuß ist übrigens ein kleines Wunder der Technik. Neben den 26 Knochen verfügt er auch über 33 Gelenke, 107 Bänder (das sind die Stränge um ein Gelenk herum), 19 Muskeln und Sehnen und 250 000 Schweißdrüsen.

- Jetzt schau dir mal deine Zehen an: Wenn dein großer Zeh der längste ist, hast du eine ägyptische Fußform. Einen solchen Fuß haben 60 % der Menschen. Oder ist der zweite länger als der große Zeh? Dann hast du einen griechischen Fuß, wie ungefähr zehn Prozent aller Menschen.
Dein großer und der zweite Zeh sind gleich lang? Dann hast du einen römischen Fuß – auch quadratischer Fuß genannt.

Bonusinfo:

Der Mensch ist das einzige Lebewesen, das durchgehend auf zwei Füßen steht – und so praktischerweise die Hände für alle möglichen Tätigkeiten frei hat.

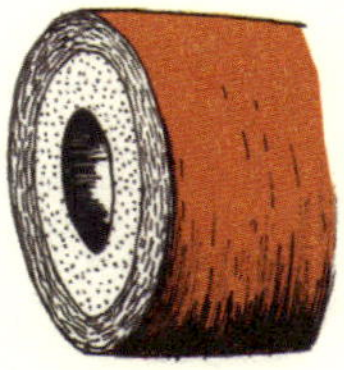

Arterie

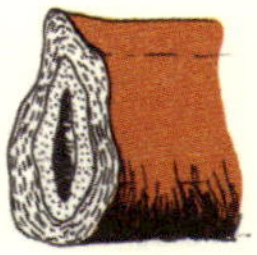

Vene

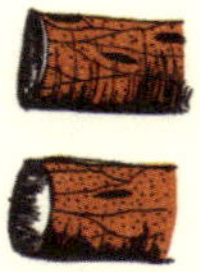

Kapillargefäß

51 ALL DEINE BLUTGEFÄSSE ANEINANDERGEREIHT KÖNNEN ZWEIEINHALB MAL DIE ERDE UMRUNDEN

- Legt man alle Blutgefäße (Adern) eines Erwachsenen hintereinander, erhält man eine Schnur von 100 000 Kilometern Länge! Das ist der 2,5-fache Umfang der Erde – eine ganz ordentliche Strecke!

- Ein Mensch hat drei verschiedene Arten von Blutgefäßen: Arterien (Schlagadern), Venen und Kapillaren. Über die Arterien gelangen Sauerstoff und Nährstoffe in jede Zelle deines Körpers. Über die Venen werden Kohlendioxid und Abfallstoffe aus den Zellen abtransportiert.

- Dein Herz pumpt das Blut durch deinen ganzen Körper, und die Schlagadern transportieren Blut in das Gewebe. Die größte Schlagader ist die Aorta, auch Hauptschlagader genannt, die an ihrer breitesten Stelle einen Durchmesser von etwa 3 Zentimetern hat. Sie verläuft von deinem Herzen die Wirbelsäule entlang zum Bauch. Im Ruhezustand strömen etwa 5 Liter Blut pro Minute durch die Aorta.

- Die Arterien verästeln sich wie ein Baum in immer dünnere Blutgefäße, die im Gewebe ein haarfeines Netzwerk bilden. Diese hauchdünnen Blutgefäße sind die Kapillaren. Sie sind noch feiner als ein Haar und werden deshalb auch Haargefäße genannt. Ein rotes Blutkörperchen passt gerade noch durch. Weil die Wände der Kapillaren so dünn sind, können Stoffe sowohl aus den Haargefäßen ins Gewebe transportiert werden als auch umgekehrt.

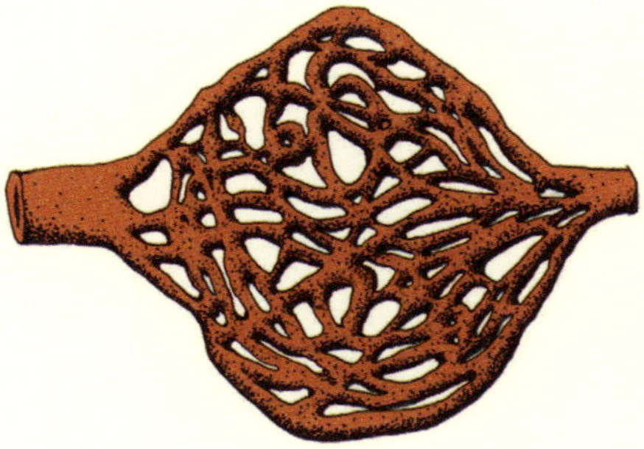

Kapillarnetz

52 DEIN GLEICHGEWICHTSSINN SITZT IN DEINEN OHREN

Mit deinen Ohren kannst du hören – klar. Sie sind speziell dazu entwickelt, um Schallwellen zu empfangen.

- Außen an deinem Ohr sitzen die Ohrmuschel und der Gehörgang. Die Form der Ohrmuschel dient dazu, so viele Geräusche wie möglich aufzunehmen. Über den Gehörgang werden die Geräusche nach innen geleitet.

- Die Geräusche verursachen Schallwellen, und diese versetzen das Trommelfell am Ende des Gehörgangs in Schwingungen.

- Im Mittelohr sitzen drei Gehörknöchelchen, die die Schwingungen wiederum ans Innenohr weitergeben, wo sich die Hörschnecke befindet.

- In der Hörschnecke sitzen Sinneszellen, die das Signal an den Hörnerv und damit auch ans Gehirn weiterleiten.

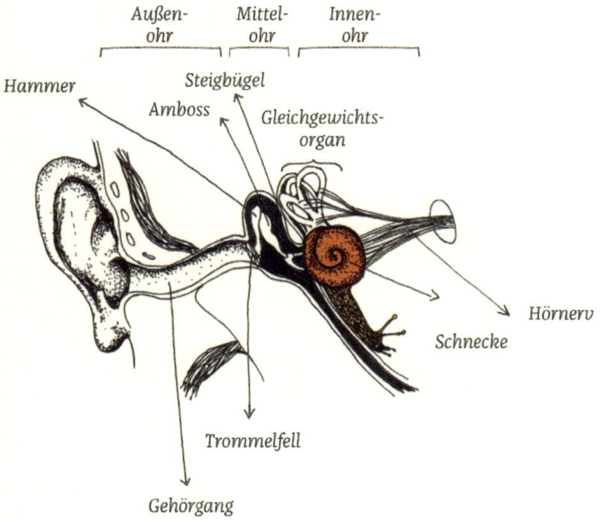

Das Ohr

Aber daneben sind deine Ohren auch ein Gleichgewichtsorgan.

- In deinem Innenohr sitzen nämlich außerdem drei kleine Schläuche, in denen winzige Härchen wachsen. Die Schläuche sind mit einer Flüssigkeit gefüllt. Die Härchen bewegen sich mit der Flüssigkeit mit wie Algen im Meer. So lassen die kleinen Härchen dein Gehirn wissen, was du gerade machst. Die Info kann zum Beispiel lauten: »Ich springe auf einem Trampolin«, aber genauso gut: »Ich sitze ruhig auf der Bank und lese ein Buch.« Wenn du ein Buch liest und dich fast nicht bewegst, passiert wenig oder gar nichts mit der Flüssigkeit in deinem Innenohr. Die Härchen bewegen sich nicht, also bekommt dein Gehirn das Signal, dass du stillsitzt. Legst du das Buch aber weg und fängst an, dich im Kreis zu drehen, gerät die Flüssigkeit in deinem Ohr in Bewegung. Die Härchen senden deinem Gehirn das Signal, dass du dich drehst. Wenn sie das nicht täten, würdest du sofort umfallen. Dass du stehen bleiben kannst, ist allein den kleinen Härchen zu verdanken. Sie regulieren dein Gleichgewicht.

- Wenn du dich aber länger im Kreis drehst und dann plötzlich stoppst, wird dir schwindelig. Es fühlt sich an, als ob du dich weiterdrehst. Das kommt daher, dass die Flüssigkeit zurückschwappt. Deine Augen sehen zwar, dass du dich nicht mehr drehst, aber von den Härchen bekommt dein Gehirn noch einen Moment lang das falsche Signal. Und davon wird dir schwindelig.

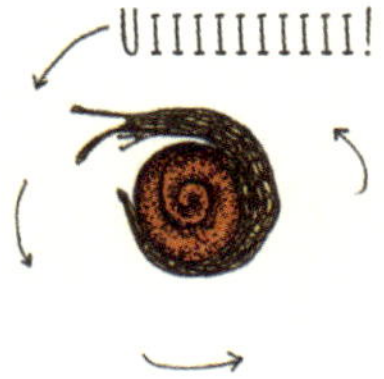

53 DEINE ZUNGE IST EINZIGARTIG

Du weißt bestimmt, dass jeder Mensch einen unverwechselbaren Fingerabdruck hat. In Krimiserien sieht man die Fahnder immer wieder Fingerabdrücke nehmen, um den Täter zu überführen.

Aber wusstest du, dass auch dein Zungenabdruck einzigartig ist? Keine zwei Menschen haben die gleiche Zunge. Die Geschmackspapillen, die Form, die Größe, die Rillen und Verästelungen auf deiner Zunge hat sonst niemand.

Und weil die Zunge im Mund gut geschützt ist, kann sie bei der Identifizierung von Personen nützlicher sein als ein Fingerabdruck.

Bonuswissen Zunge:

Auf der Innen- und auf der Außenseite deiner Zunge befinden sich Muskeln, mit denen du sie in alle Richtungen bewegen kannst. Acht Muskeln sind nötig, um deine Zunge zu verdrehen und sie hin und her zu bewegen.

An manchen Flughäfen muss man inzwischen in eine Kamera gucken. Die Maschine macht einen Scan von deiner Iris, dem farbigen Ring im Auge. Die Iris ist nämlich genau wie der Finger- und der Zungenabdruck einmalig.

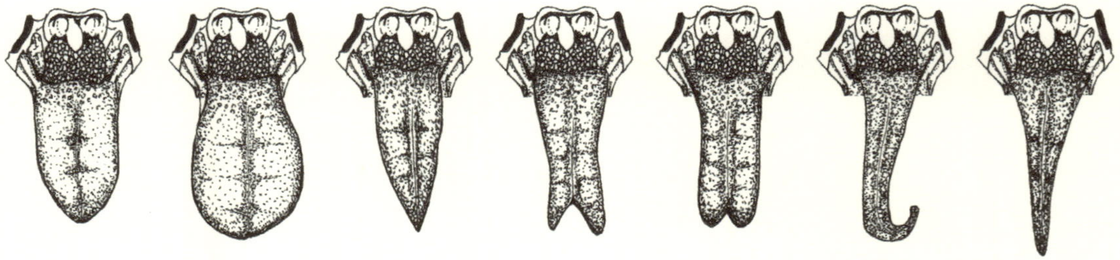

1. *Elias* 2. *Lukas* 3. *Jacky* 4. *Julia* 5. *Max* 6. *Pit* 7. *Luise*

54 ALLE MENSCHEN MIT BLAUEN AUGEN HABEN DENSELBEN VORFAHREN

- Dänischen Wissenschaftlern zufolge stammen alle blauäugigen Menschen von ein und demselben Vorfahren ab. Der lebte vor 6000–10 000 Jahren in der Gegend um das Schwarze Meer.
- Professor Hans Eiberg untersuchte achthundert Menschen mit blauen Augen aus verschiedenen Teilen der Welt: aus Skandinavien, der Türkei, aber auch aus Jordanien und anderen Ländern, wo blaue Augen eher selten sind.

- Deine Augenfarbe ist genetisch bestimmt. Das bedeutet, dass du sie von deinen Eltern vererbt bekommst. Ein Gen ist ein kleines Stück DNA, das allerlei Informationen enthält, die Eltern an ihre Kinder weitergeben.

- Fast alle Menschen mit blauen Augen, die der Professor untersuchte, hatten in dem Gen, das die Augenfarbe bestimmt, eine winzige Abweichung.

- Normalerweise ist die Farbe unserer Augen braun, weil in ihnen ein braunes Farbpigment sitzt. Das heißt Melanin. Bei Menschen mit blauen Augen gab es eine Genveränderung, dank der kaum noch Melanin produziert wird. Weil dieser kleine »Fehler« bei allen Untersuchten an derselben Stelle im Gen saß, müssen alle Menschen mit blauen Augen von derselben Person abstammen.

- Wenn du also blaue Augen hast und deine Freundin oder dein Freund auch, dann weißt du jetzt, dass ihr vor ganz, ganz langer Zeit dieselben Großeltern hattet.

braun	+	*braun*	→	75 % *braun*	19 % *grün*	6 % *blau*
grün	+	*braun*	→	50% *braun*	37 % *grün*	13 % *blau*
blau	+	*braun*	→	50 % *braun*	0 % *grün*	50 % *blau*
grün	+	*grün*	→	<1 % *braun*	75 % *grün*	25 % *blau*
grün	+	*blau*	→	0 % *braun*	50 % *grün*	50 % *blau*
blau	+	*blau*	→	0 % *braun*	1 % *grün*	99 % *blau*

55 MAN KANN SICH NICHT SELBST KITZELN

Versuch es doch mal eben, bevor du weiterliest. Ob du dir mit einer Feder über die Fußsohlen streichst oder dich selbst am Bauch kitzelst – es passiert nichts. Dein Gehirn schiebt da nämlich einen Riegel vor.

- Dein Gehirn arbeitet unendlich hart. Es ermöglicht dir nicht nur zu tun, was du jetzt im Moment tust (also lesen), sondern versucht auch, so gut wie möglich die Zukunft vorauszusagen.

- Als Baby kannst noch nicht besonders gut laufen. Du setzt ab und zu einen Fuß vor den anderen, aber genauso oft fällst du wieder auf die Nase. Irgendwann aber hat dein Gehirn es raus und weiß genau, was du tun musst. Ab dem Moment brauchst du nicht mehr darüber nachzudenken, welcher Fuß wohin muss, um vorwärtszukommen. Dein Gehirn übernimmt all diese Berechnungen für dich, ohne dass du es merkst. Mit dem Fahrradfahren und anderen Dingen, die du automatisch tust, ist es genauso.

- Aber dann liegt plötzlich ein Stein im Weg, und du stolperst. Dein Gehirn greift sofort ein. Es merkt, dass etwas schiefgelaufen ist, und versucht, die Bewegung zu korrigieren. Wenn du dann trotzdem hinfällst, sorgt dein Gehirn dafür, dass du rechtzeitig deine Arme nach vorn streckst, um den Sturz abzufedern (und dir leider vielleicht auch den Arm zu brechen).

- Dein Gehirn weiß also, was bevorsteht, wenn du dich selbst kitzelst. Es weiß, dass dein Arm sich jeden Moment heben wird und deine Finger eine Kitzelbewegung machen werden. Es weiß auch, dass deine Finger gleich auf deinem Bauch landen. Der Überraschungseffekt ist kaputt!

- Wenn jemand anders dich kitzelt, weiß dein Gehirn das vorher nicht. Es weiß nicht, wo gekitzelt wird und wann genau es passieren wird. Dadurch fühlt es sich komplett anders an. Wenn du also gern gekitzelt werden möchtest, bist du auf deine Freunde angewiesen.

56 OHNE LEBER KANN MAN NICHT LEBEN

Die Leber ist das zweitschwerste Organ in deinem Körper*. Bei einem erwachsenen Menschen wiegt sie etwa 1,5 Kilo.

Ungefähr fünfhundert verschiedene Aufgaben muss die Leber erfüllen. Man kann sie mit einer Chemiefabrik vergleichen, in der viele verschiedene Stoffe produziert werden. Die Leber befindet

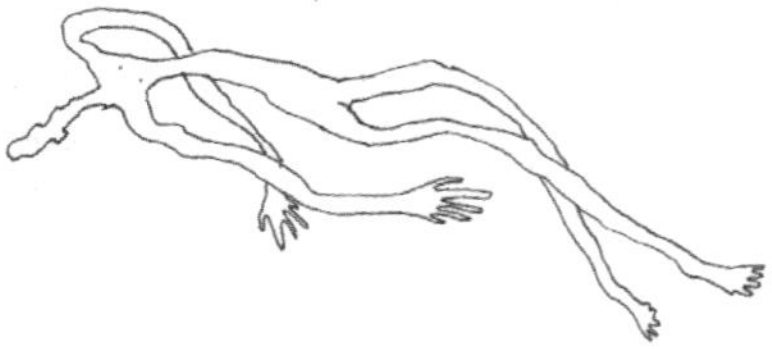

Die Haut

4 kg

* Das größte und schwerste Organ des Menschen ist die Haut. Sie wiegt im Durchschnitt 4 Kilo.

sich auf der rechten Körperseite neben dem Magen. Ohne dieses außergewöhnliche Organ könnten wir nicht leben.

Erst einmal bildet die Leber Galle, die in deiner Gallenblase gespeichert wird. Wenn du Pommes frites oder andere fettige Speisen isst, hilft die Galle dabei, die Fette zu verdauen.

Die Leber sorgt auch dafür, dass immer ein kleiner Zuckervorrat vorhanden ist. Sie speichert den Zucker in Form von Glykogen und wandelt ihn wieder in Zucker um, wenn du Extra-Energie brauchst, zum Beispiel zum Fußballspielen oder Rennen.

Jeden Tag gelangen Schadstoffe in unseren Körper, zum Beispiel durch Medizin, Farbstoffe im Essen oder durch Alkohol. Das sind Stoffe, die nicht gut für unseren Körper sind. Die Leber kümmert sich deshalb auch um die Entgiftung und Reinigung des Körpers.

Wenn ein Teil der Leber entfernt werden muss – zum Beispiel wegen einer Krankheit –, kann sie wieder zu einem vollständigen Organ nachwachsen.

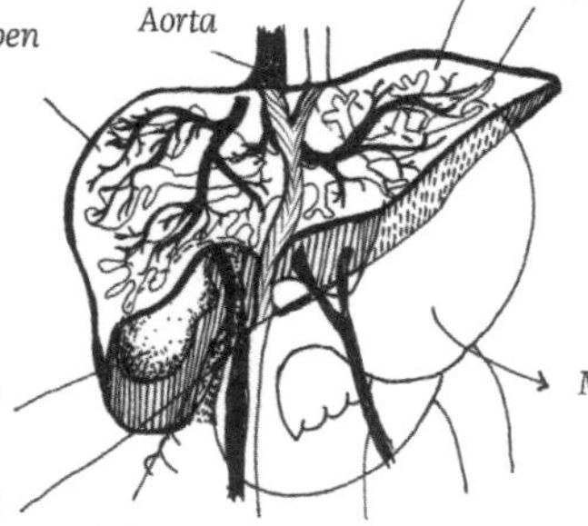

Die Leber

ungefähr 1,5 Kilo

57 NACH EINEM WEINKRAMPF FÜHLT MAN SICH (MEISTENS) BESSER

Kennst du das? Erst muss man furchtbar heulen, und wenn es vorbei ist, fühlt man sich viel besser. Als wäre einem eine schwere Last vom Herzen gefallen.

- Ein Professor wollte einmal herausfinden, warum das so ist. Er sammelte Tränen, die Menschen beim Zwiebelschneiden geweint hatten, und echte Tränen aus Traurigkeit oder Frust. Weil er in den Tränen der Menschen, die richtig geweint hatten, andere Stoffe als in den Zwiebeltränen fand, meinte er, dass wir durch Weinen schädliche Stoffe ausscheiden, die uns unglücklich machen.

- Aber nicht alle Wissenschaftler sind von der Untersuchung des Professors überzeugt. Sie glauben, dass wir weinen, um anderen zu zeigen, wie traurig wir sind. Die haben dann Mitleid mit uns und wollen uns helfen. Also weinen wir, um Trost zu bekommen.

- Aber weinen manche Menschen nicht auch, wenn sie überglücklich sind? Denk nur an den Sportler, der eine Medaille gewinnt. Was es mit diesen Freudentränen genau auf sich hat, wissen die Wissenschaftler noch nicht.

Wahrscheinlich werden noch viele Tränen fließen, bis das Geheimnis gelüftet ist.

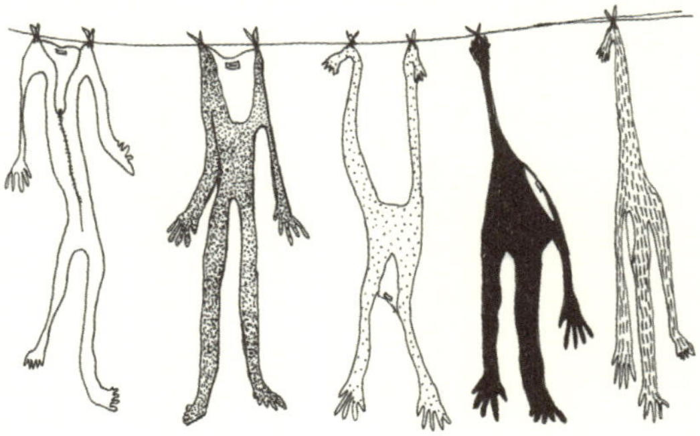

58 DEINE HAUTFARBE FUNKTIONIERT ALS NATÜRLICHE SONNENCREME

Wir haben alle eine unterschiedliche Hautfarbe. Der eine ist etwas brauner, die andere etwas blasser und wieder ein anderer leicht rötlich. Darunter sehen wir alle genau gleich aus. Wenn wir unsere Haut ausziehen könnten, würde man nicht mehr sehen, welche Farbe wir an der Außenseite hatten.

Was genau ist denn eigentlich Hautfarbe? In deinen Hautzellen befinden sich Farbstoffe, sogenannte Pigmente. Die sorgen dafür, dass du eine bestimmte Farbe bekommst. Die Pigmentierung hängt vom Anteil an Melanin ab. Davon gibt es zwei Sorten: Phäomelanin (rot/gelb) und Eumelanin (braun/schwarz). Dazwischen sind viele Kombinationen möglich.

Je mehr Pigmente deine Haut enthält, desto deutlicher ist die Farbe. Menschen in Skandinavien haben nicht viele Pigmente in ihrer Haut und sehen deshalb ziemlich blass aus. Im Senegal in Afrika haben die Menschen sehr viele Pigmente in ihren Hautzellen und bekommen davon eine sehr dunkle Haut.

Die Pigmente haben eine Funktion: Sie wirken als eine Art natürliche Sonnencreme. In Gegenden, wo die Menschen viel und lange der Sonne ausgesetzt sind, haben sie mehr Pigmente. Die Strahlen der Sonne können nämlich sehr gefährlich werden. Sie können dich verbrennen und im schlimmsten Fall sogar Hautkrebs verursachen. Pigmente sorgen dafür, dass die Sonnenstrahlen weniger Schaden anrichten können. In Afrika ist eine dunkle Hautfarbe also nichts anderes als ein guter Sonnenschutz.

Für die geringere Pigmentierung in heller Haut gibt es noch einen anderen Grund. Dunkle, also stark pigmentierte Haut produziert weniger Vitamin D, ein wichtiges Vitamin für die Entwicklung der Knochen und für die Gesundheit. Für die Produktion von Vitamin D braucht man die Sonne. Weil man in Afrika viel Sonnenlicht bekommt, nimmt man dadurch genug Vitamin D auf. In Europa aber gibt es viel weniger Sonnenlicht. Wer hier eine dunkle Hautfarbe hat, kann nicht genug Vitamin D bilden. Es hat also evolutionäre Gründe, warum Menschen aus Europa eine hellere Haut haben.

59 JEDEN TAG ZWINKERST DU UNGEFÄHR 14 500 MAL

Wir merken es kaum, und doch tun wir es die ganze Zeit: blinzeln.

- Durchschnittlich klappern wir 10 bis 15 Mal pro Minute mit den Augenlidern. Das sind etwa 900 Mal pro Stunde. Wenn wir jeden Tag sechzehn Stunden wach sind, kommt da einiges zusammen. An einem Tag blinzeln unsere Augen zwischen 14 000 und 15 000 Mal.

10–15 Mal pro Minute

- Natürlich hat das einen guten Grund. Blinzeln ist wichtig, um den Augapfel zu befeuchten und ihn dadurch vor Schmutz und Staub zu schützen.

- Manchmal müssen wir noch öfter blinzeln. Das passiert zum Beispiel, wenn wir nervös sind. Und Verliebte blinzeln öfter, um dem anderen zu zeigen, dass sie ihn mögen.

- Mächtige Personen wie Präsidenten versuchen deshalb, so wenig wie möglich zu blinzeln, wenn sie eine Rede halten oder mit einem anderen Präsidenten sprechen. Dadurch wollen sie ausdrücken, dass sie selbstsicher und überhaupt nicht nervös sind.

Noch mehr Geblinzel:

- **Die allermeisten Fische haben keine Augenlider und können deshalb nicht blinzeln. Die einzige Ausnahme ist der Hai: der hat nämlich Augenlider.**

- **Wenn du niest, sind deine Augen zu. Das ist ein natürlicher Reflex. Man kann zwar üben, mit offenen Augen zu niesen, aber das ist echt schwer.**

- **Mach mal das linke Auge zu und versuch, über deine linke Schulter zu gucken. Und jetzt das Gleiche mit dem rechten Auge über die rechte Schulter. Tja, das geht nicht – deine Nase ist im Weg!**

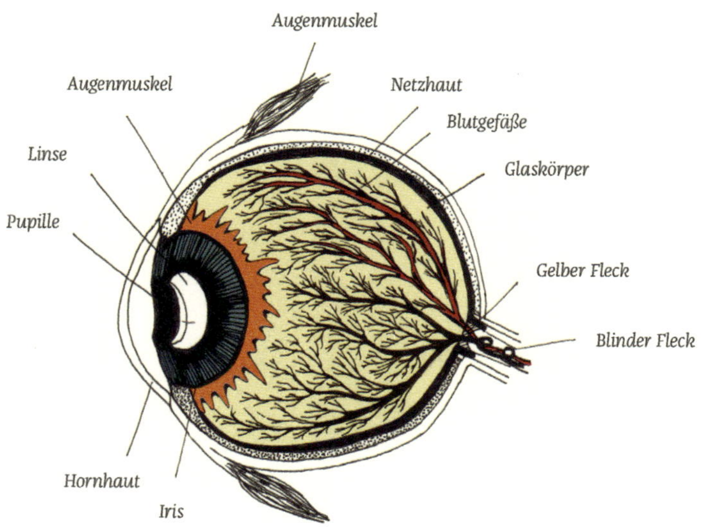

Das Auge

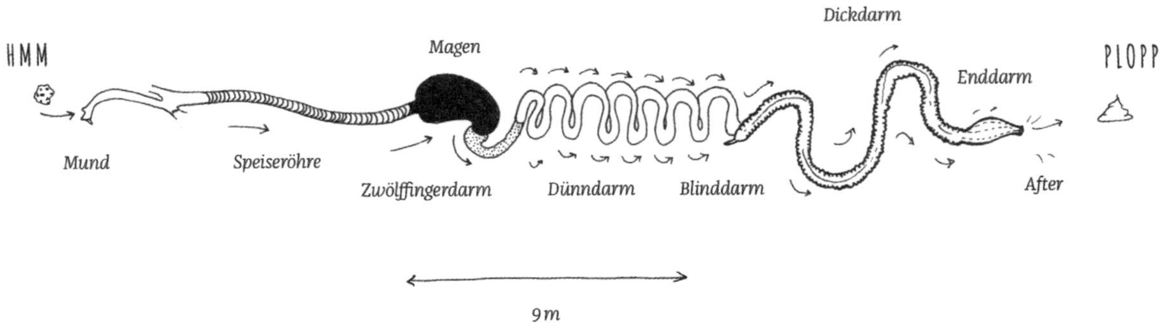

Die Verdauung

60 DEIN VERDAUUNGSTRAKT IST 9 METER LANG

Stell dir eine ungefähr neun Meter lange Röhre vor, durch die alle Nahrung hindurchmuss. Das ist dein Verdauungstrakt (oder Verdauungskanal), der von deinem Mund bis zu deinem After führt. Der After ist das Loch, durch das der Kot deinen Darm verlässt.

- Der längste Teil deines Verdauungstrakts ist der etwa 6,5 Meter lange Dünndarm. Der sitzt aufgerollt in deinem Bauch.
- Mal angenommen, du isst einen Keks. Mit den Zähnen beißt du ein Stück ab. Dein Kiefer beginnt, es zu zerkauen. Dabei vermischen sich zerkleinerte Keksstückchen mit deinem Speichel. Der enthält bereits Verdauungssäfte, die einen Teil der Nährstoffe aus dem Keks zerlegen.
- Über die Speiseröhre gelangt der Keksbrei in deinen Magen. Der zieht sich zusammen und mahlt alles noch ein bisschen feiner. Die Flüssigkeit in deinem Magen enthält Säure, welche die Bakterien, die mit dem Keks eingetroffen sind, abtötet. Die Säure hilft auch bei der Verdauung von Eiweiß.
- Vom Magen geht es dann weiter in den Zwölffingerdarm, wo der saure Speisebrei neutralisiert wird. Als Nächstes landet alles im Hauptteil des Dünndarms, wo es ein paar Stunden liegen bleibt. In dieser Zeit werden alle Nährstoffe aus dem Brei aufgenommen und an das Blut abgegeben, das sie in den ganzen Körper bringt.
- Im Dickdarm schließlich wird nur noch Wasser aus dem Speisebrei gezogen. Die letzte Station ist dann der Enddarm, wo der Stuhl (der Kot) gesammelt wird. Über den After wird alles, was dein Körper nicht verdaut hat, ausgeschieden.

Eine Mahlzeit vollständig zu verdauen dauert etwa 24 Stunden.

61 SPERMIEN SCHWIMMEN MIT EINER GESCHWINDIGKEIT VON 20 ZENTIMETERN PRO STUNDE

Bei ihrer winzigen Größe kommt die Samenzelle damit einem olympischen Schwimmer gleich. Das ist auch nicht verwunderlich, denn die Konkurrenz ist mörderisch. Zusammen mit zweihundert Millionen anderen Spermien schwimmt sie in Richtung Gebärmutter. Sie alle wollen das eine Ei befruchten, aus dem später ein Baby wächst.

Bei Weitem nicht alle Samenzellen schaffen es bis zum Ei. Nur wenigen Hundert gelingt es, über die Gebärmutter die Eileiter zu erreichen. Dort muss sich dann auch eine reife Eizelle befinden, die von der Samenzelle befruchtet werden kann. Wenn eine der Samenzellen es schafft, entsteht ein Baby aus der Verschmelzung von Ei- und Samenzelle.

Bonuswissen Samenzellen:

- Mädchen kommen mit unglaublich vielen Eizellen auf die Welt, und zwar durchschnittlich einer Million. Doch ab der Geburt werden es jedes Jahr weniger, bis am Beginn der Pubertät nur noch ungefähr 400 000 übrig sind.
- Im Körper einer Frau können Spermien bis zu fünf Tagen überleben. Also kann eine Eizelle auch durch eine Samenzelle, die sich schon ein paar Tage im Körper aufhält, befruchtet werden.
- Spermien wurden 1677 von einem Niederländer erstmals entdeckt und beschrieben. Antoni van Leeuwenhoek betrachtete sein Sperma unter seinem selbst gebauten Mikroskop und war völlig verblüfft davon, wie viel Leben er dort vor der Linse hatte.

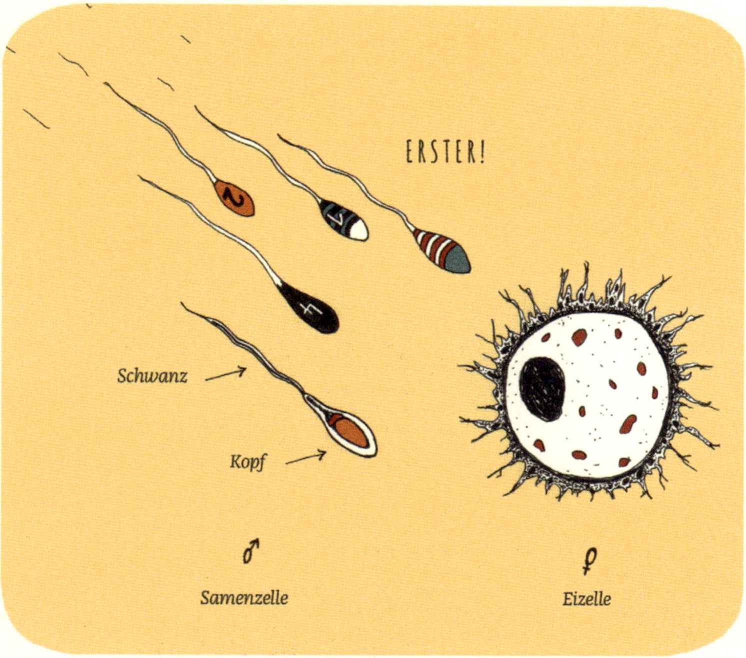

62 MANCHE KÖRPERTEILE BENUTZEN WIR GAR NICHT

Dein Körper ist ein kleines Wunder. Jede Zelle darin hat eine Funktion. Und doch gibt es Teile, die unser Körper eigentlich nicht braucht. Das sind Überbleibsel aus unserer Vergangenheit.

- **Weisheitszähne** brauchten unsere Vorfahren, um auf zähen Fleisch- oder Pflanzenstücken zu kauen. Sie waren nützlich, um alles ordentlich zu zermahlen. Heutzutage können wir zähe Nahrung kochen, backen oder mit Messer und Gabel klein schneiden. Die Weisheitszähne brauchen wir also nicht mehr. Heute verursachen sie nur noch Zahnschmerzen.

- In der inneren Ecke von deinem Auge befindet sich ein Stück rosa Haut. Das ist das Rudiment (der Überrest) der **Nickhaut**, die bei Tieren noch vorkommt. Früher brauchten wir sie, um unsere Augen vor grellem Licht oder Wind zu schützen. Heute haben wir ja Sonnenbrillen und andere Dinge, um unsere Augen zu schützen. Wir laufen auch nicht mehr so oft durch Wind und Wetter und benötigen deshalb die Nickhaut nicht mehr.

- Um zu hören, woher ein Geräusch kam, mussten unsere Vorfahren **ihre Ohren bewegen** können. So konnten sie Beute schneller finden und Feinde orten. Heutzutage ist das alles nicht mehr nötig. Die Muskeln in unseren Ohren sind also überflüssig. Bei den meisten Menschen funktionieren sie gar nicht mehr, auch wenn manche von uns noch beeindruckend mit den Ohren wackeln können.

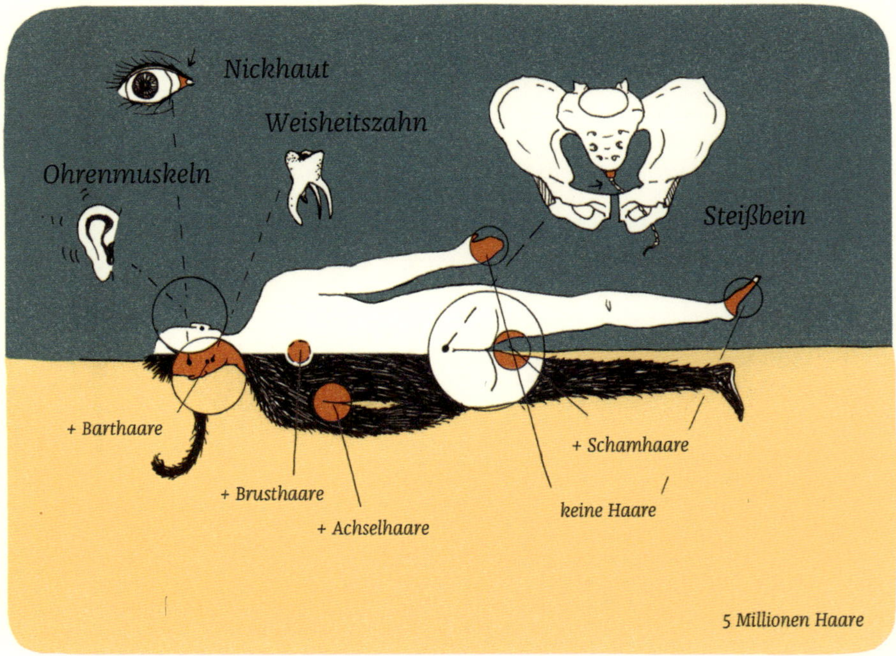

- Unten an deiner Wirbelsäule sitzt das **Steißbein**. Das ist ein kleiner Knochen, der keine Funktion mehr hat. Bei unseren Vorfahren befand sich an der Stelle ein kleiner Schwanz, den sie brauchten, um das Gleichgewicht zu halten. Vielleicht findest du es schade, dass wir unser Schwänzchen nicht mehr haben – das Steißbein jedenfalls können wir überhaupt nicht gebrauchen.
- Und dann gibt es noch den **Blinddarm** mit dem sogenannten Wurmfortsatz (Appendix). Das ist ein wurmförmiges Anhängsel am Blinddarm, das wahrscheinlich unseren Vorfahren bei der Verdauung von Pflanzennahrung half. Heute verschafft uns der Appendix vor allem Ärger, weil er sich entzünden kann. Dann muss man ins Krankenhaus, um ihn entfernen zu lassen.

63 DU HAST UNGEFÄHR FÜNF MILLIONEN HAARE AM KÖRPER

- 100 000 davon wachsen auf deinem Kopf. Der Rest ist über den ganzen Körper verteilt. Damit sind Menschen fast so behaart wie Hunde und Katzen. Nur an den Handflächen und Fußsohlen haben wir keine Haare.
- Unsere Körperhaare sehen natürlich anders aus als bei anderen Säugetieren. Wir haben vor allem einen dünnen Flaum am Körper. Nur auf dem Kopf, unter den Achseln und an den Geschlechtsteilen haben wir etwas dickere Haare.
- Männer bekommen zwar oft eine Glatze, aber trotzdem haben sie im Durchschnitt 25 000 Haare mehr am Körper als Frauen. Das liegt daran, dass bei ihnen mehr Haare an den Armen und Beinen wachsen. Viele haben außerdem Haare auf der Brust und dem Rücken. Und nicht zu vergessen all die Schnurr- und Vollbärte!
- Im Bauch der Mutter ist ein Baby über und über mit Haarflaum bedeckt. Den nennt man *Lanugo*, und er sieht aus wie wolliges Fell. Wozu er dient, können Wissenschaftler nicht genau sagen. Direkt vor (manchmal auch nach) der Geburt fallen die Härchen aus. Nur auf den Armen und Beinen bleibt eine dünne Schicht erhalten.
- Die Haare auf deinem Kopf, die Augenbrauen und die Wimpern sind auch alle vor der Geburt schon da – und fallen nicht aus. In der Pubertät kommen dann noch Achselhaare und Schamhaare dazu. Bei den Männern wachsen Bart- und Brusthaare.

Haarige Bonusinfo:
Wie viele Haare du auf dem Kopf hast, ist von deiner Haarfarbe abhängig. Rothaarige Menschen haben im Durchschnitt 85 000, Braun- und Schwarzhaarige 100 000 und blonde Menschen 140 000 Haare.

64 WO DIE GRÖSSTEN MENSCHEN LEBEN

Wissenschaftler haben 18,6 Millionen Menschen aus zweihundert Ländern gemessen. Sie alle waren zwischen 1896 und 1996 geboren.

- Mit durchschnittlich 182,5 Zentimetern sind niederländische Männer die größten der Welt. In Belgien, Estland, Lettland und Dänemark wohnen auch viele große Männer.

- Die längsten Frauen findet man in Lettland, den Niederlanden sowie in Estland und Tschechien.

- Die kleinsten Männer wohnen in Ost-Timor, Jemen und Laos. Sie werden durchschnittlich 160 Zentimeter groß. Die kleinsten Frauen wiederum sind in Guatemala zu Hause: im Durchschnitt 149,4 Zentimeter.

- Die Wissenschaftler wollten auch herausfinden, warum so große Längenunterschiede zwischen Menschen aus unterschiedlichen Ländern bestehen. Einen Anteil daran haben die Gene: Größere Eltern bekommen größere Kinder. Aber die Gene sind nicht das Wichtigste: Unterernährung und Krankheiten können auch dafür sorgen, dass Menschen weniger groß werden.

- Außerdem stellten die Wissenschaftler fest, dass größere Menschen weniger schnell krank werden und im Durchschnitt länger leben. Woran das liegt, muss noch weiter erforscht werden.

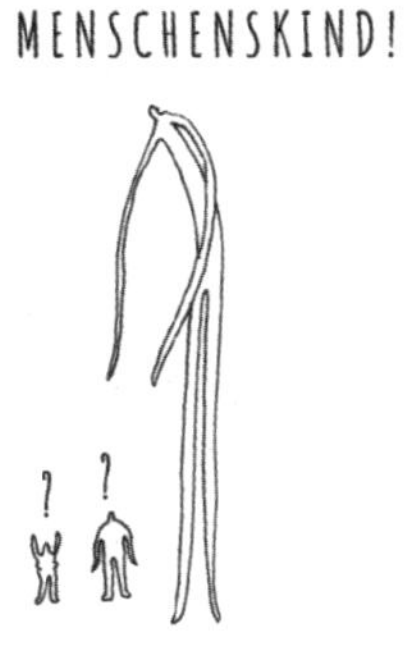

182,5 cm

65 EINS VON FÜNF KINDERN IST EIN SCHLAFWANDLER

Bist du schon mal neben deinen Eltern im Bett wach geworden? Und hattest nicht den leisesten Schimmer, wie du dahin gekommen bist? Dann spricht einiges dafür, dass du in der Nacht geschlafwandelt bist.

Schlafwandler

- Eins von fünf Kindern zwischen fünf und zwölf Jahren schlafwandelt. Dann sprechen, schreien und laufen sie im Schlaf herum, aber sie können auch schwierigere Dinge tun, wie zum Beispiel ein Spiegelei braten.

- Schlafwandeln passiert in der Tiefschlaf-Phase. Darin treten vor allem langsame Hirnströme auf, die Deltawellen heißen. Doch gleichzeitig passiert etwas anderes: Dein Gehirn produziert auch schnelle Alphawellen. Die Kombination dieser unterschiedlichen Hirnströme kann zu Schlafwandeln führen. Die Alphawellen erlauben dir, verschiedene Aktivitäten auszuführen, während die Deltawellen dafür sorgen, dass du es nicht mitbekommst und dich nicht daran erinnerst.

- Meistens hört das Schlafwandeln mit Beginn der Pubertät von selbst auf. Unter den Erwachsenen gibt es nur 3 % Schlafwandler.

- Im Erwachsenenalter kann Schlafwandeln schon mal zu Ärger führen. Es gibt Schlafwandler, die versuchen, an Gardinen hochzuklettern, wodurch alles zu Boden kracht. Manche begeben sich auch auf die Suche nach einem Schlafplatz und landen dann bei jemand anderem im Bett!

66 FALLEN VOR DEM EINSCHLAFEN IST GANZ NORMAL

Bestimmt hast du es auch schon erlebt: Man liegt gemütlich im Bett, und gerade, wenn man ins Land der Träume sinkt, hat man plötzlich das Gefühl, in ein tiefes Loch zu stürzen. Da bekommt man einen ganz schönen Schreck! Dabei handelt es sich um eine völlig normale Erscheinung, die fast jeder mal erlebt.

- Der Fall vor dem Einschlafen hat auch einen wissenschaftlichen Namen: Einschlafmyoklonie oder Einschlafzuckungen. »Myoklonie« bedeutet, dass ein Muskel oder eine Muskelgruppe sich plötzlich zusammenzieht. Es ist mit einem Schluckauf vergleichbar, bei dem sich dein Zwerchfell zusammenzieht. Die Einschlafmyoklonie ist also der Schluckauf deines Körpers.

- Eigentlich ist dein Gehirn schuld. Kurz vor dem Einschlafen entspannt sich dein Körper und deine Muskeln erschlaffen. Dein Gehirn bekommt es mit und stuft es als Gefahrensituation ein. Deshalb sendet es ein Notsignal an all deine Muskeln und ruft laut: »Hilfe! Irgendwas ist passiert, dass ihr nicht mehr arbeitet!« Die Muskeln reagieren, indem sie sich alle auf einmal zusammenziehen. Dadurch bekommst du das Gefühl, dass du fällst, und bist sofort wieder hellwach.

- Rückenschläfer klagen öfter über Einschlafmyoklonie als Seitenschläfer. Durch das Liegen auf der Seite bleiben die Muskeln nämlich ein bisschen angespannter, weshalb das Gehirn nicht Alarm schlagen muss.

Einschlafmyoklonie

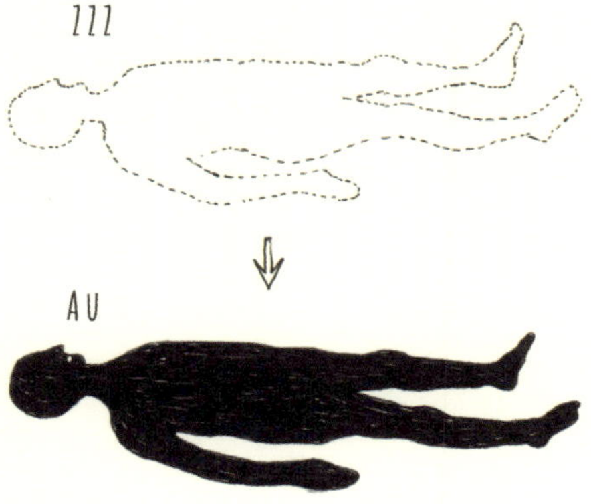

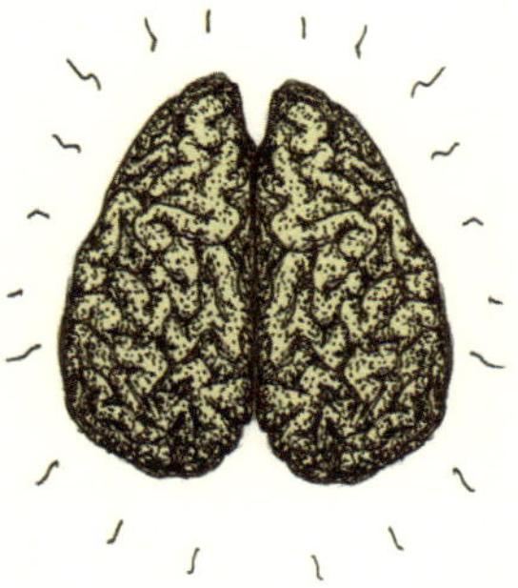

Das Gehirn

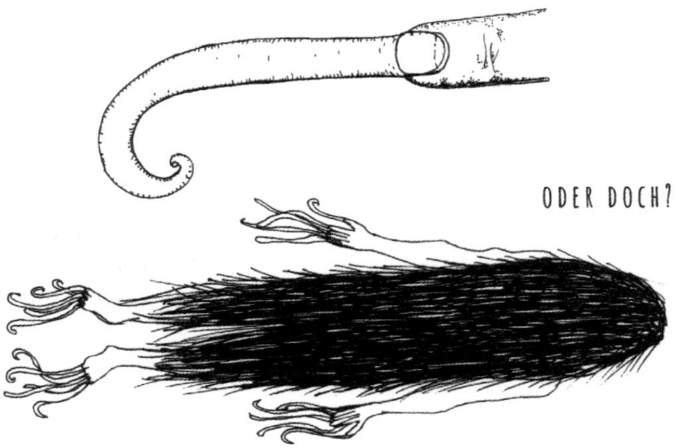

67 HAARE UND NÄGEL WACHSEN NACH DEM TOD NICHT WEITER

Lange dachten die Menschen, dass Haare und Nägel von Verstorbenen weiterwachsen. Das ist ein Märchen.

- Unsere Haare und Fingernägel brauchen Glukose, um zu wachsen. Glukose wird auch Blutzucker genannt, und der wird nur produziert, solange unser Herz noch schlägt.

- Bei lebenden Menschen wachsen die Nägel ungefähr einen Zehntelmillimeter pro Tag. Unter dem Nagel entstehen dauernd neue Nagelzellen, die die alten ein Stück nach vorne drücken. Die Zellen oben an deinem Nagel sind tot – deshalb spürst du nichts, wenn du sie schneidest. Wenn keine neuen Nagelzellen produziert werden, können deine Nägel nicht mehr wachsen.

- Dasselbe gilt für deine Haare. Solange du lebst, wachsen deine Haare etwa einen Zentimeter pro Monat. Wenn du stirbst, hören sie auf zu wachsen.

- Aber warum scheint es dann, als ob die Haare und Nägel von Verstorbenen noch weiterwachsen? Wenn kein Blut mehr durch den Körper strömt, trocknet er aus und schrumpft. Dadurch sehen die Haare und Nägel länger aus. In Wirklichkeit wachsen sie kein bisschen.

68 UNSERE ZÄHNE PUTZEN WIR SCHON SEIT TAUSENDEN VON JAHREN

Schon vor Tausenden von Jahren sagten Eltern zu ihren Kindern: »Putz dir bloß die Zähne!«, wenn sie zu Bett gingen.

- Vor ganz langer Zeit benutzten die Menschen Asche, gemahlene Eierschalen oder Salz, das sie sich mit den Fingern in die Zähne rieben. Ob die Zähne davon schöner wurden oder nicht, können wir leider nicht wissen.

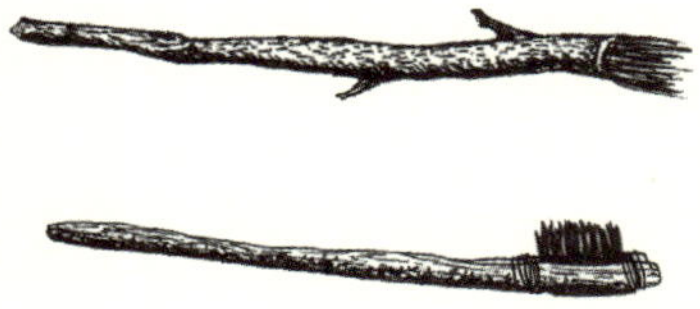

Die ersten Zahnbürsten

- Die Babylonier und alten Ägypter brachen schon rund 3000 Jahre vor Christus Zweige von Bäumen mit besonderen Heilkräften ab. Darauf kauten sie eine Weile herum, bis Borsten zum Vorschein kamen, mit denen sie ihre Zähne putzen konnten.
- Die erste richtige Zahnbürste ist eine Erfindung der Chinesen. Sie nahmen ein Stück Knochen oder Bambus als Stiel und banden Schweineborsten daran fest. Diese festen Haare waren am besten zum Zähneputzen geeignet.

– 3 –

SPORT IST (MEISTENS) GESUND

69 FORMEL-1-FAHRER SIND UNGLAUBLICH FIT

Dabei scheint es so einfach. Du ziehst einen Ganzkörperanzug an, setzt einen coolen Helm auf und nimmst hinter dem Steuer eines Rennautos Platz. Dann drehst du auf einem Parcours ein paar rasend schnelle Runden. Eine gute Kondition brauchst du da eigentlich nicht, der Wagen macht ja die ganze Arbeit.

Ganz im Gegenteil! Formel-1-Piloten sind echte Hochleistungssportler und Rennfahren die Sportart mit der allerstärksten körperlichen Belastung.

- Während eines Rennens schlägt das Herz eines Rennfahrers gut 200 Mal pro Minute. Das ist mehr als bei Fußballern oder Sprintern, deren Puls zwischen 150 und 160 liegt. Der hohe Herzschlag kommt vor allem von der physischen Anstrengung, aber auch davon, dass der Fahrer die ganze Zeit über hochkonzentriert sein muss, er darf sich – wortwörtlich – nicht ablenken lassen. Eine plötzliche Bremsbewegung oder ein Überholversuch kann den Puls pfeilschnell in die Höhe jagen.

- Um mit dem enormen Stress umzugehen, trainieren Formel-1-Piloten mindestens vier Stunden pro Tag, z. B. in Form von Fitnesstraining, Laufen oder Radsport. Außerdem müssen sie ein Krafttraining absolvieren.

- Die Nackenmuskeln eines Rennfahrers werden extrem stark beansprucht. Beim Bremsen in Kurven wirkt die Schwerkraft vier bis fünf Mal stärker als normal. Für den Rennfahrer fühlt es sich dann so an, als ob sein Kopf vier oder fünf

Das Herz

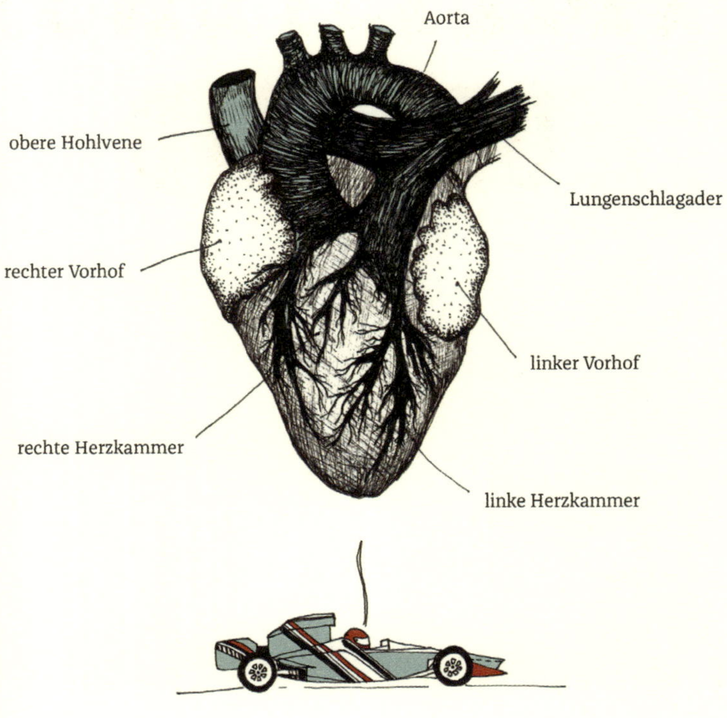

Mal so schwer wäre. Um seinen Kopf gerade zu halten, braucht er also sehr starke Rücken- und Nackenmuskeln. Manche Fahrer tragen deshalb beim Training einen zehn Kilo schweren Helm.

- Um das Lenkrad festzuhalten, braucht ein Fahrer starke Armmuskeln, und auch in den Beinen benötigt er zum Bremsen viel Kraft.
- Und natürlich muss er neunzig Minuten lang ordentlich auf Draht sein. Nur eine Sekunde Unaufmerksamkeit kann ihn das Leben kosten. Darum müssen Rennfahrer auch mental sehr fit sein.

Bonusinfo Formel 1:

Nach einem Rennen wiegen die Fahrer 2–3 Kilo weniger. Das kommt daher, dass sie unterwegs so viel Flüssigkeit verlieren.

Das ist ganz praktisch, schließlich können sie unterwegs nicht auf die Toilette. Und wenn sie doch dringend müssen? Dann machen sie einfach in ihren Anzug.

70 KORFBALL IST DER EINZIGE GEMISCHTE BALLSPORT

Oder besser gesagt: Korfball ist der einzige Gruppenballsport, in dem Jungen und Mädchen in einem Team spielen. Ein Korfballteam besteht aus vier Mädchen oder Frauen und vier Männern oder Jungen. Der Rest der Spieler sitzt auf der Bank und wartet darauf, eingewechselt zu werden. Wenn es zu wenige Männer gibt, kann eine Frau für einen Mann einspringen. Sie muss dann ein spezielles Hemd anziehen. Umgekehrt ist das Einspringen nicht erlaubt, weil Männer laut den Korfballregeln als stärker gelten.

Vor allem in den Niederlanden und in Belgien ist Korfball beliebt. Von einem niederländischen Lehrer namens Nico Broekhuysen wurde die Sportart im Jahr 1902 auch erfunden. Der hatte in Schweden ein *Ringboll*-Spiel gesehen und dachte sich eine Variante aus, aus der später Korfball werden sollte. Beim Korfball geht es darum, den Ball in den Korb des gegnerischen Teams zu werfen.

Es gibt noch andere Sportarten, bei denen Jungen und Mädchen gemeinsam spielen, wie etwa das gemischte Doppel beim Tennis, Tischtennis und Badminton. Auch im Biathlon und im Skispringen gibt es gemischte Wettbewerbe, und im Pferdesport können sich die Teams aus Frauen und Männern zusammensetzen. Beim Gesellschaftstanz treten Männer und Frauen in Paaren gemeinsam auf.

71 EDDIE EAGAN WURDE SOWOHL IM WINTER ALS AUCH IM SOMMER OLYMPIASIEGER

Eddie Eagan wurde 1897 in Denver, in den Vereinigten Staaten, geboren. Obwohl er aus einer armen Familie stammte, absolvierte er ein Jura-Studium an den beiden Spitzenuniversitäten Harvard und Oxford.

1920 wurden die Olympischen Sommerspiele in Antwerpen ausgerichtet. Eddie Eagan wurde olympischer Boxchampion im Leichtschwergewicht. 1932 nahm er in Lake Placid an den Olympischen Winterspielen teil. Dort gehörte er zu dem Team, das im Viererbob eine Goldmedaille gewann. Damit ist Eddie bis heute der einzige Sportler, dem es gelang, sowohl bei den Olympischen Winter- als auch bei den Sommerspielen eine Goldmedaille zu gewinnen.

Natürlich gibt es noch mehr Sportler, die an den Sommer- und an den Winterspielen teilgenommen haben.

- **Jacob Tullin Thams** war ein Norweger, der Gold im Schanzenspringen und Silber im Segeln holte.

Für Eddy Eagan

- Die Deutsche **Christa Luding-Rothenburger** gewann die Goldmedaille im 500-Meter-Eisschnelllauf und die Silbermedaille im Bahnradrennen.
- Auch **Clara Hughes** aus Kanada schaffte eine Medaille beim Radrennen und im Eislaufen.
- **Lauryn Williams** schließlich holte Silber sowohl beim Sprinten als auch im Bob.

72 ARCHITEKTUR, LITERATUR, MUSIK, MALEN UND BILDHAUEN WAREN EINST OLYMPISCHE DISZIPLINEN

- **Pierre de Frédy, Baron von Coubertin** – oder kurz Pierre Baron de Coubertin – war Franzose. Er legte den Grundstein für die modernen Olympischen Spiele, die 1896 ihren Anfang nahmen.
- Neben sportlichen Wettkämpfen forderte der Baron auch die Abhaltung von Kunstwettbewerben. Die Künstler mussten sich aber vom Sport inspirieren lassen. Zwischen 1912 und 1948 konnte man deshalb bei den Olympischen Spielen auch Medaillen in Architektur, Literatur, Musik, Malerei und Bildhauerei gewinnen.

- Vielleicht wollte der Baron auch einfach nur eine Möglichkeit schaffen, wie er selbst an den Spielen teilnehmen konnte. 1912 gewann er eine Goldmedaille mit seinem Gedicht *Ode an den Sport*. Um eine ehrliche Wahl zu garantieren, nahm er nicht unter seinem eigenen Namen teil, sondern benutzte die Pseudonyme Georges Hohrod und M. Eschbach.

73 DIE BESTEN LANGSTRECKENLÄUFER KOMMEN AUS OSTAFRIKA

Ein Großteil der besten Marathonläufer der Gegenwart stammt aus dem Osten von Afrika. Elius Kipchoge, Dennis Kimetto, Wilson Kipsang und Patrick Makau sind zum Beispiel Kenianer. Haile Gebrselassie ist Äthiopierin. Wissenschaftler waren neugierig, woran das liegen könnte.

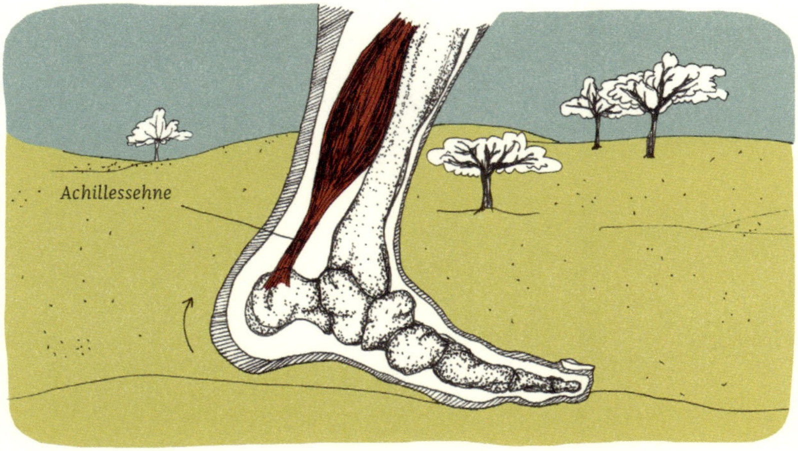

Sie vermuteten, dass der Körperbau der ostafrikanischen Athleten etwas damit zu tun haben könnte.

- Athleten aus Ostafrika haben oft lange, schlanke Beine, die beim Rennen nützlich sind.

- Manche Forscher glauben auch, dass die etwas längere Achillessehne der ostafrikanischen Athleten ein Vorteil beim Laufen sein könnte. Es stellt sich natürlich die Frage, ob die längere Sehne angeboren ist oder einfach das Ergebnis von hartem Training.

Die meisten Forscher glauben jedoch, dass nicht allein der Körperbau für den großen Erfolg der ostafrikanischen Läufer verantwortlich ist. Auch andere Faktoren können eine wichtige Rolle spielen.

- Viele kenianische und äthiopische Athleten stammen aus Regionen, die 2000 bis 2500 Meter über dem Meeresspiegel liegen. Kinder, die dort aufwachsen, rennen oder wandern oft täglich 5 bis 20 Kilometer zur nächsten Schule. Vielleicht verschafft ihnen dieses Training in großer Höhe von klein auf einen Vorsprung gegenüber anderen Athleten.

- Außerdem sind die Läufer aus diesem ziemlich armen Teil der Welt wahrscheinlich auch besonders zu Höchstleistungen motiviert. Schließlich kann der Laufsport eine gute Möglichkeit sein, sich seinen Lebensunterhalt zu verdienen.

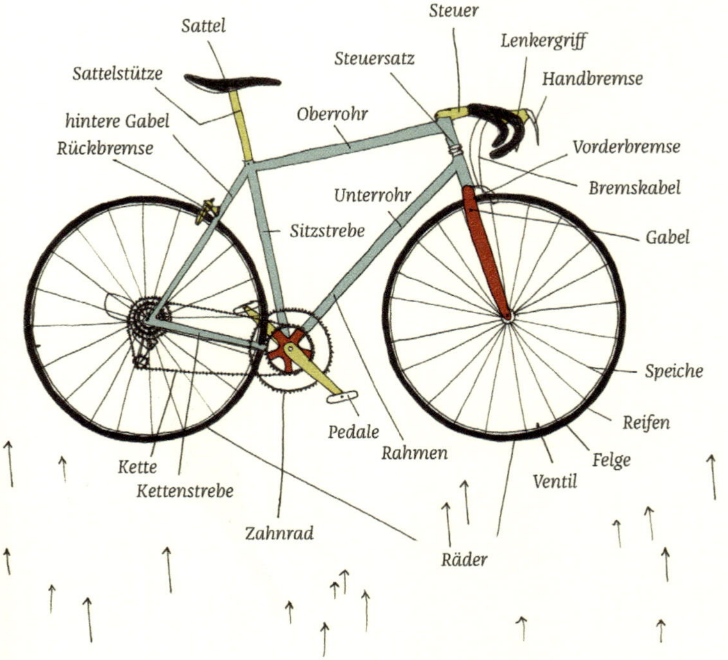

74 DAS LEICHTESTE RENNRAD WIEGT WENIGER ALS EIN NEUGEBORENES BABY

- Das leichteste Rennrad wiegt 2,7 Kilo, etwa so viel wie ein kleiner Sack Kartoffeln. Es lässt sich also mühelos mit einer Hand hochheben.

- Der Deutsche Gunter Mai hat ein Rennrad gebaut, dessen Rahmen nur 642,5 Gramm wiegt. Die Gabel des Fahrrads – in der das Vorderrad sitzt – wiegt 185,9 Gramm. Gunter Mai bastelte so lange an seinem Rad herum, bis es ein Gesamtgewicht von 2,8 Kilo hatte, und verkaufte es dann an einen amerikanischen Fahrradhersteller. Der entwickelte besondere Räder mit einem Gewicht von nur 583 Gramm und machte das Fahrrad so noch leichter. Die Herstellung dieses Rads kostet ungefähr 45 000 Dollar.

- Ein zu leichtes Fahrrad darf man allerdings in einem Wettbewerb nicht verwenden. Dem Internationalen Radsportverband (UCI) zufolge muss ein Rennrad nämlich mindestens 6,8 Kilo wiegen.

75 FUSSBALL WURDE VON DEN CHINESEN ERFUNDEN

Eine Cuju-Partie

Nicht die Engländer, nicht die Franzosen und nicht die Deutschen sind die Erfinder des beliebtesten Ballsports der Welt. Mehr als zweitausend Jahre bevor das Spiel Europa eroberte, spielten chinesische Soldaten schon *Cuju* oder *Ts'u chü*. Wörtlich übersetzt bedeutet der Name »Trittball«. Dafür füllte man einen leeren Ball mit Federn oder Fell. Zwei Teams versuchten, Punkte zu erzielen, indem sie den Ball in ein Tor schossen. Das Tor war ein Stück Stoff mit einem Loch, das zwischen zwei Pfosten gespannt wurde. Die Spieler durften dabei ihre Hände nicht einsetzen. Später, während der Song-Dynastie von 960 bis 1279 nach Christus, wurde das Spiel sehr beliebt.

Das professionelle Fußballspiel, wie wir es heute kennen, begann 1863 in England. Am Anfang ging es im Fußball viel rauer zu. Die Spieler durften dem Gegner einen Stoß versetzen, selbst wenn der gar nicht im Ballbesitz war. Und hielt der Torwart den Ball fest, durfte man noch probieren, ihn über die Torlinie zu schubsen, um so ein Tor zu erzielen.

76 ES GIBT EINE WELTMEISTERSCHAFT IM JO-JO

Jo-Jo-Spielen macht Spaß. Vielleicht bist du ja sogar richtig gut darin? In dem Fall solltest du überlegen, dich für eine Meisterschaft anzumelden.

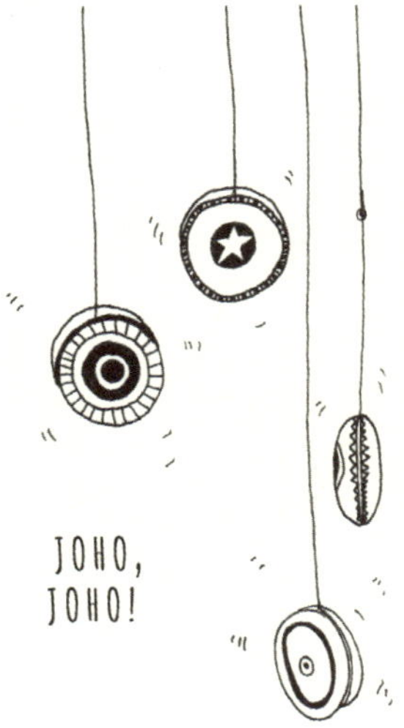

- Eine Jo-Jo-Meisterschaft besteht aus zwei Teilen. Erst muss man eine Reihe festgelegter Tricks vorführen. Im zweiten Teil, dem *Freestyle*, kannst du deine persönlichen Lieblingskunststücke zum Besten geben. Eine Jury vergibt Punkte. Wer die meisten Punkte erhält, gewinnt. Beim Freestyle tritt man zu Musik auf und darf dabei auch tanzen oder herumhüpfen.
- Um an der Weltmeisterschaft teilnehmen zu dürfen, musst du zuerst in den nationalen Wettbewerben gut abschneiden. Vor allem Japaner sind erfolgreich in diesem Sport. Shinij Saito wurde gleich 13 Mal Weltmeister.
- Auch in Deutschland findet jährlich eine nationale Jo-Jo-Meisterschaft statt, die von der Deutschen Jo-Jo-Vereinigung GYYA (German Yo-Yo Association) veranstaltet wird.

77 EIN SUMO-RINGER ISST ACHT RIESIGE PORTIONEN REIS PRO TAG

Um Sumo-Ringer zu werden, braucht man ordentlich Disziplin. Das, und guten Hunger. Sumo-Ringer müssen nämlich sehr viel essen, um sich zu wirklichen Champions zu entwickeln.

- Das Frühstück lassen sie ausfallen. Frühmorgens müssen sie nämlich schon hart trainieren, und mit vollem Magen können sie einen Gegner nicht so leicht niederringen. Natürlich sind sie dann mittags sehr hungrig. Zum Glück steht dann immer ein Koch bereit, der ihnen schnell etwas zu essen macht.

- Der bekannte Sumo-Champion Konishiki behauptet, dass er mittags mit Leichtigkeit zehn Schüsseln *Chanko-nabe* (siehe unten), acht Schalen Reis, hundertdreißig Stück Sushi und fünfundzwanzig Portionen Fleisch verspeist. Und zum Schluss hat er noch Platz für Nachtisch.

- *Chanko* oder *Chanko-nabe* ist ein eiweißreicher Eintopf mit Fleisch, Fisch, Hühnchen und Tofu und viel Gemüse. Eigentlich richtig gesund also, aber Sumo-Ringer essen eine unglaubliche Menge davon. Sie trinken auch gern viel Bier dazu. Nach dem Mittagessen machen sie ein Nickerchen, um so wenig Energie wie möglich zu verbrauchen. Am Abend gibt's dann noch mal das Gleiche. Pro Mahlzeit nehmen sie also zwischen 4000 und 5000 Kalorien zu sich, was mehr als der doppelte Tagesbedarf eines erwachsenen Mannes ist.

- Sumo-Ringer bringen zwischen 150 und 270 Kilo auf die Waage. Dafür sind viele Muskeln verantwortlich, aber auch viel Fett an Hüfte und Bauch. Dadurch kommen sie nicht so leicht aus dem Gleichgewicht. Das Fett dient auch als Kissen für eine sanfte Landung.

- Weil es bei Sumo-Wettkämpfen keine Gewichtsklassen gibt, tut ein Ringer alles, um so schwer wie möglich zu werden. Das verschafft ihm einen Vorteil gegenüber seinem Gegner.

- Sumo-Ringer haben ein hartes Leben. Es dauert etwa zehn Jahre, bis sie ihr Zielgewicht erreicht und das vollständige Training absolviert haben. Die Kämpfer leben in einem »Stall«. So werden die Schulen genannt, an denen Sumo-Kämpfer ausgebildet werden. Dort müssen sie einen strikten Plan einhalten, der ihnen Essens-, Schlafens- und Trainingszeiten genau vorschreibt. Weil der Sport so viel Disziplin erfordert, haben die Japaner großen Respekt vor ihren Sumo-Ringern. Sie werden als echte Helden verehrt.

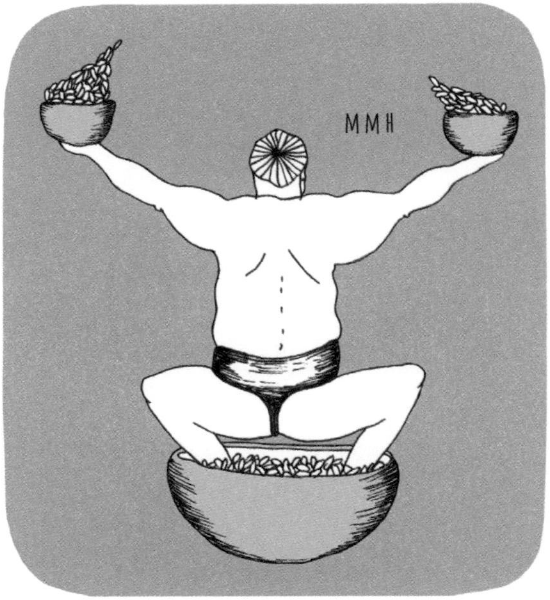

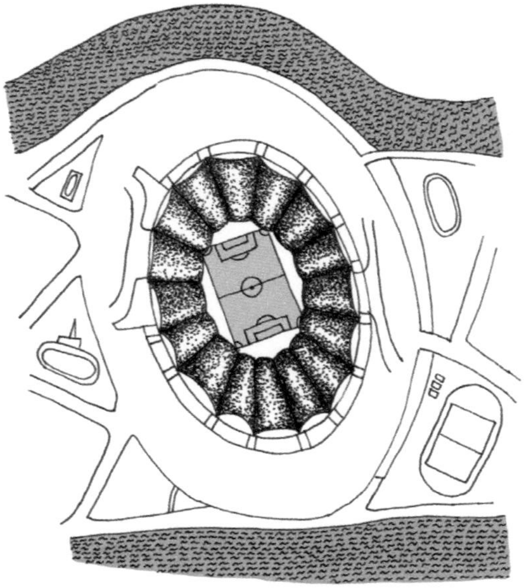

Stadion 1. Mai
Pjöngjang

78 DAS GRÖSSTE FUSSBALLSTADION DER WELT LIEGT IN NORDKOREA

- Das *Stadion 1. Mai* in Pjöngjang, der Hauptstadt von Nordkorea, hat Platz für ungefähr 150 000 Zuschauer. Zwar werden in dem Stadion, das von oben aussieht wie eine Magnolienblüte, manchmal wirklich Fußballspiele, Leichtathletikwettbewerbe und andere Sportturniere abgehalten. Meistens aber dient das riesige Stadion dazu, den koreanischen Führer zu verherrlichen. Das geschieht in Form von großen Militärparaden oder Turn- und Tanzveranstaltungen, an denen gut 100 000 Menschen teilnehmen.

- Das größte europäische Fußballstadion ist *Camp Nou* in der spanischen Stadt Barcelona, wo 99 354 Zuschauer die Spiele des FC Barcelona hautnah miterleben können. *Camp Nou* ist eines der bekanntesten Stadien der Welt.

- Die größten Stadien sind aber nicht immer die außergewöhnlichsten. Um die zu finden, musst du zum Beispiel zu den Faröer-Inseln reisen, wo sich das *Eidi-Stadion* befindet. Das liegt direkt am Meer – wer da wohl den Ball holen muss, wenn er rausgeschossen wird?

- Auch das *Marina-Bay-Floating-Stadium* in Singapur ist etwas Besonderes, denn das Spielfeld schwimmt im Hafenwasser. Die Tribüne befindet sich vor einer futuristisch aussehenden Kulisse an Land und hat Platz für 30 000 Zuschauer.

79 DIE OLYMPISCHE GOLDMEDAILLE ENTHÄLT NUR SEHR WENIG GOLD

Da hast du wirklich alles gegeben und schaffst es vor allen anderen über die Ziellinie. Für deine Meisterleistung erhältst du eine Goldmedaille. Das ist natürlich großartig, aber glaub nicht, du könntest reich werden, wenn du deine Medaille verkaufst. Leider besteht sie nämlich nur zu einem winzigen Anteil (1–2 %) aus Gold. Der Rest ist Silber. Manchmal steckt sogar noch ein bisschen Bronze drin. Aber natürlich geht es hier gar nicht um den Wert des Materials, sondern um die Ehre.

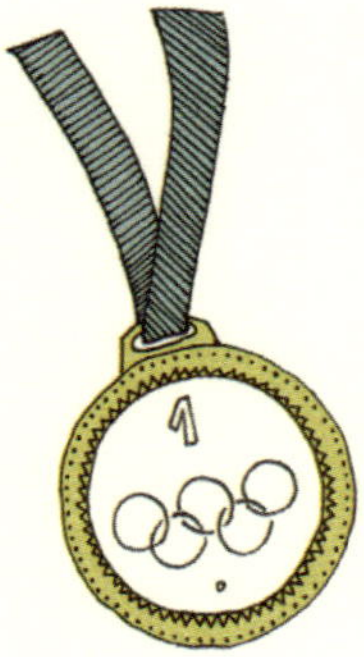

1–2 % Gold
100 % Ehre

Bonusinfo Medaillen:

Bei den Ländern mit den meisten Goldmedaillengewinnern stehen die USA ganz vorn – zum Zeitpunkt, als dieses Buch geschrieben wurde, haben sie 1119 Mal Gold errungen. Russland steht mit 722 Goldmedaillen auf dem zweiten und Deutschland mit 564 Goldmedaillen auf dem dritten Platz.

- Der Schwimmer Michael Phelbs ist der absolute Rekordhalter mit gleich 23 Goldmedaillen.
- Die Olympioniken nach ihm schafften es jeweils auf »nur« neun Goldmedaillen: die Turnerin Larissa Latynina, der Leichtathlet Paavo Nurmi, der Schwimmer Mark Spitz und der Leichtathlet Carl Lewis.
- Die erfolgreichste deutsche Sommer-Olympionikin aller Zeiten ist die Kanutin Birgit Fischer mit 8 Goldmedaillen, gefolgt von der Dressurreiterin Isabell Werth mit 6 Goldmedaillen.
- Der Winter-Olympionike mit den meisten Goldmedaillen ist der Norweger Ole Einar Bjørndalen. Er holte im Biathlon 8 Mal Gold.

80 MICHAEL PHELBS IST ZUM SCHWIMMEN GEBAUT

Michael Phelbs ist ein amerikanischer Profischwimmer. Bei den Olympischen Spielen 2016 in Rio heimste er seine 23. Goldmedaille ein. Damit ist er der erfolgreichste olympische Sportler aller Zeiten.

Natürlich ist er ein toller Athlet, der unheimlich hart trainiert. Einen Teil seines Erfolgs aber hat er seinem besonderen Körperbau zu verdanken.

- Zunächst einmal hat Michael Phelbs große Hände und große Füße. Mit seiner Schuhgröße von 48,5 liegt er deutlich über dem Durchschnitt.

- Er hat außerdem eine extrem schlanke Taille und sehr lange Arme. Von Zeigefinger zu Zeigefinger ist die Spannweite seiner Arme 8 Zentimeter länger als sein Körper. Das kommt nur bei wenigen Menschen vor und wird der »Affenindex« genannt. Mit seinen langen Armen kann er seinen Körper leichter durchs Wasser ziehen.

- Der Abstand zwischen seinem Brustkorb und seinen Hüften ist außerdem 10 Zentimeter länger als beim durchschnittlichen Menschen.

- Und weil er seine Gelenke weiter strecken kann als andere Menschen, können seine Beine weiter ausholen – auch das ein klarer Vorteil im Schwimmbad.

- Neben seinem Körperbau hat Michael Phelbs auch den Vorteil eines guten Stoffwechsels. Sein Körper kann enorm viel Nahrung aufnehmen und diese im Nu verdauen. Sein Lieblingsrestaurant ist *Pete's Bar & Grill* in seiner Heimatstadt Baltimore. Da schiebt er sich zum Frühstück lässig drei Brötchen mit Ei, Käse, Salat, Tomate und Mayo rein, gefolgt von einem 5-Eier-Omelett mit Käse, drei Scheiben Toast, einer Portion Würstchen, einem Schüsselchen Haferflocken, drei armen Rittern, und damit er auch satt wird, gibt's am Ende noch drei Schokopfannkuchen. Im Durchschnitt isst Michael Phelbs an Trainingstagen 10 000 bis 12 000 Kalorien pro Tag, fünf- bis sechsmal mehr als ein »normaler« Mensch. Trotzdem hat er kein Gramm Fett auf den Rippen: Bei einer Größe von 1,93 Meter wiegt er 90 Kilo, das ist absolutes Normalgewicht.

81 DAS LÄNGSTE TENNIS-MATCH DAUERTE ÜBER ELF STUNDEN

Im Juni 2010 spielten John Isner und Nicolas Mahut beim Tennisturnier in Wimbledon gegeneinander. Die Partie begann am 22. Juni und sollte über drei Tage hinweg elf Stunden und fünf Minuten dauern.

Das Match war nicht nur für die Spieler ermüdend. Auch der Spielstandanzeiger war der Sache nicht gewachsen. Beim Stand von 47:47 ging die elektronische Anzeigetafel kaputt. Den Programmierern zufolge lag das daran, dass sie nicht höher als 47 zählen konnte. Am Ende gewann Isner das Spiel mit 70:68.

Als die beiden Männer im darauffolgenden Jahr wieder aufeinandertrafen, stand schon nach zwei Stunden und drei Minuten der Sieger fest. Wieder gewann Isner. Der sagte später den Journalisten, wie erleichtert er war, dass er nicht schon wieder so lange spielen musste.

82 DER KLEINSTE BASKETBALLSPIELER WAR NUR 1,60 METER GROSS

Vielleicht bist du selbst nicht so groß und möchtest trotzdem Basketball spielen? Kein Problem! Nimm dir Muggsy Bogues zum Vorbild, der mit nur 1,60 Meter und 62 Kilo Profi-Basketballer wurde.

- Tyrone Curtis »Muggsy« Bogues wurde 1965 in Baltimore geboren. Er spielte schon in der Highschool und auch später an der Universität Basketball. Er war so gut, dass er 1987 in den Verein Washington Bullets aufgenommen wurde.

- Dort spielte er lustigerweise mit einem der größten Basketballer aller Zeiten zusammen: Manute Bol war stolze 2,31 Meter lang. Muggsy und Manute waren zu der Zeit der kleinste und der größte Spieler in der NBA *(National Basketball Association)* – mit einem Längenunterschied von 71 Zentimetern!

- Aber Muggsy war nicht der einzige erfolgreiche Basketballer unter 1,70 Meter. Earl Boykins war auch nur 1,65 Meter und Mel Hirsch 1,68 Meter groß.

- Natürlich sieht man auf dem Basketballfeld auch sehr große Spieler herumlaufen. Die zwei größten Basketballprofis aller Zeiten sind der Rumäne Gheorghe Muresan und der schon erwähnte Manute Bol aus dem Sudan, beide 2,31 Meter groß.

- Die Durchschnittsgröße eines Basketballers beträgt übrigens über 2 Meter, was wirklich viel ist.

- Für echte Basketballfans:
  - LeBron James: 2,03 Meter
  - Michael Jordan: 1,98 Meter
  - Magic Johnson: 2,06 Meter

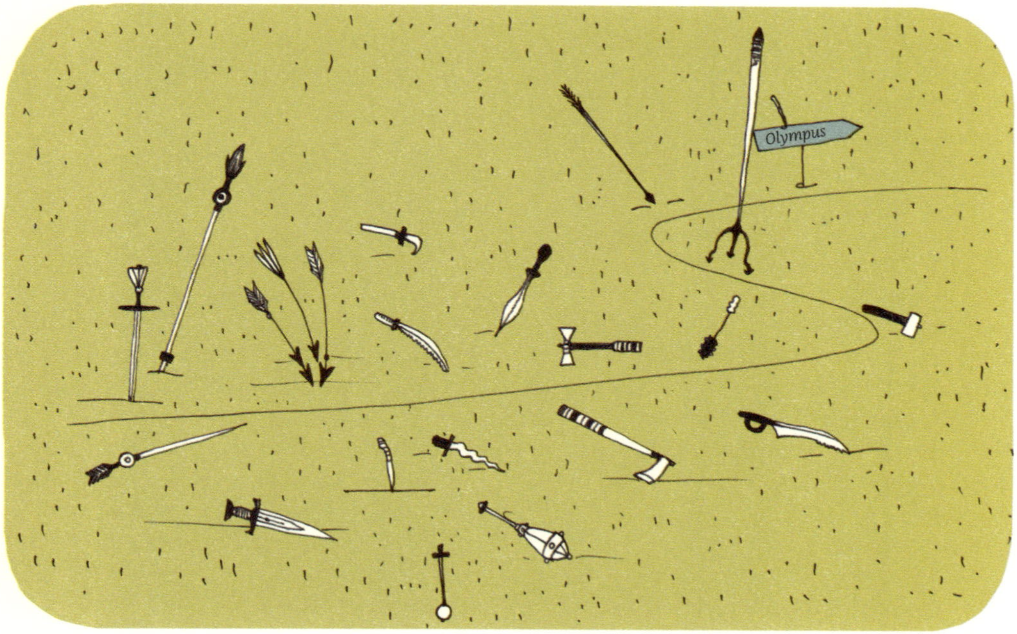

83 WÄHREND DER OLYMPISCHEN SPIELE HERRSCHT KRIEGSVERBOT

Bei den alten Griechen galt während der Olympischen Spiele die *Ekecheiria*, eine Periode, in der alle Waffen niedergelegt werden mussten und kein Krieg geführt werden durfte. Die griechischen Stadtstaaten standen nämlich ansonsten im Dauerkrieg miteinander. Durch den Waffenstillstand war es den Athleten überhaupt möglich, ungehindert nach Olympus zu reisen, um an den Spielen teilzunehmen.

Im Jahr 1993 übernahmen die Vereinten Nationen diese Idee eines Olympischen Friedens. Diese völkerrechtliche Resolution fordert alle Nationen der Welt auf, in dieser Zeit die Waffen niederzulegen. Der Zeitraum dauert von sieben Tagen vor den Spielen bis sieben Tage danach.

Leider wird die Resolution der UN nicht befolgt. Bis heute wurde kein einziger Krieg wegen der Olympischen Spiele unterbrochen.

84 DIE OLYMPISCHEN SPIELE IN DER GESCHICHTE

- Bei den Olympischen Spielen in Antwerpen 1920, an denen 29 Nationen teilnahmen, wurde von dem Degenfechter Victor Boin erstmals der Olympische Eid abgelegt. In dem Eid versprechen die Athleten, die Regeln zu befolgen und keine Drogen oder Dopingprodukte zu gebrauchen. Seitdem wird der Eid jedes Mal von einem anderen Athleten vorgelesen.

Die erste olympische Flamme

- Übrigens gewann bei den Spielen in Antwerpen der schwedische Sportschütze Oscar Gomer Swahn eine Silbermedaille. Eigentlich nichts Besonderes, wäre der Mann zu dem Zeitpunkt nicht schon 72 Jahre alt gewesen! Damit ist er der älteste Medaillengewinner aller Zeiten.

Oscar

- Acht Jahre später bei den Olympischen Spielen in Amsterdam folgte eine weitere Premiere: Hier wurde zum ersten Mal in der Neuzeit ein Olympisches Feuer entzündet. Allerdings geschah das nicht durch einen berühmten Sportler, sondern durch einen Mitarbeiter der Gasbetriebe. Einen Fackellauf gab es damals noch nicht.

- Der erste Fackellauf fand bei den Olympischen Spielen 1936 in Berlin statt. Diese Spiele wurden von Adolf Hitler und den Nationalsozialisten für Propagandazwecke missbraucht, um Nazi-Deutschland im Ausland positiv darzustellen. Der erfolgreichste Sportler bei diesen Olympischen Spielen war der amerikanische Leichtathlet Jesse Owens, der vier Goldmedaillen gewann.

85 EDDY MERCKX GEWANN NIE EINE OLYMPISCHE MEDAILLE, SEINE NACHKOMMEN SCHON

Vielleicht hast du schon einmal von dem Belgier Eddy Merckx gehört. Er ist ein weltberühmter Radrennfahrer, der in seiner Karriere so gut wie jedes Turnier gewann:

- fünf Mal die Tour de France
- sieben Mal Mailand – San Remo
- zwei Mal die Flandern-Rundfahrt
- drei Mal Paris–Roubaix
- zwei Mal das Amstel Gold Race
- fünf Mal Luik–Bastenaken–Luik
- fünf Mal den Giro d'Italia
- einmal die Spanien-Rundfahrt
- drei Mal die Weltmeisterschaft

Eine fantastische Bilanz, die ihm bis heute niemand nachmachen konnte. Doch eins fehlt ihm in seiner beeindruckenden Erfolgsliste: eine Olympische Medaille.

Für die sorgten dann aber Eddys Sohn und sein Enkel. Axel Merckx gewann bei den Olympischen Spielen 2004 Bronze und war damit der drittschnellste im olympischen Straßenradrennen.

Sein Enkel Luca holte sogar Gold, allerdings weder im Radrennen noch für Belgien. Eddys Tochter Sabrina heiratete nämlich einen Argentinier. Ihr Sohn Luca spielte dann für das nationale Hockeyteam von Argentinien.

Bei den Olympischen Spielen 2016 in Rio gewann das argentinische Hockeyteam im Finale gegen die belgischen Red Lions und holte Gold. Welches Team wohl Eddy Merckx an dem Abend anfeuerte?

86 RADRENNFAHRER RASIEREN SICH DIE BEINE

Wer ab und zu ein Radrennen im Fernsehen sieht, hat sicher schon bemerkt, wie glatt die Beine der Fahrer sind. Der Grund ist nicht die die Eitelkeit der Fahrer, die keinen dichten Teppich auf ihren Waden haben wollen. Glatte Beine erfüllen auch eine Funktion.

Erstens sind glatte Beine leichter zu massieren. Professionelle Radfahrer müssen sehr oft massiert werden, damit ihre Muskeln beweglich bleiben. Für den Masseur ist es leichter, wenn er glatte Haut bearbeiten muss, und dem Fahrer tut es ohne Haare weniger weh. Außerdem braucht der Masseur zum Massieren weniger Öl, und es gibt weniger Entzündungen an den Haarfollikeln.

Zweitens kommt es bei Radrennen schon mal zu Stürzen. Die haben oft fiese Schürfwunden zur Folge, die schnell verarztet werden müssen. Auf glatten Beinen lassen sich Wunden leichter versorgen – außerdem tut es dann nicht so weh, wenn man hinterher das Pflaster wieder abreißt.

Die Behauptung aber, dass man mit glatteren Beinen auch schneller radeln kann, stimmt nicht. Trotzdem gelten rasierte Beine als eine Art ungeschriebenes Gesetz unter Radrennfahrern. Alle tun es, und wer mit behaarten Beinen bei einem Rennen aufkreuzt, wird nicht ernst genommen.

Nur wenige berühmte Rennfahrer scheren sich überhaupt nicht um das Rasiergebot. Der Slowake Peter Sagan zum Beispiel weigert sich manchmal einfach, seine Beine zu rasieren, und gewinnt trotzdem sehr viele Rennen. Er wurde sogar dreimal Weltmeister.

87 BEIM GOLF HABEN ALLE EIN HANDICAP

Natürlich gibt es auch Golfer mit einem Arm oder einem Bein. Oder welche im Rollstuhl. Aber die meinen wir hier gar nicht.

Ein Handicap im Golfsport gibt Auskunft darüber, wie gut jemand spielen kann. Je niedriger dein Handicap, desto besser bist du.

Das Handicap beim Golf gibt an, wie viele Schläge jemand im Durchschnitt braucht, um achtzehn Löcher einer Spielbahn zu bewältigen. Je höher er dabei über dem Par der Spielbahn liegt, desto höher ist sein Handicap. Das waren jetzt viele Golfbegriffe auf einmal. Unter dem Loch versteht man wortwörtlich ein Loch im Boden, in das man den Ball befördern muss. Eine Golfbahn hat eine feste Anzahl solcher Löcher. Die Aufgabe ist es, den Ball mit so wenig Schlägen wie möglich in das Loch zu bekommen. Wenn es gelingt, den Ball mit nur einem Schlag vom Abschlagsort ins Loch zu befördern, spricht man von einem »Hole in one«.

Das »Par« eines Lochs ist die durchschnittliche Anzahl von Schlägen, die ein durchschnittlicher Spieler braucht, um ein Loch zu spielen. Die wird vorher festgelegt, und jedes Loch hat danach ein Par von 3, 4, oder 5. Alle Pars zusammen ergeben das Par einer Spielbahn.

Damit kommen wir zum Handicap. Nehmen wir eine Bahn mit einem Par von 72. Wenn du für die achtzehn Löcher im Durchschnitt 92 Schläge brauchst, hast du ein Handicap von 20. Brauchst du 112 Schläge, steigt dein Handicap auf 40.

Bei jedem Wettbewerb startet man mit seinem eigenen Handicap. Dabei kann ein Spieler mit einem hohen Handicap auch gegen einen mit niedrigem Handicap antreten. Beide müssen dann versuchen, ihr eigenes Handicap zu unterbieten. So kann ein Spieler mit Handicap 30 auch gegen einen Spieler mit Handicap 20 gewinnen, auch wenn der zweite Spieler eigentlich besser ist.

Beim Profi-Golfsport gelten dann noch mal andere Regeln.

88 EIN MARATHON IST OFFIZIELL 42,195 KILOMETER LANG

Was für eine seltsame Zahl, denkst du jetzt vielleicht. Warum haben sie sich nicht einfach für 42 oder 43 Kilometer entschieden? Da müssen wir uns die Geschichte des Marathons einmal näher anschauen.

- Die Anfänge liegen im Jahr 490 vor Christus, als der Soldat Pheidippides die etwa vierzig Kilometer lange Strecke von Marathon nach Athen lief. Dort musste er berichten, dass die Athener den Krieg über die Perser gewonnen hatten. Leider fiel der Botschafter tot um, nachdem er seine Nachricht überbracht hatte. Wahrscheinlich hatte er beim Laufen einen Sonnenstich erlitten.

- Nun sollte es noch bis 1896 dauern, bevor bei den Olympischen Spielen ein echter Marathon stattfand. Die Distanz betrug damals 25 Meilen oder ca. 40 Kilometer.

- Als 1908 die Spiele in London abgehalten wurden, wollte die Königsfamilie, dass das Startsignal vor dem Schloss Windsor abgegeben wurde. Die Ziellinie musste sich vor der königlichen Tribüne im Westlondoner White City Stadium befinden. Diese Strecke war exakt 42,195 Kilometer lang. Daraus wurde schließlich die offizielle Streckenlänge für alle Marathonläufe.

- Bei den Männern liegt der Weltrekord für den Marathon bei 2 Stunden, 2 Minuten und 57 Sekunden. Diese Zeit erzielte Dennis Kimetto im Jahr 2014 in Berlin. Dennis Kimetto stammt aus Kenia.

- Die Engländerin Paula Radcliffe schaffte den London Marathon in 2 Stunden, 15 Minuten und 25 Sekunden und hält damit den Weltrekord bei den Frauen.

(Zumindest war das so, als dieses Buch geschrieben wurde – Rekorde können natürlich immer wieder gebrochen werden!)

– 4 –

BERÜHMTE UND BERÜCHTIGTE MENSCHEN

89 REINHOLD MESSNER SCHAFFTE ALS ERSTER BERGSTEIGER DIE VIERZEHN HÖCHSTEN BERGE DER WELT

Reinhold Messner wurde am 17. September 1944 in Italien geboren. Seine Kindheit verbrachte er in Villnöß, einem Dorf in Südtirol im Norden von Italien. Von seinem Zuhause aus konnte er die Bergspitzen sehen. Die faszinierten ihn, und so dauerte es nicht lang, bis der kleine Reinhold seinen Rucksack nahm und mit dem Klettern begann. Er war kaum fünf Jahre alt, als er mit seinem Vater seinen ersten Berggipfel erklomm.

Mit dreizehn ging es dann richtig los. Gemeinsam mit seinem zwei Jahre jüngeren Bruder Günther bestieg Reinhold die Berge in der Umgebung. Als die beiden volljährig waren, gehörten sie schon zu den besten Kletterern Europas.

1970 bestiegen Reinhold und sein Bruder erstmals einen Berg im Himalaya, den Nanga Parbat. Leider geschah auf dem Abstieg ein Unglück, bei dem Günther ums Leben kam. Reinhold selbst verlor aufgrund von Erfrierungen sieben seiner Zehen. Von dieser Bergbesteigung handelt der im Jahre 2010 erschienene Film *Nanga Parbat*.

1978 war Reinhold Messner der erste Bergsteiger, der ohne Flaschensauerstoff den Gipfel des Mount Everest erkletterte. Hoch in den Bergen ist die Luft so dünn, dass man nur schwer atmen kann. Darum nehmen die meisten Bergsteiger zum Klettern Flaschen mit Extra-Sauerstoff mit.

1986 hatte er als erster Mensch alle Achttausender erklommen, also alle Gipfel, die mehr als 8000 Meter über dem Meeresspiegel liegen.

Über seine Erfahrungen schrieb Reinhold Messner Dutzende Bücher. Zurzeit widmet er sich vor allem dem *Messner Bergmuseum*, das er selbst gründete.

90 IM BAD MACHTE ARCHIMEDES EINE WICHTIGE ENTDECKUNG

Archimedes lebte vor sehr langer Zeit, von 287 bis 212 vor Christus. Und doch kennen wir ihn heute noch. Wie das kommt? Archimedes war einer der bedeutendsten Wissenschaftler, die es je gab. Er machte eine Reihe von Entdeckungen, die heute in der Mathematik und in den Naturwissenschaften immer noch zur Anwendung kommen.

- Das Archimedische Prinzip ist eines der ersten Naturgesetze. Archimedes wurde vom König damit beauftragt, zu untersuchen, ob eine Krone aus reinem Gold gefertigt oder ob ihr Silber beigemischt worden war. Weil Archimedes aber die Krone nicht beschädigen durfte, war das gar nicht so einfach.

- Eines Tages aber stieg Archimedes in die Badewanne und sah das Wasser ansteigen. Er erkannte, dass er das Volumen seines eigenen Körpers anhand der Wassermenge, die über den Wannenrand gelaufen war, messen konnte. »Heureka!«, rief Archimedes da und lief nackt die Straße herunter. »Heureka« bedeutet »Ich hab's gefunden!«.

- Das Gewicht von Gold kannte er, und er wusste auch, wie viel andere Metalle wogen. Durch seine Entdeckung konnte er der Frage nachgehen, ob die Krone aus purem Gold war oder nicht.*

* Die Krone war nicht aus purem Gold.

- Auch einige Erfindungen haben wir Archimedes zu verdanken. Unter anderem entwickelte er ein Planetarium zum Studium der Planeten sowie den Flaschenzug, mit dem man sehr große Objekte bewegen kann. Das Flaschenzugprinzip wird auch heute noch verwendet.

- Als seine Stadt von den Römern belagert wurde, entwickelte Archimedes auch Kriegsmaschinen, zum Beispiel Katapulte.

- Im Jahr 212 vor Christus besetzten die Römer die Stadt Syrakus, in der Archimedes zu der Zeit wohnte. Eines Tages studierte der Gelehrte drei Kreise, die er um sich herum in den Sand gemalt hatte. Als plötzlich ein plündernder römischer Soldat rücksichtslos durch seine Kreise marschierte, wurde Archimedes sehr böse. Darauf erschlug der Soldat ihn, obwohl er von seinem General ausdrücklich den Befehl bekommen hatte, den alten Gelehrten zu verschonen.

Bonusinfo Archimedes:
In der Mathematik benutzen wir noch heute eine ganze Menge der Entdeckungen von Archimedes: die Integralrechnung zum Beispiel oder das Archimedische Axiom. Es ist also gut möglich, dass der gute alte Archimedes dir hin und wieder Kopfzerbrechen bereitet.

91 DIE ERSTE FRAU IM WELTALL WAR EINE RUSSIN

Walentina Wladimirowna Tereschkowa nahm vom 6. bis zum 16. Juni 1963 als Kosmonautin am Raumflug Wostok 6 teil. »Kosmonautin« ist die russische Bezeichnung für eine »Astronautin« oder »Raumfahrerin«.

- Walentina wurde am 6. März 1937 geboren und arbeitete nach der Schule in einer Textilfabrik. Aber weil sie in ihrem Leben mehr erreichen wollte, absolvierte sie auch ein Technik-Studium. In ihrer Freizeit war sie Fallschirmspringerin.

- Als sie erfuhr, dass die Regierung Kosmonauten suchte, bewarb sie sich gemeinsam mit vierhundert anderen, um in den Weltraum zu fliegen.

- Valentinas Traum wurde wahr, als sie im Juni 1963 an Bord des Raumschiffs Wostok 6 ins All startete. 48 Mal umkreiste sie die Erde und blieb ganze drei Tage im Weltraum, bevor sie wieder auf der Erde landete. Die Bevölkerung war so stolz auf sie, dass ihr Foto auf eine Briefmarke gedruckt wurde.

- 19 Jahre lang sollte Walentina Tereschkowa die einzige Frau bleiben, die einen Weltraumflug unternommen hatte. Erst im Jahr 1982 tat es ihr Swetlana Sawitskaja, auch eine Russin, nach.

- Nach ihrer Rückkehr aus dem Weltraum begann Walentina ein Studium an der Luftfahrtakademie und wurde Raumfahrtingenieurin.

- Von Altersmüdigkeit will Walentina Tereschkowa nichts wissen. 2013 bewarb sie sich als Kandidatin, um zum Mars zu fliegen, obwohl sie weiß, dass sie von dieser Reise nicht zurückkehren würde. Und 2014 trug sie bei den Winterspielen in Russland die Olympische Flagge.

Walentina Wladimirowna Tereschkowa

92 LEONARDO DA VINCI ZEICHNETE EINEN HUBSCHRAUBER, LANGE BEVOR DER ERFUNDEN WURDE

Sicher hast du schon einmal von der Mona Lisa gehört. Das Gemälde einer Frau, die den Betrachter anlächelt, gehört wohl zu den bekanntesten Kunstwerken der Welt. Gemalt hat es Leonardo da Vinci.

- Leonardo wurde am 15. April 1452 in der Nähe des italienischen Ortes Vinci geboren. Er war der Sohn einer Magd und eines erfolgreichen Notars, der aber mit einer anderen Frau verheiratet war. Die ersten fünf Lebensjahre verbrachte Leonardo bei seiner Mutter, bevor er zu seinem Vater zog, wo er eine gute Ausbildung bekam.

- Als junger Mann ging er bei dem Bildhauer Andrea del Verrocchio in die Lehre, der in Florenz wohnte.

- Mit sechsundzwanzig bekam er seinen ersten Auftrag als selbstständiger Meister und zog später mit dreißig nach Mailand, um dort für eine reiche Familie als Maler, Ingenieur, Bildhauer und Architekt zu arbeiten. In dieser Zeit malte er mehrere Porträts, von denen aber nur die Mona Lisa bis heute erhalten ist. Da Vinci stellte oft seine Werke nicht fertig oder vernichtete jene, die er nicht gut genug fand. Darum sind heute nur insgesamt siebzehn Gemälde von ihm erhalten.

- Seine Ideen schrieb Leonardo da Vinci in verschiedenen Notizbüchern nieder. Er machte sich Gedanken über den menschlichen Körper, über Probleme der Erdkunde, über das Fliegen und über die Schwerkraft. Die Themen, zu denen er sich Notizen machte, wechselten in schneller Folge. Oft schrieb er sogar auf derselben Seite über verschiedene Themen.

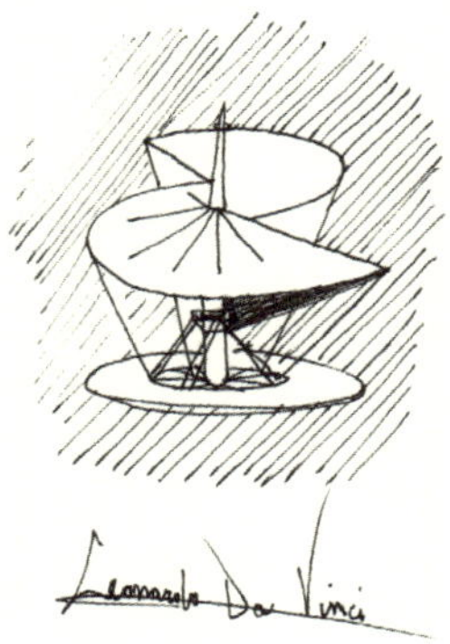

- Dazu fertigte er Zeichnungen von den unterschiedlichsten Dingen an. So zeichnete er unter anderem einen Hubschrauber, einen Fallschirm und eine Flugmaschine, lange bevor diese Dinge tatsächlich erfunden wurden. Um das Äußere des Menschen besser zu verstehen, studierte er das Innere des Körpers und wurde so zu einem Meister in Anatomie.

- Leonardo da Vinci war zweifellos einer der genialsten Menschen, die je gelebt haben. Er starb im Jahr 1519.

93 CHARLIE CHAPLIN SOLL EINMAL EINEN CHARLIE-CHAPLIN-ÄHNLICHKEITSWETTBEWERB VERLOREN HABEN

Bestimmt kennst du Charlie Chaplin, den amerikanischen Schauspieler mit Melonenhut und Spazierstock. In den Zwanzigerjahren des letzten Jahrhunderts waren seine Filme überall bekannt. Es wurden sogar Wettbewerbe veranstaltet, bei denen die Teilnehmer Charlie Chaplin so gut wie möglich imitieren mussten. Sie mussten ihm nicht nur zum Verwechseln ähnlich sehen, sondern auch seinen Watschelgang, seine Gesten und seine typische Mimik nachahmen.

Es geht das Gerücht um, dass Charlie Chaplin sich einst einen Spaß daraus machte, es auch selbst einmal zu probieren. Aus Jux soll er sich bei einem Wettbewerb in San Francisco angemeldet haben. Die Jury war aber nicht besonders beeindruckt von Charlies Leistung, und so wurde er nur Siebter.

Glücklicherweise hatte auch Charlies Bruder teilgenommen und schaffte es immerhin auf den dritten Platz. Ob diese Geschichte wirklich stimmt, wissen wir nicht.

94 DER BELGIER ADRIEN DE GERLACHE ÜBERWINTERTE ALS ERSTER MENSCH AM SÜDPOL

Adrien de Gerlache wurde am 2. August 1866 in Hasselt in Belgien geboren. Die Schule besuchte er in Brüssel. Während seines Studiums an der Seefahrtschule arbeitete Adrien an Bord von großen Schiffen, die nach Montevideo in Uruguay und New York in den USA fuhren. Dort hörte er auch zum ersten Mal von der Antarktis, dem unberührten Gebiet am Südpol.

Nach dem Studium bekam Adrien eine Stelle auf einer Fähre zwischen Oostende in Belgien und Dover in England. Sein großer Traum aber war es, die Antarktis zu erkunden. Weil er keinen Sponsor fand, der die Reise bezahlen wollte, beschloss er, selbst Geld zu sammeln, um seine Expedition mit dem Schiff Belgica auf die Beine zu stellen.

Seine Reise wurde zur ersten wissenschaftlichen Südpolexpedition. Zwei Monate lang fuhr die Belgica durchs Eis, doch schließlich blieb sie im Packeis stecken, und so mussten alle Menschen an Bord am bitterkalten, dunklen Südpol überwintern. De Gerlache nutzte die Zeit für ausgiebige Forschungen.

Auch nach dieser Expedition unternahm de Gerlache noch viele Reisen, unter anderem nach Grönland und Spitzbergen.

Noch mehr antarktisches Wissen:

Dank der Expedition tragen jetzt viele Orte in der Antarktis belgische Namen – so kann man dort zum Beispiel die Antwerpen-Insel, die Brabant-Insel, den Berg Solvay (nach einem der Sponsoren der Reise) und die Gerlache-Straße besuchen.

1 Antwerpen-Insel 2 Mount Solvay 3 Gerlache-Straße 4 Brabant-Insel

Mount Rushmore

95 DER TEDDYBÄR IST NACH EINEM AMERIKANISCHEN PRÄSIDENTEN BENANNT

Theodore Roosevelt war von 1901 bis 1909 Präsident der USA. Er war ein äußerst beliebter Präsident, der von den Amerikanern sehr geschätzt wurde. Sie nannten ihn liebevoll »Teddy« Roosevelt.

Roosevelt war ein leidenschaftlicher Jäger. Eines Tages ging er mit einer Gruppe von Bekannten auf Jagd. Nach einiger Zeit hatten alle einen Bären geschossen, nur der Präsident noch nicht. Seine Gefolgsleute wollten das nicht hinnehmen, und so stellten sie einem geschwächten Schwarzbär nach und fingen ihn ein. Sie banden das arme Tier an einem Baum fest und riefen den Präsidenten herbei, um den Bären totzuschießen.

Doch Theodore Roosevelt weigerte sich. Er fand es feige, ein angebundenes Tier zu erlegen. Die Geschichte machte schnell die Runde, und das edle Verhalten des Präsidenten begeisterte die Amerikaner.

Ungefähr zu dieser Zeit wurden auch die ersten Stoffbären hergestellt. Die Amerikaner nannten sie von da an »Teddy«, nach ihrem Präsidenten. Der Name ist bis heute geblieben.

96 DER ENTDECKUNGSREISENDE JAMES COOK UND SEINE GEHEIME MISSION

Im August 1768 ging James Cook an Bord der HMS Endeavour auf Erkundungsreise. Mit an Bord waren rund 100 Besatzungsmitglieder und Forscher. Sein erster Auftrag bestand darin, mehr Informationen über den Planeten Venus zu sammeln. Wissenschaftler wollten herausfinden, wie der Planet sich um die Sonne bewegte. Dafür musste Cook auf die Insel Tahiti reisen, von wo aus man den Umlauf der Venus am besten beobachten konnte.

In seiner Tasche hatte Cook einen Umschlag. Den durfte er aber erst öffnen, als er mit der Beobachtung der Venus fertig war. In dem Brief stand ein geheimer Auftrag: Cook sollte versuchen, einen neuen Kontinent zu finden. Die Machthaber waren überzeugt, dass sich im Süden der Erde ein riesiges, unentdecktes Stück Land befand.

Von Tahiti aus reiste Cook also weiter nach Süden, um den Geheimauftrag zu erledigen. Am 6. Oktober 1769 kam die HMS Endeavour in Neuseeland an. Sollte das etwa der neue Kontinent sein, nach dem sie gesucht hatten? James Cook war nicht überzeugt, doch er trug das Land auf der Karte ein. Dann reiste er weiter nach Australien, wo seine Besatzung Hunderte unbekannter Pflanzenarten sammelte.

Drei Jahre später kehrte die HMS Endeavour wieder nach England zurück, und Cook musste zugeben, dass er den neuen Kontinent nicht gefunden hatte. Mittlerweile wissen wir, woran das lag: Es gab ihn einfach nicht …

97 CHRISTOPH KOLUMBUS LAG GANZ SCHÖN DANEBEN

Wie jeder weiß, war Christoph Kolumbus ein Entdeckungsreisender. 1492 gab ihm die spanische Königin den Auftrag, eine neue Route nach China und Japan zu finden. Die sollte im Westen verlaufen. Mit drei Schiffen machte sich Kolumbus auf den Weg und betrat nach einer langen Seereise Festland.

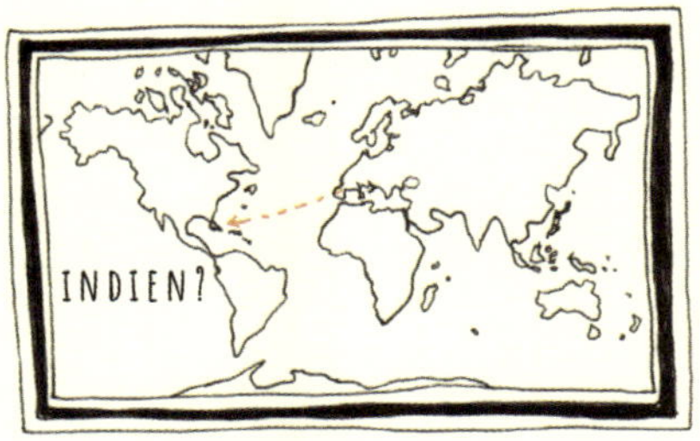

Indien, Kolumbus zufolge

Überzeugt davon, dass er die westliche Route nach Asien gefunden hatte, nannte er die Bewohner des Landes »Indianer«. Das bedeutete wörtlich »Bewohner von Indien«. Die Ureinwohner behielten diesen Namen noch lange, nachdem Kolumbus' Fehler aufgeklärt worden war.

Amerigo Vespucci war genau wie Kolumbus ein Entdeckungsreisender. Im Jahr 1500 stach er wie Kolumbus im Auftrag der Königin von Spanien in gleicher Richtung in See, doch anders als Kolumbus wusste er, dass er sich nicht in Asien befand, sondern in einer neuen Welt, die noch keinen Namen hatte. Er gab dem Land seinen Namen: Amerika.

Kolumbus war also der erste Europäer, der in Amerika an Land ging und den Kontinent entdeckte, aber Vespucci trug den Ruhm davon.

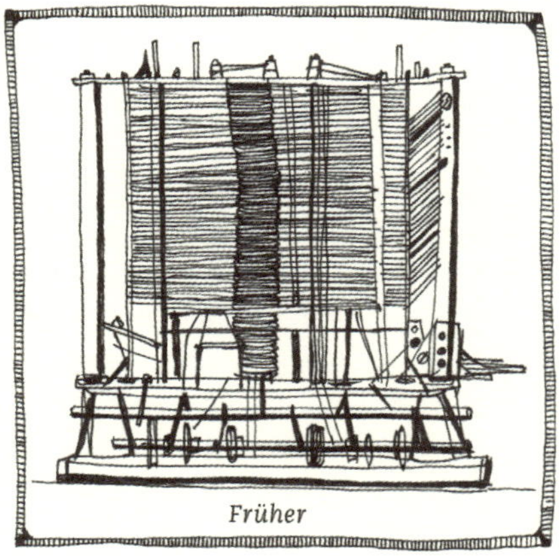

Früher

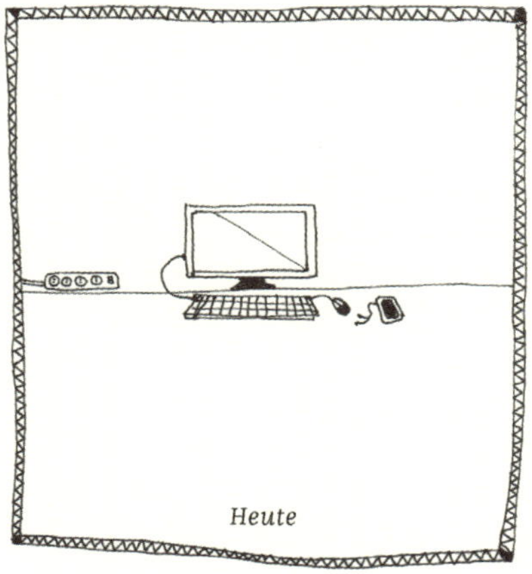

Heute

98 DIE ERSTE PROGRAMMIERSPRACHE WURDE VON EINER FRAU GESCHRIEBEN

Ada Lovelace (1815–1852) war kaum einen Monat alt, als ihre Eltern sich trennten; ihr Vater war der berühmte Dichter Lord Byron, ihre Mutter gehörte der feinen englischen Gesellschaft an.

Die Mutter war besonders streng in ihrer Erziehung. Sie machte sich nämlich Sorgen, dass ihre Tochter auch Dichterin werden wollte, und drängte sie stattdessen zum Studium der Mathematik und Naturwissenschaften. Zum Glück hatte Ada Talent.

Mit neunzehn lernte Ada den Wissenschaftler und Erfinder Charles Babbage kennen, der gerade an einer »analytischen Maschine« arbeitete. Ada war beeindruckt von dieser Maschine und erkannte sofort Möglichkeiten, auf die Babbage selbst noch nicht gekommen war. Ada war der Meinung, dass die Maschine in Zukunft auch Musik komponieren, zeichnen und allerlei wissenschaftliche Probleme lösen könnte. Außerdem würde sie mithilfe eines Algorithmus Bernoulli-Zahlen* berechnen können.

Ada entwickelte eine formale Sprache, mit der die zukünftige Maschine arbeiten könnte. Diese Sprache wird heute als das erste Computerprogramm angesehen, obwohl der Computer noch gar nicht erfunden war. Ada erkannte einfach, wie ein Computer funktionieren musste, lange bevor die ersten Computer gebaut wurden. Adas und Charles' Maschine wurde leider nie fertiggestellt.

Das amerikanische Verteidigungsministerium nannte 1979 seine Programmiersprache »Ada«, um dieser besonderen Wissenschaftlerin eine Ehre zu erweisen.

8 Ziffern = 1 Byte
1 Ziffer = 1 Bit
1 Byte = 8 Bits

* Bernoulli-Zahlen sind rationale Zahlen, die in der Gestalttheorie eine wichtige Rolle spielen. Bitte doch mal deine Mathelehrerin oder deinen Mathelehrer, sie dir zu erklären.

99 MARIE CURIE GEWANN NICHT EINEN, SONDERN ZWEI NOBELPREISE

Marie Sklodowska wurde in Polen als jüngstes von fünf Kindern geboren. Ihre Mutter starb, als Marie noch ein Kind war, und ihr Vater hatte Mühe, die Familie durchzubringen.

Marie war eine sehr begabte Schülerin, die stets gute Noten schrieb. Doch leider hatte die Familie nicht genug Geld, um sie an die Universität zu schicken, und so arbeitete Marie nach dem Schulabschluss als Lehrerin und Gouvernante. Sie versuchte trotzdem heimlich, an Vorlesungen teilzunehmen.

Mit ihrer Schwester schloss Marie einen Pakt. Marie würde das Medizinstudium ihrer Schwester mitbezahlen, unter der Bedingung, dass ihre Schwester danach das Gleiche für sie tun würde.

Im Jahr 1891, da war Marie 24, ging sie nach Paris, um an der Sorbonne Mathematik, Physik und Chemie zu studieren. Die Sorbonne ist eine der besten Universitäten in Frankreich. Marie meisterte das Studium mit Bravour.

Sie heiratete den Wissenschaftler Pierre Curie, der über den Magnetismus forschte. Marie arbeitete im Labor mit und führte Untersuchungen zu verschiedenen Arten von Strahlen durch. Auf die Idee war sie durch Wilhelm Röntgen gekommen, der die X-Strahlen entdeckt hatte, mit denen man durch einen Körper hindurchsehen kann. Die »Röntgen-Strahlen« sind nach ihm benannt.

Gemeinsam mit ihrem Mann entdeckte Marie zwei neue Stoffe, die Strahlen abgeben. Sie tauften den einen nach Maries Heimatland »Polonium« und den anderen »Radium«. Die von diesen Stoffen abgegebenen Strahlen nannten sie »Radioaktivität«.

Für ihre Strahlenforschungen erhielten Pierre und Marie Curie 1903 gemeinsam den Nobelpreis in Physik. Marie war damit die erste Frau, die diesen wichtigen Preis gewann – und bekam 1911 gleich noch einen, diesmal in Chemie.

Noch mehr Gewinner:

Nur vier Menschen haben gleich zwei Nobelpreise eingeheimst: Linus Pauling gewann den Nobelpreis für Chemie und den Friedensnobelpreis; John Bardeen wurde zweimal mit dem Physiknobelpreis ausgezeichnet; Frederick Sanger zweimal mit dem für Chemie.

Irène Curie, die Tochter von Marie Curie, gewann gemeinsam mit ihrem Mann Frédéric Joliot auch einen Nobelpreis in Chemie.

100 JURI GAGARIN WAR DER ERSTE MANN IM ALL

Juri Gagarin war zwar Düsenjägerpilot, doch sein großer Traum war es immer gewesen, einmal in einer Rakete den Weltraum zu erkunden. Am c 12. April 1968 wurde sein Traum Wirklichkeit: Er durfte mit an Bord der Wostok 1 und ins All fliegen. Das hatte vor ihm noch nie ein Mensch getan, und er selbst hatte keine Ahnung, ob er je wieder zur Erde zurückkehren würde.

Als es so weit war, saß Juri ganz allein und an einem Stuhl festgeschnallt in der Rakete. Er hatte einen Notvorrat an Essen und Trinken bei sich, genug, um zehn Tage zu überleben. Letztendlich sollte der Astronaut 108 Minuten im Weltall bleiben. Beinah wäre bei der Landung etwas schiefgegangen, als die Landekapsel sich mit Schwung vom Raumschiff löste. Sieben Kilometer vor dem Boden wurde Juri mit einem Schleudersitz aus der Kapsel katapultiert und landete dann mit einem Fallschirm auf der Erde.

Von diesem Tag an war Juri Gagarin ein internationaler Star. Er reiste um die Welt und erzählte überall von seinem Weltraumabenteuer. Leider starb er mit nur 34 Jahren bei einem Flugzeugabsturz.

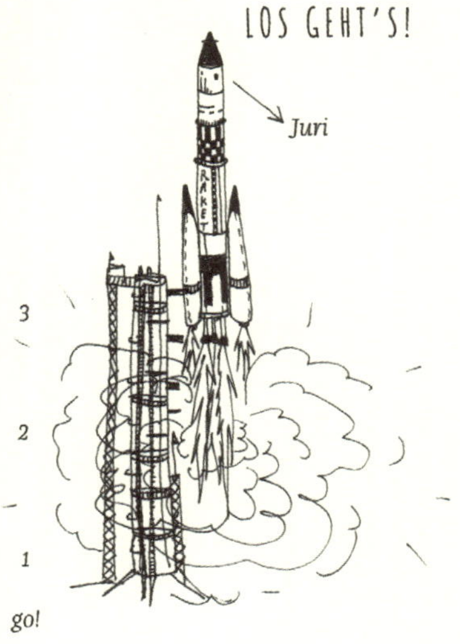

Bonusinfos Raumfahrt:

- Acht Jahre nach Juri Gagarins Weltraumflug gelang es den Amerikanern, mit einer Rakete zwei Männer auf den Mond zu schicken. Sie hießen Neil Armstrong und Buzz Aldrin.
- Die erste Mondlandung geschah am 16. Juli 1969.

- Amerikanische Raumfahrer nennt man Astronauten, russische Kosmonauten.
- Das Raumschiff, mit der die zwei Männer zum Mond flogen, hieß Apollo 11.
- Die Reise zum Mond dauerte vier Tage. Insgesamt waren Neil und Buzz gut acht Tage unterwegs.
- Zur Besatzung der Apollo 11 gehörte noch ein dritter Mann, der Michael Collins hieß. Er blieb aber im Raumschiff sitzen, während Buzz und Neil in der Mondlandefähre den Mond erkundeten.
- Die Fußabdrücke der ersten Astronauten befinden sich heute noch auf dem Mond. Dort gibt es nämlich keinen Wind oder Regen, der sie verwischen könnte.

101 ÖTZI, DIE GLETSCHERMUMIE, HATTE 61 TATTOOS

Am 19. September 1991 machten Erika und Helmut Simon eine Wanderung durch die österreichischen Alpen. Sie bekamen einen ordentlichen Schreck, als sie plötzlich im Eis eine Leiche fanden. Als Spezialkräfte den Mann bargen, stellten sie fest, dass er dort schon sehr lange eingefroren lag, und zwar über 5000 Jahre! Damit ist er die älteste Mumie, die je in Europa gefunden wurde. Weil er praktisch die ganze Zeit über in einem Tiefkühlschrank gelegen hatte, ist sein Körper sehr gut erhalten. Der Mann aus dem Eis wurde auf den Namen Ötzi getauft und brachte der Wissenschaft viele neue Erkenntnisse:

- Zu Lebzeiten war Ötzi ungefähr 1,60 Meter groß und 50 Kilo schwer gewesen. Die Forscher schätzen, dass er zum Zeitpunkt seines Todes 45 Jahre alt gewesen ist, was für die damalige Zeit sehr alt war.

- Ötzi hatte ein sehr schlechtes Gebiss – kein Wunder, damals gab es ja auch noch keine Zahnärzte!

- Am Körper hatte Ötzi mindestens 61 Tätowierungen – aber keine Abbildungen von Schiffen oder das Logo seiner Lieblingsfußballmannschaft, denn das alles gab es ja noch nicht. Ötzis Tätowierungen bestehen aus Linien und Kreuzen und befinden sich auf seinem Rücken, seinem Handgelenk, seinen Knien und seinen Füßen. Warum er die Tätowierungen hatte, haben die Forscher noch nicht herausgefunden.

- Ötzis Kleidung kam von verschiedenen Tieren: Er hatte einen Hut aus Braunbärpelz, einen Pfeilköcher aus der Haut eines Rehs und eine Jacke aus Ziegen- und Schafsfellen.

- Die Forscher fanden auch Hinweise auf die Todesursache. Ötzi hatte nämlich eine Pfeilspitze in der Schulter stecken und eine tiefe Schnittwunde über dem Auge. Wahrscheinlich wurde er angegriffen und lief dann verletzt auf den Gletscher, wo er erst Tausende von Jahren später wiedergefunden wurde.

Yeti oder Ötzi?

102 IN HAYDNS GRAB LIEGEN ZWEI SCHÄDEL

Joseph Haydn war ein österreichischer Komponist, der 1732 geboren wurde und 1809 starb. Zusammen mit Wolfgang Amadeus Mozart, Ludwig van Beethoven und Johann Sebastian Bach ist er einer der berühmtesten Komponisten aller Zeiten. Man nennt ihn auch den »Vater der Symphonie«.

Am 31. Mai 1809 starb Haydn nach langer Krankheit. Weil in Österreich gerade Krieg herrschte, war kein großes Begräbnis möglich, und Haydn wurde in einem einfachen Grab beigesetzt. Aber leider war dem armen Mann keine letzte Ruhe gegönnt. Zwei Männer klauten seinen Schädel aus dem Grab, weil sie untersuchen wollten, warum Haydn so genial war. Sie glaubten, dass die Form und Größe seines Schädels etwas damit zu tun haben könnten. Also steckten sie dem Mann, der Haydns Grab gegraben hatte, etwas Geld zu, damit er Haydns Kopf wieder ausbuddelte.

Nach einigen Jahren landete der Schädel schließlich bei einem Freund von Haydn namens Joseph Carl Rosenbaum, der ihn eine Zeit lang aufbewahrte. Aber damit ist die Geschichte noch nicht zu Ende. Prinz Nikolaus Esterházy wollte nun nach dem Krieg dem Komponisten endlich das Begräbnis verschaffen, das ihm gebührte. Die Leiche wurde also wieder ausgegraben, wobei natürlich auffiel, dass der Kopf fehlte. Also suchte Prinz Nikolaus Haydns Freund Rosenbaum auf, doch der versteckte den Schädel schnell unter der Matratze. Als der Prinz ihm Geld bot, besorgte sich Rosenbaum einen anderen Schädel, den er dem Prinzen überreichte. So wurde im Grab der Schädel eines Fremden beigesetzt.

Der echte Schädel landete letztendlich bei der *Gesellschaft der Musikfreunde* und wurde ab und zu bei Feierlichkeiten hervorgeholt. Gerüchten zufolge soll Johannes Brahms es gemocht haben, wenn er beim Komponieren Haydns Schädel vor sich auf dem Tisch hatte.

1954 wurde der Schädel dann doch endlich in einem eigens für Haydn gebauten Marmorsarkophag beigesetzt. Der andere Kopf, der die ganze Zeit dabeigelegen hatte, durfte aber bleiben. So liegen nun also zwei Schädel in Haydns Grab.

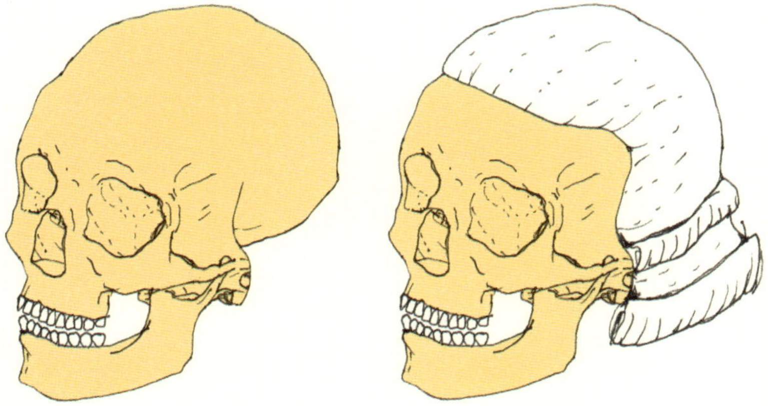

Haydn *oder* *Haydn*

103 ROALD DAHL WAR MAL EIN SPION

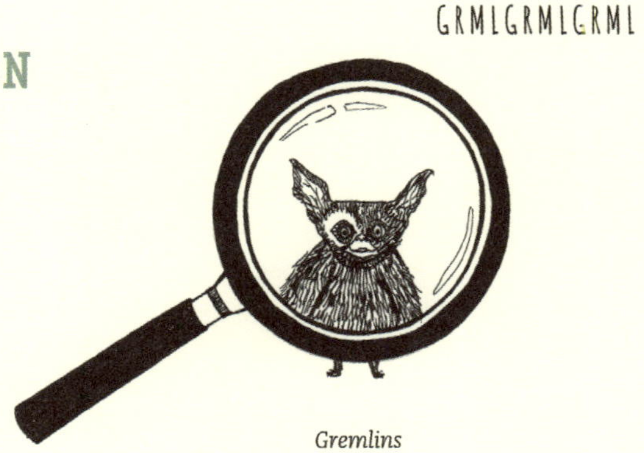

Gremlins

Bestimmt kennst du Roald Dahl, den Autor einiger toller Bücher, darunter *Charlie und die Schokoladenfabrik, Matilda, Sophiechen und der Riese* und noch viele mehr. So wurde er bekannt, und so wird man sich an ihn erinnern. Aber Roald Dahl war nicht nur Schriftsteller.

- Während des Zweiten Weltkriegs war er eine Zeit lang Spion und musste für den britischen Geheimdienst die USA ausspionieren. Dafür schickte man ihn an die britische Botschaft in Washington. Dort sollte er versuchen herauszufinden, ob die Vereinigten Staaten sich nun in den Krieg einmischen wollten oder nicht. Während dieser Zeit freundete er sich auch mit Ian Fleming an. Der war auch ein Spion und Schriftsteller. Fleming schrieb später die Geschichten über James Bond.

- Roald Dahl arbeitete auch als Kampfpilot. Leider stürzte er eines Tages mit dem Flugzeug ab, wobei er sich schwer verletzte. Er war sogar kurze Zeit blind.

- 1943 schrieb Roald sein erstes Kinderbuch: *Die Gremlins.* Als Inspiration diente ihm seine Zeit als Pilot. Bei der Luftwaffe waren »Gremlins« die kleinen Monster, die ein Flugzeug beim Fliegen in Schwierigkeiten brachten.

Noch mehr über Roald Dahl:

Roald Dahl fand Bärte eklig. Das merkt man schon, wenn man seine Geschichte *Die Zwicks stehen kopf* liest.

Im Grab von Roald Dahl liegen Gegenstände, die ihm besonders lieb waren: eine Flasche leckerer Wein, Bleistifte, Schokolade, eine Sägemaschine und ein Snooker-Queue (das ist eine Art Billardstock).

Roald Dahl schrieb all seine Geschichten in einer kleinen Hütte in seinem Garten.

104 MOZART WAR EIN WUNDERKIND

Wolfgang Amadeus Mozart wurde 1756 in Österreich geboren und ist einer der berühmtesten Komponisten aller Zeiten. Ein Komponist ist jemand, der sich Musik ausdenkt, und damit sie auch gespielt werden kann, die Noten dazu aufschreibt.

- Mozarts Vater erkannte früh, dass er ein Wunderkind im Haus hatte. Er sorgte dafür, dass sein Sohn für den Kaiser von Österreich spielen durfte.

- Später reiste Mozart auch zu den Königen von Frankreich und England. Alle waren hellauf begeistert von seiner Musik.

- Mit vierzehn schrieb Wolfgang Amadeus seine erste große Oper. Die hieß *Mitridate* und wurde im Theater von Mailand uraufgeführt. Wolfgang Amadeus komponierte wie verrückt und war lange ein sehr gefragter Musiker.

Mozart

- Trotzdem hatte er an seinem Lebensende Schulden. In seinen letzten Jahren hatte er zwar sehr viel Geld verdient, aber auch ein sehr luxuriöses Leben geführt. Er leistete sich viele Bedienstete und teure Sachen und verspielte außerdem große Summen beim Kartenspiel und bei Billardturnieren. Er starb sehr jung und hinterließ seiner Ehefrau kein Geld.

Ziemlich unheimlich ...

Einmal verfasste Mozart ein Requiem – eine gesungene Totenmesse bei einer Begräbnisfeier –, das zu den schönsten Stücken der Musikgeschichte gehört. Beim Schreiben hatte Mozart das Gefühl, dass er an seiner eigenen Totenmesse arbeitete. Seine Vorahnung wurde tragischerweise wenig später wahr.

105 FRANZ LISZT SCHICKTE SEINEN VEREHRERINNEN HUNDEHAARE

Franz Liszt war nicht nur ein großartiger Komponist, sondern auch ein begnadeter Klavierspieler. Geboren wurde er 1811 in Ungarn, doch er verbrachte den größten Teil seines Lebens vor allem in Wien und Paris. 1859 wurde er von Kaiser Franz Joseph I. von Österreich in den Adelsstand erhoben, worauf er sich Franz Ritter von Liszt nennen durfte.

Weil Franz eine besonders schöne Haarpracht hatte, baten ihn seine Verehrerinnen regelmäßig um eine Strähne. Anfangs schickte Liszt ihnen noch Locken von seinem eigenen Haar, doch nach einiger Zeit konnte er der Nachfrage nicht mehr gerecht werden, ohne sich den Kopf völlig kahl zu schneiden. Darum soll er sich einen langhaarigen Hund angeschafft und seinen Fans von nun an Hundehaare geschickt haben.

Franz Liszt

Florence Foster Jenkins

106 WENN DU VIEL GELD HAST, SAGT DIR NIEMAND, DASS DU FALSCH SINGST

Manche Leute singen so schief, dass es wie Hundegeheul klingt. Glücklicherweise tun sie das meistens unter der Dusche.

Florence Foster Jenkins konnte überhaupt nicht singen. Sie konnte die Töne nicht halten, und ihre Stimme hatte einen fürchterlichen Klang. Sie selbst aber hörte das wohl nicht, denn ihr großer Traum war es, Sängerin zu werden. Ihr Vater, bereits vertraut mit den Gesangskünsten seiner Tochter, hielt nichts von der Idee und weigerte sich, ihr den Gesangsunterricht zu finanzieren. Darüber war sie so wütend, dass sie von zu Hause weglief.

Als ihre Eltern starben, erbte Florence viel Geld. Damit gründete sie den *Verdi Club*, in dem Musiker und Künstler gegen Bezahlung auftreten konnten. Florence selbst trat dort als Sängerin auf und nahm sich oft sehr schwierige Lieder von alten Komponisten vor. Manchmal gab sie auch selbst geschriebene Stücke zum Besten. Dazu trug Florence immer sehr ausgefallene Kostüme mit glitzernden Pailletten. Nach jedem Lied zog sie sich um.

Zu ihren Auftritten lud Florence nur ihre Freunde und Verehrer ein, andere Besucher wurden einfach an der Tür abgewiesen. So erzählte niemand Florence, wie schief sie sang. Und wenn es wirklich mal zu schlimm wurde, unterbrach das Publikum sie mit lautem Klatschen und Jubelpfiffen.

Florence wurde oft gefragt, wann sie endlich ein Konzert geben würde, für das jedermann Karten kaufen konnte. Irgendwann lenkte sie schließlich ein und hatte 1944 einen Auftritt im berühmtesten Saal von New York: der Carnegie Hall. Dort wurde es das am schnellsten ausverkaufte Konzert aller Zeiten.

Unglücklicherweise schrieben die Zeitungen am nächsten Tag vernichtende Kritiken über das Konzert, und als Florence diese las, wurde sie furchtbar traurig. Fünf Tage später erlitt sie einen Herzinfarkt, an dem sie einen Monat später starb. Vielleicht war ihr Herz buchstäblich gebrochen.

2016 erschien ein Film über ihr Leben mit dem Titel *Florence Foster Jenkins*. Die Hauptrollen spielten die Schauspielstars Meryl Streep und Hugh Grant.

107 HENRY WALTER BATES ENTDECKTE, WIE TIERE EINANDER AN DER NASE HERUMFÜHREN

Henry Walter Bates war ein britischer Naturforscher. Er reiste 1848 in den Amazonas-Regenwald, wo er vor allem Falter untersuchte.

- Viele Schmetterlinge haben auffällige Farben. Diese dienen als Warnsignal an Vögel und andere Tiere, die gern mal einen Falter zum Frühstück essen würden. »Vorsicht«, drücken die Schmetterlinge mit ihren leuchtenden Farben aus. »Ich bin giftig.«

- Bei seinen Untersuchungen fiel Bates auf, dass sich unter den bunten Schmetterlingen auch Schwindler befanden. Obwohl sie giftig aussahen, waren sie bestens zum Verzehr geeignet. Für diese Erscheinung benutzen wir das Wort *Mimikry*: Manche Tierarten ahmen andere Tiere nach, um sich vor ihren Feinden zu schützen

- Dabei muss es nicht nur um Farben gehen. Manche Motten zum Beispiel drücken mit einem Geräusch aus, dass sie nicht essbar sind. Wenn Fledermäuse, die gerade Hunger auf eine Motte haben, dieses Geräusch hören, halten sie sich lieber fern. Wenn essbare Mottensorten das mitbekommen, fangen sie an, das gleiche Geräusch auszusenden, wodurch die Fledermäuse dann auch sie in Ruhe lassen.

Mimikry

Tarnung

Noch mehr tierische Tricks:

Manchmal kommt bei der Mimikry sogar der ganze Körper zum Einsatz, um unerkannt in einer Gruppe anderer Tiere unterzutauchen.

Zum Beispiel gibt es kleine Spinnen, die sich als Ameisen ausgeben – dabei haben Spinnen eigentlich zwei Beine mehr als Insekten. Außerdem haben sie, anders als Ameisen, keine Antennen auf dem Kopf. Also versteckt die Spinne einfach ihre zwei Extrabeine neben dem Kopf, damit es aussieht, als ob sie Antennen hätte. So bleibt sie neben den vielen Ameisen unentdeckt und ist vor ihren Feinden sicher.

108 AMELIA EARHART FLOG ALS ERSTE FRAU ÜBER DEN ATLANTISCHEN OZEAN

- Amelia Earhart wurde am 24. Juli 1897 in den USA geboren. Als Kind war sie eine kleine Rabaukin, die auf die höchsten Bäume kletterte und mit dem Gewehr Jagd auf Ratten machte.

- 1920 durfte sie in einem Flugzeug mitfliegen. Von da an wollte sie nur noch eins: selbst fliegen. Sie nahm Flugunterricht und kaufte sich von ihren Ersparnissen ein Flugzeug.

- Im Mai 1932 begann sie auf einem Flugplatz in Neufundland in Kanada ihre Reise über den Ozean. Amelia wusste, dass es nicht ungefährlich sein würde. Sie musste fast fünfzehn Stunden ununterbrochen fliegen, und das bei extremer Wetterlage. Unterwegs wurde auch noch der Treibstofftank undicht. Aus dem Motor kamen Flammen, die Flügel der Maschine waren mit Eis bedeckt. Doch Amelia gab nicht auf. Sie schaffte es, den Atlantik zu überqueren und sicher auf einer Wiese in Irland zu landen.

- Amelia liebte das Risiko. 1937 wollte sie gemeinsam mit Fred Noonan in ihrem Flugzeug um die Welt fliegen. Doch als sie auf einer Insel im Pazifik zur Landung ansetzten, ging etwas schief. Sie konnten keinen Funkkontakt zur Landestation aufnehmen und deshalb auch nicht landen. Auf einmal verschwand das Flugzeug vom Radar. Bis heute weiß niemand, was passiert ist. Haben sie eine Notlandung auf dem Meer gemacht? Steuerten sie eine abgelegene Insel an? Noch immer geben uns diese Fragen Rätsel auf. Fest steht aber, dass Amelia Earhart eine sehr mutige Frau war.

Amelia Earhart

109 SALVADOR DALÍ TAT ALLES FÜR DEN RUHM

Hast du schon mal ein Foto von Salvador Dalí gesehen? Da sieht man eigentlich sofort, was für ein außergewöhnlicher Mann er war. Er hatte einen langen Schnurrbart, der sich fein nach oben kringelte – die Spitzen reichten bis zu seinen Augen. Dalí trug auch gern auffällige Mäntel und weite Umhänge. Er erregte einfach gerne Aufsehen. Viele Menschen hielten ihn deshalb für verrückt. Er selbst sagte: »Der einzige Unterschied zwischen mir und einem Verrückten ist, dass ich nicht verrückt bin.« Vielleicht ist es gar nicht so überraschend, dass manche ihn ein bisschen seltsam fanden.

- Dalí malte sehr ungewöhnliche Bilder. Auf den ersten Blick sieht man darauf ganz alltägliche Dinge, doch wenn man genauer hinsieht, fühlt man sich, als ob man in einem Traum gelandet ist. Diese Malerei nennt man »Surrealismus«.

- Er erfand auch komische Gegenstände, mit denen man eigentlich nichts oder nur wenig anfangen konnte, die aber interessant aussahen. Das *Hummertelefon* zum Beispiel, oder das *Lippensofa*, ein Sofa in Form eines riesigen Mundes.

- Eines der bekanntesten Gemälde von Dalí ist *Die Beständigkeit der Erinnerung* (auch bekannt unter dem Namen *Die zerrinnende Zeit*), auf dem geschmolzene Uhren zu sehen sind. Oft gab er seinen Bildern witzige Namen, wie *Spiegeleier auf dem Teller ohne den Teller.*

- Auch Dalís Filme sind außergewöhnlich. Darin passieren seltsame Dinge, die dem Zuschauer ein mulmiges Gefühl geben. Manche Leute hielten gar nichts von Dalís Filmen und warfen aus Protest Gegenstände auf die Leinwand.

- 1989 starb Salvador Dalí. Begraben wurde er in seiner Heimatstadt Figueres, in der Krypta des Dalí-Museums. Seine Werke sind in vielen Museen auf der ganzen Welt zu bewundern.

DER EINZIGE UNTERSCHIED ZWISCHEN MIR UND EINEM VERRÜCKTEN IST, DASS ICH NICHT VERRÜCKT BIN.

110 BARBIE WAR EINST EIN ECHTES MÄDCHEN

Herr und Frau Handler aus den USA waren Besitzer einer Spielzeugfabrik mit dem Namen Mattel. Zu Hause beobachtete Frau Handler, dass ihre kleine Tochter Barbie am liebsten mit Anziehpuppen aus Pappe spielte. Sie bastelte Röcke, Hüte und Hosen und konnte sich stundenlang mit ihren Puppen beschäftigen. 1959 beschloss Frau Handler, eine kleine Plastikpuppe anzufertigen, die genau wie eine erwachsene Frau aussehen sollte. Sie stattete die Puppe mit einer umfangreichen Garderobe aus und taufte sie auf den Namen Barbie, den Spitznamen ihrer Tochter.

Da es bis dahin in den Geschäften nur große Babypuppen zu kaufen gab, war Barbie wirklich etwas Besonderes. Die anderen Spielwarenhersteller waren anfangs nicht überzeugt von der neuen Puppe, doch schon nach kurzer Zeit wurde Barbie zu einem Riesenerfolg.

Zwei Jahre später bekam Barbie einen Freund. Den nannte Frau Handler nach ihrem Sohn Ken.

Barbie und Ken und all ihr Zubehör gehören heute zu den bestverkauften Spielwaren der Welt.

Bonusinfos:

Barbies offizieller Geburtstag ist der 9. März 1959.

Die allererste Barbie trug einen schwarz-weiß gestreiften Badeanzug und hatte einen Pferdeschwanz.

111 SPOTTDROSSELN UND FINKEN BRACHTEN DARWIN AUF DIE IDEE MIT DER EVOLUTIONSTHEORIE

Der bekannte Wissenschaftler Charles Darwin lebte von 1809 bis 1882. Man nennt ihn den Vater der Evolutionstheorie. Diese Theorie besagt, dass Tiere, aber auch Menschen, sich an ihre Umgebung anpassen. Und dass die, die sich am besten anpassen, überleben. So haben sich Menschen und Tiere durch die Zeitalter zu dem entwickelt, was sie heute sind.

Zwischen 1831 und 1836 ging Charles Darwin mit der HMS Beagle auf Erkundungsreise. Das Schiff legte in Südamerika, in Afrika, in Australien und an einer Reihe von Inseln im Pazifischen und im Indischen Ozean an. An all diesen Orten sah sich Darwin die Tiere, Pflanzen, Fossilien und die Erdschichten sehr genau an.

Als er auf zwei weit voneinander entfernten Inseln Spottdrosseln untersuchte, stellte er fest, dass es zwischen ihnen auffällige Unterschiede gab. Obwohl es sich in beiden Fällen um Spottdrosseln handelte, kam die eine Art nicht auf der anderen Insel vor und umgekehrt. Das fand Darwin bemerkenswert. Er führte seine Untersuchungen mit Finken fort und begriff, dass die Vogelarten sich je nach ihrer Lebensumgebung unterschieden.

Aus seinen Beobachtungen leitete er die Evolutionslehre ab, die heute noch gültig ist. Er beschrieb sie in seinem Buch *Over the Origin of Species by Means of Natural Selection* (Über die Entstehung der Arten), das sofort zum Bestseller wurde.

Nicht alle Menschen waren (und sind) mit Darwins Theorie einverstanden. Zu seinen Lebzeiten hatte er viele Gegner. Vor allem religiöse Menschen sahen in der Evolutionslehre einen Angriff auf die biblische Schöpfungslehre.

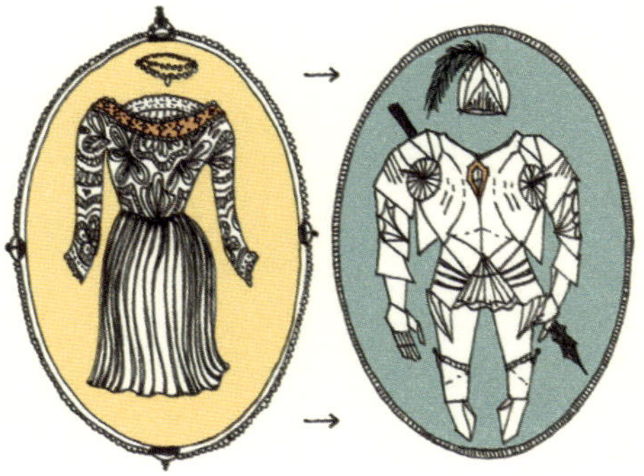

Jeanne *Jean*

112 DIE JUNGFRAU VON ORLÉANS LIEF ALS JUNGE HERUM (UND LANDETE DAFÜR AUF DEM SCHEITERHAUFEN)

Während des Hundertjährigen Krieges versuchte England Frankreich zu erobern. Eines Tages kreuzte ein französisches Bauernmädchen beim künftigen König der Franzosen Karl VII. auf und erklärte, dass Gott ihr in Visionen mitteilte, sie sei auserwählt, Frankreich zu retten. Gott würde auch dafür sorgen, dass Karl zum König gekrönt würde.

Jeanne schnitt sich darauf ihre langen Haare ab und zog eine weiße Rüstung an. Verkleidet als junger Mann, vertrieb sie die Engländer aus Orléans und errang noch einige andere Siege. Karl VII. wurde König.

Leider wurde Jeanne später durch burgundische Truppen festgenommen und an die Engländer verkauft. Die stellten sie wegen des Verdachts auf Ketzerei vor Gericht. Der Richter verurteilte sie zum Tod auf dem Scheiterhaufen. Mit neunzehn Jahren wurde sie in Rouen verbrannt und ihre Asche in den Fluss Seine gestreut, um zu verhindern, dass ihre Anhänger für die arme Jeanne einen Gedenkplatz errichteten.

Schließlich vertrieb Karl VII. die Engländer aus Frankreich und setzte damit dem Hundertjährigen Krieg ein Ende. Der Gerichtsprozess wurde neu aufgerollt und Jeanne viele Jahre nach ihrem Tod für unschuldig erklärt und heiliggesprochen.

Bonusinfo:

Eigentlich dauerte der Hundertjährige Krieg 116 Jahre, und zwar von 1337 bis 1453. Dabei handelte es sich um mehrere Kriege, die sich mit Friedenszeiten abwechselten. Der größte Teil des Krieges spielte sich in Frankreich ab.

113 MANCHMAL KOMMT DER RUHM ERST NACH DEM TOD

Stell dir vor, du bist Künstler oder Künstlerin, und dein ganzes Leben lang werden deine Bilder nicht so richtig gewürdigt. Schlimmer noch, du verdienst kaum genug, um zu überleben. Doch mehr als hundert Jahre nach deinem Tod werden für deine Werke plötzlich riesige Summen hingelegt! Das passierte unter anderem dem französischen Maler Paul Gauguin. Für sein Gemälde *Nafea faa ipoipo?* (Wann heiratest du?) bezahlte ein unbekannter Kunstliebhaber 2015 fast 300 Millionen Dollar. Gauguin hatte es auf einer tropischen Insel gemalt, wo er nach einem schweren Leben in Frankreich hingezogen war. Auf dem farbenfrohen Bild sind zwei Frauen aus Tahiti abgebildet.

Paul Gauguin

Auch der Niederländer Vincent van Gogh hatte wenig Glück im Leben. Er litt an allerlei Krankheiten und hatte Depressionen. Er nahm sich mit 37 Jahren das Leben.

Wie bei Gauguin wurden auch Vincent van Goghs Bilder erst nach seinem Tod bekannt und berühmt. Von seinen neunhundert Gemälden wurden zu seinen Lebzeiten nur ein paar verkauft, und davon auch noch eins an die Schwester eines Freundes. Mittlerweile hat sich das geändert! Sein Bild von dem Arzt, der sich in seinen letzten Lebensjahren um van Gogh gekümmert hatte, steht auf der Liste der teuersten zwanzig Gemälde aller Zeiten. Für das *Porträt des Dr. Gachet* bezahlte ein japanischer Geschäftsmann im Jahr 1990 ganze 82,5 Millionen Dollar.

Paul Gauguin und Vincent van Gogh kannten sich. Gauguin lebte sogar eine Zeit lang bei van Gogh in seinem gelben Haus in Arles. Allerdings gerieten sie in Streit, weil sie sich beide in die Chefin eines örtlichen Cafés verliebten. Gauguin zog später nach Tahiti, wo er seine bekanntesten Werke schaffen sollte. Vincent van Gogh wurde immer kränker, aber auch er malte in dieser Zeit Bilder, die ihn später weltberühmt machen sollten.

114 EIN FISCH NAMENS PICASSO

Hast du schon einmal vom Picassofisch gehört? Dieser schöne, aber auch aggressive Fisch verdankt seinen Namen seinen leuchtenden, kontrastreichen Farben.

- Pablo Picasso wurde 1881 in Spanien geboren, doch er wohnte in Frankreich. Er war Maler, Bildhauer und Töpfer. Picasso wird manchmal der größte Maler des 20. Jahrhunderts genannt.
- Schon als Kind fertigte Pablo Picasso wundervolle Zeichnungen an. Mit neunzehn reiste er zum Malen nach Paris.
- Nach dem Tod eines Freundes wurde Picasso unendlich traurig, was man auch in seinen Bildern sieht. Er malte traurig aussehende Menschen und benutzte oft die Farbe Blau. Darum wird diese Zeit auch die »Blaue Periode« von Picasso genannt.

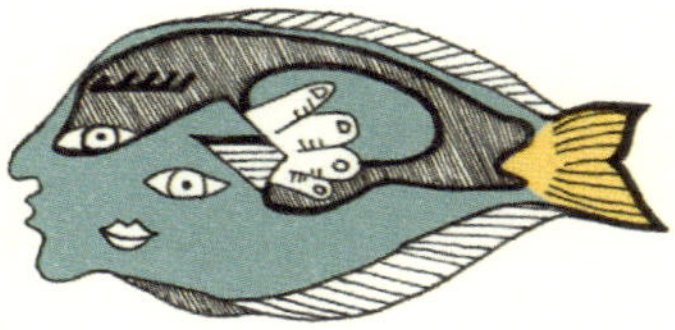

Picassofisch

- Als er wenig später eine nette Frau kennenlernte, tauschte er die blaue Farbe gegen Rosa ein. Diese Phase wurde dann die »Rosa Periode«, in der er viele Zirkusartisten malte.
- Picasso ging noch viel weiter in seinen Experimenten. Er schuf Bilder, die aus vielen einzelnen Feldern bestanden, in denen kleine Ausschnitte eines Themas abgebildet waren. Diese abstrakte Kunstform, bei der man die Bildmotive oft nicht wiedererkennen kann, heißt »Kubismus«.
- Neben der Malerei war Picasso auch ein leidenschaftlicher Bildhauer und schuf Kunstwerke aus Gegenständen, die er auf der Straße gefunden hatte. Zum Beispiel einen Stierkopf aus einem Fahrradsattel und -lenker.
- Sein berühmtestes Werk ist *Guernica*, ein riesiges Gemälde von fast acht Metern Länge, in dem Picasso seine Gedanken und Gefühle über den Krieg ausdrückte.
- Pablo war 91 Jahre alt, als er starb. Bis zu seinem Lebensende schuf er Kunst.

115 JULIUS CÄSAR WAR EIN EITLER GECK

Julius Cäsar wird oft mit einem Lorbeerkranz abgebildet. Das war eigentlich ein Kranz für Gewinner bei den Olympischen Spielen, der zum ersten Mal im 6. Jahrhundert vor Christus bei den Spielen zu Ehren des Gottes Apollo verwendet wurde. Dieser Gott wurde nämlich immer mit einem aus Lorbeerblättern geflochtenen Kranz auf dem Kopf abgebildet. Laut den Ärzten dieser Zeit hatten diese Blätter eine heilende Wirkung.

Julius Cäsar trug gerne Lorbeerkränze. Er konnte es nämlich nicht ertragen, dass er fast eine Glatze hatte. Die wenigen Haare, die er hatte, kämmte er nach vorne, um nicht so kahl auszusehen. Das machen auch heute noch viele, um ihre kahlen Stellen zu verbergen.

Kleopatra, die Königin der Ägypter, mit der Cäsar eine Liebesbeziehung hatte, soll seinen Kopf mit einer selbst gemischten Salbe eingerieben haben. Die enthielt verbrannte Mäuse, Bärenfett, Pferdezähne und das Rückenmark eines Hirschs. Ob Kleopatra sich mit ihrem Schatz einen Scherz erlauben wollte, wissen wir nicht. Wirklich geholfen hat die Creme jedenfalls nicht, wie man an Cäsars kahlem Kopf sieht.

116 ALEXANDER DER GROSSE HACKTE KNOTEN EINFACH DURCH

- 356 vor Christus wurde Prinz Alexander in Mazedonien geboren. Er war gerade zwanzig Jahre alt, als sein Vater starb und er die Thronfolge antreten musste.

- Alexander zog sofort in den Kampf. Erst eroberte er das Persische Reich und machte sich dann nach Ägypten und Asien auf. Bis Indien zog seine Armee mit ihm, doch irgendwann bekamen die Soldaten Heimweh und beschlossen, dass sie nun genug erobert hatten.

- Alexander der Große tötete seine Gegner nicht, sondern ließ sie unter der Bedingung, dass sie ihm ewig treu bleiben würden, am Leben. Sein Traum war es, aus den Griechen und den Persern ein Volk zu machen. Aus diesem Grund heiratete er selbst drei persische Frauen.

- Alexander gründete auch Dutzende von Städten, die er manchmal nach sich selbst benannte. Die bedeutendste dieser Städte war das ägyptische Alexandria.

- Alexander traf oft spontane Entscheidungen. Eines Tages fiel er in die Stadt Gordion ein. Dort erzählten ihm die Bewohner die Geschichte des Streitwagens von König Gordios, der mit einem verschlungenen, unlösbaren »Gordischen Knoten« befestigt war. Wer diesen Knoten lösen konnte, sollte Herrscher über Asien werden. Alexander nahm einfach sein Schwert und hackte den Knoten durch. Die Redewendung »den Gordischen Knoten durchschlagen« wird auch heute noch verwendet, wenn jemand ein schwieriges Problem schnell und mit verblüffend einfachen Mitteln löst.

- Mit 32 Jahren starb Alexander der Große. Die Todesursache ist nicht bekannt – vielleicht war er krank oder starb an einer Verletzung. Zu der Zeit kam es öfter vor, dass Menschen jung starben. In jedem Fall hatte Alexander in seinem jungen Leben viel erreicht.

Überhandknoten

Kreuzknoten

Achtknoten

WAS HÄTTE ALEXANDER DER GROSSE MIT DIESEN KNOTEN GEMACHT?

117 POCAHONTAS LIEGT IN GROSSBRITANNIEN BEGRABEN

Das Grab von Pocahontas befindet sich auf dem Friedhof der Sankt-Georgs-Kirche im englischen Gravesend. Sie starb im Jahr 1617 mit nur 22 Jahren.

Pocahontas wurde in den heutigen USA als Tochter von Häuptling Powhatan, einem Anführer der Virginia-Algonkin, geboren. Dieser Indianerstamm war in Virginia zu Hause, wo 1607 die englischen Kolonisten ankamen.

Die Virginia-Algonkin und die Kolonisten kamen nicht gut miteinander aus. Manchmal führten sie sogar Krieg. Während einer Schlacht wurde Pocahontas von den Kolonisten entführt. Sie wurde mit dem Engländer John Rolfe verheiratet, der sich in sie verliebt hatte. Ob Pocahontas auch in ihn verliebt war, wissen wir nicht, aber zumindest führte die Hochzeit zu einem Ende der Kriege zwischen den Stämmen und den Kolonisten.

1616 zog Pocahontas mit ihrem Mann und ihrem Sohn nach England, wo sie in Brentford wohnten. Leider wurde sie bald sehr krank und starb jung.

118 HARRY POTTER WURDE IN 79 SPRACHEN ÜBERSETZT

Von allen Harry-Potter-Bänden zusammen sind auf der ganzen Welt insgesamt 450 Millionen Exemplare verkauft worden. Die Bücher wurden in 79 Sprachen übersetzt und haben ihre Autorin J. K. Rowling steinreich gemacht. Vor ihr hat noch niemand mit dem Bücherschreiben so viel Geld verdient. Dank ihrer Geschichten über Harry in Hogwarts gehört sie nicht nur zu den reichsten Schriftstellern der Welt, sondern auch zu den reichsten Frauen Großbritanniens.

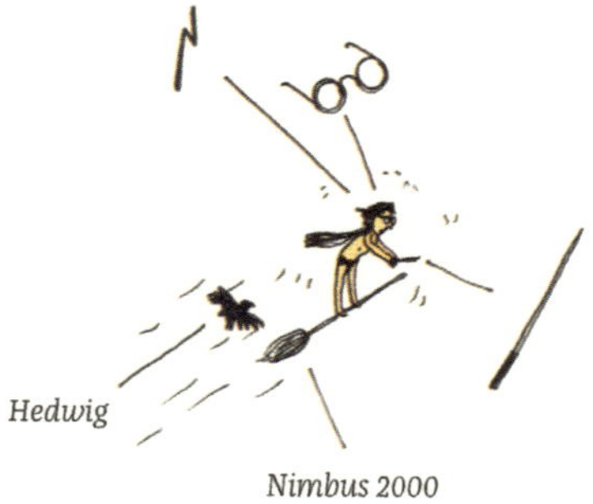

Nicht nur die Bücher selbst, auch die Filme ließen die Kassen ordentlich klingeln. Die Filmreihe lief zehn Jahre lang, und die Hauptrollen wurden während der ganzen Zeit von denselben Schauspielern gespielt.

Der Schauspieler Daniel Radcliffe, der Harry spielte, war im ersten Harry-Potter-Film erst elf Jahre alt. Der Film trug den Titel *Harry Potter und der Stein der Weisen*. Bei Erscheinen des achten und letzten Films der Reihe im Jahr 2011 war Daniel 21.

119 ANNE FRANK VERBRACHTE DIE LETZTEN ZWEI JAHRE IHRES LEBENS OHNE SONNENLICHT

Von Anne Frank hast du sicher schon gehört. Sie hat ein Tagebuch geführt, während sie sich vor den Nazis verstecken musste.

- 1933 kam Adolf Hitler mit seiner Partei NSDAP in Deutschland an die Macht. NSDAP steht für »Nationalsozialistische Deutsche Arbeiterpartei«. Hitler hasste jüdische Menschen und war der Meinung, dass sie ausgerottet werden mussten.

- Die Familie Frank fühlte sich darum in Deutschland nicht mehr sicher. Der Vater Otto Frank zog 1933 mit seiner Frau Edith in die Niederlande, um ein Geschäft aufzubauen. Doch als Hitler 1940 den Krieg begann, war es auch in Amsterdam nicht mehr sicher. Die Familie versuchte zwar noch, in die USA oder ein anderes Land zu fliehen, doch es gelang ihnen nicht mehr.

- Ab 1942 mussten sie untertauchen. Sie versteckten sich in einem Hinterhaus in der Prinsengracht 263 in Amsterdam. Im Vorderteil des Gebäudes befand sich die Firma von Otto Frank. Im hinteren Teil war Platz für zwei Familien: Familie Frank und Familie van Pels. Vor die Zugangstür schoben sie ein schwenkbares Bücherregal, damit die deutschen Soldaten das Versteck der jüdischen Familien nicht entdeckten. Hilfe bekamen sie von vier Mitarbeitern von Otto Frank: Miep Gies, Johannes Kleiman, Victor Kugler und Bep Voskuijl. Sie besorgten ihnen Essen, Kleider, Bücher und andere Dinge, die sie brauchten. Sie erzählten den Familien auch, was sich alles in der Stadt und in der Welt abspielte.

- Mehr als zwei Jahre lang saßen die Untergetauchten in ihrem Versteck, ohne auch nur ein einziges Mal nach draußen zu kommen. Doch dann wurden sie an die Deutschen verraten.

- Am 4. August wurden Anne Frank und ihre Familie ins Konzentrationslager Auschwitz gebracht. Nur Otto Frank überlebte das Konzentrationslager. Wer die Familien verraten hatte, wurde nie bekannt.

- Miep Gies und Bep Voskuijl waren es, die Annes Tagebuch fanden. Als Otto Frank nach Amsterdam zurückkehrte, überreichten sie es ihm. Anne hatte darin geschrieben, dass sie das Buch nach dem Krieg herausgeben wollte. Ihr Vater verwirklichte ihren Wunsch. Anne Franks Tagebuch ist heute noch in vielen Schulen Pflichtlektüre.

- Über Anne Franks Leben wurde auch ein Film gedreht.

- Wenn du mal in Amsterdam zu Besuch bist, solltest du einmal das Hinterhaus besuchen, in dem Familie Frank Unterschlupf fand. Heute befindet sich dort das beeindruckende Anne-Frank-Museum.

... und der Wolf lebte vergnügt bis an sein Ende.

120 MÄRCHEN WAREN FRÜHER GRUSELIGE GESCHICHTEN

Märchen wie Aschenputtel und Schneewittchen kennst du wahrscheinlich vor allem aus den Disney-Filmen. Aber wusstest du, dass diese Geschichten schon vor langer Zeit von den Brüdern Grimm aufgeschrieben wurden? Jakob und Wilhelm Grimm waren Sprachwissenschaftler, die alte Volksmärchen und Legenden sammelten, welche sich die Menschen damals erzählten. Die Kinder- und Hausmärchen erschienen 1802 zum ersten Mal und versammelten 200 Märchen und 10 Kinderlegenden, darunter so bekannte Geschichten wie *Rotkäppchen, Dornröschen, Schneewittchen, Der Rattenfänger von Hameln, Rumpelstilzchen, Der Froschkönig* und *Frau Holle*.

Das erste Buch war eigentlich nicht für Kinder gedacht, dafür waren die Geschichten viel zu brutal und gewalttätig. In erster Linie wollten die Brüder Grimm die alten Erzählungen für die Zukunft bewahren.

In der ursprünglichen Geschichte von Rotkäppchen zum Beispiel wird Rotkäppchen vom bösen Wolf aufgefressen und kehrt nicht mehr zurück. Und in Schneewittchen wird die böse Königin am Ende nicht verbannt, sondern muss in einem Paar glühender Eisenpantoffeln so lange tanzen, bis sie tot umfällt.

Hänsel und Gretel werden nicht etwa von der bösen Hexe eingesperrt, sondern vom Teufel selbst. Der versucht, die Kinder zu töten.

Solche Geschichten wollen Kinder natürlich nicht hören. Darum passten die Brüder Grimm die Märchen später selbst an. Im Laufe der Jahre kamen immer mehr Veränderungen hinzu. Und das ist ganz in Ordnung, denn Märchen stammen nun einmal aus einer bestimmten Zeit, und die Geschmäcker und Gebräuche ändern sich im Lauf der Jahrhunderte.

Die grimmschen Märchen wurden in 160 Sprachen übersetzt. Das Grab der Brüder kann man auf dem Alten St.-Matthäus-Kirchhof in Berlin besuchen.

121 MANCHMAL WIRD EIN PIRATENJÄGER ZUM PIRATEN

Der Name William Kidd sagt dir wahrscheinlich nichts. Doch er war einst ein sehr berühmter und berüchtigter Mann.

William Kidd wurde 1645 in Schottland geboren und zog später in die USA um, wo er Sarah Bradley Cox Oort heiratete. Sarah war eine sehr wohlhabende Frau. Kidd wurde Kaufmann, und das Paar schwelgte im Luxus.

Zum Handeltreiben reiste William Kidd regelmäßig nach England. Dort boten ihm englische Adlige an, gegen eine stolze Geldsumme Jagd auf französische Piraten zu machen. Kidd, der Abenteuer liebte, nahm den Auftrag an. Er kaufte extra ein neues Schiff, um damit Piraten zu fangen. Doch trotz der über dreißig Kanonen an Bord der Adventure Galley hatte Kidd kaum Erfolg bei der Piratenjagd. Er häufte viele Schulden an, die er nicht zurückzahlen konnte. Darum überfiel er jedes nichtenglische Schiff, das ihm auf See entgegenkam, und wurde so in kurzer Zeit vom Piratenjäger zum Piraten.

Von da an ging es weiter bergab. Er hatte Streit mit der Besatzung des Schiffs, die sich zum Großteil gegen ihn wandte. Also kehrte Kidd nach Amerika zurück, wo er jedoch sofort festgenommen wurde. Dann schickte man ihn wieder zurück nach England, um ihn dort vor Gericht zu stellen.

Am 23. Mai wurde William Kidd gehängt. Um andere Piraten abzuschrecken, wurde seine Leiche in einem Eisenkäfig über der Themse in London aufgehängt.

Bis heute glauben einige Menschen, dass William Kidd irgendwo einen Schatz vergraben hat. An manchen Orten wird sogar noch danach gesucht.

122 AUCH TIERE KÖNNEN WELTBERÜHMT WERDEN

In diesem Kapitel geht es zwar um bekannte Menschen, aber wusstest du, dass auch Tiere Berühmtheit erlangt haben?

- Laika war ein russischer Straßenhund. Ihr zog man 1957 einen Raumanzug an und steckte sie in die Rakete Sputnik 2. Leider kam Laika von ihrer Reise ins All nicht zurück. Die Sputnik war so gebaut, dass sie beim Wiedereintritt in die Atmosphäre verbrannte. Den Wissenschaftlern zufolge war Laika jedoch schon wenige Stunden nach dem Start an Überhitzung gestorben.

- Für Lassie ging es glücklicherweise besser aus. Er bekam eine Rolle in einer der bekanntesten Fernsehserien aller Zeiten. In jeder Folge gab Lassie den Retter in der Not. Eigentlich wurde er von verschiedenen Hunden dargestellt, die aber alle aus einer Familie stammten und sich deshalb sehr ähnlich sahen. Lassie hat sogar einen eigenen Stern auf dem berühmten *Walk of Fame* in Hollywood.

- Weil Tauben bekanntlich immer wieder den Weg zurück in ihren Schlag finden, wurden sie im Krieg genutzt, um Botschaften zu versenden. Und Cher Ami, eigentlich eine ganz gewöhnliche Brieftaube, überbrachte im Ersten Weltkrieg eine Botschaft von großer Bedeutung. Auch als Cher Ami von den Deutschen angeschossen wurde, flog sie weiter und lieferte ihre Botschaft rechtzeitig ab. Damit rettete sie 194 Soldaten, die von deutschen Truppen eingeschlossen waren, das Leben.

- Auch ein seltsames Tier wie der Tintenfisch kann es zu Weltruhm bringen. Vielleicht kennst du Krake Paul ja schon. Während der Fußballweltmeisterschaft 2010 war es seine Aufgabe, das Abschneiden der deutschen Elf vorherzusagen. Dazu wurden vor jedem Spiel zwei Kisten mit Fressen in sein Aquarium heruntergelassen, auf denen jeweils die Flaggen der zwei gegnerischen Mannschaften abgebildet waren. Das Team auf der Kiste, die Paul als Erstes öffnete, sollte gewinnen. Bei den sieben Spielen, bei denen Paul getippt hatte, lag er sieben Mal richtig.

– 5 –

EINE REISE DURCH DIE GESCHICHTE

123 DER SCHWARZE TOD FORDERTE MEHR ALS 75 MILLIONEN MENSCHENLEBEN

Zwischen 1346 und 1352 wütete in Europa die Pest oder auch der »Schwarze Tod«, wie Menschen die Krankheit damals nannten. Die Pest hatte ihren Ursprung in Asien und gelangte durch Ratten, die an Bord von Schiffen mitfuhren, nach Europa. Etwa 60 % der damaligen Europäer fielen der Krankheit zum Opfer.

Das Bakterium *Yersinia pestis* war der große Übeltäter. Der Krankmacher verbreitete sich durch Flöhe, die auf Ratten lebten. Hausratten und ihre Flöhe liefen zu der Zeit noch durch die Straßen und drangen auch häufig in Häuser ein.

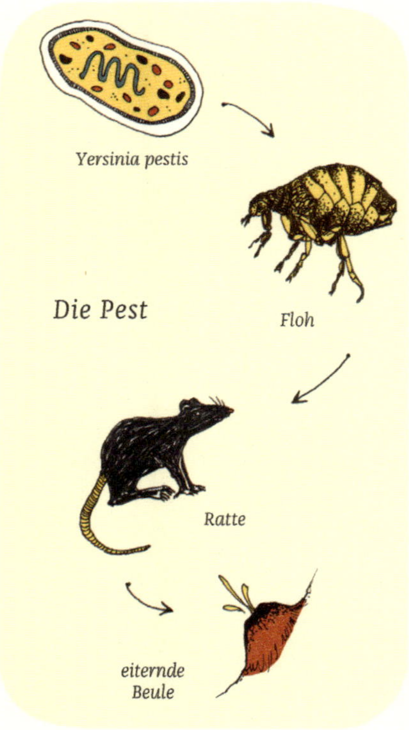

An der Pest erkrankte Menschen bekamen eiergroße schwarze Beulen unter den Achseln und in den Leisten, aus denen Eiter und Blut sickerten. Nach einiger Zeit waren schwarze Flecken auf der Haut zu sehen. Das war ein Zeichen, dass die Haut abstarb. Weil die Menschen am Ende am ganzen Körper schwarz waren, bekam die Pest den Namen »Schwarzer Tod«.

Damals wusste niemand, woher die Krankheit kam und was sie verursachte. Man gab Juden, Bettlern und Aussätzigen die Schuld. Tatsächlich erkrankten die jüdischen Einwohner der Städte seltener an der Pest, was den Menschen im Mittelalter verdächtig vorkam. Sie beschuldigten die Juden, die Wasserbrunnen zu vergiften, um alle Christen zu töten. Das stimmte natürlich nicht. Zu der Zeit waren Juden verpflichtet, in »Gettos«, also in abgetrennten Teilen der Städte zu wohnen. Aufgrund ihrer speziellen religiösen Vorschriften lebten die Juden sauberer als der Rest der Bevölkerung, wodurch die Gettos zu kleinen Inseln der Hygiene wurden.

Leider war aber der Zusammenhang zwischen Hygiene und Gesundheit damals noch nicht bekannt, und weil viele Menschen die furchtbaren Gerüchte über die Juden glaubten, stürzten sie sich auf sie. *Pogrome* wurden durchgeführt. Das waren organisierte Überfälle, bei denen die Juden lebendig verbrannt und alle ihre Besitztümer geraubt wurden. Auf diese Weise wurde ein großer Teil der jüdischen Bevölkerung vollständig ausgelöscht.

Die Pest bedeutete einen schweren Schlag für Europa. Erst im Jahr 1600 hatte die Bevölkerungszahl wieder den Stand des 14. Jahrhunderts erreicht.

124 KÖNIGIN ELIZABETH II. IST DAS OBERHAUPT VON 16 STAATEN

- Elizabeth Alexandra Mary, kurz Elizabeth II., ist nicht nur Königin des Vereinigten Königreichs. Seit 1952 ist sie außerdem Königin von Kanada, Australien und Neuseeland. Und als ob das nicht genug wäre, ist sie außerdem Staatsoberhaupt von Jamaica, Barbados, den Bahamas, Grenada, Papua-Neuguinea, den Salomonen, Tuvalu, St. Kitts und Nevis, Belize, Antigua und Barbuda, St. Lucia, St. Vincent und den Grenadinen. Diese zwölf werden zusammen die *Commonwealth Realms* genannt. All diese Länder sind unabhängig geworden, seit Elizabeth II. auf dem Thron sitzt. Unter einem *Commonwealth Realm* versteht man ein unabhängiges Land innerhalb der britischen Staatengemeinschaft. Die besteht aus dem Vereinigten Königreich und den meisten der früheren Kolonien.

- Elizabeth II. ist heute die am längsten regierende Königin der britischen Geschichte. 2016 wurde sie 90 Jahre alt und ist damit das älteste lebende Staatsoberhaupt der Welt. Trotzdem scheint sie nicht ans Abtreten zu denken. In Großbritannien ist es Tradition, dass ein König oder eine Königin bis zum Tod im Amt bleibt.

- Elizabeth hat vier Kinder. Eines davon ist Charles, der Prinz von Wales. Als ältester Sohn ist er der Thronfolger. Dann gibt es noch ihre Tochter Anne und die beiden Söhne Andrew und Edward.

125 EINER VON FÜNF MENSCHEN AUF DER ERDE IST CHINESE

In China leben ungefähr 1,4 Milliarden Menschen. Obwohl das Land nicht viel größer als die Vereinigten Staaten von Amerika ist, wohnen dort vier Mal so viele Menschen. Du kannst dir sicher vorstellen, dass es auf den Straßen der großen chinesischen Städte ganz schön hektisch zugeht.

Die Gesamtbevölkerung der Erde beträgt etwa 7,5 Milliarden Menschen. Das bedeutet, dass einer von fünf Menschen Chinese ist. Als Nächstes folgen Indien mit 1,3 Milliarden Menschen, die Europäische Union mit 510 Millionen, die USA mit 325 Millionen und dann Indonesien mit 265 Millionen Menschen.

Nach Schätzungen der Vereinten Nationen werden um das Jahr 2050 fast 10 Milliarden Menschen auf dem Erdball leben. Mehr als 5 Milliarden in Asien, und die meisten davon in Indien.

Es ist also kein Wunder, dass Chinesisch auch die meistgesprochene Sprache der Welt ist. Danach folgen Spanisch, Englisch, Hindustani und Arabisch.

126 DIE ÄLTESTE BANK DER WELT BEFINDET SICH IN SIENA

- Die Banca Monte dei Paschi di Siena ist schon über fünfhundert Jahre alt. Sie wurde 1472 gegründet und steht noch immer am selben Ort: in Siena in Italien.

- Manche Banken waren am Anfang Pfandhäuser. Man brachte etwas hin – zum Beispiel die wertvolle Uhr des Großvaters – und bekam im Austausch dafür eine Geldsumme. Der Gegenstand, den man abgab, wurde »Unterpfand« genannt. Wer die geliehene Summe pünktlich zurückzahlte, bekam sein Unterpfand wieder. Wenn man das nicht tat, verkaufte das Pfandhaus den Gegenstand und behielt das Geld für sich.

- Im Norden Italiens entstanden Banken hingegen aus dem System von »Wechselbriefen«. Die ermöglichten den Handel über große Entfernungen, ohne dass die Menschen riesige Geldsäcke mit auf die Reise nehmen mussten. Der Käufer einer Ware brachte eine Geldsumme zum Geldwechsler. Der stellte einen Wechselbrief aus, auf dem der Betrag, das Datum, der Ort und der Name des Käufers standen. Den Wechselbrief übergab er im Austausch für die Handelsware an den Verkäufer. Der ging mit dem Brief zu einem anderen Wechsler, der ihm das Geld im Austausch für den Wechselbrief aushändigte. Die Geldwechsler wurden für ihre Dienste bezahlt. Bald öffneten in vielen großen Städten solche Wechselbüros, sodass man überall mit Wechselbriefen handeln konnte.

- Die Banca Monte dei Paschi di Siena ist ein gutes Beispiel dafür. Sie befindet sich noch heute im Palazzo Salimbeni auf einem prachtvollen Platz in Siena.

wuchernde Preise

Banca Monte dei Paschi di Siena

127 DIE MEISTEN RÖMISCHEN KAISER HATTEN KEINEN BART

Vielleicht ist dir ja schon aufgefallen, dass Statuen der römischen Kaiser oft so schöne glatte Wangen haben. Wie haben die das bloß geschafft in einer Zeit, als der Elektrorasierer erst noch erfunden werden musste und es noch nicht mal moderne Rasiermesser gab?

Die Römer waren ziemlich geniale Erfinder. Da überrascht es kaum, dass sie über spezielle Eisenmesser verfügten, mit denen sie sich regelmäßig glatt rasierten. Sie ähnelten Klappmessern, die am Griff mit Häuten oder Leder umwickelt waren. So konnte man sie in die Tasche stecken, ohne sich zu verletzen oder die Kleidung kaputt zu machen. Und weil es Seife damals auch schon gab, lief ein Rasiergang wahrscheinlich gar nicht so anders ab als heute.

Warum die römischen Machthaber sich die Bärte rasierten, wissen wir nicht mit Sicherheit. Vielleicht fanden sie es angenehmer oder einfach schöner. Vielleicht wollten sie sich auf diese Art von den »Barbaren« abgrenzen – jenen, die weder Griechisch noch Latein sprachen. Es kann aber auch sein, dass Bärte einfach nicht in Mode waren. Genau wie heute war es damals zu manchen Zeiten angesagt, einen riesigen Vollbart oder einen gepflegten Schnurrbart zu tragen. Und ein paar Jahre später musste man dann wieder ganz glatt rasiert herumlaufen, um dazuzugehören. Mit ihrer Haartracht gaben die Kaiser vor, was hip war oder nicht. Für uns ist das praktisch: Historiker können an den Abbildungen von bärtigen und bartlosen Männern auf Vasen und Bildern ablesen, aus welcher Periode ein Objekt stammt.

Die Römer waren übrigens nicht die Ersten, die sich rasierten. Auf Höhlenmalereien in Europa, Afrika und Australien sieht man, dass Männer auch zu der Zeit schon rasierte Gesichter hatten. Wahrscheinlich benutzten sie dazu geschliffenen Feuerstein. Zwar verschaffte der ihnen bestimmt ab und zu einen schmerzhaften Schnitt, aber da waren sie hart im Nehmen.

128 SICKERGRUBEN SIND SCHATZKISTEN (ZUMINDEST FÜR ARCHÄOLOGEN)

Weißt du, was eine Sickergrube ist? Heutzutage versteht man darunter eine Grube, über die alle Toilettenabfälle entsorgt werden. Im Mittelalter war sie aber viel mehr als das. Damals schütteten die Menschen nicht nur ihre Exkremente (also ihren Kot) hinein, sondern auch alte Schuhe, Kleider, Küchengeräte, kaputtes Geschirr und allerlei andere Alltagsgegenstände. Die Flüssigkeiten sickerten in den Boden, der Rest wurde zu einer festen Masse zusammengepresst.

Für Archäologen sind solche Sickergruben richtige Schatzkisten. Archäologen sind Wissenschaftler, die in der Erde nach Gegenständen aus der Vergangenheit suchen, um herauszufinden, wie die Menschen zu einer bestimmten Zeit lebten.

Zwar wurde früher der Mist aus den Sickergruben herausgeholt, sobald sie voll waren, aber es blieb doch vieles darin liegen. Für die Archäologen ist dieser Dreck eine Goldgrube. Sie können aus den Funden ablesen, ob die Menschen arm oder reich waren, was für Kleider sie trugen und was für Geräte sie in Haus und Garten benutzten. So enthält zum Beispiel die Sickergrube eines Arztes oder eines Apothekers die Instrumente, mit denen er arbeitete, sowie allerlei Gefäße für Tabletten und Salben. Und aus den Knochenstücken, Gräten, Samen und Schalen, auf die sie beim Buddeln stoßen, können die Wissenschaftler sogar herauslesen, was die Menschen in einer früheren Zeit aßen.

Archäologen halten sich also nicht die Nase zu, wenn sie an einer vollen Sickergrube vorbeikommen.

Archäologen riechen das gern.

129 DER LETZTE RÖMISCHE KAISER WAR EIN HÜBSCHER JUNGE

Romulus Augustus: So hieß der letzte römische Kaiser. Er wurde um 461 nach Christus geboren und am 30. Oktober durch die Armee zum Kaiser ausgerufen. Da war er noch keine vierzehn Jahre alt, weshalb man ihm den Spitznamen Augustulus gab. Das bedeutet so viel wie »Kleiner Kaiser«.

Romulus Augustulus

476 erhoben sich die germanischen Söldner des Weströmischen Reichs gegen den Kaiser und stürzten Augustulus, der damals erst fünfzehn Jahre alt war, vom Thron. Er war den Truppen des germanischen Generals Odoaker nicht gewachsen und versuchte zu fliehen. Dabei wurde er gefasst, doch der General ließ ihn am Leben – man munkelt, dass er das nur tat, weil Augustulus ein so schöner Junge war.

Der kleine Kaiser bekam von Odoaker sogar eine Pension und durfte für den Rest seines Lebens in einem Palast in Neapel wohnen.

130 SIND DIE DINOS VOR HUNGER GESTORBEN?

Paläontologen sind Wissenschaftler, die über Tiere und Pflanzen forschen, die vor Tausenden von Jahren gelebt haben. Sie beschäftigen sich also auch mit der Zeit, als die Dinosaurier den Erdball bevölkerten. Über das Aussterben der Dinos haben sie Theorien entwickelt. Eine davon lautet, dass sie verhungert sein könnten.

Wie du ganz bestimmt weißt, waren viele der Dinosaurier enorm groß und stark. Der Diplodocus zum Beispiel konnte bis zu 25 Meter lang und gut zwölf Tonnen schwer werden. So ein Gigant brauchte natürlich auch unglaublich viel Nahrung, um zu überleben.

Und daran haperte es. Wenn ein so riesiges Tier auf einmal nichts mehr zu essen fand, verhungerte es sehr schnell, trotz seiner enormen Größe.

Vor 65 Millionen Jahren stürzte ein großer Meteorit auf die Erde. Ein Meteorit ist ein Stein aus dem Weltall. Das kann ein Trümmerteil von einem Asteroiden oder einem Planetoiden sein. Der Einschlag des riesigen Meteoriten wirbelte eine so gigantische Staubwolke auf, dass keine Sonnenstrahlen mehr zur Erde durchdringen konnten. Bald hörten die Pflanzen auf zu wachsen und gingen ein. Für die Pflanzenfresser war also keine Nahrung mehr da. Die Fleischfresser konnten zwar noch eine Weile von den Pflanzenfressern leben, doch bald war es auch für sie vorbei. So dauerte es nicht lang, bis alle großen Dinosaurier vom Erdboden verschwunden waren.

Kleinere Tiere überlebten jedoch. Sie konnten sich von Insekten und Maden ernähren. Sie waren bestimmt oft hungrig, aber sie hielten durch.

Die kleineren Dinosaurier hatten auch noch eine Chance, vor allem, wenn sie fliegen konnten. Die Beine der Saurier formten sich langsam zu Flügeln aus, sodass sie leichter an unterschiedlichen Orten auf Nahrungssuche gehen konnten. Die Dinosaurier sind die Vorläufer unserer heutigen Vögel.

131 DIE ERSTEN GLADIATOREN MUSSTEN AUF BEGRÄBNISSEN KÄMPFEN

Rom, 264 vor Christus. Einige Sklaven werden gezwungen, gegeneinander zu kämpfen, bis einer von ihnen mit dem Leben bezahlt. Der Kampf wird auf der Begräbnisfeier eines verstorbenen Senators ausgetragen, um ihm die letzte Ehre zu erweisen.

Wer auf die Idee kam, Sklaven gegeneinander kämpfen zu lassen, haben die Historiker noch nicht herausfinden können. Fest steht aber, dass Gladiatorenkämpfe die ersten 150 Jahre lang nur bei Begräbnissen oder anderen rituellen Ereignissen stattfanden. Die blutigen Wettkämpfe wurden aber mit der Zeit so beliebt, dass sie bald im ganzen Römerreich abgehalten wurden. Erst im Jahr 404 nach Christus wurden sie vom Kaiser verboten.

In heutigen Filmen über Gladiatoren sieht man oft durchtrainierte Männer mit strammen Sixpacks. Das entspricht höchstwahrscheinlich nicht ganz der Realität. Gladiatoren sahen wohl eher aus wie besonders stattliche Rugbyspieler. Nach unseren Vorstellungen waren sie vielleicht nicht die Schönsten, aber die römischen Damen fielen reihenweise in Ohnmacht angesichts ihrer männlichen, mit Narben übersäten Körper. Die römischen Gladiatoren waren richtige Sporthelden, die in den Gängen der Amphitheater abgebildet und sogar auf Gemälden verewigt wurden.

Manchmal schickte man die Gladiatoren auch in die Arena, um mit wilden Tieren zu kämpfen. Das konnten Löwen, Bären und sogar Nilpferde sein. Gerüchten zufolge soll der Gladiator Carcophorus an einem Tag gut zwanzig Tiere getötet haben.

Gelegentlich wurden auch berühmte Schlachten der römischen Geschichte nachgespielt. Einmal soll das Colosseum in Rom sogar vollständig mit Wasser gefüllt worden sein, um eine Seeschlacht nachzuspielen.

Einer der bekanntesten Gladiatoren ist Spartacus. Er war eigentlich Soldat, bis er von den Römern gefangen genommen wurde. Die verkauften ihn als Sklaven an eine Gladiatorenschule in Capua. Aber der kluge Spartacus heckte einen Plan aus, wie er zusammen mit siebzig anderen Gladiatoren aus der Schule entfliehen konnte. Sie versteckten sich am Hang des Vesuv und befreiten noch eine Menge anderer Sklaven. Am Ende waren sie so viele, dass Spartacus eine Armee bilden konnten, um die römischen Legionen zu besiegen. Doch obwohl er viele Erfolge gegen die Römer erzielte, wurde er im Jahr 71 vor Christus schließlich von einem 50 000 Mann starken Heer unter der Führung von Marcus Licinius Crassus besiegt.

132 IM MITTELALTER KONNTEN AUCH FRAUEN RITTERINNEN WERDEN

Stellst du dir sofort einen Mann vor, wenn du an einen Ritter denkst? Da liegst du falsch! Frauen und Mädchen konnten nämlich auch Ritter werden. Wenn ein Ritter starb, ging seine Pflicht auf seine Familie über. Und wenn er keinen Sohn hatte, mussten eben seine Frau oder eine Tochter die ritterlichen Aufgaben übernehmen.

In Friedenszeiten ging das ja noch. Da musste ein Ritter Steuern für den König eintreiben, hier und da mal eine Brücke reparieren und in seiner Stadt für Ordnung sorgen.

Aber in Zeiten des Krieges musste ein Ritter natürlich sein Land verteidigen und dem König dienen. Dass die weiblichen Ritter da mitmachten, ist unwahrscheinlich. Vermutlich ließen sie andere für sich kämpfen.

Equitissa

Frauen im Mittelalter waren aber alles andere als empfindlich und hatten damals schon ziemlich viele Rechte. Zum Beispiel durften sie ein Geschäft führen. Weibliche Ritter wurden übrigens *Equitissa* genannt. Ab dem 14. Jahrhundert kamen noch andere Bezeichnungen hinzu: *Chevaleresse* für die Frau eines Ritters und *Chevalière* für einen weiblichen Ritter.

Es gab damals auch Ritterorden speziell für Frauen, etwa den Orden der Damen von der Axt (*Ordo de la Hacha*) in Katalonien. Weil die Frauen der Stadt erbittert gegen die Mauren gekämpft hatten, wurde für sie zur Belohnung dieser Orden gestiftet. Religiöse Ritterorden gab es auch. Die Frauen, die dazugehörten, nahmen nicht an Kriegen teil.

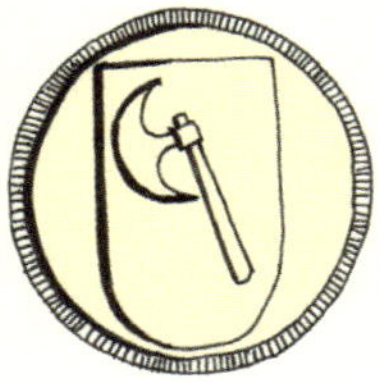

Orden der Damen von der Axt

Zwei bekannte Ritterinnen, die in den Kampf zogen:

- Johanna von Flandern führte ein Heer von dreihundert Reitern an. Sie wird beschrieben als eine Frau »mit scharfem Schwert und großem Mut«.
- Isabella I. von Kastilien vertrieb zusammen mit ihrem Mann die Mauren aus dem Süden von Spanien.

133 DIE ERSTEN BÜCHER WURDEN AUS BAMBUS GEMACHT

Schon vor Tausenden von Jahren entwickelten die Chinesen eine Schrift. Am Anfang diente diese Schrift vor allem dazu, um mit Gottheiten zu kommunizieren. Priester schnitzten eine Frage in der Form einer Zeichnung oder auch eines »Piktogramms« auf einen Knochen oder auf den Panzer einer Schildkröte. Daraufhin wurde der Knochen oder der Panzer erhitzt, wodurch Risse entstanden – auch in der Zeichnung. Aus diesen Rissen konnten die Priester den Willen der Götter ablesen. Die Weissagungen wurden neben den Rissen auf den Knochen oder den Panzer geschrieben. Wissenschaftler können sie noch heute untersuchen.

Natürlich waren diese Knochen und Panzer noch keine Bücher. Die allerersten Bücher entstanden, indem man Bambusstäbe mit Schnüren aneinanderband und Zeichen darauf malte. So entstanden Tafeln, die man zusammenrollen konnte. Darauf wurden Geschichten geschrieben, die die Chinesen gern festhalten wollten. Die Bambusbücher bewahrten sie in Tempeln auf.

Manche dieser Bücher haben bis heute überlebt. Sie enthalten die älteste bekannte Schrift, die heute noch in Gebrauch ist. Sie soll über 80 000 Schriftzeichen umfassen.

Im Jahr 105 nach Christus entwickelte Cai Lun, ein Erfinder am Hof des Kaisers von China, ein Material aus Bast, Hanf und Seide, auf dem man schreiben konnte. Als er das Material seinem Kaiser präsentierte, war der so begeistert, dass er Lun viel Geld bezahlte und ihm eine hohe Stellung verschaffte. Von da an schrieben die Chinesen anstatt auf Bambusstäben auf Papier.

Auch die Buchdruckkunst wurde in China erfunden, ungefähr im 7. Jahrhundert nach Christus. Dazu wurden die Schriftzeichen spiegelverkehrt in Holzblöcke geritzt. Anschließend rieb man die Blöcke mit Tinte ein und drückte sie auf Papier. So konnten plötzlich tausend Seiten pro Tag gedruckt werden.

Ganz schön schlau, die Chinesen!

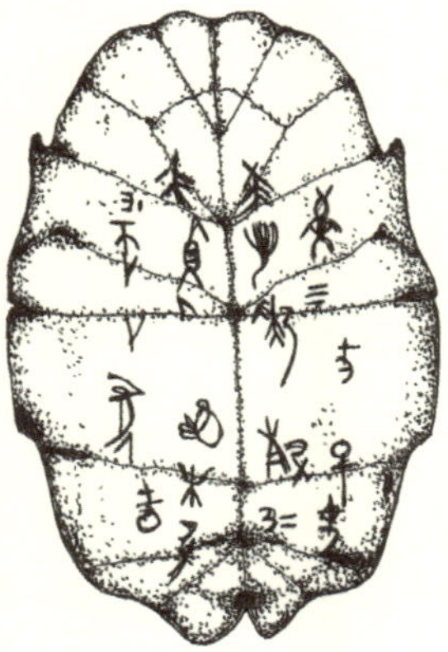

Schildkröten-panzerbuch

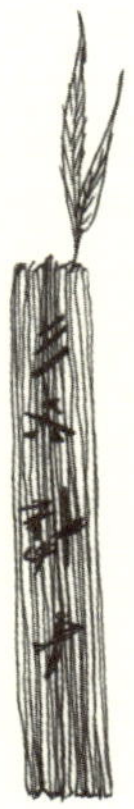

Bambus-buch

Die SS Sultana legt ab.

134 DIE FREIHEIT DIESER KRIEGSGEFANGENEN WAR NUR VON KURZER DAUER

- Von 1861 bis 1865 tobte in den USA ein Bürgerkrieg zwischen der Union und der Konföderation. Die Union bestand aus den nördlichen Staaten, die Konföderation aus den südlichen. Während des Kriegs wurden viele Soldaten zu Kriegsgefangenen.

- Im April 1865 wurde eine große Gruppe Kriegsgefangener aus den Nordstaaten freigelassen. Sie machten sich an Bord der SS Sultana auf den Heimweg. Obwohl es eigentlich nur Platz für 376 Menschen hatte, packten sie das Schiff mit über 2000 Mann voll.

- Wenige Tage nach dem Aufbruch geschah eine Katastrophe. Einer der Dampfkessel der SS Sultana explodierte, und das Schiff geriet in Brand. Die meisten Soldaten entflohen dem Feuer, indem sie ins Wasser sprangen. Doch das Wasser war eiskalt und viele der Männer ertranken.

- Insgesamt starben in dieser Nacht 1196 Männer in den Flammen oder im Meer. Später stellte sich heraus, dass einer der Dampfkessel schon vor dem Ablegen kaputt war. Weil der Kapitän so schnell wie möglich Geld machen wollte, ließ er den Kessel nicht mehr reparieren. Auch er kam bei dem Unglück ums Leben.

135 DIE MEISTEN TOTEN AM ENDE DES ERSTEN WELTKRIEGS GEHEN AUF DAS KONTO … DER GRIPPE!

Von 1914 bis 1918 wütete der Erste Weltkrieg, der über siebzehn Millionen Menschen das Leben kostete. Doch im letzten Kriegsjahr brach eine Grippe aus, die die Katastrophe noch verschlimmerte. Mehr als fünfzig Millionen Menschen fielen der Spanischen Grippe zum Opfer. An der Grippe starben sogar mehr Soldaten als durch Bomben oder Gewehrkugeln.

Schon im Frühjahr 1918 erkrankten eine ganze Menge Menschen an der Grippe, doch alles in allem war es halb so schlimm. Die meisten lagen ein paar Tage im Bett und kamen dann schnell wieder auf die Beine. Dann wurde es Herbst. Die Grippe von vor ein paar Monaten war auf einmal viel ansteckender. Außerdem war die Krankheit tödlich. Sie begann wie eine ganz normale Erkältung mit Husten, Fieber und Halsschmerzen. Doch dann folgte eine Lungenentzündung, die sich einfach nicht behandeln ließ. Das Atmen fiel den Kranken sehr schwer, und sie wurden buchstäblich blau im Gesicht, weil sie keinen Sauerstoff einatmen konnten. Nach kurzer Zeit waren sie tot.

Während die Grippe normalerweise vor allem für ältere Menschen und kleine Kinder gefährlich werden kann, fielen der Spanischen Grippe vor allem Menschen zwischen zwanzig und vierzig Jahren zum Opfer. Das lag auch daran, dass die Krankheit besonders viele Soldaten erwischte. Die warteten im Herbst in überfüllten Lagern auf die Schiffe, die sie nach Hause bringen würden. Da konnte die Grippe in kürzester Zeit viele Menschen dahinraffen.

Diese Grippe verbreitete sich rasend schnell auf der ganzen Welt. Darum sprechen wir heute nicht von einer »Epidemie«, sondern von einer »Pandemie«, eine Krankheit, die auf der ganzen Welt grassiert.

Noch mehr grippale Infos:

Eine Grippe wird oft nach dem Ort benannt, an dem sie beginnt. Dennoch entstand die Spanische Grippe nicht in Spanien. Wissenschaftler glauben heute, dass der Ursprung in China lag. Chinesische Eisenbahnarbeiter sollen das Virus mitgebracht haben.

Spanien war jedoch das erste Land, in dem die Zeitungen über die schreckliche Krankheit schrieben. Darum sprechen wir heute noch von der Spanischen Grippe.

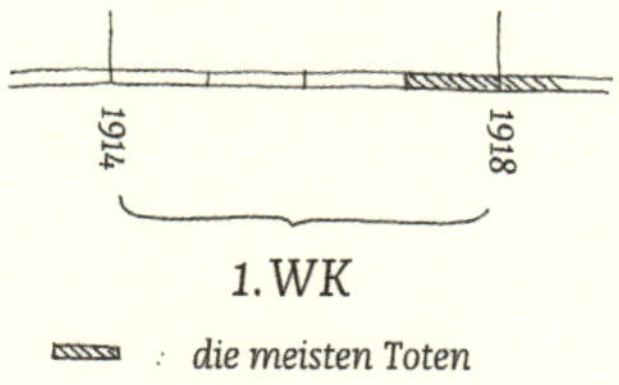

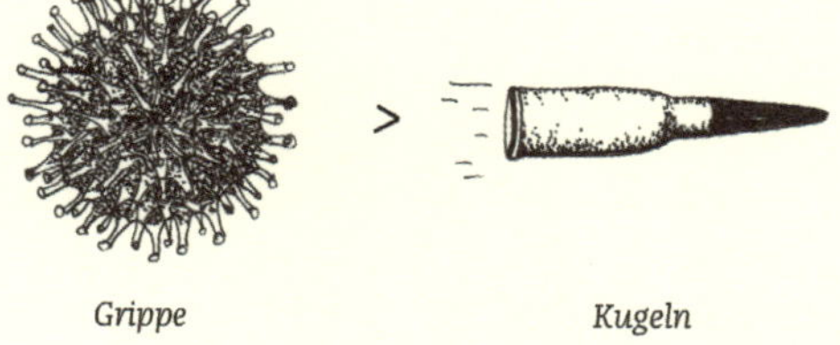

Tadsch Mahal

136 DER TADSCH MAHAL IST EIN GRAB
(UND EINE LIEBESERKLÄRUNG)

- Zuerst einmal ist der Tadsch Mahal ein wunderschönes Gebäude in Indien. Er ist aus weißen Marmor und völlig symmetrisch gebaut. »Symmetrisch« bedeutet: Würde man es zusammenfalten, würden alle Seiten genau aufeinanderpassen. Der Tadsch Mahal wird manchmal eines der sieben neuen Weltwunder genannt.

- Eigentlich ist der Tadsch Mahal ein Mausoleum. Das ist ein Grabdenkmal, in dem die sterblichen Überreste eines toten Menschen aufbewahrt werden. Gebaut wurde der Tadsch Mahal zwischen 1632 und 1653 als letzte Ruhestätte für die Ehefrau von Shah Jahan, der damals über das Mogulreich herrschte. Als seine Frau Mumtaz Mahal bei der Geburt ihres vierzehnten Kindes starb, war Shah Jahan untröstlich. Darum ließ er diesen fantastischen Palast erbauen, der ihr himmlischer Platz auf der Erde werden sollte.

- Der Tadsch Mahal ist so gebaut, dass man hinter ihm nur den Himmel sieht. Das hatten sich die Architekten mit Absicht so ausgedacht, damit kein anderes Gebäude die Aufmerksamkeit vom Tadsch Mahal ablenkt. Am Bau des Mausoleums arbeiteten 20 000 Menschen und 1000 Elefanten mit. Als Shah Jahan starb, wurde auch er darin begraben.

- Noch heute besuchen jedes Jahr Millionen von Touristen diese besondere Grabstätte.

137 EIN VULKAN LÖSCHTE ALLES LEBEN IN POMPEJI AUS

- Im 7. Jahrhundert vor Christus erbauten die Osker ein Dorf neben dem Fluss Sarno. Das Leben war gut, auch wenn ständig neue Herrscher an die Macht kamen. Die Etrusker, die Samniten und die Römer regierten hier abwechselnd. Während der Römerzeit war Pompeji eine Großstadt mit mehr als 10 000 Einwohnern.

- Im Jahr 62 nach Christus geschah eine Katastrophe. Pompeji wurde von einem Erdbeben verwüstet. Doch die Bewohner bauten die Stadt wieder auf, und das Leben ging weiter. Sie ahnten nicht, dass noch viel größeres Unheil im Anzug war.

- Der Berg Vesuv hatte all die Zeit über ruhig neben der Stadt gestanden. Die Bewohner pflanzten an seinen Hängen Gemüse und andere Pflanzen an und hatten keine Ahnung, dass der Vesuv eigentlich ein Vulkan war, der jeden Moment ausbrechen konnte. Das geschah dann am 24. August 79. Auf einmal begann der Berg zu grollen und glühend heiße Lava auszuspucken. Pompeji wurde von einer dicken Schicht aus Lava, Asche und Schutt überzogen. Den meisten Einwohnern gelang zwar die Flucht, aber zweitausend Menschen wurden unter der Asche und dem Schutt begraben. Von einem Tag auf den anderen war Pompeji vom Erdboden verschluckt.

- Lange schien sich niemand an die Stadt zu erinnern. Zwar wurde sie im 16. Jahrhundert wiederentdeckt, aber die Ausgrabungen begannen erst im 18. Jahrhundert. Unter dem Schutt fanden die Archäologen eine fast intakte römische Stadt. Dabei kamen auch viele Kunstschätze zum Vorschein. Noch heute finden in Pompeji Ausgrabungen statt, aber vor allem geht es darum, die schon ausgegrabenen Schätze zu schützen und zu pflegen.

- Auch von den Opfern wissen wir einiges: Die Bewohner von Pompeji wurden in ihrem Alltag plötzlich von einer enormen Staubwolke überrascht. Sie starben durch die giftigen und heißen Gase und wurden von der Lava verschluckt. Zwar sind ihre Körper im Laufe der Jahrhunderte verfallen, doch da, wo sie sich befanden, entstanden Hohlräume.

- Archäologen füllten diese Hohlräume mit Gips. So können wir die Menschen aus Pompeji heute noch sehen. Ein sehr berührender, aber auch trauriger Anblick. Man sieht eine Mutter, die ihr Kind beschützen wollte, Menschen, die sich aus Angst aneinander festklammerten …

- Inzwischen sind beinah 60 % der Stadt ausgegraben.

- Jedes Jahr reisen viele Menschen nach Pompeji, um die Ruinen zu besuchen.

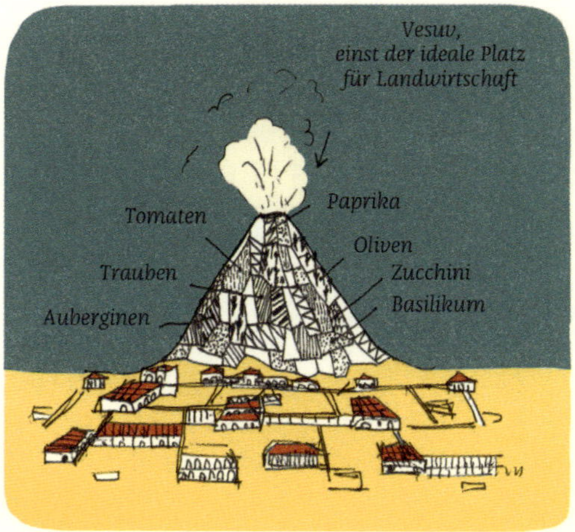

Pompeji
vor dem 24. August 79

Römisches Aquädukt

138 DIE RÖMER WAREN GENIALE INSTALLATEURE

Die Römer schufen sich ein riesiges Reich mit Rom als strahlendem Mittelpunkt. Doch wären sie nicht auch fantastische Installateure gewesen, hätte sich die Stadt niemals zu solcher Größe und Bedeutung entwickeln können. Sie bauten nämlich enorme Aquädukte, die das Wasser bis an den Rand der Stadt transportierten. Von dort leiteten Wasserrohre aus Holz, Ton oder Blei das Wasser weiter zu den luxuriösen Häusern, Badehäusern, Toiletten und Brunnen. Ein weites Netzwerk von Kanälen führte das Abwasser wieder weg.

- Über elf Aquädukte strömte das Wasser aus der Umgebung nach Rom. Sie wurden in einem Zeitraum von fünfhundert Jahren unter der Aufsicht von 36 Kaisern erbaut.

- Überall im Römischen Reich wurden Aquädukte gebaut. Die meisten verliefen unter der Erde, um zu verhindern, dass tote Tiere darin landeten. Der unterirdische Verlauf diente auch dazu, Feinde davon abzuhalten, die Leitungen zu blockieren und so die Wasserversorgung der Städte zu unterbrechen.

- Das längste Aquädukt war stolze 240 Kilometer lang.

- An der Spitze der Aquädukte stand der *Curator aquarum*. Der musste dafür sorgen, dass alles richtig funktionierte und das Wasser bei den richtigen Leuten ankam – der Oberinstallateur sozusagen. Der Wasserbeamte hatte eine hochrangige Stellung und wurde vom Kaiser persönlich berufen. Ihm wurden mehrere eigene Sklaven zur Seite gestellt, die mit ihm gemeinsam die Aquädukte kontrollieren mussten.

139 KAISER CALIGULA ERNANNTE SEIN PFERD ZUM KONSUL

Gaius Caesar Augustus Germanicus – Caligula für seine Freunde – war definitiv kein netter Kerl. Von 37 bis 41 nach Christus war er Kaiser des Römischen Reichs und machte sich als Herrscher nicht besonders beliebt. Geschichtsschreiber aus der Zeit beschrieben ihn als »wahnsinnigen Tyrannen«.

Eigentlich fing alles ganz gut an. Zu Beginn seiner Herrschaft konnte Caligula die reichen Römer für sich gewinnen. Zum Beispiel mussten sie weniger Steuern bezahlen, worüber sie sich sehr freuten. Außerdem war Caligula ein Fan von Wagenrennen und Gladiatorenkämpfen. Unter seiner Herrschaft wurden die Rennen prachtvoller und die Kämpfe blutiger. Das gefiel den Römern.

Doch dann wurde der Kaiser krank und alles änderte sich. Nach seiner Genesung entpuppte Caligula sich als brutaler Tyrann, der überzeugt war, dass jeder ihm an den Kragen wollte. Freunde wie Feinde ließ er ohne zu zögern einen Kopf kleiner machen. So lud er zum Beispiel eines Tages König Ptolemaius von Mauretanien zu sich nach Rom. Bei dem Besuch aber ließ Caligula den König ermorden und nahm sein Land in Beschlag.

Tatsächlich ließ der Kaiser öfter Menschen umbringen, um ihren Besitz an sich zu reißen. Das Geld hatte er auch dringend nötig, um seinen ausschweifenden Lebensstil zu bezahlen. Die Hinrichtungen, die Caligula durchführen ließ, waren immer besonders grausam.

Er hatte Freude daran, Menschen zu foltern, bis sie starben. Den Geschichtsschreibern zufolge genoss er es auch, dass die Menschen so viel Angst vor ihm hatten.

Als Kunstliebhaber holte er sich einige bedeutende Kunstschätze nach Rom. Doch anstatt sie zu kaufen, ließ er die Gemälde und Statuen einfach aus Griechenland und Ägypten stehlen.

Caligula war auch für seine seltsamen Entscheidungen bekannt. So ernannte er zum Beispiel sein Lieblingspferd Incitatus zum Konsul. Das machte er einfach, um die Menschen, die mit ihm regierten, zu ärgern.

Es ist also kaum ein Wunder, dass Caligula nur für eine kurze Zeit herrschte. Vier Jahre nach seiner Krönung zum Kaiser wurde er von seiner eigenen Prätorianergarde, die ihn eigentlich beschützen sollte, ermordet.

140 DIE BABYLONIER PACKTEN 60 MINUTEN IN EINE STUNDE

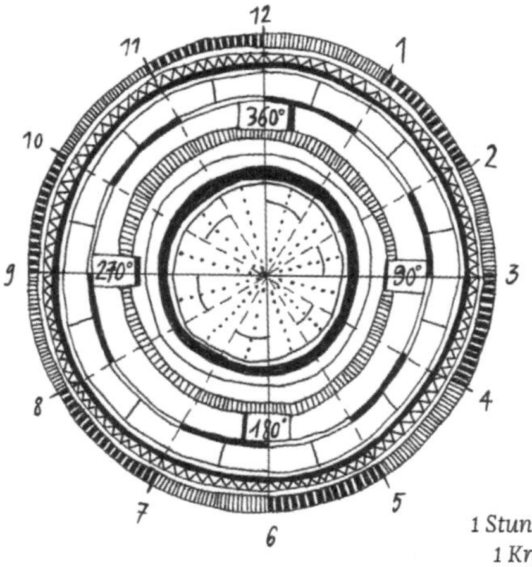

1 Stunde: 60 Minuten
1 Kreis: 360 Grad

Hast du dich schon einmal gefragt, warum eine Stunde sechzig Minuten hat? Und eine Minute sechzig Sekunden?

Daran sind die Babylonier schuld. In der ersten Hälfte des 18. Jahrhunderts vor Christus herrschte König Hammurapi über Babylonien. In diesem Gebiet wohnten sehr viele verschiedene Menschen aus den unterschiedlichsten Herkunftsländern und Kulturen zusammen. König Hammurapi erließ für all diese Völker ein einheitliches Gesetz. Sein Ziel war es, Babylonien zum Zentrum aller Wissenschaft zu machen. Die babylonischen Gelehrten nutzten ein Sechziger-Stellenwertsystem, das auch »Sexagesimalsystem« genannt wird. Sie beschlossen, dass eine Stunde 60 Minuten und ein Kreis 360 Grad haben sollte. Später wurde dieses System von den Griechen und Römern übernommen.

Doch es waren die Ägypter, die bestimmten, dass ein Tag 24 Stunden haben sollte: zwölf Tagstunden und zwölf Nachtstunden. Eine Tagstunde galt als ein Zwölftel der Zeit zwischen Sonnenauf- und Sonnenuntergang. Die Stunden dauerten also je nach Jahreszeit kürzer oder länger. Nur um den 20.–21. März und den 22.–23. Dezember herum (wenn Tag und Nacht gleich lang dauern) war eine Stunde so lang wie bei uns. Erst später wurde bestimmt, dass alle Stunden gleich lang sein sollten.

141 DIE AZTEKEN UND DIE MAYA BEZAHLTEN MIT SCHOKOLADE

Vielleicht hast du schon mal Schokoladenmünzen gegessen? Die schmecken natürlich gut, aber leider kannst du in keinem einzigen Geschäft damit bezahlen. Bei den Maya und den Azteken war das anders. Diese alten Zivilisationen waren schon verrückt nach Schokolade, als wir sie noch gar nicht kannten.

Kakaosamen galten in diesen Kulturen als sehr wertvoll. Sie wurden zermahlen, und mit dem Kakaopulver konnte man bezahlen. Die Samen wurden dem Kaiser als Geschenk überreicht und den Gottheiten als Opfer gebracht.

Die Maya mischten das Kakaopulver mit Wasser zu einem schäumenden Getränk. Die mächtigen Männer tranken die Mischung aus großen Kelchen. Es war ein bitteres Getränk und schmeckte ganz anders als unsere heutige Schokoladenmilch.

Die Azteken hingegen machten ein sehr leckeres Getränk daraus, indem sie Vanille, Mais oder Chilipulver hinzufügten. Sie waren überzeugt, dass man mit einem Becher Schokolade einen harten Arbeitstag bestehen konnte, ohne zusätzlich etwas zu essen. Kakaopulver wurde auch benutzt, um Krankheiten zu heilen.

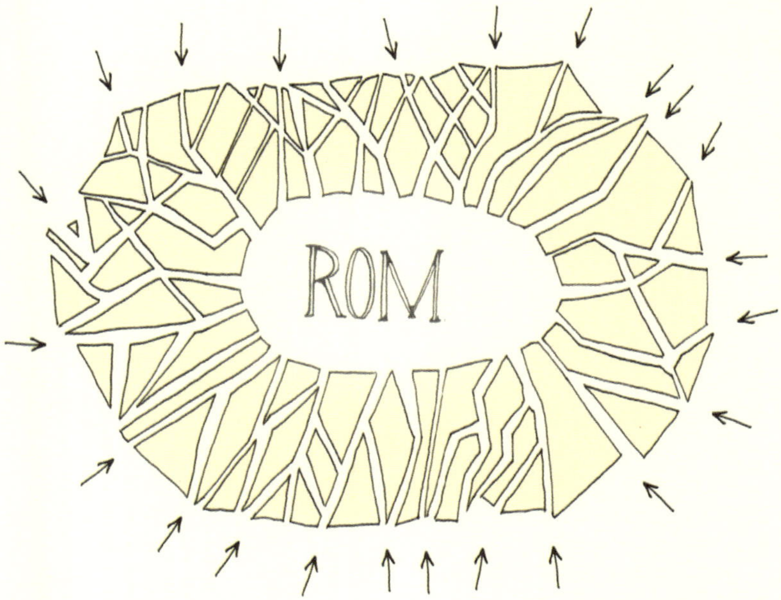

142 FRÜHER FÜHRTEN WIRKLICH ALLE WEGE NACH ROM

Einst herrschten die Römer über einen großen Teil der Welt. Ihr Reich war gut fünf Millionen Quadratkilometer groß und hatte 85 Millionen Einwohner. Rom war das Zentrum, wo auch der Kaiser wohnte.

Es war natürlich wichtig, dass die Römer jederzeit leicht zu allen Orten gelangen konnten, die sie beherrschten. Die Sandwege, die es schon gab, waren für schnellen Verkehr aber nicht geeignet. Darum legten die Römer ein riesiges Netzwerk von Straßen an, das sich über Afrika, Europa und Asien erstreckte.

Eigentlich führten die Wege aber nicht nach Rom, sondern von Rom weg. Es ging darum, dass man vom Zentrum, von Rom aus, in alle wichtigen Städte gelangen konnte.

Manche der römischen Straßen heißen heute »Heerstraßen«. Das liegt daran, dass viele von ihnen vor allem von der Armee benutzt wurden.

Wenn irgendwo im Römischen Reich ein Aufstand losbrach, mussten schnell viele Soldaten von Rom aus entsandt werden. Die Heerstraßen waren schnurgerade, sodass man auch mit römischen Streitwagen, die nicht so beweglich waren, leicht darüberfahren konnte.

Historikern zufolge legten die Römer Zehntausende Kilometer von Steinstraßen und Hunderttausende von Sandwegen an. Auf manchen dieser Straßen kann man heute noch fahren.

Bonusinfo:

Das Sprichwort »Alle Wege führen nach Rom« bedeutet, dass du mehrere Möglichkeiten hast, um dein Ziel zu erreichen. Wie du es genau anstellst, ist nicht so wichtig. Das Ergebnis ist dasselbe.

143 LEBEN WIR IM ZEITALTER DES MENSCHEN?

Manche Wissenschaftler nennen die moderne Zeitperiode »Anthropozän«. *Anthropos* ist das griechische Wort für Mensch. Den Wissenschaftlern zufolge leben wir in einem Zeitalter, in dem vor allem der Mensch seine Spuren hinterlassen hat.

Die Wissenschaftler haben viele Erd- und Eisschichten untersucht. Dabei stellten sie fest, dass der Mensch erheblichen Einfluss auf die Beschaffenheit der Erde ausgeübt hat. Mit Atomtests, Pestiziden und Brennstoffen hat er die Erde verändert. Außerdem hat der Mensch noch viele neue Stoffe erfunden, zum Beispiel Plastik und Beton. Diese Materialien haben direkte Auswirkungen auf das Leben auf der Erde. Die Ozeane sind zu einer »Plastiksuppe« geworden, was zur Folge hat, dass wir in vielen Tieren kleine Stücke Plastik finden.

Den Namen »Anthropozän« hat sich der niederländische Wissenschaftler und Chemie-Nobelpreisträger Paul Crutzen ausgedacht. Noch ist der Name aber nicht offiziell. Nicht alle Wissenschaftler sind nämlich davon überzeugt, dass der Einfluss des Menschen groß genug ist, um ein ganzes Zeitalter nach ihm zu benennen. Geologen zum Beispiel haben längere Zeiträume von vielen Tausenden von Jahren im Blick. Ihrer Meinung nach wird man den Einfluss des Menschen in einer halben Million Jahren eher als »ein großes Ereignis« werten und nicht als ein neues Zeitalter.

Die Bezeichnung »Anthropozän« soll nun der Internationalen Kommission für Stratigrafie vorgelegt werden, die darüber entscheiden wird, ob wir wirklich in einem neuen Zeitalter leben.

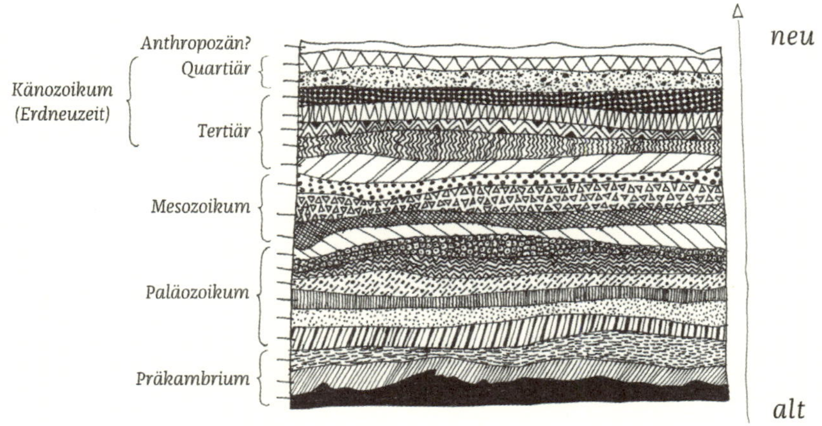

Die Erde

144 DIE MAYA UND AZTEKEN BRACHTEN MENSCHENOPFER

Tlaloc

Vor langer Zeit lebte in Mittelamerika das Volk der Maya. Die Maya waren sehr schlau. Sie hatten eine eigene Schrift und großes Wissen über die Sterne. Außerdem bauten sie riesige Städte, von denen wir heute noch manche Ruinen besuchen können.

Aber die Maya waren auch ein streitlustiges Volk, und so lagen die verschiedenen Städte andauernd miteinander im Krieg. Dabei war es wichtig, dass sie ihre Feinde lebend gefangen nahmen. Wieder zu Hause angekommen, machten sie sie nämlich zu Sklaven. Nur die feindlichen Anführer nicht: Die wurden rituell geopfert. Meist wurden sie dazu in einem großen Spektakel geköpft, bei dem jeder zuschauen konnte. In späteren Zeiten wurden die Rituale noch grausamer. Die Maya schnitten dem Opfer bei lebendigem Leib das Herz heraus.

Doch nicht nur Männer wurden geopfert. Manchmal waren auch Frauen und Kinder an der Reihe. So wurden zum Beispiel bei der Krönung eines Königs Kinderopfer gebracht. Das wissen wir, weil Wissenschaftler Massengräber untersucht haben, in denen die Körper von Frauen und ein- bis zweijährigen Kindern lagen. Auch auf Kunstwerken der Maya wurden solche Opferzeremonien abgebildet.

Die Azteken lebten Tausende Jahre nach den Maya, aber auch sie brachten Menschenopfer. Genau wie bei den Maya waren es oft Gefangene. Bei der Einweihung des Tempels in Tenochtitlan mussten sogar 20 000 Gefangene dran glauben. Zu der Zeit wütete auch gerade eine schwere Hungersnot unter den Azteken, weil die Ernten durch verschiedene Plagen und Ereignisse vernichtet wurden. Viele Menschen starben auch durch Bakterien und Viren, die die Europäer bei ihren Eroberungszügen auf ihren Schiffen mitgebracht hatten.

Die Azteken glaubten, dass sie all dieses Elend erleiden mussten, weil die Götter verärgert waren. Die ließen es nicht mehr regnen, sodass die Pflanzen aufhörten zu wachsen. Die aztekischen Priester waren überzeugt, dass der Gott Tlaloc die Tränen von Kindern brauchte. Nur dann würde er selbst auf die Erde weinen. Kinder wurden also erst zum Weinen gebracht und dann durch den Priester geopfert. Wahrscheinlich musste der Priester nicht viel tun, um die Kinder zum Weinen zu bringen ...

145 DIE ÄLTESTEN TEMPEL DER WELT STEHEN IN DER TÜRKEI

⊙ Vor zwanzig Jahren entdeckte ein Bauer in der Türkei einen ungewöhnlichen Stein, der sehr alt wirkte, aber ganz klar von Menschen bearbeitet worden war. Die Archäologen machten vor Freude Luftsprünge, denn dieser Stein führte sie zur Tempelanlage Göbekli Tepe im türkischen Anatolien. Dieses riesige Heiligtum wurde vor etwa 11 600 Jahren erbaut und lag lange unter einer 3 bis 5 Meter dicken Erdschicht verborgen.

- Viele der Gebäude waren oval oder kreisrund angelegt und von Pfeilern begrenzt, die manchmal bis zu 50 Tonnen schwer waren. In die Pfeiler sind Bilder von wilden Tieren eingemeißelt, wie zum Beispiel ein Fuchs, ein Wildschwein, ein Rind und eine Gazelle.

- Die Forscher vermuten, dass die Menschen von bis zu 100 Kilometer weit herkamen, um das Heiligtum aufsuchten. Wahrscheinlich wollten sie bei ihren Ahnen um Erfolg bei der Jagd und der Suche nach essbaren Pflanzen beten.

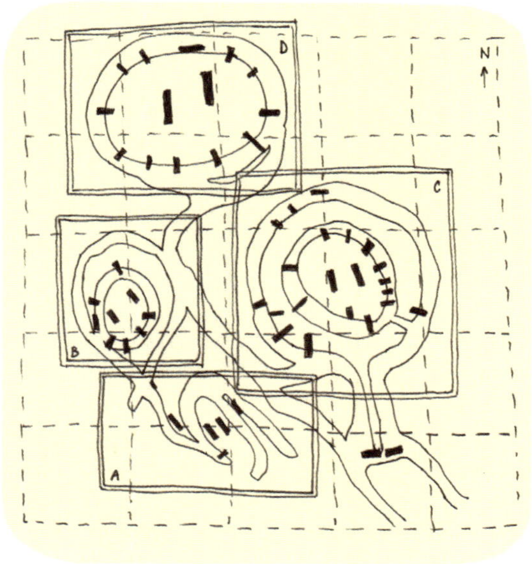

Grundriss Göbekli Tepe

146 DEINE SCHUHGRÖSSE HAT KARL DER GROSSE BESTIMMT

Ich weiß nicht, welche Schuhgröße du hast, fest steht aber, dass die von Karl dem Großen bestimmt wurde. Er herrschte von 768 bis 814 als König und Kaiser über einen großen Teil von Europa.

Karls Fuß war 325 Millimeter lang. Diese Länge wurde fortan als Standard für eine spezielle Maßtabelle verwendet. Der Fuß des Kaisers bekam Größe 50. Die Länge wurde auf 330 Millimeter aufgerundet. 330 geteilt durch 50 ergibt 6,6. Dies wurde der Unterschied zwischen zwei Schuhgrößen. Eine Person mit Schuhgröße 37 hat also eine Fußlänge von 37 × 6,6 Millimeter = 24,4 Zentimeter.

Schuhhersteller halten sich aber manchmal nicht an diese Maßtabelle. Deshalb musst du deine Schuhe immer anprobieren, bevor du sie kaufst.

Wusstest du übrigens, dass Robert Wadlow, der größte Mensch der Welt, Schuhgröße 74 hatte? Seine Füße waren ganze 48 Zentimeter lang.

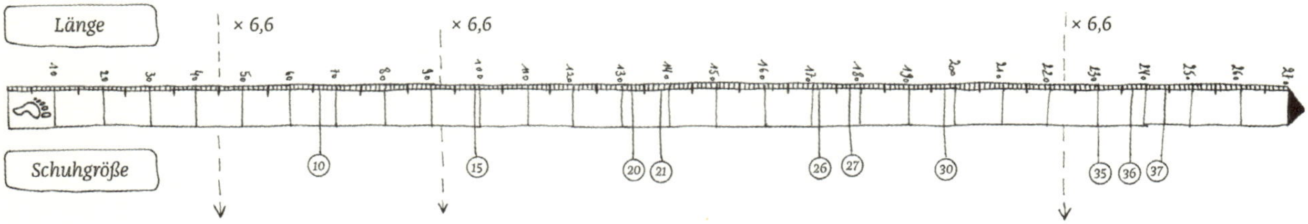

147 IM MITTELALTER VERKÜNDETEN HARNGUCKER, WER SCHWANGER WAR

Vor vielen Jahrhunderten war der Schwangerschaftstest, bei dem man auf ein Stäbchen pinkeln muss, noch nicht erfunden. Frauen mussten also auf andere Weise herausfinden, ob sie schwanger waren. Und lustigerweise mussten sie auch dafür pinkeln. Sie beauftragten »Harngucker«, damit die sich ihren Urin ansahen. Das waren Männer, die behaupteten, am Urin einer Frau erkennen zu können, ob sie schwanger war oder nicht. Manchmal mischten sie Wein in den Urin, um das Ergebnis besser zu sehen.

Harngucker oder »Harnpropheten« sagten nicht nur Schwangerschaften voraus. Sie versuchten durch die Untersuchung des Urins auch zu erkennen, an welchen Krankheiten jemand litt.

Bonusinfo:

Der allererste Schwangerschaftstest wurde im alten Ägypten entwickelt. Das war der Getreidekorntest. Auch bei dem spielte Urin eine Rolle. Die Frau musste auf in Stoff eingewickelte Weizen- und Getreidekörner pinkeln. Wenn die Gerste austrieb, sollte es ein Junge werden, beim Weizen ein Mädchen. Wenn gar nichts austrieb, war die Frau nicht schwanger.

Die alten Ägypter waren dabei gar nicht so dumm. Der Test wurde in den 1960er-Jahren noch einmal wiederholt. Und siehe da? In 70 % der Fälle trieben die Körner aus, wenn eine schwangere Frau daraufpinkelte. Wenn eine nicht schwangere Frau oder ein Mann das tat, passierte nichts. Das liegt daran, dass im Urin von schwangeren Frauen Stoffe enthalten sind, die die Samen aufkeimen lassen.

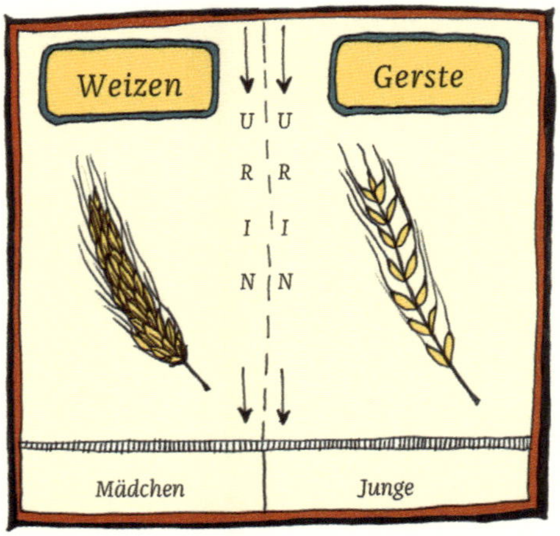

Urintest

Deutsch	Montag	Dienstag	Mittwoch	Donnerstag	Freitag	Samstag	Sonntag
Germanisch	*Mani*	*Tiwaz*	*Wodan*	*Donar*	*Frija*		
Latein	*dies Lunae*	*dies Martis*	*dies Mercurius*	*dies Iovis*	*dies Veneris*	*dies Saturni*	*dies Solis*
Himmels-körper	*Mond*	*Mars*	*Merkur*	*Jupiter*	*Venus*	*Saturn*	*Sonne*

148 WAS DIE GÖTTER MIT DEN WOCHENTAGEN ZU TUN HABEN ...

Hast du dich schon einmal gefragt, wer sich die Namen für unsere Wochentage ausgedacht hat? Das waren die Römer und die Griechen. Die sorgten für die ordentliche Zeiteinteilung in Jahre, Monate, Wochen und Tage, die wir noch heute gebrauchen.

Für die Bezeichnung der Tage benutzten die Römer die Namen der Planeten und Gottheiten. Die Römer glaubten, dass es sieben Planeten gibt: die Sonne (die ist eigentlich ein Stern, aber das wussten die Römer nicht), den Mond (der ist eigentlich ein Mond, aber das wussten sie auch nicht), Mars, Merkur, Jupiter, Venus und Saturn. Die sieben »Planeten« bewirkten also, dass es sieben Tage geben sollte. Oft waren die Planeten gleichzeitig auch Gottheiten.

- Montag hieß auf Latein *dies Lunae*, der Tag des Mondes. Wir haben den Namen einfach ins Deutsche übersetzt und ein bisschen geändert.

- Dienstag wurde im Lateinischen *dies Martis* genannt, der Tag des Mars. Mars ist ein Planet, aber auch der römische Gott des Krieges. Im Germanischen hieß Mars *Tiwaz* und im Altnordischen *Tyr*. Darin könnte man mit etwas Mühe unseren »Dienstag« wiedererkennen. Es gibt aber auch eine andere Erklärung, nach der der Name vollständig aus dem Germanischen stammt. Er könnte auf das Wort »thing« zurückgehen, was im Germanischen eine Rechtssache oder Gerichtsverhandlung bedeutete. Dienstag wäre danach der Tag gewesen, an dem Menschen vor dem Richter erscheinen mussten.

- Mittwoch war der *dies Mercuri*, der Tag des Merkurs. Im Germanischen hieß der Gott Merkur *Wodan*. Den kann man im Englischen *Wednesday* wiedererkennen. Im Deutschen haben wir uns hier einfach für einen praktischen Namen entschieden: die Mitte der Woche.

- Beim Donnerstag, dem *dies Iovis*, Tag des Jupiter, machten wir es wieder den Römern nach. Jupiter war sowohl ein Gott als auch ein Planet, der im Germanischen *Donar* hieß. Dieser Gott des Donners und des Blitzes gab dem Donnerstag seinen Namen.

- Freitag wurde nach der Venus benannt: *dies Veneris*. Venus war auch die Göttin der Schönheit und der Liebe. Bei den Germanen hieß diese Göttin *Frija* – die wir heute noch klar in unserem Wort Freitag erkennen.

- Der Saturn, ein Planet und ein römischer Gott, gab dem englischen *Saturday* seinen Namen. Der deutsche Samstag beruht dagegen auf dem jüdischen Ruhetag *Sabbat*.

- Die Sonne sparten die Römer sich bis zum Ende auf. Sonntag ist die wörtliche Übersetzung von *dies Solis*, dem Tag der Sonne.

149 EINST HATTEN WIR NUR ZEHN MONATE

Unsere Jahreszählung wurde ebenfalls von den alten Römern und den Griechen erfunden. Allerdings packten sie am Anfang nur zehn Monate in den Kalender. März war der erste Monat des Jahres, Dezember der letzte. Die Zeit zwischen Dezember und März nannten die Römer und Griechen einfach »Winterzeit«. Die fanden sie anscheinend so ungemütlich, dass sie ihr noch nicht mal einen Namen geben wollten.

Schließlich wurde aber doch entschieden, dass die Wintermonate Namen brauchten. Sie wurden Januar und Februar genannt.

Eigentlich war der Februar das Ende des Jahres. Und weil er der letzte Monat war, bekam er nur die paar Tage zugeteilt, die noch übrig waren.

Der Februar bekam weniger Tage, weil sonst die Zeitrechnung von 365 Tagen nicht mehr gestimmt hätte. Und da die sich nach dem Stand der Sterne richtete, konnte man die nicht mal eben so verändern.

Februare bedeutete »reinigen« auf Latein. Der Februar war die Zeit, in der man für den Jahreswechsel sein Haus auf Vordermann brachte.

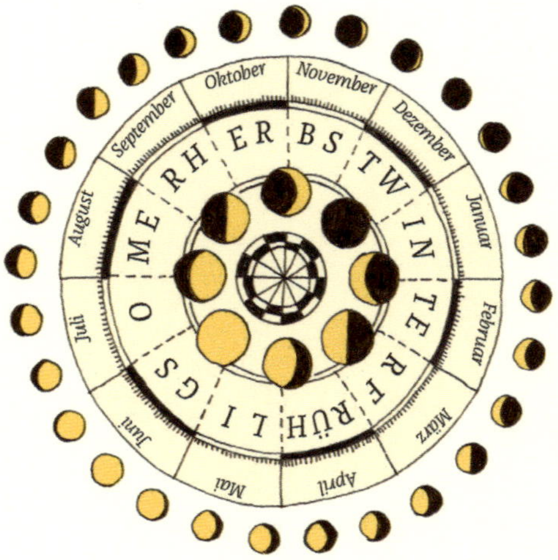

150 MILLIONEN VON RUSSEN UND CHINESEN STARBEN IM ZWEITEN WELTKRIEG

- Der Krieg, den Deutschland gegen Russland führte, kostete zehn Millionen russische Soldaten und vierzehn Millionen russische Zivilisten das Leben.

- Die russische Armee wird auch die »Rote Armee« genannt. Die Soldaten waren nicht sehr gut ausgebildet und schlecht ausgerüstet. Als Hitler drei Millionen deutsche Soldaten auf sie losschickte, wurde das Land verwüstet. Häuser und Bauernhöfe wurden niedergebrannt, Fabriken dem Erdboden gleichgemacht. Die einfachen Menschen hatten kein Dach mehr über dem Kopf und litten großen Hunger. Die Deutschen schreckten auch nicht davor zurück, sie zu ermorden.

- Nach Angaben der Chinesen kamen auch in ihrem Land zwanzig Millionen Soldaten und Zivilisten ums Leben, als 1937 die Japaner ins Land einfielen. Die chinesischen Soldaten hatten auch keine geeigneten Waffen und waren nicht im Kampf ausgebildet. Manche kämpften noch mit Schwertern, aber gegen einen Panzer kann man damit wenig ausrichten. Die kaiserliche japanische Armee war dagegen bestens trainiert und kannte keine Gnade. Ohne Mitleid brachten sie Soldaten wie unbeteiligte Bürger um.

- Die Japaner gaben erst auf, als die Amerikaner Atombomben über Hiroshima und Nagasaki abwarfen. Das markierte das Ende des Zweiten Weltkriegs.

151 DIE HUNNEN LEBTEN AUF DEM RÜCKEN IHRER PFERDE

Wo die Hunnen eigentlich herkamen, weiß heute niemand so genau. Um das 4. Jahrhundert nach Christus gelangten sie nach Europa und gründeten ein Reich, das sich vom Ural bis zum Rhein und von der Donau bis zur Ostsee erstreckte. Den Römern zufolge verbrachten die Hunnen die meiste Zeit auf dem Rücken ihrer Pferde. Beim Essen und beim Kämpfen, beim Handeltreiben und sogar im Schlaf blieben sie auf ihren kleinen schnellen Pferden sitzen. Es geht sogar die Legende um, dass ihnen schwindelig wurde, wenn sie mal auf dem Boden stehen mussten.

Das Leben der Hunnen

Unter der Führung ihres Königs Attila, der von 434 bis 453 herrschte, bildete das Volk der Hunnen eine riesige Armee. Attila griff sowohl das Weströmische als auch das Oströmische Reich an, versuchte Gallien (das heutige Frankreich) zu erobern und fiel in Italien ein. Die Eroberung von Rom gelang ihm jedoch nicht.

Attilas Spitzname war »Die Geißel Gottes«. Die Menschen hatten schreckliche Angst vor ihm, und man sagte, dass »wo er hintrat, kein Gras mehr wuchs«.

Wie Attila ums Leben kam, wissen wir nicht. In einer Geschichte war es ein Trinkgelage, bei dem Attila an seinem eigenen Blut erstickte. In einer anderen Geschichte wird erzählt, dass eine seiner Frauen ihn aus Eifersucht ermordet habe.

Nach Attilas Tod kehrten die meisten Hunnen nach Asien zurück. Manche aber blieben in Europa und bekamen Kinder mit den örtlichen Völkern. Wer weiß, vielleicht bist du ja einer ihrer Nachfahren?

152 NAPOLEON WAR NICHT KLEIN

Napoleon wird oft nachgesagt, dass er besonders klein war. Das stimmt nicht: Napoleon war 1,68 Meter groß, was für die Zeit ganz normal war. Aber warum sieht er dann auf allen Bildern so klein aus? Dafür gibt es gute Gründe.

- Napoleon ließ seine Leibwachen nach der Körpergröße auswählen. Damit sie ihn gut bewachen konnten, mussten sie groß und stark sein. Leider wirkte Napoleon dadurch kleiner, als er eigentlich war.

- Es gibt aber noch einen anderen Grund: Die Engländer und die Franzosen benutzten unterschiedliche Maßeinheiten. Ein englischer »Fuß« maß ungefähr 30 Zentimeter und damit weniger als der französische mit 32 Zentimetern. Die Engländer, die sowieso nichts von den Franzosen hielten, benutzten also ihre eigene Fußlänge, um die Größe des französischen Kaisers anzugeben. Sie hatten Spaß daran, die Franzosen lächerlich zu machen.

- Napoleon Bonaparte hielt sich selbst für den bedeutendsten Mann der Welt, weshalb er sich auch zum Kaiser krönte. Er führte den »Code Napoléon« ein, ein Gesetzbuch, das heute noch in großen Teilen gültig ist. Außerdem ist er der Erfinder des »Standesamts«, wo die Bürger Geburten, Hochzeiten und Todesfälle melden müssen. Unter Napoleon wurden auch universelle Maße und Gewichte wie Kilo, Meter und Liter eingeführt.

- Auf seinen Feldzügen soll Napoleon immer Schokolade bei sich gehabt haben. Die gab ihm für die Kämpfe die nötige Energie. Doch am 18. Juni 1815 muss sein Schokoladenvorrat verbraucht gewesen sein. An dem Tag verlor er in der Schlacht von Waterloo und wurde aus Europa verbannt.

Bonusinfo Napoleon:

In Frankreich ist es noch heute per Gesetz verboten, einem Schwein den Namen Napoleon zu geben.

Napoleon Bonaparte

153 HATSCHEPSUT WAR EIN WEIBLICHER PHARAO

Hatschepsut klingt zwar eher wie ein ausgedachter Name in einem lustigen Märchen. Doch Königin Hatschepsut gab es wirklich: Sie war die erste Frau des Pharaos Thusmosis II. und wurde später selbst Pharaonin – eine der wenigen weiblichen Pharaos, die es im alten Ägypten gab. Ihr Name bedeutet »die erste unter den Frauen«.

Hatschepsut herrschte über zwanzig Jahre lang im alten Ägypten. Weil sie sich dabei ein bisschen wie ein Mann verhielt, wird sie oft mit dem Oberkörper und der Kleidung eines Mannes abgebildet. Auf manchen Bildern hat man ihr sogar einen Bart verpasst.

Dass eine Frau überhaupt Pharao wurde, war sehr ungewöhnlich. Während ihrer Amtszeit war Ägypten ein zufriedenes und wohlhabendes Land.

– 6 –

UNSER TOLLER PLANET ERDE

154 MEHR ALS DIE HÄLFTE ALLER MENSCHEN WOHNT IN ASIEN

- Eurasien ist der größte Kontinent der Erde. Unter einem Kontinent versteht man eine große zusammenhängende Landmasse, die größtenteils von Wasser umgeben ist. Insgesamt gibt es auf der Erde fünf solcher Erdteile: Eurasien, Afrika, Amerika, Antarktika und Australien.

- Nach einer anderen Zählung kommen wir aber auf sieben Erdteile: Asien, Afrika, Europa, Nordamerika, Südamerika, Antarktika und Ozeanien. Diese Zählung berücksichtigt auch die kulturelle, historische oder politische Zusammengehörigkeit der Erdteile.

- Der Kontinent Asien bedeckt etwa ein Drittel der gesamten Erdoberfläche. Seine Gesamtfläche beträgt gut 44 Millionen Quadratkilometer. Im Westen grenzt Asien an Europa und Afrika, im Norden liegt das Nordpolarmeer, im Osten der Pazifik und im Süden der Indische Ozean.

- Etwa 60 % der Weltbevölkerung ist in diesem Erdteil zu Hause. Das sind vier Milliarden Menschen, die sich auf etwa fünfzig Länder verteilen. Manche dieser Länder gehören zum Teil zu zwei Kontinenten: Armenien, Aserbaidschan, Zypern, Georgien, Kasachstan, Russland und die Türkei liegen sowohl in Asien als auch in Europa, Ägypten sowohl in Asien als auch in Afrika. Indonesien und Osttimor liegen in Asien und Ozeanien.

Bonuswissen Kontinente:

- Mit über 30 Millionen km² ist Afrika der zweitgrößte Erdteil.

- Nordamerika hat eine Fläche von fast 25 Millionen km².

- An vierter Stelle steht Südamerika mit knapp 18 Millionen km².

- Die 14 Millionen km² große Fläche Antarktikas ist fast vollständig mit Eis bedeckt.

- Europa mit 10 Millionen km² und Ozeanien mit knapp 8,6 Millionen km² sind die Zwerge unter den Erdteilen. Ganz Europa ist nur ein bisschen größer als Kanada.

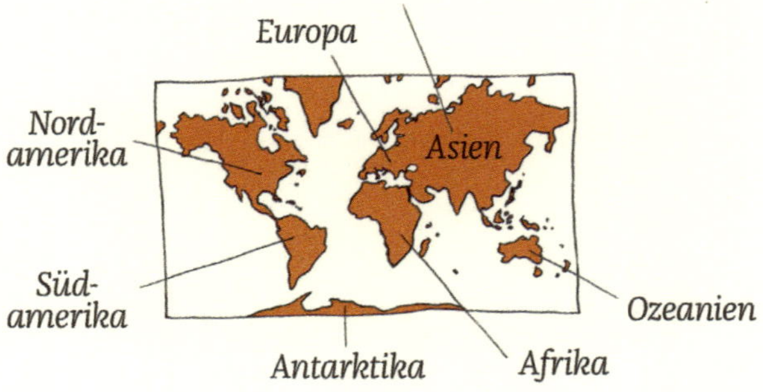

155 WENIGER ALS 1% DES WASSERS AUF DER ERDE IST FLÜSSIG UND SÜSS

- Auf unserer Erde gibt es viel Wasser. So viel sogar, dass sie auch »der blaue Planet« genannt wird. Insgesamt sind es rund 1,3 Milliarden km³ Wasser, die sich über Ozeane und Meere, Flüsse, Seen, Grundwasser, Wolken und große Eismassen verteilen. Damit sind schätzungsweise 70,9 % der Erdoberfläche mit Wasser bedeckt.

- Der Großteil davon befindet sich in den Weltmeeren (97 %). Das meiste Wasser enthält der Pazifische Ozean mit 707 Millionen km³, gefolgt vom Atlantik mit 323 km³ und dem Indischen Ozean mit 284 km³. Natürlich sind das nur grobe Schätzungen, denn es ist extrem schwierig, die Wassermengen genau zu berechnen.

- Das Wasser in den Ozeanen und Meeren ist salzig. Menschen brauchen aber zum Leben Süßwasser. Davon haben wir auf der Erde nur sehr wenig: 2,5 %. Und dann ist der größte Teil davon auch noch gefroren. Von all dem Wasser auf unserem Planeten ist gegenwärtig weniger als 1 % flüssig und süß. Das ist weniger als ein Liter pro hundert Liter Wasser.

- Unser Körper, der selbst auch zu 55–60 % aus Wasser besteht, kann ohne Süßwasser nicht leben. Darum ist es wirklich überlebenswichtig, dass wir die Flüsse und Seen auf unserem Planeten sauber halten. Nur dann ist genug Trinkwasser für alle da.

Wasseranteil auf der Erde

Bonuswissen Süßwasser:

Ein Fünftel des weltweiten Süßwasservorrats befindet sich im Baikalsee in Russland. Im Winter friert der See zu. In diesem riesigen See ist die Baikalrobbe zu Hause, die einzige Robbenart, die im Süßwasser überleben kann.

Land	Einwohnerzahl	Fläche
Vatikanstadt	ca. 830	ca. 0,44 km²
Nauru	ca. 10 000	ca. 21 km²
Tuvalu	ca. 10 000	ca. 26 km²
Palau	ca. 20 000	ca. 466 km²
San Marino	ca. 30 500	ca. 61 km²

156 ALLE EINWOHNER DES KLEINSTEN LANDES DER WELT PASSEN PROBLEMLOS IN EIN FUSSBALLSTADION

Stell dir mal vor, du würdest alle Menschen in deinem Land kennen – in Deutschland mit seinen fast 83 Millionen Einwohnern wird das ziemlich schwierig. Bei den kleinsten Ländern der Welt könnte das schon eher passieren:

- Das Land mit der geringsten Einwohnerzahl ist Vatikanstadt. Es liegt im Herzen von Rom und hat ungefähr 830 Einwohner. Vatikanstadt ist ein unabhängiger Staat, der vom Papst regiert wird. Das Land hat sogar seine eigenen Euromünzen.

- Die Inselstaaten Nauru und Tuvalu belegen Platz zwei und drei auf der Liste. Auf beiden Inseln leben ungefähr 10 000 Menschen. Tuvalu befindet sich im Pazifischen Ozean an einem der entlegensten Orte der Welt. Die Republik Nauru liegt auch im Pazifik und gehört zu Mikronesien, einer Gruppe von mehr als zweitausend tropischen Inseln.

- In der Nähe von Nauru liegt Palau, mit ungefähr 20 000 Einwohnern die Nummer vier auf der Liste.

- Die Republik San Marino liegt zwar mitten in Italien, ist aber ein eigener Staat. Hier leben ungefähr 30 500 Menschen.

Ein bisschen anders sieht die Liste aus, wenn man die Fläche der Länder betrachtet:

- Vatikanstadt bleibt mit 0,44 km² das kleinste Land der Welt.

- Auf Platz zwei folgt Monaco, das nur 2,02 km² groß (oder besser: klein) ist.

- Nauru (21 km²), Tuvalu (26 km²) und San Marino (61 km²) nehmen die drei letzten Plätze auf unserer Liste ein.

157 DAS GRÖSSTE HAGELKORN ALLER ZEITEN WAR FAST SO GROSS WIE EIN FUSSBALL

Es stürmte ganz schön am 23. Juli 2010 in Vivian, einem Dorf in South Dakota in den USA. So richtig spannend wurde es dann, als der Hagel losging. Enorme – ach was, gigantische Hagelkörner fielen vom Himmel und richteten eine Menge Schaden an.

- Eines dieser Hagelkörner hatte einen Durchmesser von über 20 Zentimetern und wog fast ein Kilo. Das will man wirklich nicht auf den Kopf kriegen!

- Hagel entsteht, wenn kleine Eiskristalle in Luftschichten mit großen, kalten Wassertropfen landen. In der obersten Schicht einer Regenwolke herrscht eine Temperatur von -20 °C. Da sitzen die Eiskristalle. Im unteren Teil derselben Wolke wird es -10 bis -20 °C. Da sitzen kalte Regentropfen, die nach und nach winzige Eiskristalle formen. Aufwinde lassen die Luft in den Wolken stetig aufsteigen und wieder fallen, wobei die Eiskristalle gegen das eiskalte Wasser prallen. Dabei wird ein Eiskristall immer größer, bis er schließlich zum Hagelkorn wird. Wenn es so schwer geworden ist, dass die Aufwinde es nicht mehr hochtreiben können, fällt es runter. Je stärker die Aufwinde, desto größer können die Hagelkörner werden.

- Wenn man ein Hagelkorn in der Mitte durchschneidet, kann man erkennen, dass es aus vielen einzelnen Schichten besteht. Die trüben Ringe sind die Teile, die in großer Höhe sofort gefroren sind. Die klaren Ringe enthalten flüssiges Wasser, das in niedrigeren Schichten aufgesammelt wurde und erst weiter oben zu Eis wurde.

- Hagelkörner können auch Hubbel haben. Die entstehen, wenn kleinere Hagelkörner im Flug dagegenprallen und sofort festfrieren.

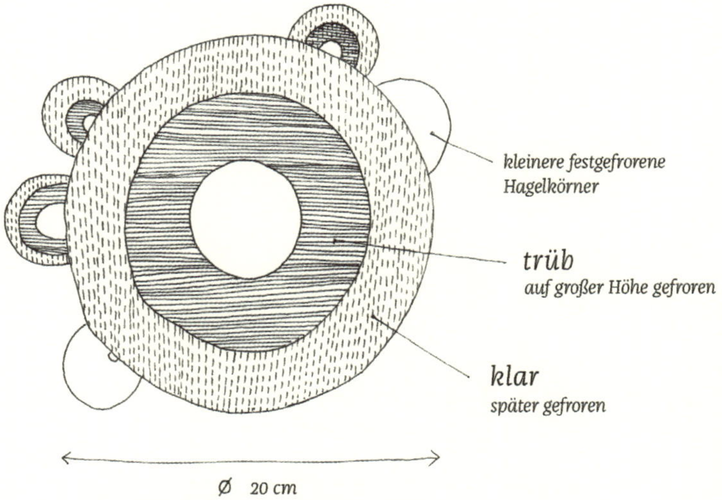

Größtes Hagelkorn aller Zeiten

158 DIE SPITZE DES HÖCHSTEN BERGS DER ERDE STECKT FAST IMMER IN DEN WOLKEN

- Der Mount Everest ist der höchste Berg der Welt. Er befindet sich im Himalaya-Gebirge an der Grenze zwischen Nepal und Tibet. Seine Spitze ragt stolze 8848 Meter über dem Meeresspiegel auf. Seinen Namen bekam der Berg von der *Royal Geographical Society* (der Königlichen Geographischen Gesellschaft). Andrew Waugh war es, der vorschlug, den Berg nach Sir George Everest zu benennen. Der war der Leiter eines Instituts, das Messungen rund um den Mount Everest durchführte.

- Die Menschen in der Region kennen den Berg natürlich schon viel länger. Sie nennen ihn den *Sagarmatha* oder *Chomolungma.*

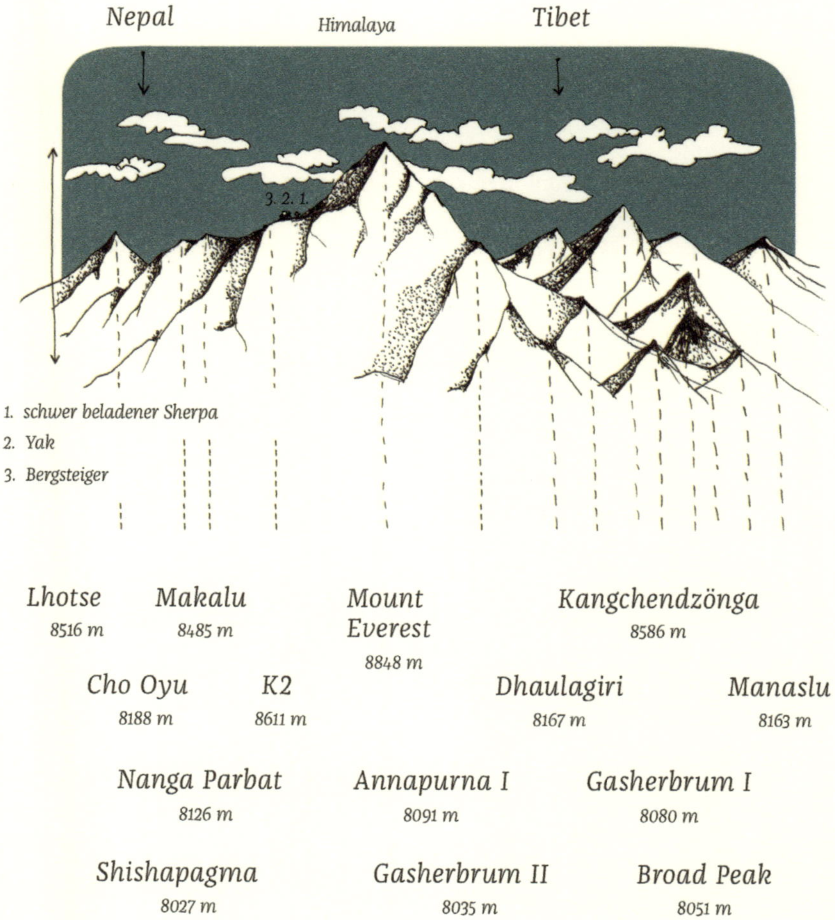

- Viele verschiedene Länder versuchten in der Vergangenheit, die Höhe des Bergs genau zu bestimmen. Es sollte bis 2010 dauern, bis sich alle einig waren. Ab diesem Zeitpunkt lag die Höhe offiziell bei 8848 Meter.
- Jedes Jahr versuchen sich Bergsteiger an der Besteigung des Mount Everest. Der Gipfel ist über zwei Strecken zu erreichen: eine entlang der südöstlichen Seite in Nepal (die »Standardroute«) und eine entlang der Nordseite in Tibet.
- Wer es als Erster auf die Spitze des Mount Everest schaffte, ist nicht ganz sicher. Die Briten George Mallory und Andrew Irvine sollen am 8. Juni 1924 auf dem Gipfel gestanden haben, doch sie verunglückten beim Abstieg und kehrten leider nicht zurück. Die Leiche von Mallory wurde erst 1999 unter einer dicken Eisschicht gefunden.
- Offiziell gelten der neuseeländische Bergsteiger Edmund Hillary und sein Sherpa Tenzing Norgay als die ersten Menschen, die es auf die Spitze schafften und wieder zurückkehrten. Das war am 29. Mai 1953.

Noch mehr bergige Infos:

- Kletterer werden von Sherpas begleitet. Das sind Menschen aus Tibet, die im höchsten Teil des Himalaya-Gebirges leben. Sie sind sehr gute Kletterer, Träger und Bergführer.
- Eigentlich ist der Mauna Kea auf Hawaii der größte Berg der Welt. Von Kopf bis Fuß gemessen, ist er 10 200 Meter hoch. Doch er hat leider Pech gehabt: Weil sein Unterteil im Meer steht, ragt er »nur« 4207 Meter über der Meeresoberfläche auf. Und allein diese Meter zählen. Der Mauna Kea ist ein schlafender Vulkan.
- Auf dem Mount Everest wächst nur sehr wenig. Auf 6480 Meter findet man nur noch ein bisschen Moos. Auf 6700 lebt dann nur noch ein Tierchen, und zwar eine sehr kleine Spinne: die *Euophrys omnisuperstes*.
- Um die Ausrüstung der Kletterer nach oben zu befördern, werden häufig Yaks genutzt. Das sind Lasttiere, die bis zu 100 Kilogramm Gepäck tragen können. Dank ihres dicken Fells und ihrer großen Lunge können sie ohne viel Mühe in große Höhen steigen.
- Der Mount Everest hat schon viele Menschenleben gefordert. Fast 300 Bergsteiger sind bei dem Versuch, ihn zu erklimmen, ums Leben gekommen. Entweder stürzten sie ab, oder sie starben an der Höhenkrankheit. In großer Höhe enthält die Luft nämlich weniger Sauerstoff. Dadurch wird den Kletterern schwindelig oder übel, und sie bekommen Kopfschmerzen. Manchmal bekommen sie auch Halluzinationen und werden ohnmächtig.
- Leider hinterlassen die Kletterer oft ziemlich viel Müll auf dem Mount Everest. Der berühmte nepalesische Bergsteiger Apa Sherpa organisierte deshalb vor einigen Jahren eine Spezialexpedition, bei der Tausende Kilo Müll aufgesammelt wurden.

159 ASIEN IST HÖHENWELTMEISTER

Auf unserem Planeten stehen vierzehn Berge, die mehr als 8000 Meter über dem Meeresspiegel emporragen. Sie alle befinden sich an Stellen, wo zwei Erdplatten gegeneinanderdrücken. Der indische Subkontinent (mit Ländern wie Indien, Bangladesch, Pakistan, Sri Lanka und Teilen von Nepal, Bhutan, Myanmar und China) drückt dort gegen den Eurasischen Kontinent.

Mount Everest: 8848 Meter
K2: 8611 Meter
Kangchendzönga: 8586 Meter
Lhotse: 8516 Meter
Makalu: 8485 Meter
Cho Oyu: 8188 Meter
Dhaulagiri: 8167 Meter
Manaslu: 8163 Meter
Nanga Parbat: 8126 Meter
Annapurna 1: 8091 Meter
Gasherbrum I: 8080 Meter
Broad Peak: 8051 Meter
Gasherbrum II: 8035 Meter
Shishapagma: 8027 Meter

Fast all diese Berge liegen im Himalaya oder im Karakorum – das sind zwei riesige Gebirge, die sich über das Grenzgebiet von Pakistan, Indien, China und Afghanistan erstrecken.

Im Kapitel *Berühmte und berüchtigte Menschen* kannst du mehr über Reinhold Messner erfahren, der als Erster auf alle Achttausender gestiegen ist.

160 DAS DORF MIT DEM LÄNGSTEN NAMEN EUROPAS HEISST LLANFAIRPWLLGWYNGYLLGOGERYCHWYRNDROBWLLLLAN TYSILIOGOGOGOCH …

Versuch mal, den Namen auszusprechen – fast unmöglich, oder? Das Dorf liegt auf der Insel Anglesey in Wales und wird von den Einwohnern einfach kurz Llanfair PG oder Llanfairpwll genannt. Übersetzt bedeutet der Name »Marienkirche in einer Mulde weißer Haseln in der Nähe des schnellen Wirbels und der Thysiliokirche bei der roten Höhle«.

Der Name entstand nicht einfach so. Im Jahr 1860 wollten die Leute, die im Dorf das Sagen hatten, den längsten Namen aller Bahnhöfe im Land schaffen. Das würde schließlich die Touristen anlocken, die im Besucherzentrum den Namen in ihren Reisepass stempeln lassen konnten. So wurde aus dem ursprünglichen Namen Llanfair Pwllgwynyll das viel längere Llanfairpwllgwyngyllgogerychwyrndrobwllllantysiliogogogoch. Auch heute reisen immer wieder Touristen in das Dorf, um ein Foto von dem ellenlangen Namen auf dem Bahnhofsschild zu machen.

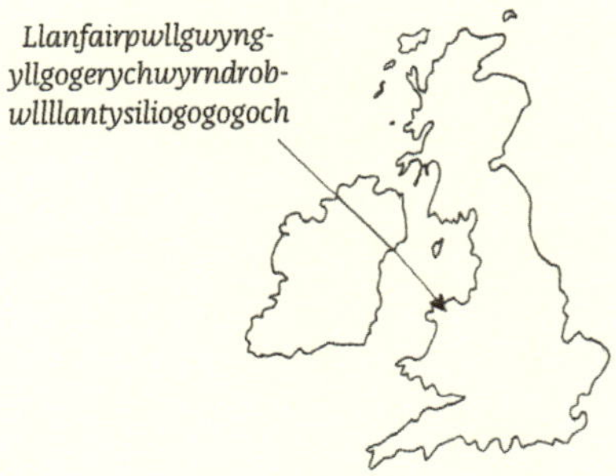

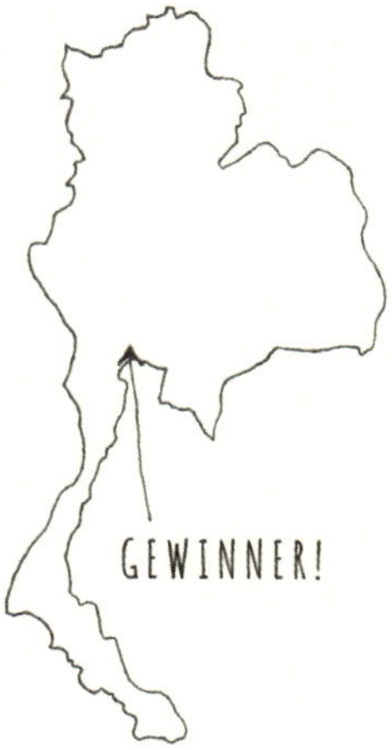

161 ... ABER DER OFFIZIELLE NAME VON BANGKOK IST NOCH LÄNGER!

- Bangkok ist die Hauptstadt von Thailand. Ihr offizieller Name lautet: **Krung Thep Maha Nakhon Amon Rattanakosin Mahinthara Yutthaya Mahadilok Phop Noppharat Ratchathani Burirom Udom Ratchaniwet Maha Sathan Amon Phiman Awatan Sathit Sakkathattiya Witsanukam Prasit**. Da braucht man schon einen ziemlich großen Wegweiser, um den Namen darauf unterzubringen. Er bedeutet: »Die Stadt der Engel, große Stadt, der Wohnort des smaragdgrünen Buddhas, die uneinnehmbare Stadt des Gottes Indra, große Hauptstadt der Welt, geschmückt mit neun wertvollen Edelsteinen, die glückliche Stadt, reich an enormen königlichen Palästen, die dem himmlischen Wohnort des wiedergeborenen Gottes gleichen, Stadt, die von Indra geschenkt und von Vishvakarman erbaut wurde.« Uff! Ein ziemlicher Zungenbrecher, den die Schulkinder in Bangkok auswendig lernen müssen!

- Hast du ein Glück, wenn du nur in Höhenkirchen-Siegertsbrunn, Hellschen-Heringsand-Unterschaar oder Pfaffenschlag bei Waidhofen an der Thaya wohnst – den Orten mit den längsten Namen in Deutschland und Österreich.

- Der zweitlängste Ortsname der Welt ist der des Dorfes Tetaumatawhakatangihangakoauaotamateaurehaeaturipukapihimaungahoronukupokaiwhenuaakitanarahu in Neuseeland. Der Name stammt aus der Sprache der Maori, der Ureinwohner Neuseelands. Er bedeutet: »Der Ort, an dem Tamatea, der Mann mit den großen Knien, der, um das Land zu durchreisen, Berge hinabrutschte, emporkletterte und verschluckte, bekannt als der Landfresser, seine Flöte für seine Geliebte spielte«. Etwas lang vielleicht, aber eigentlich ganz schön.

162 EIN BLITZ IST 30 000 GRAD HEISS

- In einer Gewitterwolke wirbeln andauernd kleine Eiskristalle von oben nach unten und umgekehrt. Dieses Hin und Her erzeugt eine Reibung, die dazu führt, dass oben in der Wolke eine positive Ladung und unten eine negative Ladung entsteht.

- Die meisten Blitze entladen sich in der Wolke selbst. Manchmal bekommt der Erdboden durch die negative Gewitterwolke darüber eine positive Ladung.

- Wenn der Spannungsunterschied zwischen der Erde und der Wolke zu groß wird, wandern Elektronen aus dem untersten, negativ geladenen Teil der Wolke ruckartig in Richtung Erde. Das nennt man die »Vorentladung«. Die Verästelungen, die man sieht, laufen von der Erde nach oben und nicht umgekehrt. Nur ein Fünftel aller Blitze verläuft zwischen den Wolken und der Erdoberfläche.

- Der Blitz selbst ist extrem heiß: bis zu 30 000 Grad. Das ist fünfmal heißer als die Oberfläche der Sonne. Der Blitz ist mit das Heißeste, was wir in unserem Sonnensystem kennen.

- Durch die enorme Hitze dehnt sich die Luft um den Blitz herum rasend schnell aus. Das ist die Explosion, deren Knall wir nach dem Blitz als Donner hören.

163 ES DONNERT UND BLITZT VOR ALLEM IM SOMMER

Je wärmer es draußen ist, desto wahrscheinlicher gibt es später am Tag ein Gewitter.

- Bei warmem Wetter entstehen Wolken mit kleinen Höckern oder Türmchen. Die heißen Cumulus humilis, auch Quellwolken oder Schönwetterwolken genannt.

- Sie werden größer, bis sie sich zu riesigen weißen Wolkenhaufen ausgewachsen haben: Cumulus mediocris.

- Manchmal wächst die Wolke wie ein Blumenkohl weiter und wird unten etwas dunkler: Dann spricht man von einer Cumulus congestus. Aus ihr kommt meist noch kein Regen.

- Das passiert erst, wenn die Wolke wirklich wie ein riesiger Blumenkohl aussieht. Dann haben wir es mit einer Gewitterwolke oder Cumulonimbus zu tun. So eine Wolke kann schon mal 10 und sogar bis zu 20 Kilometer hoch werden. An der Unterseite ist sie pechschwarz. In einer Cumulonimbus ist ganz schön was los. Steigende und fallende Bewegungen sorgen unter anderem dafür, dass Eiskügelchen gebildet werden, die als Hagel auf die Erde fallen können.

- Das Gewitter nach einem warmen Tag dauert oft nicht länger als eine Viertel- oder halbe Stunde. Meistens ist es nicht so stark.

- Manchmal aber entstehen enorme Gewitterwolken über einer Fläche von gut 5000 km². Dann muss man vorsichtig sein. Weil der Luftdruck

sinkt, kann es zu einem schweren Unwetter kommen, das außerdem sehr lange andauern kann. Dabei fällt auch oft eine Menge Regen und Hagel, und es bläst ein heftiger Sturm.

- Im Süden von Deutschland und besonders in bergigen Regionen sind Gewitter sehr viel häufiger als im Norden. In Meeresnähe kommen Gewitter nur selten vor.

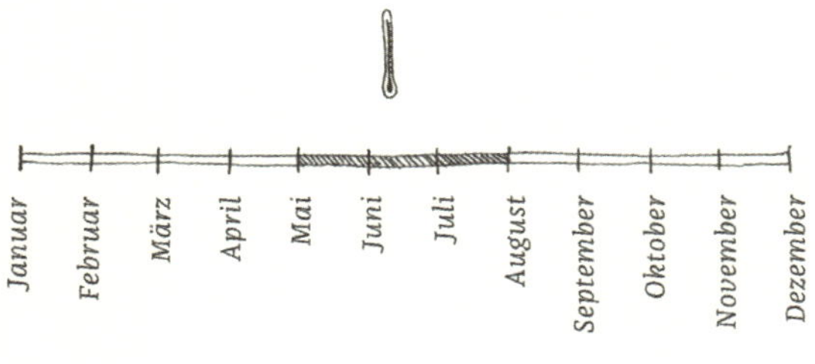

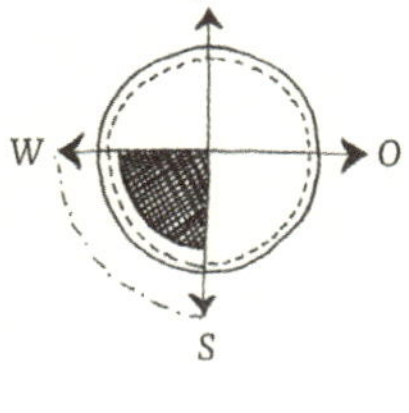

Gewittrige Bonusinfos:

- Im Durchschnitt gibt es auf der Erde 100 Blitzeinschläge pro Sekunde.
- Das Empire State Building, ein sehr hohes Gebäude in New York, wird jedes Jahr durchschnittlich 23 Mal vom Blitz getroffen.
- Blitze haben eine Geschwindigkeit von sagenhaften 60 000 Kilometern pro Sekunde.
- Wenn ein Blitz in quarzreichen Boden einschlägt, kann eine Blitzröhre oder ein »Fulgurit« entstehen. Das ist eine Röhre aus geschmolzenem Sandstein, die die Form des Blitzes annehmen kann. Das kommt vor allem in sandreichen Böden vor.

164 IN OZEANIEN TREIBEN SICH EIN PAAR BESONDERE TIERE HERUM

Australien bildet gemeinsam mit Neuseeland und vielen einzelnen Inseln Ozeanien, den kleinsten der Erdteile. Weil Ozeanien vom Rest der Welt isoliert ist, sind hier einige Tiere zu Hause, die man nirgendwo anders auf der Welt antrifft.

In Ozeanien findet man nicht nur Säugetiere mit einer Gebärmutter, sondern auch Beuteltiere und eierlegende Säugetiere (Kloakentiere). Weil sie Milchzitzen haben und ihre Jungen säugen, gehören sie alle zu den Säugetieren. Daneben findet man hier auch sehr interessante Vogelarten.

GEWÖHNLICHE SÄUGETIERE MIT GEBÄRMUTTER:

- Der Dingo ist wilder Hund, der wahrscheinlich vom Indischen Steppenwolf abstammt. Dingos paaren sich einmal pro Jahr und leben genau wie Wölfe in Rudeln.

- Der Graukopf-Flughund ist eine Fledermaus mit einer Flügelspannweite von bis zu einem Meter und kann toll fliegen. Man kann ihn vor allem bei Sonnenuntergang beobachten, wenn er seinen Unterschlupf verlässt, um Nahrung zu suchen.

BEUTELTIERE (AUS DER KLASSE DER SÄUGETIERE):

- Das Känguru ist das Wahrzeichen von Australien. Ungefähr fünfzig Millionen Kängurus leben in Australien, verteilt auf 60 verschiedene Arten. Kängurus sind Beuteltiere mit ganz langen Hinterbeinen, mit denen sie riesige Sprünge machen können. Das größte von ihnen ist das Rote Riesenkänguru, das bis zu neunzig Kilo auf die Waage bringt. Bei der Geburt jedoch sind die Jungen kaum größer als einen Zentimeter. Erst im Beutel entwickeln sie sich weiter.

- Beim Wombat sitzt die Beutelöffnung hinten. Wombats wohnen nämlich in Höhlen, weshalb sie die ganze Zeit graben müssen. Wäre der Beutel vorne, würden sie immer Sand und Erde hineinschaufeln. Das Junge würde darunter ersticken.

- Tasmanische Teufel kommen nur in Tasmanien vor. Diese Tiere haben ein schwarz-weißes Fell und leben zwischen Felsen. Eine Zeit lang galten sie als fast ausgestorben, weil viele von ihnen einer Krankheit zum Opfer fielen. Glücklicherweise haben die Australier inzwischen verschiedene Zuchtprogramme entwickelt, wodurch sie die Anzahl der Tiere wieder erhöhen wollen. Der Tasmanische Teufel hat seinen Namen übrigens wohlverdient: Er ist ein ziemlich brutales Tier.

- Der Koala ist einfach nur niedlich. Mit seinem lustigen Köpfchen sieht er wie ein Plüschbär aus. Trotzdem solltest du dich besser fernhalten, denn Herr und Frau Koala haben sehr lange Krallen und können auch heftig zubeißen. Zum Glück passiert das aber nur, wenn sie wach sind, und das kommt nicht so oft vor. Koalas sitzen nämlich gut und gerne 22 Stunden pro Tag schlafend in einem großen Eukalyptusbaum.

KLOAKENTIERE (AUCH AUS DER KLASSE DER SÄUGETIERE):

- Eines der seltsamsten Tiere der Erde ist das Schnabeltier. Es ist ein Kloakentier: ein Säugetier, das Eier legt. Es sieht aus wie bunt zusammengewürfelt: Es hat den Körper eines Maulwurfs, den Schwanz eines Bibers und den Schnabel einer Ente.

VÖGEL:

- Der Helmkasuar kann bis zu 190 Zentimeter groß und bis zu 85 Kilo schwer werden. Er hat einen gewaltigen Helm auf dem Kopf und einen blauen Hals. Fliegen kann dieses Schwergewicht nicht.

165 WIND ENTSTEHT DURCH DIE SONNE

Findest du das komisch? Hier ist die Erklärung:

- Bei Wind wird Luft von einem Ort zum anderen bewegt. Das passiert nicht einfach von selbst.

- Damit Wind entstehen kann, braucht man die Sonne. Die Sonne erwärmt die Luft, und erwärmte Luft steigt nach oben. Denk an einen Heißluftballon, der aufsteigt, wenn die Luft erhitzt wird.

- An die Stelle der aufgestiegenen Luft muss nun neue Luft treten. Die ist weniger warm. Es steigt also warme Luft auf, und kalte Luft strömt nach. Dieses Phänomen nennt man »Wind«.

- Bei sehr schneller Luftströmung haben wir es mit einem Sturm oder einem Orkan zu tun. Dabei steigt sehr viel warme Luft auf, die von einer riesigen Menge kalter Luft ersetzt wird. Diese große Luftumwälzung führt zu heftigem Wind.

- Die Luft ist also andauernd in Bewegung. Sie wirbelt rings um uns herum. Deshalb ändert sich das Wetter auch jeden Tag.

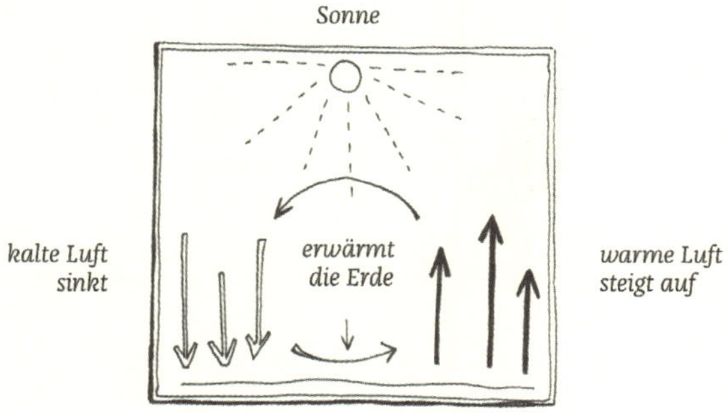

Wind

166 DER LÄNGSTE FLUSS DER ERDE IST DER NIL

Der Nil ist 6650 Kilometer lang. Mit seinen 6400 Kilometern ist der Amazonas zwar ein bisschen kürzer, aber er ist trotzdem der wasserreichste Fluss auf der Erde.

- Lange suchten die Menschen nach der Quelle des Nil. Inzwischen wissen wir, dass er zwei Quellen hat. Der Blaue Nil entspringt im Tanasee in Äthiopien. Die Quelle des Weißen Nil liegt im Victoriasee in Ostafrika. Dieser riesige See gehört zu drei Ländern: Uganda, Kenia und Tansania. Die beiden Zweige des Flusses kommen in Khartum zusammen. Der Nil fließt dann weiter durch Ägypten, wo er schließlich ins Mittelmeer mündet.

- Der Amazonas fließt durch Südamerika. Er entspringt in den peruanischen Bergen, wo er Apurímac heißt. Danach fließt er weiter durch Brasilien und mündet am Ende in den Atlantik. Ein großer Teil des Amazonas fließt durch den Regenwald. In der Regenzeit kann der Fluss bis zu vierzig Kilometer breit werden. Zu dem Zeitpunkt, wenn er schließlich in den Ozean mündet, enthält er Wasser von fast 1100 Flüssen, in denen sich etwa 5600 verschiedene Fischarten tummeln. Die Ufergebiete sind das Zuhause von über 1300 Vogelarten.

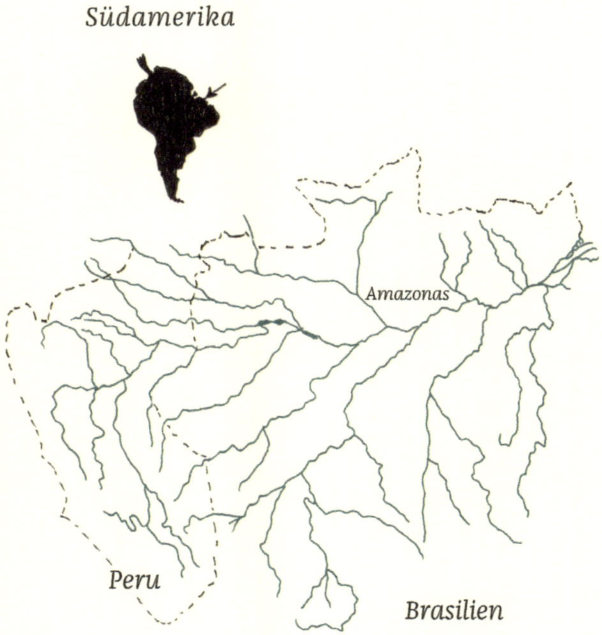

Bonuswissen Amazonas:

Der Amazonas kam auf ungewöhnliche Art zu seinem Namen. Als der Eroberer Francisco de Orellana mit seiner Mannschaft den Fluss hinauffuhr, wurde er vom Ufer aus mit Giftpfeilen beschossen. Zu Franciscos Überraschung wurden die Pfeile von Frauen geschossen. Die nannte er »Amazonen«, nach den Kriegerinnen aus den griechischen Sagen. Später sollte auch der Fluss nach ihnen benannt werden.

167 FRÜHER BEKAMEN ALLE WIRBELSTÜRME EINEN FRAUENNAMEN

Einen Sturm mit einer Windstärke von über 12 nennt man bei uns Orkan. Tropische Wirbelstürme mit Orkanstärke heißen Hurrikan, Taifun oder Zyklon.

- Tropische Wirbelstürme entstehen meist in den Tropen und den Subtropen und bestehen immer aus drei Teilen: dem Auge, dem Augenwall und den Regenbändern. Das Auge ist das durchschnittlich 30 bis 65 Kilometer breite Zentrum des Wirbelsturms. Es kann aber auch schon mal 200 Kilometer breit werden. Im Auge ist alles ruhig. Hier geht kein Wind, und es herrscht unheimliche Stille.
- Um das Auge herum liegt der Augenwall (engl. *Eyewall*). Hier gewittert und stürmt es ganz gewaltig. Der Augenwall ist der Teil des Wirbelsturms, der den größten Schaden anrichtet.
- Am äußeren Rand befinden sich die Regenbänder, wo es zwar auch regnet und stürmt, aber weniger heftig als im Augenwall.
- Wirbelstürme treten in bestimmten Weltregionen zu einer bestimmten Jahreszeit häufig auf. Das nennt man die Hurrikan- oder Taifunsaison.
- Schon seit langer Zeit geben die Menschen schweren Stürmen Namen. Anfangs waren das die Namen von missliebigen Menschen oder von dem Wetterheiligen des jeweiligen Tages. Ab 1953 bekamen dann in Amerika die Hurrikane nur noch Frauennamen. Das wurde damit begründet, dass ein Wirbelsturm angeblich »genauso unberechenbar wie eine Frau« ist. Die Namen wurden in alphabetischer Reihenfolge vergeben.
- Verheerenden Orkanen nur Frauennamen zu geben, war aber nicht besonders nett. Gut, dass die Mitarbeiter der Weltorganisation für Meteorologie, die die Namen vergibt, auch irgendwann dahinterkamen. Deshalb werden seit 1979 für Stürme im Nordatlantik abwechselnd Männer- und Frauennamen verwendet. Es gibt eine feste Liste von Namen, die für sechs Jahre reicht. Danach wiederholen die Namen sich wieder. Die Buchstaben Q, U, X, Y, Z werden nicht gebraucht, also bleiben 21 Buchstaben übrig.
- 2016 hießen die Wirbelstürme der Atlantischen Hurrikan-Saison Alex, Bonnie, Colin, Danielle, Earl, Fiona, Gaston, Hermine, Ian, Julia, Karl, Lisa, Matthew, Nicole, Otto, Paula, Richard, Shary, Tobias, Virginie und Walter.

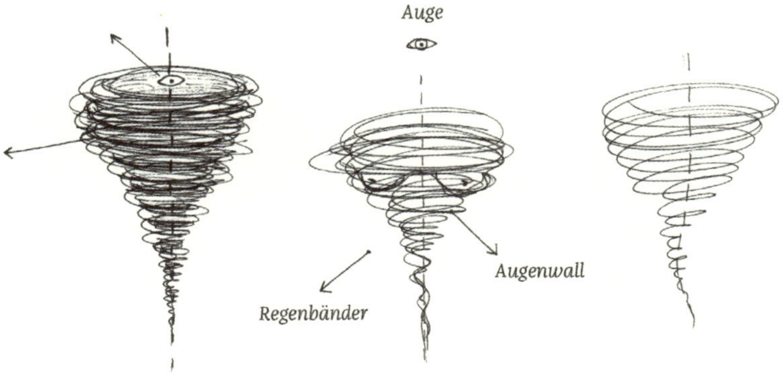

Bonnie

168 DER MEERESBODEN IST VOLLER PLASTIK

So sieht es zumindest aus. Auf jedem Quadratkilometer Meeresboden haben sich bis zu 70 Kilo Plastik angesammelt. 80 % von all dem Plastik, das im Meer treibt, kommt vom Land. Das sind vor allem Plastikflaschen, Becher, Tüten und andere Verpackungsgegenstände.

Ein Großteil dieses Plastiks landet dank der Meeresströmungen früher oder später in einer »Plastiksuppe«, auch manchmal »Plastikinsel« oder »schwimmende Müllhalde« genannt. Die größte davon ist der »Pazifische Müllstrudel«, der mehr als doppelt so groß wie Deutschland sein soll. Für das Leben im Meer ist das dramatisch. Meerestiere geraten in Gefahr, wenn sie Plastikteile fressen oder sich darin verfangen. Wenn Fische, Schildkröten, Seehunde und andere Meerestiere Plastik in ihren Magen bekommen, können sie ihre Nahrung nicht mehr richtig verdauen. Sie werden krank oder sterben daran.

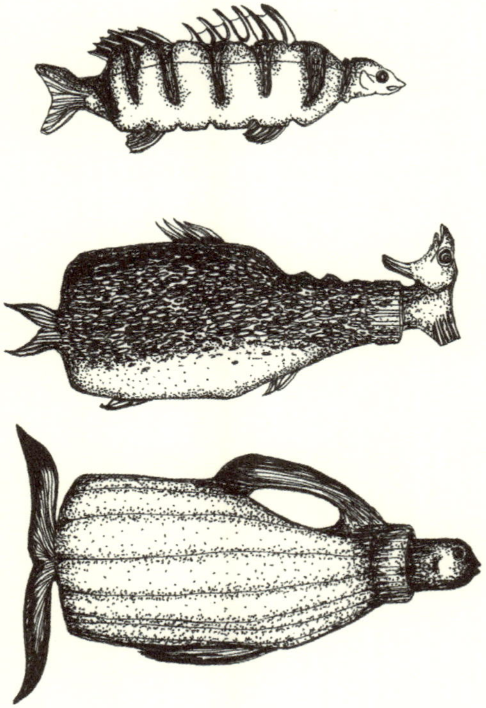

Tiere können sich auch im Plastik verfangen und tiefe Schnittwunden davontragen. Manchmal verhaken sie sich so stark, dass sie ertrinken oder verhungern. Oder sie können nicht mehr richtig schwimmen und werden so zur leichten Beute für Raubtiere.

Du willst mithelfen, etwas gegen die Massen von Plastik im Meer zu tun? Dann wirf nie Plastik ins Wasser, und lasse keinen Müll am Strand liegen. Im Moment liegen auf jedem Quadratkilometer Strand ganze 2000 Kilo Plastik. Weil das Meer und der Strand sozusagen das Plastik miteinander tauschen, kannst du dem Meer helfen, indem du den Strand sauber hältst und weniger Plastik benutzt.

Noch mehr Plastikwissen:

- Plastik ist nicht abbaubar. Stattdessen wird es durch das Meer in winzige Stückchen zerteilt, die zusammen eine Art Plastikschicht bilden. Weil die enorme Probleme verursachen kann, muss man in Deutschland und vielen anderen Ländern für Plastiktüten bezahlen. Denk also dran, immer eine Einkaufstasche mit zum Supermarkt zu nehmen!

- Zum Glück gibt es Unternehmen, die nach Lösungen suchen. Kennst du das Plastik, mit dem ein Sechserpack Bierdosen zusammengehalten wird? Das ist eine Plastiklage mit sechs Ringen, die jeweils über die Oberseite einer Dose gestülpt werden. Diese Plastikringe haben bei den Meerestieren schon für große Probleme gesorgt. Eine Brauerei aus den Vereinigten Staaten, die Saltwater Brewery, hat sich eine Lösung ausgedacht. Sie haben essbare Sixpackringe entwickelt, die aus biologisch abbaubaren Stoffen wie Weizen und Gerste hergestellt werden. Diese Ringe können von den Meerestieren ohne Probleme aufgefressen werden – und wenn sie nicht gefressen werden, lösen sie sich nach einiger Zeit von selbst auf. Genial!

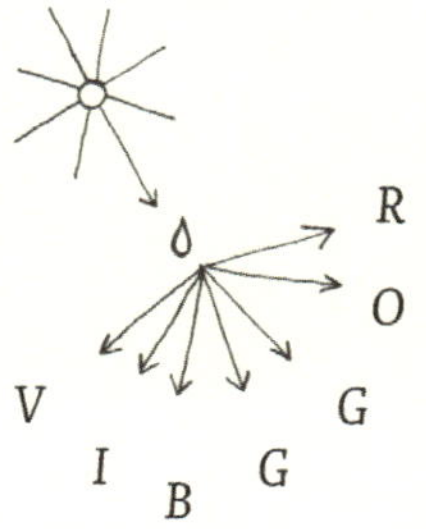

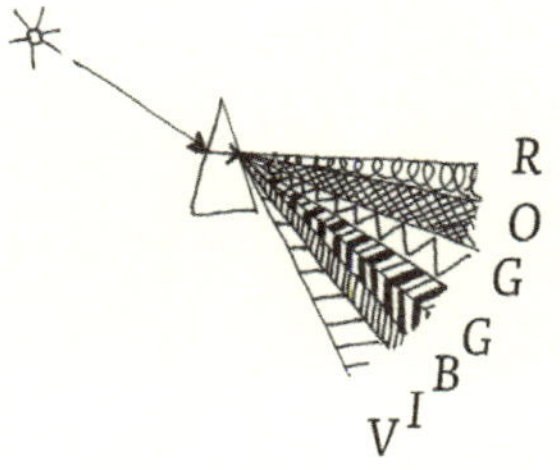

169 EIN REGENBOGEN HAT KEINEN ANFANG UND KEIN ENDE

- Ein Regenbogen ist nämlich ein Kreis, und Kreise haben bekanntlich keinen Anfang und kein Ende. Wir sehen also immer nur eine Hälfte des Regenbogens. Die andere befindet sich hinter der Erde. Nur von einem hohen Berg oder aus dem Flugzeug hat man die Chance, den ganzen Regenbogenkreis zu sehen, weil dann die Erde nicht im Weg ist.

- Regenbogen entstehen, wenn es regnet oder sehr feucht ist und gleichzeitig die Sonne scheint. Dabei strahlt das Licht der Sonne durch die Regentropfen. Wir sehen zwar das Sonnenlicht als gelb oder weiß, doch in Wahrheit besteht es aus allen Farben, die gemeinsam das vom Menschen sichtbare Spektrum bilden. Die Regentropfen brechen das Licht der Sonne, wodurch alle Farben einzeln sichtbar werden.

- Die Farben erscheinen immer in derselben Reihenfolge, die du dir mit dem Wort ROGGBIV merken kannst: Rot, Orange, Gelb, Grün, Blau, Indigo, Violett.

- Manchmal kann man auch zwei Regenbogen übereinander beobachten. Das passiert nur dann, wenn das Sonnenlicht doppelt reflektiert wird. Der zweite Regenbogen ist aber immer schwächer als der erste, und die Reihenfolge der Farben ist umgekehrt.

Jetzt, wo du weißt, dass Regenbogen kreisförmig sind, verstehst du auch, warum am Ende des Regenbogens kein Topf Gold wartet ...

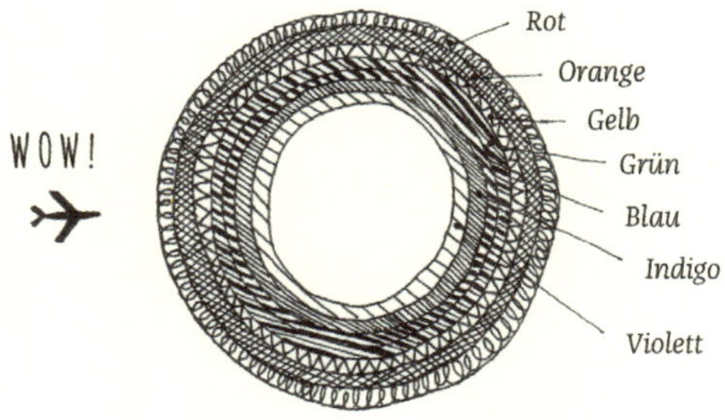

170 SCHOTTLAND HAT EIN MONSTER (ABER NICHT DAS VON LOCH NESS)

Bestimmt hast du schon einmal vom Monster von Loch Ness gehört. Der Legende nach ist das ein riesiger Dinosaurier, der sich im Loch Ness, einem großen See in Schottland, versteckt hält. Wahrscheinlich ist Nessie aber eine Erfindung. Sie lockt zwar viele Touristen nach Loch Ness, aber inzwischen sind sich die Wissenschaftler einig, dass kein Monster im See herumschwimmt.

- Und doch lebte einst wirklich ein Monster in den schottischen Seen. Zugegeben, das ist schon 170 Millionen Jahre her. Damals wandelten und schwammen noch eine ganze Menge mehr riesige, monsterähnliche Tiere auf unserem Planeten herum. Bei dem schottischen Monster handelte es sich um ein schwimmendes Reptil, den Ichthyosaurus. Er war ungefähr 4 Meter lang, hatte einen runden Kopf und Hunderte messerscharfer Zähne. Nicht unbedingt ein Tier, dem man beim Planschen im See begegnen will.

- 1966 wurden auf der Insel Skye die Überreste eines dieser Wassermonster entdeckt. Sie steckten im Gestein fest, und es dauerte eine ganze Weile, bis die Forscher das Skelett vorsichtig herauslösen konnten. Der Ichthyosaurus wird auch der Dinosaurier des Meeres genannt. Er ähnelte ein wenig unserem heutigen Delfin, war aber deutlich weniger sympathisch als Flipper.

171 DER STEAMBOAT-GEYSIR SPUCKT HÖHER ALS EIN FÜNFZEHNSTÖCKIGES HOCHHAUS

- Ein Geysir ist ein großartiger Anblick. An einigen Orten der Welt wird das Wasser durch die Erdwärme erhitzt. Manchmal sorgt das für eine Warmwasserquelle, bei der warmes Wasser aus dem Erdboden sprudelt. Da kann man schön drin baden. Doch hier und da scheint das Wasser überzukochen und spritzt meterhoch in die Luft. Das nennt man einen Geysir.

- Auf der Erde gibt es sechs große Geysir-Regionen: die USA, Island, Neuseeland, Russland, Chile und Alaska. Im Rest der Welt kommen Geysire nur ganz vereinzelt vor.

- Im Yellowstone Nationalpark in den USA sind die meisten Geysire weltweit versammelt. An Hunderten von Orten spuckt die Erde immer wieder mit enormer Kraft Wasser aus. In diesem Park befindet sich auch der größte Geysir der Welt. Er bekam den Spitznamen *Steamboat* (Dampfschiff), weil er Wasser und Dampf manchmal bis zu 90 Meter in die Luft schießt. Der Steamboat-Geysir ist leider nur ab und zu aktiv. Zwischen den Ausbrüchen können mal vier Tage und mal 50 Jahre liegen.

- Im selben Park kann man aber einen anderen großen Geysir bei der Arbeit sehen, der ganz regelmäßig aktiv ist. *Old Faithful* (der alte Getreue) stößt etwa alle anderthalb Stunden einen heißen Wasserstrahl aus. Er mag etwas weniger beeindruckend sein, aber dafür kann man sich auf ihn verlassen.

172 DER ÄLTESTE BEWOHNER EUROPAS IST ... EINE KIEFER

Der älteste Europäer ist schon über 1075 Jahre alt. Er ist eine Bosnische Kiefer und wohnt in Griechenland.

- Um das Alter zu messen, bohrten Wissenschaftler ein Loch in den Stamm und holten ein Stück heraus. Durch das Zählen der Baumringe konnten sie ganz genau bestimmen, wie viele Jahre die Kiefer auf dem Buckel hat.

- Dieser Baum hat also schon eine ganze Menge miterlebt. Um ihn herum wüteten Stürme, Menschen führten Kriege. Doch er blieb die ganze Zeit stehen.

- Die Forscher haben ihn *Adonis* getauft, was »schöner Jüngling« bedeutet.

- Die Kiefer steht hoch oben im Pindosgebirge. Sie ist von einigen Kollegen umringt, die ebenfalls alle schon über tausend Jahre alt sind. Wenn Bäume sprechen könnten, hätten sie bestimmt ein paar verrückte Geschichten zu erzählen ...

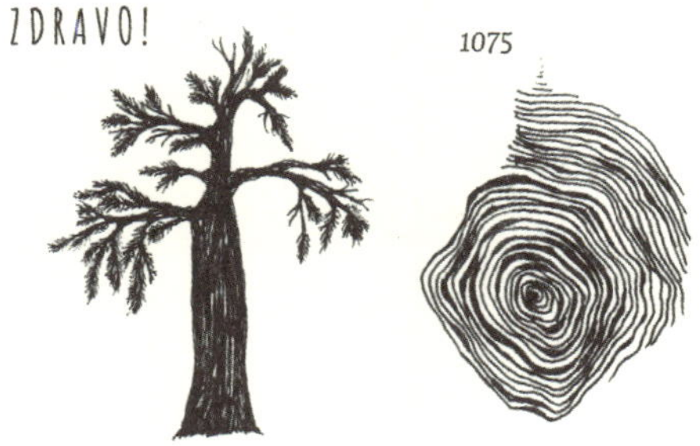

Adonis

173 DIE ERDE ERWÄRMT SICH SCHNELLER ALS JE ZUVOR

Das Klima auf unserem Planeten hat sich immer wieder verändert. Es gab Eiszeiten, Trockenperioden und auch Perioden von Tausenden bis Millionen von Jahren, in denen es überdurchschnittlich warm war. Darum finden manche Leute die ganze Diskussion um die Erwärmung der Erde einfach Quatsch. Sie meinen, es sei ein ganz natürlicher Prozess, an dem der Mensch gar nichts ändern kann. Die meisten Wissenschaftler sind sich aber inzwischen einig, dass es mehr ist als ein »natürlicher Prozess«. Die Erde erwärmt sich momentan schneller als je zuvor. Außerdem wandelt sich das Klima nicht deshalb, weil irgendwo Vulkane ausbrechen oder die Sonne sich anders verhält. Das Klima wandelt sich deshalb, weil der Mensch den Planeten wärmer macht.

- Der Mensch braucht Energie. Und zwar eine ganze Menge. Die brauchen wir, um Auto zu fahren, um mit Flugzeugen zu fliegen und Lampen leuchten zu lassen, um unsere Häuser zu heizen und unsere Handys zu laden. Durch all die neuen Geräte verbrauchen wir alle zusammen viel mehr Energie als früher. Für diese Energie sind wir auf Brennstoffe angewiesen. Flugzeuge können nur fliegen, wenn man sie mit Kerosin volltankt. Ein Auto braucht Benzin. Mit Erdgas, Steinkohle und Atomkraft wird Elektrizität erzeugt, damit unsere Computer laufen. Durch diese Brennstoffe werden Treibhausgase freigesetzt. Einer davon ist Kohlenstoffdioxid. Durch die Verbrennung von Brennstoffen wird dieser Stoff in unsere Atmosphäre abgegeben. Kohlenstoffdioxid verhindert, dass die Wärme der Sonne auf der Erde richtig entweichen kann. Dadurch steigt die Temperatur.

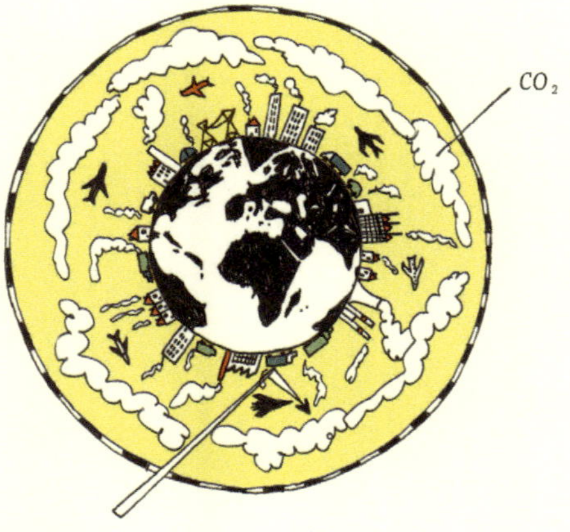

- Toll, denkst du vielleicht. Ich mag warmes Wetter. Dann kann ich jeden Tag draußen schwimmen gehen. Wenn es nur so einfach wäre! Durch die Wärme aber steigt der Meeresspiegel an, was zu mehr Überschwemmungen führt. An anderen Flecken der Erde entstehen lange Trockenperioden, durch die dort keine Nahrung mehr wächst. Außerdem treten extreme Wetterlagen wie heftiger Regen und verheerende Stürme häufiger auf. Das alles wird die Erde in Zukunft schwerer bewohnbar machen.

- Darum diskutieren die Regierungen der verschiedenen Länder miteinander darüber, wie man das Klimaproblem lösen kann. Sie treffen Vereinbarungen in der Hoffnung, den Kohlendioxidausstoß zu verringern.

Aber du kannst auch selbst ein Stückchen beitragen:

- Zum Beispiel, indem du weniger Strom verbrauchst. Schalte beim Rausgehen immer das Licht aus, und drehe die Heizung ein bisschen runter.

- Gegenstände wiederzuverwerten ist auch eine gute Lösung. Alles, was man kauft, kostet nämlich in der Herstellung viel Energie.

- Du solltest auch versuchen, vor allem Lebensmittel zu essen, die aus der Nähe kommen. Ein Flugzeug, das die Äpfel zu uns transportiert, verbraucht unheimlich viel Energie. Und die Äpfel von den Bäumen aus unserer Region schmecken mindestens genauso gut.

- Und wenn du der Umwelt wirklich helfen willst, iss einfach etwas weniger Fleisch. Kühe brauchen nämlich sehr viel Futter. Dafür werden die Wälder abgeholzt, die normalerweise das Kohlendioxid aus der Luft ziehen sollten. Außerdem stoßen Kühe noch dazu eine Menge Methan aus, ein noch schädlicheres Treibhausgas als Kohlendioxid. Ein paar Mal pro Woche vegetarisch zu essen, ist also eine tolle Idee.

174 AUF DER ERDE GIBT ES MEHR MÄNNER ALS FRAUEN

2017 haben wir 7,5 Milliarden Mitmenschen auf unserem Planeten. Nach Zählung der Vereinten Nationen kommen auf jeweils 100 Frauen etwa 102 Männer.

Eigentlich sind die Männer in nur 76 Ländern in der Mehrheit. In 119 anderen Ländern sind sogar die Frauen in der Überzahl.

MEHR MÄNNER ALS FRAUEN

Bei den Ländern, in denen Männer in der Mehrheit sind, liegen China und Indien vorne. In China durften Ehepaare lange nur ein Kind bekommen. Das nannte man die Ein-Kind-Politik, die eingeführt wurde, weil die chinesische Bevölkerung zu schnell wuchs. Weil die Menschen in China lieber einen Sohn als eine Tochter wollten, gibt es heute 33,5 Millionen mehr Männer als Frauen in China. Waren die Mütter mit einem Mädchen schwanger, wurde dieses oft abgetrieben. Auch in Indien werden Söhne höher geschätzt als Töchter. Deshalb gibt es 37 Millionen mehr indische Männer als Frauen.

Auch in vielen Ländern des Nahen Ostens sind die Männer in der Überzahl. In Katar zum Beispiel ist weniger als ein Viertel der Bevölkerung weiblich. Das liegt daran, dass viele Männer in das Land kommen, um dort für Baufirmen zu arbeiten.

MEHR FRAUEN ALS MÄNNER

In Deutschland und Österreich wie auch in den meisten anderen europäischen Ländern leben etwas mehr Frauen als Männer.

7,5 Milliarden Menschen auf der Erde

175 IN KANADA KANN MAN IMMER WEITER AM MEER ENTLANGWANDERN

- Spazierst du gern stundenlang am Wasser? Dann musst du auf jeden Fall einmal nach Kanada fliegen. Das Land hat eine 202 080 Kilometer lange Küste.

- Allerdings besteht die leider nicht nur aus Sandstränden, an denen man sein Handtuch ausbreiten und sich in die Sonne legen kann. Die meisten Küstenstreifen Kanadas sind ziemlich felsig, und im Norden ist es dazu auch noch furchtbar kalt. Aber kein Grund, enttäuscht zu sein! Es ist der ideale Ort, um Wale und andere Tiere zu beobachten.

- Kanada liegt zwischen dem Pazifik im Westen und dem Atlantik im Osten. Im Norden befindet sich der Arktische Ozean. Kanada grenzt nicht nur an viel Salzwasser, sondern verfügt auch über eine ganze Menge Süßwasser. Gut 20 % des weltweiten Süßwasservorrats befindet sich in den kanadischen Seen, Flüssen und Gletschern.

- Kanada ist natürlich ein riesiges Land: ungefähr 28 Mal so groß wie Deutschland. Es ist sogar das zweitgrößte Land der Welt, nur Russland ist noch größer.

- Auf der ganzen Welt haben wir insgesamt 1 162 306 Kilometer Küstenlinie. Die fünf Länder mit der längsten Küste sind neben Kanada noch Indonesien (54 716 Kilometer), Russland (37 653 Kilometer), die Philippinen (36 289 Kilometer) und Japan (29 751 Kilometer).

176 DER GRÖSSTE WASSERFALL DER WELT LIEGT IN SÜDAMERIKA

- Die Iguazú-Wasserfälle befinden sich an der Grenze zwischen Brasilien und Argentinien. Weil sie riesig und beeindruckend sind, überrascht es nicht, dass die Ureinwohner ihnen den Namen *Iguazú* gaben. Das bedeutet »großes Wasser« in der Sprache der Guarani, der dortigen Bevölkerung.

- Wenn wir den alten Legenden Glauben schenken, entstanden die Wasserfälle aufgrund einer Liebesgeschichte. Ein Mädchen namens Naipi war auserkoren worden, um der göttlichen Wasserschlange Mboi geopfert zu werden. Das wollte sie natürlich nicht und versuchte deshalb, mit ihrem Geliebten Tarobá zu fliehen. Die Wasserschlange aber verfolgte die beiden. Bei dieser Verfolgung bohrte sie sich in den Boden. So entstand eine große Schlucht, durch die fortan das Wasser strömte. Die Schlange verwandelte Naipi in einen Stein, der auf ewig im Wasserfall hin und her rollen sollte. Ihr Freund Tarobá wurde zu einem Baum am Ufer. Die zwei sollten einander immerzu sehen, doch niemals zueinander gelangen können.

Iguazú

- In Iguazú gibt es, je nach der Wassermenge, die durch den Fluss Iguazú strömt, 250 bis 300 Wasserfälle. Alle zusammen sind etwa 2,7 Kilometer breit und stürzen bis zu 82 Meter in die Tiefe. Der beeindruckendste unter ihnen ist der Teufelsschlund *(Garganta do Diabo)*, wo das Wasser mit rasender Geschwindigkeit hinabstürzt.

- Möchtest du vielleicht nicht ganz so weit reisen und trotzdem einmal einen riesigen Wasserfall sehen? Dann kannst du den Vinnufossen in Norwegen besuchen. Das ist der größte Wasserfall Europas.

177 IN CHILE BEBT FAST JEDE WOCHE DIE ERDE

- Das Land Chile liegt im Westen von Südamerika. Es ist ein langes und schmales Land, das sich vom südlichsten Zipfel Südamerikas bis nach Peru im Norden erstreckt. Seine Küste ist 6435 Kilometer lang. An der breitesten Stelle misst das Land 350 Kilometer.

- Chile liegt am Rand der südamerikanischen Kontinentalplatte, die sich in eine Richtung bewegt. Es grenzt auch an die Nazca-Platte, die sich in die andere Richtung bewegt. Dadurch entstehen regelmäßig Erdbeben.

- Das wissen die Menschen in Chile inzwischen und lassen sich von einem kleinen Erdbeben auch nicht aus der Ruhe bringen. Für die verschiedenen Arten von Erdbeben haben sie sogar unterschiedliche Namen.

- Ab und zu aber bebt die Erde in Chile ganz gewaltig. Das Valdivia-Beben von 1960 war das stärkste jemals gemessene Erdbeben. Es erreichte eine Stärke von 9,5 auf der Richterskala. Manche chilenischen Städte wurden dabei komplett dem Erdboden gleichgemacht. Der Lauf einiger Flüsse wurde durch das Beben sogar verschoben, und um das Unglück komplett zu machen, brach auch noch der Vulkan Puyehue aus. Zum Schluss verursachte das Beben zudem noch einen riesigen Tsunami, der das Land überflutete. Die Zahl der Toten fiel angesichts dieser Katastrophe mit 5000 noch überraschend gering aus. Das lag daran, dass kurz davor schon ein kleineres Beben stattgefunden hatte. Viele Chilenen hatten deshalb ihre Häuser bereits verlassen und waren in höher gelegene Teile des Landes geflüchtet.

- Derzeit versuchen Seismologen, Tsunamis und Erdbeben so genau wie möglich vorauszusagen. Sobald sie herausfinden, dass ein großes Beben bevorsteht, schicken sie allen Einwohnern eines bestimmten Gebiets eine Warnung per Textnachricht, damit sie wissen, was sie tun sollen. In der Schule lernen schon die Kinder, wie man sich bei einem Beben verhalten muss.

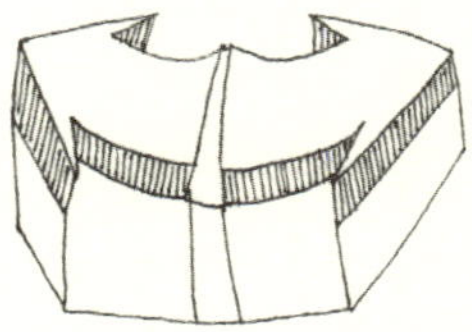

divergente Bewegung
Gefahr leichter Erdbeben

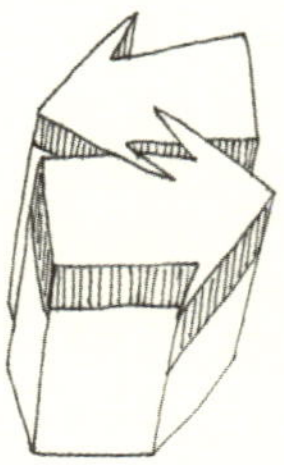

transforme Bewegung
Gefahr schwerer Beben

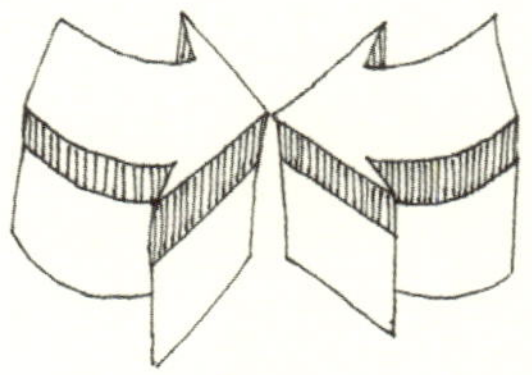

konvergente Bewegung
hohe Wahrscheinlichkeit schwerer Beben

178 MILLIONEN VON TIEREN SIND NOCH UNENTDECKT

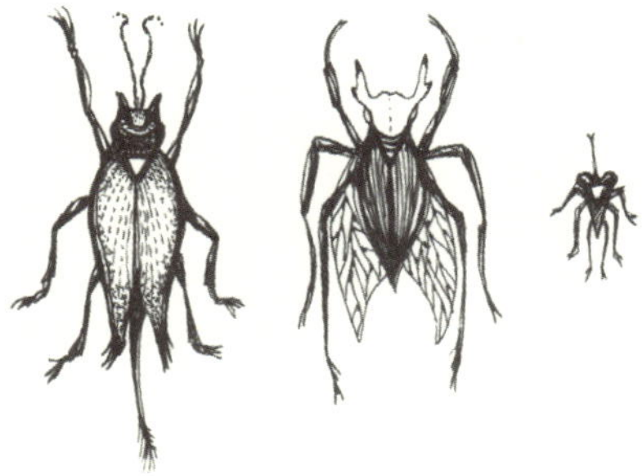

Noch zu entdeckende Arten

Wüsstest du gern, welche Tiere noch nicht entdeckt wurden? Auf diese Frage gibt es eigentlich keine Antwort – von unentdeckten Tieren wissen wir ja normalerweise nicht, dass sie existieren.

Aber wie können sich die Wissenschaftler dann sicher sein, dass es noch Millionen unentdeckter Tiere gibt?

- Im tropischen Regenwald wohnen Tausende und Abertausende von Insekten. Wenn man da mit einem Schmetterlingsnetz durchspaziert, fängt man in kürzester Zeit eine riesige Menge. Dann ruft man eine Käferspezialistin, einen Schmetterlingsexperten und noch ein paar andere Fachleute herbei, um den Fang in Augenschein zu nehmen. Zweifellos werden unsere Wissenschaftler einen Teil der Insekten wiedererkennen und benennen können. Aber bestimmt werden sich auch Exemplare darunter finden, bei denen sie sich nicht sicher sind. Das eine Käferchen ähnelt zwar einem schon bekannten, ist aber doch irgendwie anders. Gut möglich, dass es eine neue Unterart ist.
- Dann machen sich die Experten in der Bibliothek oder im Internet auf die Suche. Vielleicht finden sie bei ihren Forscherkollegen, die an einem anderen Ort in der Welt tätig sind, weitere Informationen.
- Und selbst wenn alle Experten der Welt sich einmal über das Schmetterlingsnetz gebeugt haben, kann man sicher sein, dass noch ein paar Insekten übrig bleiben, von denen niemand genau weiß, was sie sind. Diese müssen dann also weiter erforscht werden.
- Um große Tiere zu fangen, kann man natürlich nicht mit einem Netz durch den Regenwald rennen. Von denen sind sowieso die meisten schon bekannt. Trotzdem werden regelmäßig neue Arten entdeckt. Im Ozean zum Beispiel, in großer Tiefe, stoßen Taucher immer wieder auf Fische, die noch niemand je zuvor gesehen hat. Zum Meeresboden tauchen sie in U-Booten, an denen extrastarke Lampen angebracht sind, denn in dieser Tiefe ist es natürlich stockdunkel. Dann versuchen sie, das Tier zu fangen, damit sie sichergehen können, dass es wirklich eine neue Art ist.
- Die Wissenschaft geht davon aus, dass 8,7 Millionen Tierarten auf der Erde leben. Etwas über eine Million Arten sind schon entdeckt. Stell dir das mal vor: Etwa 86 % aller Arten auf dem Land und sogar 91 % aller Arten im Wasser müssen erst noch entdeckt werden. Manche Arten sterben sogar aus, ehe wir sie entdecken können.
- Hast du jetzt Lust bekommen, Naturwissenschaftler werden? Dann mal los! Es gibt noch viel zu tun.

179 DER AUSBRUCH DES KRAKATAU HATTE DIE KRAFT MEHRERER ATOMBOMBEN

Krakatau ist eine aktive Vulkaninsel in Indonesien. Sie liegt in der Sundastraße zwischen den Inseln Java und Sumatra. Am 27. August 1883 brach der Krakatau mit der Gewalt von etwa 200 Megatonnen TNT-Sprengstoff aus. Das ist viele Tausend Mal stärker als die Sprengkraft einer gewaltigen Atombombe. Noch heute gilt der Ausbruch des Krakatau als einer der schlimmsten Vulkanausbrüche unserer Geschichte.

- An dem Tag im August gab es vier heftige Explosionen, die unfassbar großen Schaden anrichteten. Der Vulkan eruptierte mit einer bisher unbekannten Kraft.
- Zwei Drittel der Insel wurden dabei komplett verwüstet, und 36 000 Menschen kamen ums Leben. Dörfer und Städte auf Java und Sumatra wurden von einer Tsunami-Welle weggeschwemmt.
- Den Knall der Explosionen konnte man bis ins Tausende Kilometer weiter gelegene Australien hören.
- Der Ausbruch führte zu einer so gigantischen Aschewolke, dass das Sonnenlicht nicht mehr hindurchkam. Dadurch sackte die Durchschnittstemperatur auf der Erde im Jahr danach um 1,2 °C ab.
- Der Berg, der einst über die Insel ragte, verschwand komplett im Meer.
- 1932 schossen plötzlich an der gleichen Stelle wieder Asche und Schwefel aus dem Wasser: Durch den Vulkanausbruch wurde Gestein in Bewegung gebracht, und eine neue Insel entstand. Die wurde *Anak Krakatau*, »das Kind von Krakatau«, genannt. Dieses qualmende Kind, den neuen Vulkan, kann man in Begleitung eines Reiseleiters besuchen – an Tagen, wenn er mal nicht so aktiv ist.

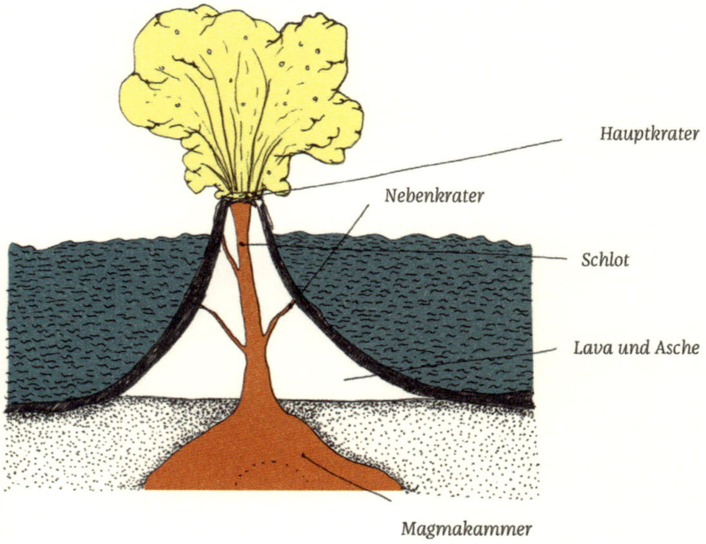

Der Vulkan

Der Supervulkan:

Im Amerikanischen Yellowstone Park gibt es einen Supervulkan, der vor 640 000 Jahren zum letzten Mal Feuer spuckte. Auch dieser Ausbruch hatte eine enorme Aschewolke zur Folge, die das Sonnenlicht für eine lange Zeit von der Erde fernhielt. Wahrscheinlich war dieser Ausbruch für die Entstehung der letzten Eiszeit verantwortlich. Wissenschaftler behalten den Supervulkan immer gut im Auge. Bis heute ist er drei Mal ausgebrochen: vor 2,1 Millionen, vor 1,3 Millionen und vor 640 000 Jahren. Die Wissenschaftler vermuten nun, dass er also etwa alle 700 000 Jahre ausbricht. Wenn das passiert, würde es das Leben auf der Erde stark beeinflussen.

180 DIE GRÖSSTE SCHLEUSE DER WELT BEFINDET SICH IN ANTWERPEN

Eine Schleuse dient dazu, Schiffen die Durchfahrt zwischen zwei Abschnitten einer Wasserstraße, die nicht die gleiche Höhe haben, zu erleichtern. Die Schleuse sorgt dafür, dass das Schiff über eine ebene Wasseroberfläche fahren kann oder dass der Wasserstand ausgeglichen wird, während das Schiff in der Schleuse liegt.

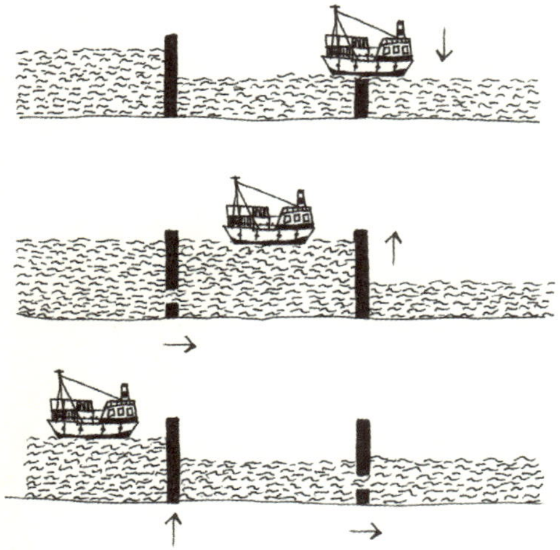

Kieldrecht-Schleuse

- Die allergrößte Schleuse der Welt befindet sich in der belgischen Provinz Antwerpen. Die Kieldrechtsluis ist stolze 500 Meter lang, 68 Meter breit und 17,8 Meter tief. Durch sie können riesige Schiffe vom Fluss Schelde in den Waaslandkanal und in den Waaslandhafen fahren.
- Für den Bau der Kieldrecht-Schleuse wurden fast 10 Millionen Kubikmeter Erde ausgegraben. Die Bauarbeiten begannen im Jahr 2011 und dauerten fünf Jahre. 2016 wurde die Kieldrecht-Schleuse von König Filip von Belgien offiziell eröffnet.
- Die Berendrechts-Schleuse, die sich auch in Antwerpen befindet, ist die zweitgrößte Schleuse der Welt. Sie ist genauso lang wie die Kliedrecht-Schleuse, aber etwas weniger tief.
- Mit der Seeschleuse Wilhelmshafen, auch die »4. Einfahrt« genannt, liegt Deutschland auf Platz drei. Die »4. Einfahrt« ist eine Doppelschleuse mit vier selbst schwimmenden Stahlschiebetoren.

181 DAS SALZIGSTE WASSER GIBT ES IN DER ANTARKTIS

Das Wasser im Don-Juan-See in den Trockentälern der Antarktis ist so salzig, dass es nicht gefriert. Selbst bei Temperaturen von -50 °C bleibt es flüssig. Der Don-Juan-See ist nur 15 Zentimeter tief und besteht zu 40 % aus Salz.

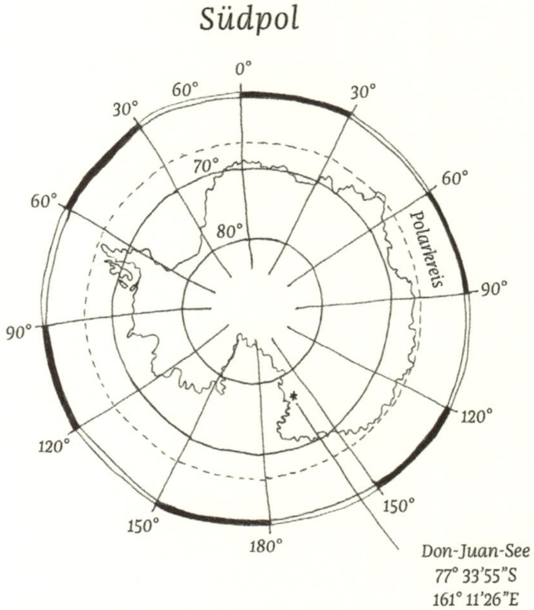

Der See wurde 1961 von zwei Piloten namens Donald Roe und John Hickey entdeckt. Nach Don und John (Juan) wurde der See später benannt.

Das Wasser im Don-Juan-See kommt nicht aus der Luft, sondern aus dem Erdboden. Das Wasser verdunstete und wurde immer salziger. Kurz nach der Entdeckung des Sees lebten noch Algen und Schimmelpilze darin. Inzwischen aber ist er völlig tot.

Manche Forscher gehen davon aus, dass Wasser, welches wir auf anderen Planeten finden könnten, dem Wasser im Don-Juan-See ähneln würde.

182 DER WELTERSCHÖPFUNGSTAG KOMMT JEDES JAHR EIN BISSCHEN FRÜHER

Wenn du lange duschst, ist das Wasser schneller alle. Wenn du mehr isst als nötig, ist das Essen schneller aufgebraucht. Wenn du den Computer dauernd anlässt, ist der Strom schneller aufgebraucht.

Die Erde gibt uns alle Rohstoffe, die wir zum Leben nötig haben. Und sogar noch etwas mehr. Doch jedes Jahr sind die Rohstoffe ein bisschen schneller verbraucht. Der Tag, an dem sie aufgebraucht sind, heißt Earth Overshoot Day, der Welterschöpfungstag.

An dem Tag haben wir alles verbraucht, was die Erde in einem Jahr hervorbringen kann. Danach leihen wir uns die Rohstoffe sozusagen bei der Natur, weshalb der Tag auch »Ökoschuldentag« heißt. Wir nutzen die Überschüsse, die die Erde aufgebaut hat. Zum Glück gibt es viele solcher Reserven, weshalb wir jetzt nur wenig davon merken. Aber natürlich kann das nicht ewig so weitergehen. Wenn die Reserven verbraucht sind, werden wir eines Tages nichts mehr zu essen und zu trinken haben.

- 1987 fiel der Welterschöpfungstag noch auf den 19. Dezember. 2017 war er schon am 2. August.

- Nicht alle Menschen verbrauchen gleich viele Rohstoffe. In manchen Ländern begnügt man sich mit wenigen. In anderen verbrauchen die Menschen viel mehr als nötig. Den Verbrauch nennt man den »Ökologischen Fußabdruck«.
- In den USA ist dieser Fußabdruck sehr groß. Wenn alle Menschen auf der Welt so leben würden wie ein durchschnittlicher Amerikaner, bräuchten wir fünf Erdkugeln, um allen genug zu essen und zu trinken zu geben.
- Willst du wissen, wie groß dein eigener ökologischer Fußabdruck ist? Im Internet gibt es verschiedene Seiten, wo du ihn berechnen lassen kannst – und du bekommst dazu Tipps, um ihn zu verkleinern.

183 DER CAÑO CRISTALES IST DER FARBENPRÄCHTIGSTE FLUSS DER WELT

Der Caño Cristales ist ein Fluss, der sich durch den kolumbianischen Urwald schlängelt.

- Der Strom ist ungefähr 100 Kilometer lang.
- Den größten Teil des Jahres sieht er wie ein normaler Fluss aus, doch im Juli wird alles anders. Dann erstrahlt der Caño Cristales in den schönsten Regenbogenfarben.
- Im Juli beginnt in Kolumbien die Trockenzeit. Der Wasserstand sinkt, wodurch die Moose und Algen im Fluss mehr Sonne abbekommen. Dadurch wachsen sie schneller.
- Im Fluss wächst auch die Pflanze *Macarenia clavigera*. Die wird während der Blütezeit feuerrot. Das Rot hebt sich wunderschön ab vom leuchtend blauen Wasser und den giftgrünen Moosen. Die schwarzen Felsen am Ufer und der gelbe Sand machen das Bild perfekt.

Caño Cristales

– 7 –

AUF WELTREISE

184 DUBAI IST (NOCH) WELTMEISTER DER WOLKENKRATZER

- Der Burj Khalifa ist 828 Meter hoch und damit offiziell das höchste Gebäude der Welt. Natürlich nur im Moment, denn es gibt schon Pläne, Gebäude von über 1000 Metern Höhe zu errichten. Der Bau des Burj Khalifa begann im Jahr 2004 und dauerte sechs Jahre. Am 4. Januar 2010 wurde der Turm mit einem riesigen Feuerwerk eröffnet. In dem Gebäude sind Büros, Wohnungen und ein großes Hotel untergebracht. Im 68. Stock kann man schwimmen gehen.

- Der Shanghai-Tower in China schafft es mit 632 Metern auf den zweiten Platz. Mit seinen 601 Metern ist der Abraj-Al-Bait-Turm in Mekka in Saudi-Arabien ein würdiger Dritter.

- In Europa sind die Hochhäuser nicht ganz so hoch. Der höchste europäische Wolkenkratzer ist 373,7 Meter hoch, steht in Moskau und heißt Federazija. Auch die zweit- bis vierthöchsten Gebäude stehen in Moskau. Die Nummer fünf ist dagegen nicht ganz so weit: The Shard in London mit 300 Metern.

- Gibt es auch in Deutschland Wolkenkratzer? Ja natürlich! Das höchste Hochhaus in Deutschland ist mit 259 Metern der Commerzbank Tower in Frankfurt, der 1997 fertiggestellt wurde. In Berlin kann man von fast überall den Fernsehturm sehen. Der wurde in den Sechzigerjahren errichtet und ist stolze 368 Meter hoch. Von seiner Aussichtsplattform kann man 40 Kilometer weit blicken.

Auch gut zu wissen:

Das Modell, das der Meister-Chocolatier Andrew Farrugia von dem höchsten Hochhaus der Welt, dem Burj Khalifa, herstellte, brach auch einen Höhenrekord. Gut 4200 Kilo belgischer Schokolade waren nötig, um den Wolkenkratzer nachzubauen. Mit 13,5 Metern schaffte es dieses leckere Gebäude als die höchste Schokoladenkonstruktion aller Zeiten ins Guinnessbuch der Rekorde.

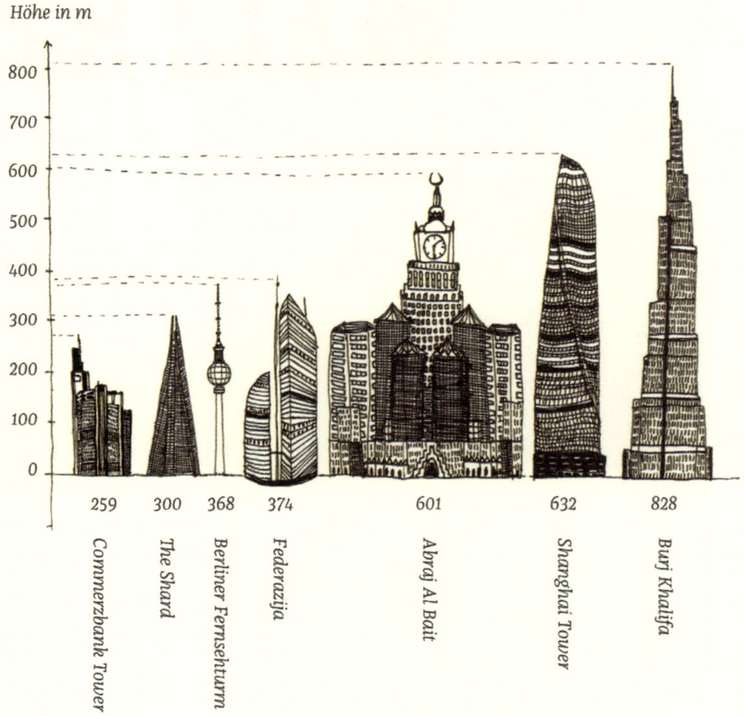

185 NORDKOREA IST NICHT DAS BESTE URLAUBSLAND
(ABER BEEINDRUCKENDE SPIELE FINDEN DORT STATT)

Nordkorea in Asien ist ein außergewöhnliches Land. Offiziell heißt es die *Demokratische Volksrepublik Korea*, aber »demokratisch« bedeutet nicht das, was wir darunter verstehen. Das Land entstand im Jahr 1948, als Korea in zwei Teile gespalten wurde.

- In Nordkorea hält man nicht viel von neugierigen Besuchern. Pro Jahr reisen kaum 100 000 Touristen dorthin. Die meisten davon kommen aus China, während aus dem Westen nur 500 Menschen pro Jahr das Land betreten dürfen. Touristen dürfen hier nicht einfach alles fotografieren und nicht ohne Begleitung eines Fremdenführers durchs Land reisen.

- In Nordkorea bestimmen die Machthaber alles. So dürfen die Bewohner zum Beispiel nur die Fernsehprogramme sehen, die der Staat produziert. Sie dürfen auch nicht ins Internet. Stattdessen gibt es ein »Intranet« mit staatlichen Informationen.

- Jedes Jahr im August findet das Arirang-Festival statt. Bei dieser Massenveranstaltung müssen die Nordkoreaner ihrem Führer und der Partei Ehre zollen. Bis zu 80 000 Menschen nehmen an dem Spektakel teil. Für die Spiele trainieren sie unglaublich hart, damit sie alle Bewegungen perfekt und gleichzeitig ausführen können. Auf dem Festival wird getanzt, geturnt und gesungen. Sogar kleine Kinder ab fünf Jahren müssen teilnehmen.

- Die Kulisse hinter den Turnern und Tänzern besteht aus 20 000 Studentinnen und Studenten, die alle farbige Karten in der Hand halten, mit denen sie den Hintergrund immer wieder verändern können. Die Aufführung endet mit einem Aufruf zum Weltfrieden.

- Du willst dir das selbst einmal ansehen? Mit den Suchbegriffen »Arirang« und »Nordkorea« findest du kurze Filmclips auf YouTube. Achte auch auf den Hintergrund – er sieht zwar aus wie eine Leinwand, aber es sind Menschen, die Karten in die Luft halten.

186 ALLE LÄNDERFAHNEN SIND VORN UND HINTEN GLEICH – AUSSER DIE FLAGGE VON PARAGUAY

Die Grundfarben der paraguayischen Flagge sind Rot, Weiß und Blau in horizontalen Streifen. Rot steht für Gerechtigkeit, Weiß für den Frieden und Blau für die Freiheit.

Auf dem weißen Streifen prangt ein Emblem. Auf der Vorderseite sieht man darin das Staatswappen, aber wenn man die Flagge umdreht, sieht man einen Löwen und den nationalen Leitspruch *Paz y Justicia* (Friede und Gerechtigkeit). Es ist die einzige Nationalflagge der Welt mit zwei unterschiedlichen Seiten.

Extra-Flaggenwissen:

Die österreichische Flagge ist die älteste Fahne der Welt, die noch im Gebrauch ist. Sie hat drei horizontale Streifen: oben und unten rot, in der Mitte weiß.

Die Flagge der USA wird auch »Stars and Stripes« oder »Sternenbanner« genannt. Auf ihr sind 50 Sterne für die 50 Bundesstaaten und 13 Streifen für die 13 Gründungsstaaten abgebildet.

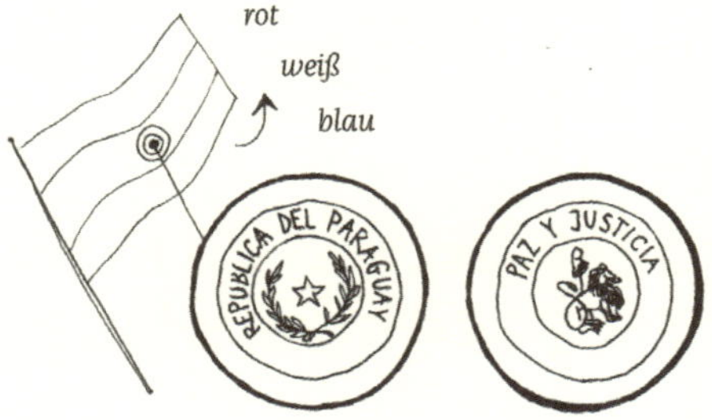

187 IN CHINA SIND FILME ÜBER ZEITREISEN VERBOTEN

Kennst du den Film *Zurück in die Zukunft*, in dem Marty McFly und Doc Brown in die Vergangenheit und in die Zukunft reisen? Dann wohnst du ganz bestimmt nicht in China. Da werden Filme über Zeitreisen nämlich strengstens kontrolliert.

Laut der chinesischen Regierung haben solche Filme einen schlechten Einfluss, denn sie geben den Menschen ein falsches Bild von der Geschichte. Außerdem sind sie zu westlich. In China sieht die Regierung es lieber, wenn die Bürger richtige chinesische Filme ansehen. Und echte Chinesen haben eben mit Zeitreisen nichts am Hut.

188 IN 75 LÄNDERN WIRD LINKS STATT RECHTS GEFAHREN

Uns kommt das Rechtsfahren ganz logisch vor. Aber an 75 Orten der Welt wird auf der Straße links gefahren.

Vielleicht weißt du schon, dass sie im Vereinigten Königreich und in Irland auf der linken Straßenseite fahren. Aber auch in Japan, Thailand, Südafrika, Neuseeland, Australien und noch einer ganzen Menge anderer kleiner und großer Länder musst du dich extragut umsehen, bevor du über die Straße gehst.

Die Verkehrsregeln in diesen Ländern sind ungefähr die gleichen wie in den Rechtsfahrerländern. Überholen muss man aber rechts und in einen Kreisverkehr fährt man linksherum anstatt rechtsherum.

- Als es noch keine Autos gab, reisten Menschen zu Pferd. Damals hielt sich jeder auf der linken Wegesseite. Das hatte einen guten Grund: Männer trugen oft Schwerter bei sich, und weil die meisten Menschen Rechtshänder sind, benutzten sie die meistens mit ihrer rechten Hand. Um einen Schlag abwehren zu können, war es also praktischer, links zu reiten.

- Als dann Pferdekarren in Mode kamen, wechselte der Verkehr in den meisten Ländern auf die rechte Seite. So konnte der Fahrer das Pferd leichter lenken.

- In Frankreich hielten sich Reisende mit Pferden links, während Fußgänger auf der rechten Seite liefen. Napoleon entschied aber, dass sich der militärische Verkehr, also auch die Pferde, fortan auf der rechten Seite halten sollte. Seine Eroberungen führten dazu, dass sich dieser Brauch auch in Europa verbreitete.

- Bis 1967 fuhr man auch in Schweden auf der linken Straßenseite. Weil aber in allen Nachbarländern Rechtsverkehr galt, beschloss die Regierung, ihn auch in Schweden einzuführen. Der 3. September 1967 wurde zum *Dagen H*, der Tag, von dem an alle rechts fahren mussten. Das *H* ist die Abkürzung für *Högertrafik*, was »Rechtsverkehr« bedeutet. Um Punkt 5 Uhr morgens musste jeder anfangen, rechts zu fahren. Das war natürlich für alle eine Umstellung, aber sie gewöhnten sich schnell daran.

Noch mehr Linksfahrer:

Es wird behauptet, dass Japaner deshalb auf der linken Seite fahren, weil sie früher ihre Samurai-Schwerter links trugen. Wenn zwei Samurais einander begegneten und die Schwerter sich berührten, konnte das zu einem Duell führen. Um den Frieden zu wahren, liefen sie also an der rechten Seite aneinander vorbei.

189 DIE GRÖSSTE PYRAMIDE DER WELT STEHT IN … MEXIKO

Viele glauben, dass die Cheops-Pyramide in Ägypten die größte der Welt ist, aber das stimmt nicht. Dieser Titel geht an die Pyramide von Cholula in Mexiko.

- Zwar ist die Cheops-Pyramide mit ihren 140 Metern die höchste Pyramide, dabei ist sie aber »nur« knapp 230 Meter breit. Ihre mexikanische Konkurrentin ist zwar ein gutes Stück niedriger, aber dafür 400 Meter breit.
- Der Bau der mexikanischen Pyramide begann im 3. Jahrhundert vor Christus. Es sollte noch bis zum 9. Jahrhundert dauern, bis die Pyramide endlich fertiggestellt war. Also wurde ganze zwölf Jahrhunderte daran gebaut!

Wettstreit der Pyramiden

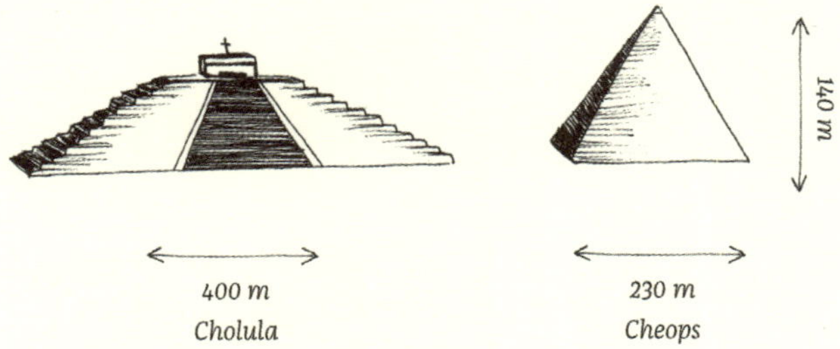

- Die Pyramide von Cholula wurde einst dem aztekischen Gott Quetzalcoatl *(Gefiederte Schlange)* geweiht. Heute erinnert sie eher an einen natürlichen Hügel, auf dem eine Kirche steht. Die wurde während der Kolonialzeit von den Spaniern erbaut. Darum ist die Pyramide von Cholula heute ein Wallfahrtsort für Katholiken.

190 VORSICHT MIT DER LINKEN HAND IN INDIEN

Menschen in Indien benutzen in ihrem täglichen Leben hauptsächlich die rechte Hand. Die linke dient dazu, sich nach dem Toilettenbesuch den Po abzuwischen. Diese Hand gilt also als unrein.

Bei Tisch gebraucht man in Indien nur die rechte Hand, wenn man mit den Fingern isst. Wenn ein Inder sieht, wie du mit der linken Hand isst, vergeht ihm der Appetit. Für ihn sieht es aus, als ob du dein Essen wie Abfall behandelst und keinen Respekt vor deinem Körper hast.

Wenn du in Indien jemandem etwas schenken oder ein Geschenk annehmen willst, darfst du auch nur die rechte Hand benutzen. Auf etwas zu zeigen gilt übrigens immer als unhöflich – egal ob mit der linken oder rechten Hand. Inder deuten auf etwas, indem sie ihr Kinn vorstrecken.

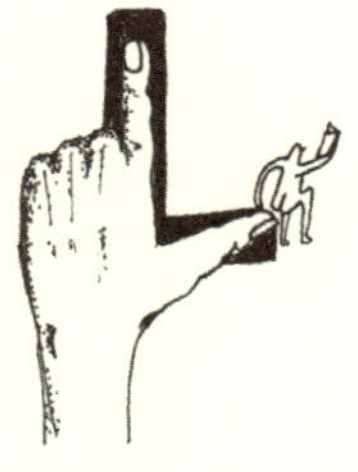

AUFGEPASST!

Und was, wenn man Linkshänder ist? Tja, Pech gehabt. So schwierig es auch ist, man muss sich anpassen.

Bonusinfo Indien:

- In Indien sagen die Menschen »Ja«, indem sie ihr Kinn schnell hin- und herbewegen. Das erinnert ein bisschen an unser »Nein«, wenn wir den Kopf schütteln.
- Zur Begrüßung legt man die Handflächen aneinander und führt sie an die Stirn. Je höher man sie an die Stirn legt, desto mehr Respekt zeigt man dem anderen. Dazu sagt man ein herzliches *»Namasté«*.
- Die Kuh gilt in Indien als heiliges Tier. Schieb sie also nicht aus dem Weg, wenn dir mal eine vor die Füße läuft.

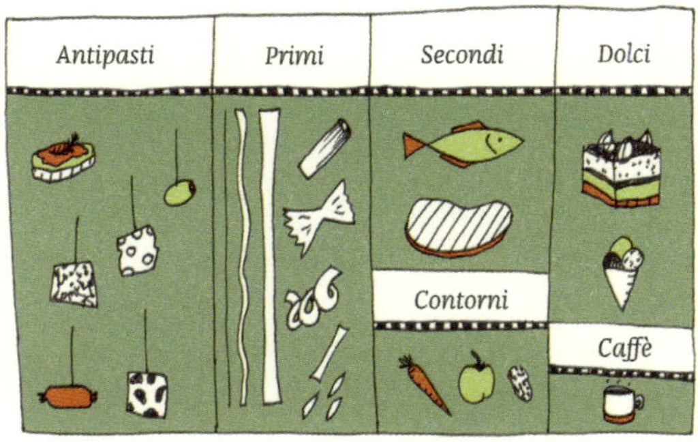

191 IN ITALIEN FUTTERT MAN SICH DURCH EIN GANZES MENÜ

Dachtest du, die italienische Küche besteht nur aus Pizza und Nudeln? Da liegst du falsch. Pizza und Pasta machen nämlich nur einen kleinen Teil einer vollständigen italienischen Mahlzeit aus. Die Italiener haben eine feste Reihenfolge für ihr Menü. Für sie ist es komisch, ein Stück Fleisch mit Pasta und Gemüse zu essen.

- Eine echt italienische Mahlzeit beginnt mit den *Antipasti*. Das sind kleine Vorspeisehäppchen mit italienischem Käse oder Aufschnitt, geröstete Brotscheiben mit Gemüse oder kleinen Salaten.

- Als Nächstes folgen die *Primi*, zum Beispiel eine Portion Risotto oder Pasta mit etwas Soße. Hast du dir Spaghetti oder andere lange Nudeln bestellt? Dann iss sie nur mit deiner Gabel! Messer oder Löffel zu benutzen gilt nämlich als unhöflich.

- Die *Secondi* sind dann das eigentliche Hauptgericht. Da kommen Fleisch oder Fisch auf den Teller. Normalerweise bleibt es dabei, wenn du dir nicht *Contorni* dazu bestellt hast: eine Beilage mit Gemüse oder Kartoffeln. Pasta gibt es eigentlich nie zu den Secondi.

- Auch Pizza kann als Secondo gegessen werden, aber natürlich kann man sich auch einfach ein Stück Pizza als Mittagessen oder kleine Zwischenmahlzeit gönnen.

- Ein richtig gutes Essen wird mit den *Dolci*, dem Nachtisch, abgeschlossen. Das Wort bedeutet »Süßigkeiten«. Dazu gehört zum Beispiel das köstliche Tiramisu.

- Danach trinkt man noch eine Tasse Espresso oder *Caffè*. Aufgepasst: Nach elf Uhr morgens wird in Italien nur noch schwarzer Kaffee getrunken. Kaffee mit Milch gibt es nur am frühen Morgen.

192 DIE REPUBLIK NAURU HAT KEINE HAUPTSTADT

Die Insel Nauru im Pazifischen Ozean hat knapp über 10 000 Einwohner. Seit 1968 ist sie ein unabhängiger Staat.

- Mit einer Fläche von 21 km² ist Nauru der kleinste Inselstaat.
- Die Insel ist umgeben von wunderschönen Korallenriffen.
- Nauru hat keine Hauptstadt. Die Regierungsgebäude befinden sich in Yaren, das aber nicht die offizielle Hauptstadt ist.
- Nauru hat keine Armee. Die braucht das Land auch nicht, denn es hat noch nie Feinde gehabt.
- Erstaunlicherweise ist Nauru auch das Land mit dem höchsten Anteil dicker Menschen. Das kommt daher, dass es dort wenig eigene Landwirtschaft gibt und deshalb viele Nahrungsmittel aus dem Ausland eingeführt werden müssen. Die Inselbewohner stehen besonders auf frittiertes Hähnchen und Cola – kein Wunder, dass sie fast alle ein bisschen zu dick sind.

Nauru,
wo jeder Mensch eine Insel ist

193 AUF DER INSEL NIUE BEZAHLT MAN MIT MICKY MAUS

Auf der Pazifikinsel Niue leben nur 1600 Menschen. Man kommt dort nur durch eine sehr lange Reise hin, aber die ist bestimmt die Mühe wert. In Niue gibt es nämlich etwas ganz Besonderes.

2014 wurde auf der Insel eine neue Münze entworfen. Auf der einen Seite ist Königin Elizabeth II. abgebildet. Sie ist das offizielle Staatsoberhaupt. Auf der anderen Seite sind Disney-Charaktere zu sehen. In Niue kann man also mit einem Cent bezahlen, auf dem Micky Maus, Goofy, Pluto oder Minnie Maus abgebildet sind.

Diese Münzen werden vor allem für Touristen hergestellt, und glücklicherweise kann man auf der Insel auch mit »normalem« Geld bezahlen. Die Spezialmünzen sind nämlich aus reinem Gold und Silber gemacht, und das ist ein Problem: Münzen aus Gold und Silber sind sehr viel wert – viel mehr als das, was man damit kaufen kann. Deshalb bewahren die Menschen sie oft als Ersparnis auf. Viele Sammler reisen extra auf die kleine Insel, um diese Münzen zu kaufen.

Schon 2011 brachte die Insel besondere Münzen heraus: Damals zierten Star-Wars-Figuren die Rückseite.

194 IN SCHWEDEN KONNTE MAN FÜRS TANZEN EIN KNÖLLCHEN KRIEGEN

Bis 2016 musste man in Schweden vorsichtig sein, wenn man in einem Café oder Restaurant tanzen wollte. Das war nämlich verboten. Tanzen durfte man nur in Gaststätten, die eine Erlaubnis dafür hatten. Hatte der Besitzer keine Genehmigung dafür, Menschen tanzen zu lassen, und tat es trotzdem, konnte er ein heftiges Bußgeld aufgebrummt bekommen.

** Genehmigung: nur für Menschen*

- Das Gesetz wurde in den Dreißigerjahren eingeführt. Damals fand man, dass Tanzen die Menschen zu fröhlich machte. Diese Fröhlichkeit würde nur zu Unruhe führen, und unruhige Menschen fingen schnell eine Rauferei an.
- Über zwanzig Kampagnen gab es, um das Verbot zu kippen, doch die Regierung hielt lange daran fest. Und die Polizei unterstützte die Einstellung der Regierung. Aber im Jahr 2016 wurde das Gesetz endlich abgeschafft.
- Auch in Japan galt bis 2015 ein Tanzverbot an Orten, die keine Genehmigung dafür hatten. Und selbst mit so einer Genehmigung durfte nach Mitternacht nicht mehr getanzt werden. Doch der Musiker Sakamoto, der selbst gern tanzte, sammelte 150 000 Unterschriften, die schließlich zur Abschaffung des Verbots führten. Seitdem darf also auch in Japan ausgelassen getanzt werden!

195 IN CHINA ISST MAN MIT STÄBCHEN UND DARF AM TISCH RÜLPSEN

Deine Eltern haben dir wahrscheinlich beigebracht, immer ordentlich mit Messer und Gabel zu essen. Wenn du dich hierzulande an den Tisch setzt, ist das auch eine gute Idee, aber in China kommst du damit nicht weit. Dort werden Messer, Gabeln und Löffel nur in der Küche gebraucht. Am Tisch benutzt man Essstäbchen. Nur Suppen werden mit einem Porzellanlöffel gegessen.

- Die zwei Stäbchen nimmt man in die rechte Hand. Das untere wird zwischen Daumen und Hand geklemmt und mit dem Ringfinger festgehalten. Das untere Stäbchen darf sich nicht bewegen.
- Dann legst du das zweite Stäbchen zwischen Daumen und Zeigefinger. Das bewegst du auf und ab, um Häppchen von deinem Teller aufzunehmen. Ein bisschen Übung wirst du wohl brauchen, aber so schwierig ist es gar nicht. Wenn du es einfacher findest, kannst du die Schüssel auch ein bisschen näher zum Mund führen.
- Wenn du mit dem Essen fertig bist, legst du die Stäbchen auf dem kleinen Halter neben deinem Teller ab.
- Zeig bei Tisch nie mit den Essstäbchen auf jemanden. Das ist nämlich sehr unhöflich.
- Steck deine Stäbchen auch nie aufrecht in die Reisschüssel, weil das in China den Tod symbolisiert.
- Chinesen finden es auch unhöflich, wenn man mit den Stäbchen im Essen stochert oder sie ableckt.
- Und zum Schluss: Gib niemals jemandem mit deinen Stäbchen etwas von deinem Essen ab!
- Sonst ist in China bei Tisch ziemlich viel erlaubt. Man darf ruhig rülpsen, schlürfen und schmatzen. Chinesische Köche mögen das sogar: Es bedeutet, dass dir ihr Essen geschmeckt hat.

196 DIE UNGLÜCKSZAHLEN SIND IN JEDEM LAND ANDERS

Würdest du am Freitag, dem Dreizehnten, am liebsten im Bett liegen bleiben, aus Angst, dass etwas Schlimmes passieren könnte? Dann bist du wohl abergläubisch und denkst, dass die Zahl Dreizehn dir Unglück bringt.

- Die Dreizehn ist aber nur in Europa, Amerika und einigen asiatischen Ländern eine Unglückszahl. Das kommt daher, weil die Zwölf in diesen Ländern als die »perfekte« Zahl gilt. Denk nur an die zwölf Apostel aus der Bibel oder die zwölf Monate im Jahr.

- Dreizehn ist eins mehr als zwölf und darum »mehr als perfekt« - und das kann doch nur Unglück bringen.

- Der Aberglaube um die Zahl Dreizehn ist weit verbreitet. Er geht sogar so weit, dass manche Hotels keinen dreizehnten Stock haben, sondern nur die Stockwerke 12A und 12B. Die meisten Flugzeuge haben keine Reihe 13 und bei Autorennen wird die Startnummer 13 nicht vergeben.

- Bei uns ist vor allem Freitag, der Dreizehnte, ein Tag, vor dem man sich fürchtet. Den Grund dafür kennen wir nicht genau. Aber Jesus soll an einem Freitag gekreuzigt worden sein - und das in Kombination mit der Unglückszahl Dreizehn macht diesen Tag vielleicht doppelt gruselig.

- Eine andere Erklärung besagt, dass die Römer immer am Freitag die zum Tode verurteilten Menschen hinrichteten.

- Wieder andere behaupten, dass sich an einem Freitag, dem Dreizehnten, immer die Hexen versammelten.

- Aber tatsächlich passieren am Freitag, dem Dreizehnten, nicht mehr Unfälle als an anderen Tagen. Das Gegenteil ist sogar der Fall! Vielleicht liegt das daran, dass Menschen an diesem Tag extra vorsichtig sind oder lieber zu Hause bleiben, anstatt zur Arbeit zu fahren.

- Wer wirklich große Angst vor Freitag, dem Dreizehnten, hat, leidet an einer *Paraskavedekatriaphobie*. In dem Fall ist es vielleicht gut zu wissen, dass die Unglückszahlen und -tage auf der ganzen Welt unterschiedlich sind.

Noch mehr Pechbringer:

In Spanien und manchen südamerikanischen Ländern gilt Dienstag, der Dreizehnte, als Unglückstag.

Die Italiener haben eher ein Problem mit der Siebzehn. Wenn man die in römischen Ziffern schreibt - XVII -, erhält man (nach ein paar Buchstabenverdrehern) das Wort *vixi*. Das bedeutet »ich habe gelebt« (jetzt bin ich also tot).

In Asien muss man vor allem bei der Zahl Vier vorsichtig sein. Im Japanischen und im Chinesischen klingt das Wort nämlich genauso wie das für Tod. Auch von der Neun halten die Japaner nichts. Das Wort klingt nämlich genauso wie das Wort für Schmerz.

Und dann wäre da noch die 666. Die wird auch die »Zahl des Tieres« genannt. In der Bibel ist mit »das Tier« der Teufel gemeint. Wenn man also irgendwo die Zahl 666 sieht, ist wohl der Teufel in der Nähe.

Angst vor Zahlen ist Aberglaube, der uns einfach nur das Leben schwerer macht. Wir schlagen deshalb vor, die armen Zahlen einfach Zahlen sein zu lassen und keine Angst vor ihnen zu haben.

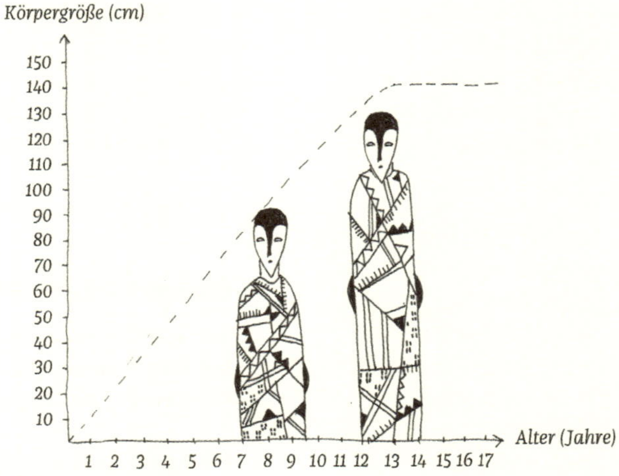

197 PYGMÄENVÖLKER WACHSEN NUR BIS ZUM ZWÖLFTEN LEBENSJAHR

Als Pygmäen werden verschiedene Volksgruppen bezeichnet, die in den Regenwäldern von Zentralafrika wohnen.

- Die bekanntesten sind die Aka, Baka, Mbuti und Twa.
- Diese Menschen sammeln Honig, Nüsse und Früchte zum Essen und jagen verschiedene kleine Tiere. Ihre Hütten bauen sie aus Zweigen und Blättern.
- Das Auffälligste an den Menschen dieser Völker ist, dass sie ziemlich klein bleiben. Ein Pygmäenmann zum Beispiel wird meist nicht größer als 1,50 Meter. Ungefähr im zwölften Lebensjahr hören sie auf zu wachsen.
- Manche Wissenschaftler glauben, dass sie deshalb nicht weiterwachsen, weil ihr Abwehrsystem zu stark gegen verschiedene, im Dschungel verbreitete Krankheiten ankämpfen muss, oder weil sie so früh Kinder bekommen. Darum bleibt wenig Energie zum Wachsen.
- Pygmäen bleiben nicht nur klein, sondern sie werden auch nicht sehr alt. Die durchschnittliche Lebenserwartung liegt zwischen 16 und 24 Jahren. Darum sind sie auch sehr jung, wenn sie Kinder bekommen, im Durchschnitt etwa 16 Jahre. Eine von zwanzig Pygmäenfrauen wird schon mit zwölf schwanger.

198 IRANER SIND BELEIDIGT, WENN DU IHNEN EIN »DAUMEN HOCH!« ZEIGST

Gerade hat dein iranischer Freund oder deine iranische Freundin etwas Tolles geschafft, und um ihm oder ihr zu sagen, wie großartig du das findest, reckst du deinen Daumen in die Höhe. Es kann gut sein, dass ihr ab jetzt keine Freunde mehr seid.

DAUMEN HOCH

Zwar ist der hochgereckte Daumen in westlichen Ländern ein positives Zeichen und sogar ein Lob, aber im Iran, in Afghanistan, in Lateinamerika und in Westafrika ist er eine grobe Beleidigung.

DAUMEN UND ZEIGEFINGER ZUSAMMEN

- Nachdem du das jetzt weißt, bist du sicher etwas vorsichtiger. Und formst das nächste Mal, wenn du etwas richtig toll findest, deinen Daumen und Zeigefinger zu einem Kreis.
- Leider werden darüber deine französischen, marokkanischen und tunesischen Freunde nicht besonders froh sein. Diese Geste sagt ihnen, dass sie eine totale Niete sind.
- In Südamerika und vielen südeuropäischen Ländern gilt die Geste als unanständig.
- Amerikaner aber sehen sie positiv. Für sie ist das »O«, das du mit deinen Fingern formst, der erste Buchstabe des Wortes »Okay«.
- In Japan bedeutet die Geste, dass du dein Wechselgeld in Münzen zurückhaben möchtest.
- In Korea meinen sie damit einfach nur »Geld«.

ANDERE GESTEN

- Vielleicht hast du schon einmal jemanden einen »Teufelsgruß« machen sehen. Dabei streckt man nur den kleinen Finger und den Zeigefinger hoch, die anderen Finger bleiben geknickt. In westlichen Ländern ist diese Geste auf Metal-Konzerten sehr beliebt (und heißt dort manchmal scherzhaft »Pommesgabel«), aber pass bloß damit auf in Italien, Brasilien, Kolumbien und Spanien. Dort gilt sie als schwere Beleidigung. Mit dieser »Hörnergeste« deutet man an, dass jemand von seinem Partner oder seiner Partnerin betrogen wird. In Italien riskiert man damit sogar ein Bußgeld von 50 Euro.
- Willst du jemanden anhalten, indem du ihm deine offene Hand hinstreckst? Vorsicht damit in Griechenland! Dort gilt es als Beleidigung, die »Ich werf dir Dreck ins Gesicht« bedeutet.
- Und zum Schluss das Kopfschütteln. Wenn du hierzulande deinen Kopf von links nach rechts schwenkst, sagst du damit »Nein«. In Bulgarien und Griechenland meinen sie damit das Gegenteil. Aber damit nicht genug: Während Kopfnicken hier »Ja« bedeutet, heißt es in Griechenland und manchen arabischen Ländern stattdessen »Nein«. Und in Indien ist die Geste für »Ja« auch eher ein seitliches Kopfwackeln.

Verwirrend? Ja – aber auch ganz schön interessant, oder?

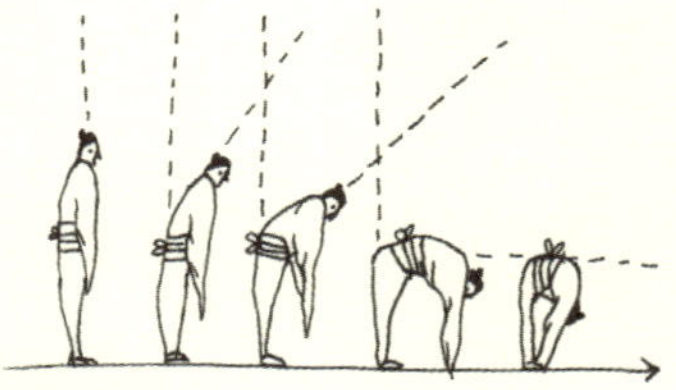

RESPEKTOMETER

199 JAPANER MÖGEN KEIN HÄNDESCHÜTTELN

Körperkontakt mit Fremden finden Japaner eher unangenehm, weshalb sie sich zur Begrüßung lieber verbeugen. So zeigen sie, dass sie Respekt vor dem anderen haben.

Stell dir vor, du gehst auf eine japanische Schule. Als Schüler oder Schülerin musst du dich immer als Erstes verbeugen. Außerdem musst du dich tiefer verbeugen als die Person mit höherem Ansehen. Lehrer müssen sich zwar auch verbeugen, aber weniger tief.

Frauen legen dabei ihre Hände leicht vor dem Schoß oder auf den Oberschenkeln zusammen, während Männer ihre Arme und Hände seitlich am Körper halten. Man verbeugt sich aus der Körpermitte.

Man blickt der Person, vor der man sich verbeugt, nicht direkt in die Augen. Das finden die Menschen in Japan nicht angenehm. Sie fühlen sich dabei unwohl.

Bonuswissen Japan:

- Zieh unbedingt schöne Socken an, bevor du eine japanische Familie zu Hause besuchst. In Japan ist es nämlich üblich, sich sofort beim Reinkommen die Schuhe auszuziehen. Du bekommst dann ein Paar Pantoffeln, die du im Haus tragen kannst. Hoffentlich hast du nicht ausgerechnet dann deine löchrigsten Socken an!
- Beim Besuch in einem traditionellen japanischen Restaurant gilt das Gleiche. Der Kellner wird deine Schuhe für dich aufbewahren und dir dafür Pantoffeln geben.
- Beim Gang auf die Toilette werden spezielle Pantoffeln getragen. Die haben eine andere Farbe und stehen schon an der Tür zur Toilette bereit. Vergiss nicht, sie beim Rauskommen wieder auszutauschen, denn sie werden von deinen Gastgebern nicht so gern im Wohnzimmer gesehen.
- Wenn du in Japan jemanden besuchst, schenke deinen Gastgebern bloß keine weißen Blumen – die sind nämlich nur für Beerdigungen. Verpacke dein Gastgeschenk auch nicht in weißes, schwarzes oder graues Papier, denn diese Farben sind ebenfalls für Beerdigungen reserviert. Bist du neugierig, wie sie dein Geschenk finden? Leider keine Chance: Sie werden es erst auspacken, wenn du wieder weg bist.
- Nach dem Essen solltest du dich in Japan auf keinen Fall hinlegen. Wer das tut, läuft dem Aberglauben nach Gefahr, sich in eine Kuh zu verwandeln.

200 DIE ISLA DE LA MUÑECAS IST EINER DER SCHAURIGSTEN ORTE DER WELT

In Mexiko, unweit der Hauptstadt, liegt die Isla de la Muñecas oder die »Puppeninsel«. Das ist eine winzig kleine Insel in einem Naturschutzgebiet, das ringsum von Kanälen umgeben ist.

- Auf der Isla de la Muñecas hängen Hunderte von Puppen in den Bäumen. Einige sind zwar noch ganz, vielen fehlen jedoch Arme und Beine, oder sie sind stark beschädigt. Ein Furcht einflößender Anblick! Manche Menschen glauben, dass sich Geister auf der Insel tummeln. Ob Geister oder nicht, auf jeden Fall ist die Puppeninsel einer der schaurigsten Orte der Welt.

- Aber wie sind die Puppen da gelandet? Einst wohnte mal ein Mann namens Julián Santana Barrera auf der kleinen Insel, dessen Aufgabe es war, die Insel sauber zu halten. Eines Tages wurde dort die Leiche eines kleinen Mädchens angespült. Sie war ertrunken, doch niemand wusste, was genau geschehen war.

- Ein paar Tage später fand Julián in einem der Kanäle um die Insel eine Puppe, die wahrscheinlich dem kleinen Mädchen gehört hatte. Als Zeichen von Respekt hängte Julián die Puppe in einen Baum.

- Von diesem Moment an fühlte sich Julián vom Geist des toten Mädchens verfolgt. Er machte sich auf die Suche nach weiteren Puppen, um den Geist zu milde zu stimmen. All diese Puppen hängte er an den Bäumen der Insel auf.

Isla de la Muñecas

- So machte Julián fünfzig Jahre weiter. Irgendwann hing die ganze Insel voller Puppen. Aber es waren keine schönen Puppen. Oft waren sie schmutzig oder kaputt oder hatten fehlende Gliedmaßen.

- Julián ertrank schließlich eines Tages selbst an dem Ort, wo er das Mädchen einst gefunden hatte. Die Menschen in Mexiko glauben, dass sein Geist bis heute auf der Insel herumspukt.

- Die Touristen fürchten sich nicht besonders. Die finden es lustig, die Insel zu besuchen und selbst Puppen in den Bäumen aufzuhängen.

201 AUSTRALIEN HIESS FRÜHER MAL NEU-HOLLAND

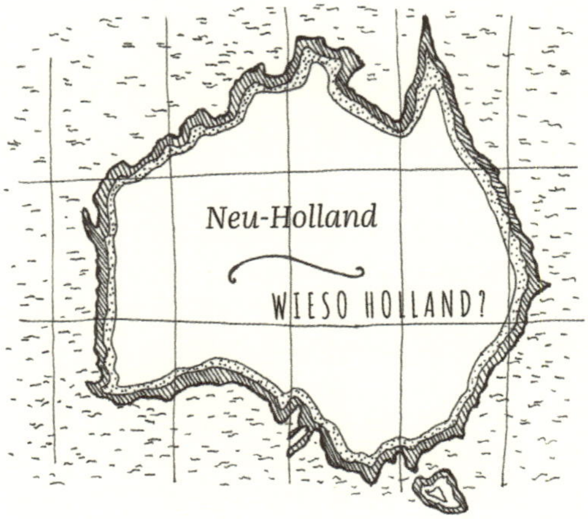

Wenn du eine Landkarte aus dem 17. Jahrhundert aufschlägst, wirst du feststellen, dass Australien am Anfang Neu-Holland *(New Holland)* hieß. Es war ein niederländischer Seefahrer namens Abel Tasman, der dem Land 1644 diesen Namen gab. Der Name wurde danach von vielen Seefahrern und Landkartenschreibern aus der Zeit verwendet.

1770 stibitzte sich Großbritannien ein Stück von Australien und nannte es fortan New South Wales *(Neu-Süd-Wales)*. Nur der nicht von den Briten eingenommene Teil hieß weiter Neu-Holland. Seinen heutigen Namen bekam Australien erst im 19. Jahrhundert.

Auch noch wissenswert:

Eine andere Insel, die Tasman entdeckte, wurde nach ihm benannt: Tasmanien. Die Insel gehört zum Staat Australien und liegt etwa 240 Kilometer vor dem australischen Festland.

202 IN FENGDU BEKOMMST DU DIE HÖLLE ZU SEHEN

Und das Gruseln geht weiter! Am Jangtse-Fluss in China liegt Fengdu, die Stadt der Geister.

- Vor langer Zeit kamen die zwei Offiziere Yin und Wang hierhin, um sich mit der Religion des Taoismus zu beschäftigen. Ihre beiden Namen bilden zusammen das Wort *Yinwang*, was im Chinesischen »König der Hölle« bedeutet. Der Legende nach wurden die beiden unsterblich und blieben für immer in Fengdu.

- Auf dem Mingberg, wo die unsterblichen Seelen leben, wurden viele Tempel errichtet, und er ist heute ein Wallfahrtsort. In und vor den Tempeln wurden zu Ehren des Königs der Hölle viele Teufel und andere Furcht einflößende Monster abgebildet. Daneben stellte man eine Reihe von Bildern und Statuen von Menschen auf, die gefoltert werden. So können sich die Besucher ein Bild davon machen, wie es in der Hölle aussieht.

- Dem chinesischen Glauben nach muss man nach dem Tod drei Prüfungen bestehen. Nur dann erreicht man das nächste Leben. Diese können die Touristen, die die Geisterstadt besuchen, schon zu Lebzeiten ausprobieren.

1. Zuerst muss man die Brücke der Hilflosigkeit überqueren. Diese Brücke wurde in Fengdu während der Ming-Dynastie gebaut und soll die Welt der Lebenden mit der Geisterwelt verbinden. Diese Prüfung entscheidet über Gut und Böse. Menschen, die nichts Schlechtes getan haben, schaffen es ohne Probleme über die Brücke. Menschen aber, die doch etwas Falsches taten, stürzen von der Brücke ins Wasser.

2. Die zweite Prüfung ist das Höllentor. Hier erwartet dich das Urteil von Todesgott Yama.

3. Wer diese beiden Prüfungen besteht, darf weiter zum Tianzi-Palast. Dort muss man dann drei Minuten auf einem besonderen Stein auf einem Bein stehen bleiben. Gute Menschen bestehen diese Prüfung ohne Probleme. Die schlechten verlieren das Gleichgewicht und fahren zur Hölle.

Mehr über Fengdu:

In den Hügeln bei Fengdu ist eine riesenhafte Statue in den Stein gehauen. Die gigantische Männerfigur bedeckt den gesamten Hügel und wird »der Geisterkönig« genannt. Laut dem Guinnessbuch der Rekorde handelt es sich um die größte Statue, die je in einen Felsen gehauen wurde. Mit 138 Metern Länge und 217 Metern Breite ist sie so groß, dass man sie schon von Weitem sehen kann.

203 IN ABU DHABI STEHT DIE SCHNELLSTE ACHTERBAHN DER WELT

Bist du verrückt nach Achterbahnen? Liebst du die Geschwindigkeit? Dann musst du unbedingt mal nach Abu Dhabi in den Vereinigten Arabischen Emiraten. Dort befindet sich Ferrari World, der größte überdachte Themenpark der Welt. Seine zwanzig Attraktionen haben alle etwas mit Autosport zu tun. In diesem Park befindet sich auch die schnellste Achterbahn der Welt: Die Formula Rossa erreicht eine Spitzengeschwindigkeit von 239 Stundenkilometern. Das ist nur möglich, weil ein ähnliches System zum Einsatz kommt wie beim Katapultstart eines Flugzeugs auf einem Flugzeugträger. Innerhalb von fünf Sekunden beschleunigt der Achterbahnwagen, der wie ein Ferrari aussieht, von 0 auf 239 Stundenkilometer. Bei der rasanten Fahrt müssen alle eine spezielle Schutzbrille tragen, um keinen Sand in die Augen zu bekommen. Anders als der Rest des Themenparks steht die Formula Rossa nämlich draußen.

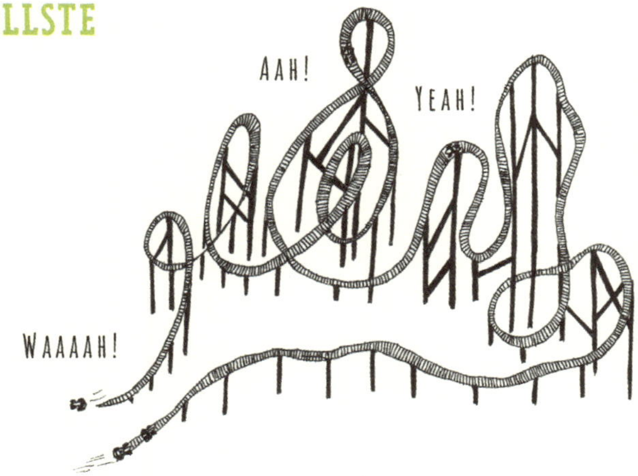

Formula Rossa

Oder sind Höhenflüge eher dein Ding? Die höchste Achterbahn der Welt befindet sich im Freizeitpark Six Flags Great Adventure in Jackson in den USA. Sie heißt Kingda Ka, ist 139 Meter hoch und erreicht eine Spitzengeschwindigkeit von 206 Stundenkilometern. Damit ist sie die zweitschnellste Achterbahn der Welt.

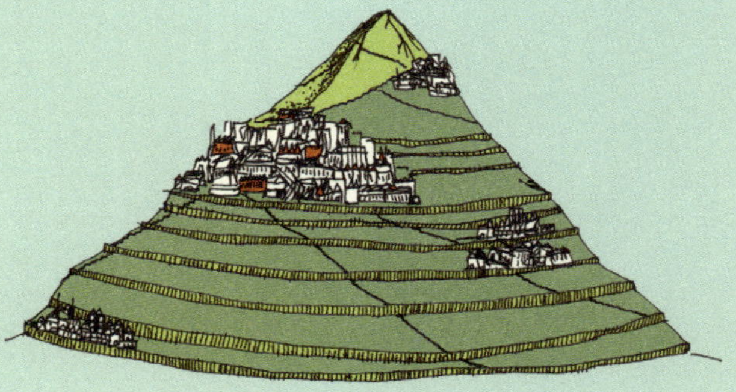

Machu Picchu

204 MACHU PICCHU IST EIN WUNDER

Hoch oben im Andengebirge in Peru liegt Machu Picchu, die geheime Stadt der Inka. Die Inka waren eine alte Kultur in Südamerika.

- Weil die Spanier die Stadt nie entdeckten, blieb sie von ihrer Zerstörungswut verschont. Offiziell gefunden wurde sie erst im Jahr 1911 durch Professor Hiram Bingham, den ein lokaler Fremdenführer dorthin begleitete.
- Die Stadt wurde wahrscheinlich im Jahr 1450 erbaut. An keinem anderen Ort der Welt lässt sich die Geschichte der Inka so gut erforschen wie hier.
- Warum die Inka genau hier eine Stadt errichteten, hat die Wissenschaft noch nicht herausgefunden. Die Stadt ist nicht nur schwer zu erreichen, sondern liegt auch völlig abgeschieden von anderen Städten. Manche Wissenschaftler glauben deshalb, dass Machu Picchu vielleicht als eine Art Landsitz der Könige erbaut wurde. Der Ort könnte aber auch eine religiöse Funktion gehabt haben.
- Die Stadt besteht aus drei Teilen: einem Bereich mit Wohngebäuden, einem für den Adel und einem für religiöse Rituale. Insgesamt bot sie Platz für 750 bis 1000 Menschen. Im religiösen Teil befinden sich unter anderem Tempel für den Sonnengott und die Göttin des Mondes.
- Es scheint ein Wunder, wie die Inkas es schafften, an diesem Ort ihre Stadt zu bauen. Schließlich hatten sie keine Räder, um die schweren Steine zu transportieren.
- Machu Picchu kannst du auch selbst als Tourist besuchen. Damit aber die Stadt vom Tourismus nicht weiter beschädigt wird und für die Zukunft erhalten bleibt, wirst du immer von einem Reiseführer begleitet.

205 AUF DER OSTERINSEL WIMMELT ES NUR SO VON GEHEIMNISVOLLEN STATUEN

Die Osterinsel liegt im Pazifik, und obwohl sie zu Chile gehört, muss man von dort noch ziemlich weit reisen, um zur Insel zu gelangen. Vor allem ist die Osterinsel berühmt für ihre Hunderte von monumentalen Statuen: die Moai.

- Diese Skulpturen aus Vulkanstein sind bis zu 10 Meter hoch und mitunter über 80 Tonnen schwer.
- Die Moai stehen auf einem Hang, von dem aus sie das Inland der Osterinsel überblicken. Nur sieben von ihnen blicken zum Meer hinaus.
- Alten Legenden zufolge sind die Moai die verstorbenen Ahnen der ersten Bewohner der Insel. Sie bitten die Götter um Fruchtbarkeit für den Boden und die Menschen.
- Die Moai wurden alle an der gleichen Stelle aus dem Stein gehauen und dann ohne die Hilfe von Rädern, Hebemaschinen und auch ohne große Tiere kilometerweit transportiert. Für Wissenschaftler war es lange ein Rätsel, wie die ursprünglichen Bewohner der Insel es schafften, die Statuen zu bewegen.
- Archäologen gehen nun davon aus, dass die Moai so gebaut wurden, dass sie nur mithilfe von menschlicher Körperkraft und Seilen aufrecht fortbewegt werden konnten. Die Seile wurden am Kopf der Statue befestigt, bevor sie im Watschelgang zu ihrem Platz geführt wurde. Das war nur möglich, weil die Figur eine ganz bestimmte Form hatte.
- Die Wissenschaftler haben es selbst ausprobiert, und es gelang ihnen tatsächlich, eine 5 Tonnen schwere Statue auf diese Weise zu bewegen.
- Manche Inselbewohner aber sind anderer Meinung und weigern sich, den Wissenschaftlern zu glauben. Sie sind überzeugt, dass die Statuen vor langer Zeit einfach selbst an ihren Platz wanderten.

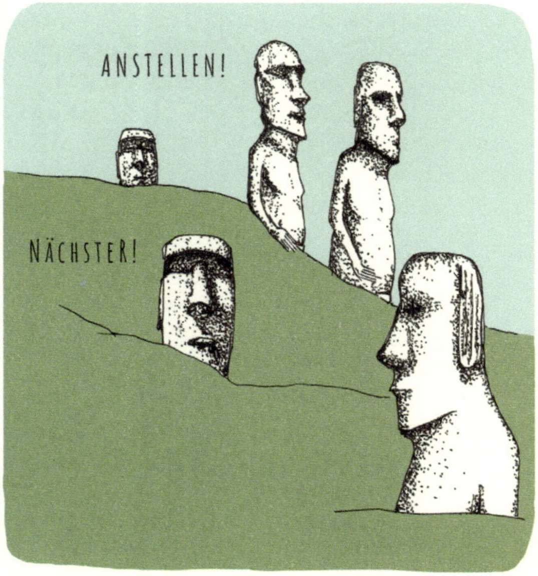

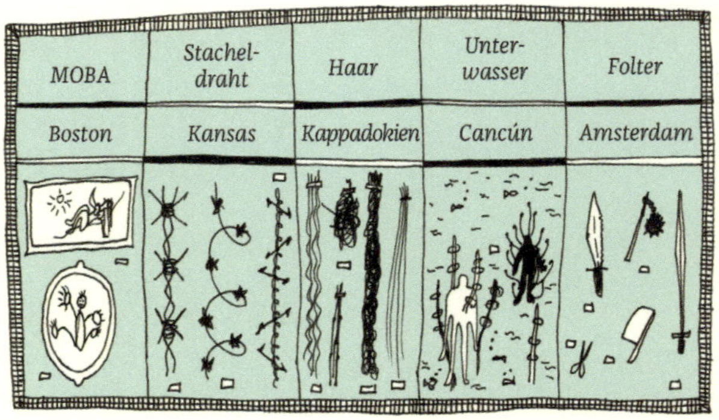

Seltsame Museen

206 IN BOSTON GIBT ES EIN MUSEUM FÜR SCHLECHTE KUNST

- Der offizielle Name dieses Museums ist MOBA, Museum of Bad Art. Es widmet sich ausschließlich der Ausstellung »hässlicher« Bilder. Das können Porträts oder Landschaftsgemälde oder auch abstrakte Werke sein. Manche sehen sogar ganz schön aus. Wirf doch einfach mal einen Blick auf www.museumofbadart.org und entscheide selbst.

- Das MOBA ist nicht das einzige besondere Museum, das einen Besuch lohnt. Im Stacheldrahtmuseum in Kansas kannst du alles über … äh, Stacheldraht erfahren. Mehr als zweitausend verschiedene Arten von Stacheldraht gibt es dort zu bewundern. Vor allem aber lernt man viel über die Geschichte der USA, die offenbar eng mit Stacheldraht verbunden ist.

- Keine Lust auf Stacheldraht? Dann ist vielleicht das Haarmuseum im türkischen Kappadokien etwas für dich. Als vor dreißig Jahren ein türkischer Töpfer einmal todtraurig über den bevorstehenden Umzug seiner Freundin war, bat er sie als Trost um eine Locke von ihrem Haar. Andere Frauen folgten dem Vorbild. Der Mann fand bald Gefallen am Haaresammeln und machte fröhlich weiter. Inzwischen hat er sechzehntausend Haarsträhnen in seinem Museum hängen. Zu jeder Strähne gibt es einen Zettel, auf dem steht, von wem sie ist und wie er darangekommen ist.

- Ein Museum ganz anderer Art ist das Unterwassermuseum im mexikanischen Cancún. Fünfhundert Bilder stehen dort auf dem Meeresboden, wo sie langsam, aber sicher immer mehr mit Korallen bedeckt werden. Klar, man muss schon tauchen können, um das Museum zu besuchen.

- Wer Grusel mag, sollte einmal das Torture Museum Amsterdam (Foltermuseum) besichtigen. Guillotine, Schädelschraube, Streckbank, Schafott: Hier findest du sie alle wieder, und zwar mit verständlicher Gebrauchsanweisung. Auf Gemälden wird gezeigt, wie die Folterei genau vonstattenging. Aber Vorsicht: Albtraumgefahr!

207 IN AUSTRALIEN GIBT ES EINE UNTERIRDISCHE STADT

Coober Pedy heißt die Stadt, und sie liegt ziemlich abgeschieden. Die nächste Stadt ist 850 Kilometer weit entfernt.

Ursprünglich war Coober Pedy eine ganz normale Minenstadt, in der Opal, ein Stein, der unter anderem für Schmuck verwendet wird, abgebaut wurde. Aber in dieser Stadt war es warm, und zwar viel zu warm. Im Sommer konnte es manchmal über 40 °C heiß werden, weshalb die Minenarbeiter lieber in den viel kühleren Minen unter der Stadt schliefen. Das gefiel ihnen so gut, dass sie bald begannen, die Stadt auch unterirdisch auszubauen. Außerdem gab es in der Umgebung fast kein Holz, mit dem sie über der Erde hätten Häuser bauen können.

Inzwischen stehen dort etwa 1500 unterirdische Häuser, von denen manche sogar ein Schwimmbad haben. Durch Löcher in der Decke kommen Luft und Licht herein. Sogar eine Kirche und eine Bar gibt es in der Stadt. Es wohnt sich dort also ganz angenehm.

– 8 –

DIE WUNDERBARE WELT DER WISSENSCHAFT

208 ASTRONAUTEN PINKELN IN STAUBSAUGER

Wie du vielleicht schon weißt, ist die Schwerkraft dafür verantwortlich, dass alles zum Mittelpunkt der Erde gezogen wird. Darum schwebst du nicht im Raum herum, sondern stehst ordentlich mit beiden Füßen auf dem Boden.

- Wenn du dich von der Erde entfernst, wird die Schwerkraft zwar nach und nach schwächer, aber sie bleibt dennoch bestehen. Deshalb zieht auch der Mond weiter seine Runden um die Erde.

- Die Schwerkraft sorgt auch dafür, dass ein Raumschiff auf seiner Bahn um die Erde bleibt. Eigentlich bewegt sich das Raumschiff so schnell, dass es wegfliegen würde, doch die Schwerkraft zieht es an die Erde. Die beiden Kräfte sind im Gleichgewicht. Das Raumschiff fällt sozusagen um die Erde herum. In diesem freien Fall sind Raumschiff und Astronaut schwerelos. (Das bist du übrigens auch, wenn du mit einem Lift oder einem Flugzeug nach unten stürzt.)

- Dank der Gewichtslosigkeit schwebt in einem Raumschiff alles, auch wenn man auf die Toilette geht. Das nervt natürlich, schließlich möchte niemand gern von schwebendem Urin oder Kot getroffen werden.

- Glücklicherweise haben sich ein paar schlaue Köpfe einen Spezialstaubsauger ausgedacht, der das Problem löst. Männliche Astronauten setzen sich eine Art Staubsaugerschlauch auf ihr Glied, der den Urin absaugt. Für das große Geschäft und für weibliche Astronauten wurde ein spezieller Toilettentopf entwickelt, mit dem ebenfalls eine Art Staubsauger verbunden ist.

- Das klingt einfacher, als es tatsächlich ist. Die Astronautin muss nämlich erst einmal dafür sorgen, dass sie passgenau auf dem Topf sitzt. Sie schwebt also darauf zu (es gibt ja keine Schwerkraft) und schnallt sich dann mit einem Spezialgurt fest. Und dann darf sie auf keinen Fall vergessen, den Sauger einzuschalten, denn sonst entwischt das große oder kleine Geschäft sofort nach oben, sobald sie die Toilette verlässt.

- Manchmal müssen die Astronauten auch außerhalb des Raumschiffs arbeiten. Für den Fall haben sie dann eine Windel an. An was Astronauten so alles denken müssen!

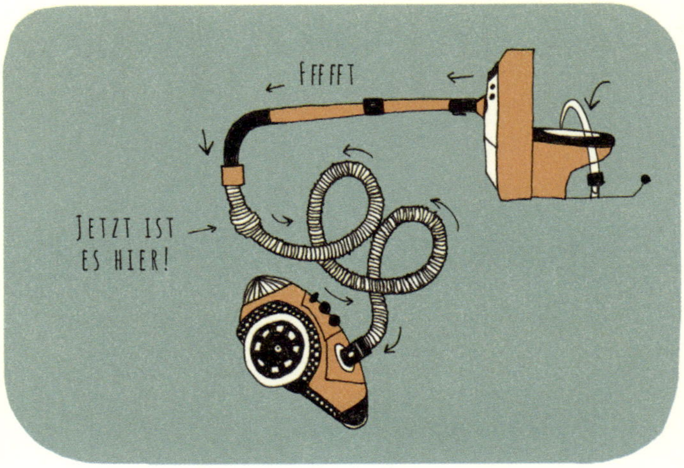

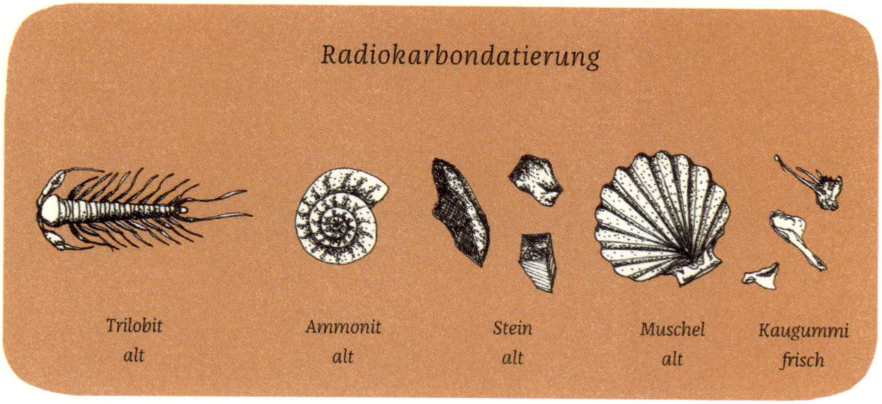

209 EINE MASCHINE KANN DIR GENAU SAGEN, WIE ALT EIN KNOCHEN IST

Du hast also einen Knochen im Wald gefunden, von dem du glaubst, dass er sehr alt ist. Vielleicht stammt er sogar von einem Mammut!

Um sicherzugehen, ziehst du einen Paläontologen zurate. Das ist ein Wissenschaftler, der erforscht, wie die Erde vor sehr langer Zeit ausgesehen hat.

- Zuerst wird er die Umgebung und die anderen Dinge, die um den Knochen herum gefunden wurden, in Augenschein nehmen. Er wird nachsehen, ob etwa bestimmte Steine oder Muscheln in der Nähe liegen. Dann wird er schon besser abschätzen können, ob es sich um einen Mammutknochen handelt.

- Um Gewissheit zu erhalten, muss das Alter des Knochens mithilfe einer speziellen Maschine bestimmt werden, die die Menge des radioaktiven Kohlenstoffs (C14) im Knochen misst. In der Natur, und besonders in Organismen, kommt nämlich eine kleine Menge von radioaktivem Kohlenstoff vor. Dieser Stoff verschwindet nur sehr langsam aus den Knochen. Je niedriger der Gehalt an radioaktivem Kohlenstoff, desto älter der Knochen. Die Maschine kann ein Knochenalter von über 50 000 Jahren bestimmen. Wissenschaftler nennen diese Technik »C14-Datierung« oder auch Radiokarbonmethode.

Bonusinfo Kohlenstoff:
1949 entwickelten der Wissenschaftler Willard Frank Libby und seine Kollegen die Methode der Kohlenstoffdatierung. Für diese bahnbrechende Erfindung wurden sie 1960 mit dem Chemie-Nobelpreis ausgezeichnet. Der Nobelpreis ist ein wichtiger Preis, mit dem Wissenschaftler für bedeutende Entdeckungen in den Gebieten Physik, Chemie und Medizin geehrt werden. Es gibt außerdem einen Nobelpreis für Literatur und einen für den Frieden.

210 ALLE BAKTERIEN DER ERDE ZUSAMMEN WIEGEN MEHR ALS ALLE SÄUGETIERE

- Bakterien bestehen aus nur einer Zelle und werden darum »einzellige Organismen« genannt. Obwohl Bakterien sehr klein sind (0,005 bis 0,001 Millimeter) und man sie mit bloßem Auge nicht sehen kann, sind sie wirklich überall.

- Oft denken die Menschen, dass Bakterien nur die fiesen kleinen Biester sind, die uns krank machen, aber das ist nicht so. Bakterien sind in der Luft, im Wasser, im Boden und überall in unserem Körper. Und das nicht ohne Grund: Wir brauchen sie, um zu überleben.

- Die Bakterien auf deiner Haut bilden zum Beispiel die Hautflora. Die guten Bakterien, die da wohnen, sorgen dafür, dass die schlechten keine Chance bekommen, sich dort festzusetzen. Sie funktionieren also wie ein Schutzschild und helfen dabei, deine Haut gesund zu erhalten.

Bonuswissen Bakterien:

Wusstest du, dass man mit bestimmten Bakterien die Straße beleuchten kann? Wissenschaftler führen zurzeit Untersuchungen mit besonderen Bakterien durch, die aus Tintenfischen stammen und Licht abgeben. Für die Versuche werden sie mit Spezialfutter in durchsichtige Tüten gesteckt. Drei Tage lang können die Bakterien Licht geben.

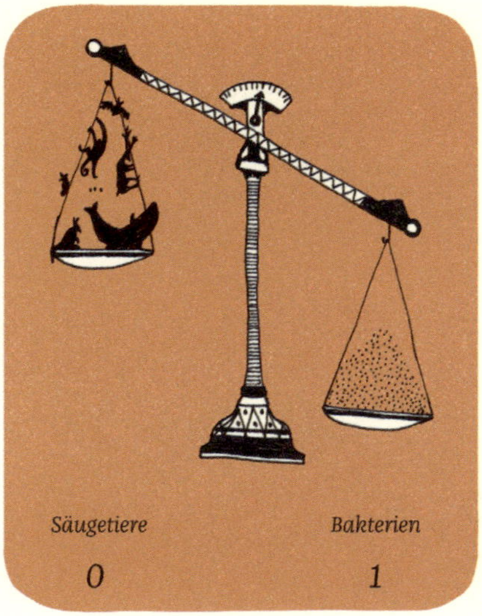

- Auch in unserem Darm wimmelt es nur so von guten Bakterien, die alle zusammen die Darmflora bilden. Sie halten die schlechten Bakterien von der Darmwand fern und helfen dir dabei, dein Essen zu verdauen. Das funktioniert so: Zum Verdauen muss die Nahrung in kleine Stücke zerteilt werden. Dafür sorgen Stoffe – Enzyme –, die in den Darm abgegeben werden. Dein Darm kümmert sich darum, dass die Nahrung als Energie und als Rohstoff in deinem Körper landet. Bakterien haben zwar selbst keinen Darm, aber sie scheiden Enzyme aus. Einen Teil davon nutzen sie für ihre eigene Verdauung, aber der Rest hilft uns dabei, unser Essen zu verdauen.

- Bakterien leben also überall um uns herum und sollten uns keine Angst machen. Alle Bakterien auf der Erde zusammengenommen, wiegen mehr als alle Säugetiere. Wenn sie alle böse wären, wäre die Menschheit schon längst ausgestorben.

Weltall

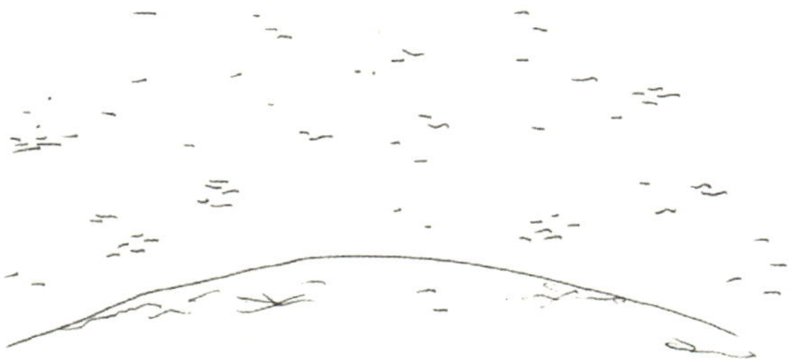

Meer

211 WIR WAREN SCHON ÖFTER IM WELTRAUM ALS IN DER TIEFSEE

Ungefähr 385 000 Kilometer ist der Mond von der Erde entfernt. Das ist ganz schön weit. Trotzdem sind bis jetzt schon zwölf Astronauten auf dem Mond herumspaziert und noch viel mehr zu verschiedenen Raumstationen gereist.

Da sich die Tiefsee hier bei uns auf der Erde befindet, sollte man meinen, dass inzwischen schon eine ganze Menge Leute dort vorbeigeschaut haben. Ist aber nicht so.

- Nicht einmal ein Zehntel aller Ozeane auf der Erde ist bis heute erforscht. Das ist aber auch nicht verwunderlich, wenn man bedenkt, dass über 70 % der Erde von Wasser bedeckt sind.
- Im Durchschnitt sind die Ozeane 4300 Meter tief.
- Die allertiefste bekannte Stelle liegt 10 900 Meter unter dem Meeresspiegel. Sie heißt Challenger Deep, nach dem Forschungs-U-Boot, mit dem sie entdeckt wurde: die Deepsea Challenger. Die Challenger Deep ist eine Schlucht im Mariannengraben im Pazifischen Ozean.
- Angeblich soll es einen noch tieferen Punkt geben, das Witjastief, das von dem russischen Forschungsschiff Witjas gemessen wurde. Weil diese Tiefe aber nur ein einziges Mal gemessen wurde, ist sie umstritten. Die Messung wurde mit einem Sonargerät durchgeführt, das mit einem Tau vom Schiff heruntergelassen wurde.
- Die Wissenschaftler staunten, als sie so tief im Meer noch Lebewesen vorfanden. Dort unten schwammen ein paar ganz seltsam aussehende Fische herum, und sogar Garnelen krochen über den felsigen Meeresboden. Grund genug also, um öfter mal dort vorbeizuschauen.

212 ES IST EIN MÄRCHEN, DASS DAS BADEWASSER AUF DER NORDHALBKUGEL ANDERSHERUM ABLÄUFT ALS AUF DER SÜDHALBKUGEL

Vielleicht hast du auch schon mal die Behauptung gehört, dass die Wirbel des ablaufenden Wassers sich auf der nördlichen Erdhalbkugel entgegen dem Uhrzeigersinn drehen und auf der südlichen Halbkugel mit dem Uhrzeigersinn. Das soll mit der Corioliskraft zusammenhängen.

Deren Effekt ist aber so gering, dass er allein auf großen Strecken Einfluss hat. Er führt dazu, dass Meeresströmungen und Winde auf der Erde abgelenkt werden und spiralförmige Strudel entstehen.

In der Badewanne und im Waschbecken ist die Corioliskraft aber viel zu schwach, um etwas zu bewirken.

Trotzdem verdienen sich gerissene Geschäftemacher am Äquator ein paar Cents dazu, indem sie Touristen mit diesem Schwindel an der Nase herumführen. Sie demonstrieren ihnen, dass das Wasser auf dem Äquator ohne Wirbel abläuft. Ein paar Meter weiter bildet es dagegen Wirbel. Aber das ist nur getrickst, und du weißt es jetzt besser!

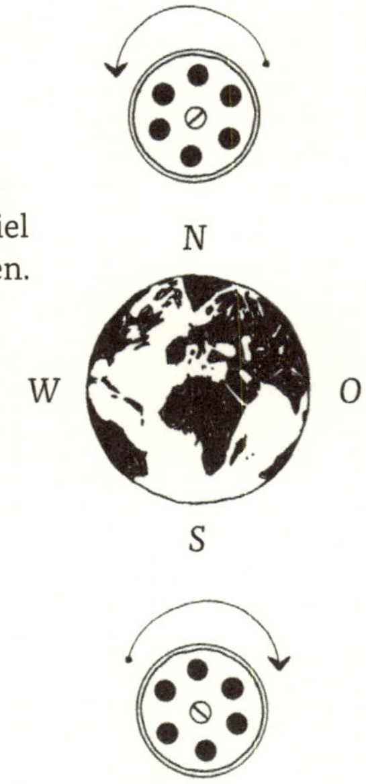

213 EIN SCHMERZMITTEL WEISS NICHT GENAU, WOHIN

Angenommen, du hast furchtbare Zahnschmerzen und bekommst von deiner Mutter ein Schmerzmittel. Aber woher weiß die kleine Pille, dass dein Zahn wehtut und sie also nicht bis zu deinen Zehen rutschen soll?

- Eigentlich weiß die kleine Pille nicht besonders viel. Meistens schluckt man das Schmerzmittel ja mit einem Glas Wasser, und der Inhaltsstoff, der den Schmerz bekämpft, gelangt durch Magen und Darm ins Blut.
- Dann beginnt der Stoff seine Reise durch deinen ganzen Körper. Dort, wo es wehtut, werden Schmerzreize oder Signale über die Nervenbahnen in dein Gehirn gesendet. Der Wirkstoff in der Schmerztablette sorgt dafür, dass die lästigen Schmerzreize nicht mehr zu deinem Gehirn durchdringen.
- Weil das Schmerzmittel durch deinen ganzen Körper strömt, kann es also gut sein, dass nicht nur dein Zahnschmerz verschwindet, sondern auch der Muskelkater vom Training am Tag zuvor.
- Wenn dein Gehirn keine Signale mehr bekommt, dass es irgendwo wehtut, fühlst du die Schmerzen auch nicht mehr.
- Schmerzmittel bekämpfen also nicht die Ursache des Schmerzes und sie machen dich auch nicht gesund. Sie unterbrechen nur die Signale, die an dein Gehirn gesendet werden, und das im ganzen Körper.

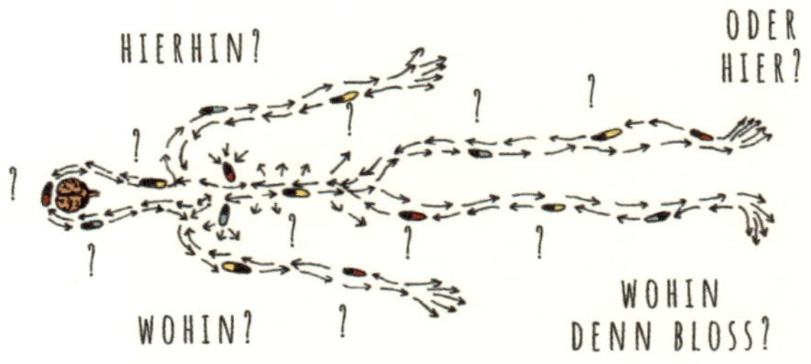

214 –89,2 °C IST DIE NIEDRIGSTE JE AUF DER ERDE GEMESSENE TEMPERATUR

(DAS IST DOPPELT SO KALT WIE DER KÄLTESTE TIEFKÜHLSCHRANK)

In Wostok ist es kalt. Eiskalt. Bitterkalt. Wostok ist der Name einer Wetterstation am Südpol. Im Winter liegt hier die Durchschnittstemperatur um -65 °C, aber zum Glück steigt sie im Sommer auf kuschelige -30 °C an.

In Wostok wurde am 21. Juli 1983 die niedrigste Temperatur aller Zeiten gemessen: -89 °C. Das ist mehr als doppelt so kalt wie in einem Tiefkühler mit vier Sternen, in dem es höchstens -40 °C kalt werden kann.

Findest du es komisch, dass es ausgerechnet im Juli so kalt war? Das hat einen einfachen Grund: Während bei uns im Juli Hochsommer ist, herrscht südlich vom Äquator im Juli Winter.

Dir ist die Hitze lieber als die Kälte? Dann solltest du vielleicht eine Reise in den Nahen Osten, die Sahelzone oder das Death Valley buchen. An all diesen Orten wurden schon Hitzerekorde gebrochen.

Am 10. Juli 1913 war es im amerikanischen Death Valley brüllend heiß. Die Temperatur stieg auf 56,7 °C. Ein paar Jahre später wurde dieser Hitzerekord in Al Aziziyah in Libyen gebrochen, wo das Thermometer am 13. September 1922 57,7 °C anzeigte.

Meteorologen, die das Wetter untersuchen, bezweifeln, dass diese Messungen ganz korrekt waren. Die Geräte, mit denen die Messungen durchgeführt wurden, waren damals noch nicht so ausgereift wie heute. Experten gehen deshalb davon aus, dass die 54 °C, die im Sommer 2016 in Mitribah in Kuwait gemessen wurde, die höchste je auf der Erde gemessene Temperatur war.
In Basra im Irak wurde es am selben Tag 53,9 °C heiß.

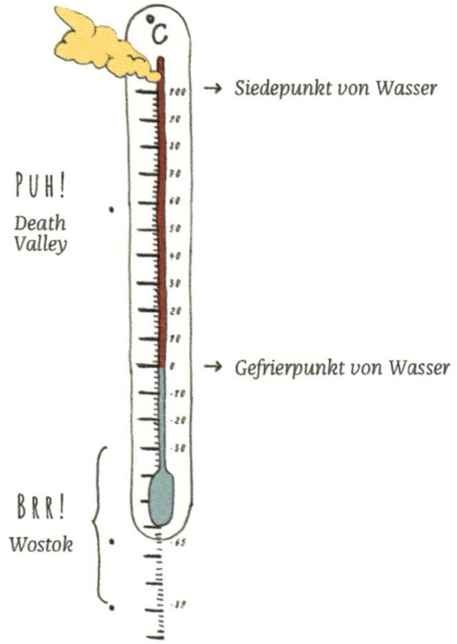

215 AUF EINEN USB-STICK PASST EINE GANZE BIBLIOTHEK

Ein USB-Stick ist nur wenige Zentimeter lang. Aber wenn er genug Speicherkapazität hat, kann man mühelos eine ganze Bibliothek darauf unterbringen. Auf einen Stick mit einem Terabyte (TB) passt der Text von einer Million Büchern mit jeweils 200 Seiten. Ein Terabyte entspricht Tausend Gigabytes oder 1 000 000 000 000 Bytes.

Die allergrößte Bibliothek der Welt ist die Library of Congress in Washington. Dort stehen 38 Millionen Bücher. All diese Bücher könnten auf 38 Memorysticks mit jeweils einem Terabyte Speicher übertragen werden, sodass sie bequem in deine Schreibtischschublade passen würden.

USB-Sticks gehören zu den Speichermedien. Mit der Zeit wurden immer kleinere Speichermedien entwickelt, die immer mehr Informationen speichern konnten. Auf einer der alten 3,5 Inch (etwas weniger als 9 Zentimeter) Floppydisks konnte man 1,44 Megabyte Informationen unterbringen; eine DVD kann maximal 4,7 Gigabyte speichern; ein USB-Stick bis zu 2 Terabyte.

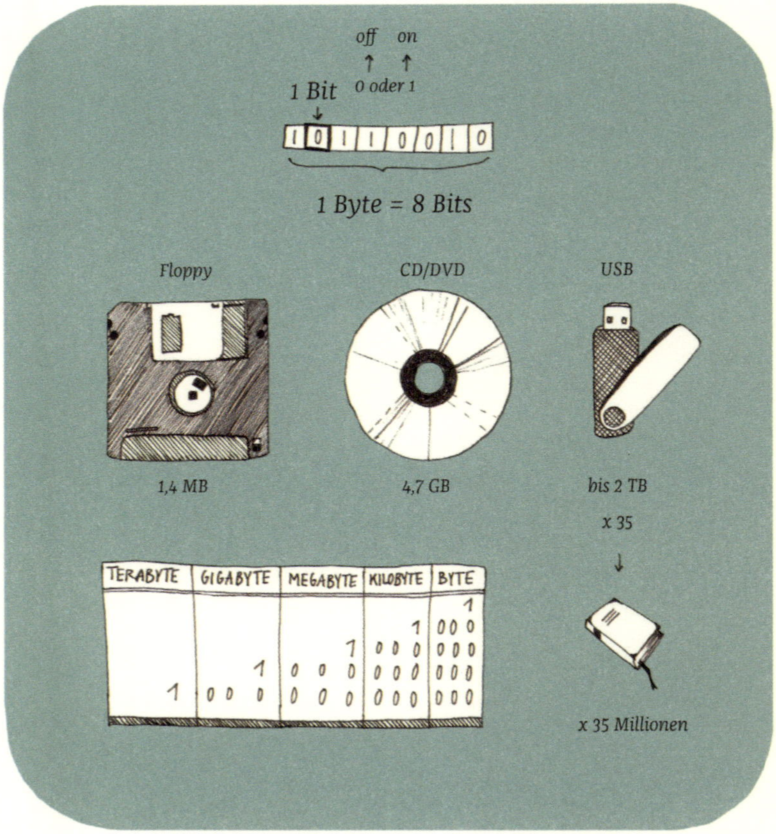

Auch bei den Computern hat sich einiges getan. Der allererste Computer, der Eniac, wurde 1946 gebaut und nahm eine Fläche von 167 Quadratmetern ein. Er brachte es auf 5000 Berechnungen pro Sekunde.

Vergleich das mal mit dem Sunway TaihuLight, dem schnellsten Computer der Gegenwart. Der schafft 93 Billiarden (das sind Tausend Billionen oder eine Million Milliarden) Berechnungen pro Sekunde. Mit seinen 1000 Quadratmetern ist er aber auch eine sehr große Maschine.

216 VORSICHT! FÜRZE SIND BRENNBAR

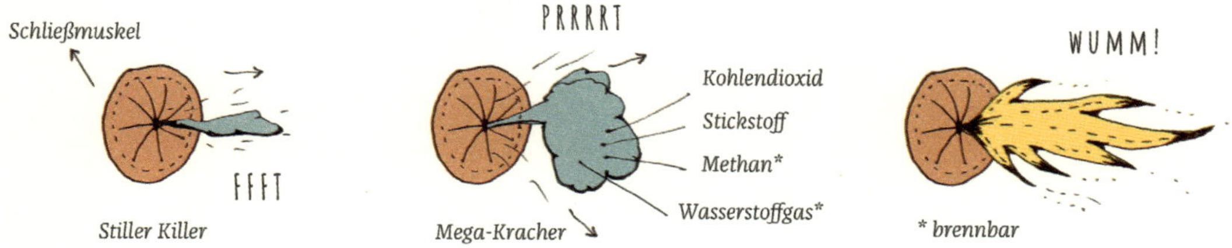

Eigentlich sind Fürze blähende Gase, die deinen Körper verlassen. Die einen sind Schleicher, sogenannte »stille Killer«, die du vielleicht nicht hörst, die aber unfassbar stinken. Und dann gibt es Trompetenfürze, die donnernden Lärm machen und die Fenster zum Klirren bringen. Das Geräusch wird durch den Schließmuskel erzeugt, der beim Entweichen der Luft zuckt. Ein Schließ- oder Ringmuskel ist ein Muskel, der ein hohles Organ – in diesem Fall deinen Darm – verschließt.

Ein Furz enthält verschiedene Arten von Gas. Die Bakterien in deinem Darm, die dein Essen verdauen, produzieren Wasserstoffgas, Methan und Kohlenstoffdioxid. Methan und Wasserstoffgas machen einen Furz brennbar.

Wir empfehlen aber, es nicht auszuprobieren, denn du könntest dir dein Hinterteil heftig verbrennen. Und auf den Brandblasen müsstest du ja dann sitzen!

Noch mehr Furzwissen:

- In einem stinkenden Furz ist vor allem viel Schwefel enthalten. Das kommt zum Beispiel vor, wenn man viele Eier und viel Fleisch gegessen hat.
- Manche Menschen sind in der Lage, einen Furz zum Spaß absichtlich zu erzeugen und unterschiedliche Geräusche hervorzubringen. Einige machen eine ganze Unterhaltungsshow daraus, mit der sie auftreten. Mr Methane (Paul Oldfield) und Le Pétomane (Joseph Pujol) zum Beispiel waren bekannte Kunstfurzer.
- Heringe übrigens kommunizieren durch Fürze miteinander.

217 TAUBEN HABEN EIN EINGEBAUTES GPS

Wenn man eine Taube Hunderte Kilometer von ihrem Taubenschlag entfernt freilässt, wird sie trotzdem immer wieder den Weg nach Hause finden. Das liegt an dem eingebauten GPS, über das Tauben und einige andere Vögel verfügen.

- Wie genau die Tauben es anstellen, können die Wissenschaftler noch nicht mit Sicherheit sagen. Doch im Gehirn der Tauben haben sie Nervenzellen entdeckt, welche die Richtung und die Stärke des magnetischen Feldes der Erde angeben. Wahrscheinlich wissen die Tauben daher, wo sie sich ungefähr befinden, und bilden sich in ihrem Gehirn eine Landkarte, mit der sie den Weg zurück nach Hause finden.

- Neue Untersuchungen zeigen, dass Tauben wahrscheinlich auch den Wind und Gerüche nutzen, um die Karte in ihrem Gehirn anzufertigen. Sie wissen, aus welcher Richtung der Wind weht, und dank der Gerüche, die er trägt, können sie noch besser einschätzen, wo sich ihr Taubenschlag befindet.

- Weil Tauben immer wieder zu ihrem Schlag zurückkehren, veranstalten Taubenzüchter Wettbewerbe miteinander. Die Brieftauben werden speziell für diese Wettkämpfe gezüchtet. In großen Kisten und mit einem Lastwagen werden die Brieftauben vor einem Wettbewerb Hunderte Kilometer weit weg transportiert. Am Zielort werden sie dann losgelassen (oder, in der Sprache der Taubenzüchter, »aufgelassen«). Die Taube, die als erste zu Hause ankommt, gewinnt.

- Eine Siegertaube kann dem Besitzer ordentlich Geld einbringen. Die teuerste Taube aller Zeiten war Golden Prince aus Wevelgem in Belgien, die im März 2017 für 360 000 Euro nach Südafrika verkauft wurde.

Auch wissenswert:

Der Taubensport ist neben Deutschland vor allem in Belgien und den Niederlanden beliebt. Jedes Jahr von April bis September finden verschiedene nationale und internationale Wettflüge statt. Jungvögel müssen dabei jährlich an bis zu fünf und Altvögel an bis zu vierzehn Flügen teilnehmen. Tierschützer kritisieren den Brieftaubensport, weil bei den Wettbewerben regelmäßig Tauben sterben oder sich auf dem Weg verirren und sich in einer fremden Stadt den Stadttauben anschließen. Außerdem müssen die Sporttauben bei den Wettflügen Höchstleistungen erbringen, die ihre Kräfte oft übersteigen. Manche Züchter versuchen, ihre Tauben durch Doping fitter zu machen. Schwächere Vögel werden oft schon vorher aussortiert und getötet.

218 DEIN BROT LEBT!

- Damit Brot aufgeht und schön luftig wird, braucht man Hefe. Hefe bewirkt auch, dass ein Brot seinen besonderen Geschmack bekommt. Wenn wir Brot backen, wandelt die Hefe den Zucker im Brot in Kohlenstoffdioxid und Kohlensäure um. So entstehen Gasbläschen, die den Teig luftig machen und ihm den leckeren Geschmack geben.

- Hefe kommt auch bei der Herstellung von Wein und Bier zum Einsatz. Sie sorgt für die Entstehung des Alkohols.

- Wusstest du schon, dass die Hefe lebt? Sie ist ein lebender einzelliger Pilz, der sich bei Temperaturen zwischen 15 und 30 °C am wohlsten fühlt und am fleißigsten arbeitet. Deshalb muss du sie im Teig mit lauwarmem Wasser mischen.

starke Hefe

- Wetten, dass du dein Brot beim nächsten Mal mit ganz anderen Augen anguckst?

219 LUFTBLÄSCHEN WACHSEN IN DEINEM KÖRPER

Magst du Limonade? Ist dir aufgefallen, dass du nach einem Glas davon oft laut rülpsen musst? Das kommt daher, dass die Luftbläschen in der Limonade in deinem Magen größer werden und einen Fluchtweg suchen.

- Brauselimo enthält Kohlendioxid, das in der Limonade zusammengepresst und aufgelöst wird. In der Flasche staut sich also ganz schön Druck an. Das hörst du jedes Mal, wenn du eine neue Flasche aufmachst. Der Druck, der aus der Flasche entweicht, macht ein zischendes Geräusch.

- Die Kohlenstoffdioxidmoleküle in der Limonade finden sich zusammen und bilden Luftbläschen. Wenn du ein Glas aus einer frisch geöffneten Flasche trinkst, wachsen die Luftbläschen in deinem Magen noch weiter. Wenn sich da nun eine große Menge ansammelt, hat der Magen irgendwann genug und sendet ein Signal ans Gehirn, dass es ungemütlich eng wird im Bauch. Dein Gehirn sorgt dann dafür, dass sich der Muskel zwischen Magen und Speiseröhre lockert, damit die Luft über den Mund entweichen kann. Heraus kommt ein schallender Rülpser.

Diese Info muss noch raus:

Ärgern sich deine Eltern, wenn du ungeniert rülpst? Dann hast du sicher keine chinesischen Eltern. In China ist der Rülpser ein Kompliment für den Koch. So lässt du ihn wissen, dass dir alles fantastisch geschmeckt hat.

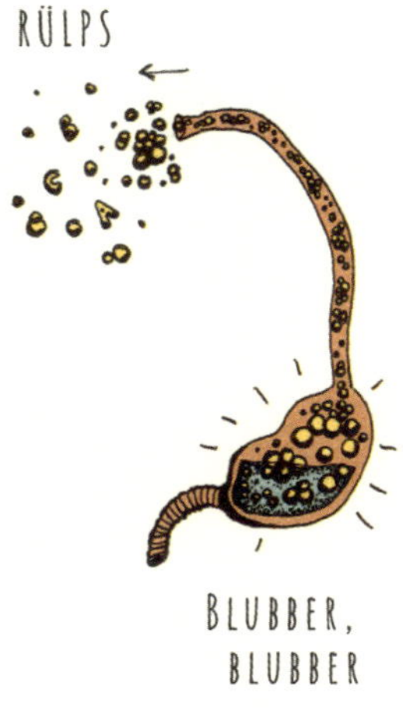

220 ALLES (ALSO AUCH DU) BESTEHT AUS ATOMEN

- Atome sind Bausteine, genau wie Legoklötze. Sieh dich mal kurz um: Alles, was du siehst – die Pflanzen, Gebäude, dein Körper und selbst die Luft – besteht aus Atomen. Atome sind so klein, dass man sie mit bloßem Auge nicht sieht. Doch es gibt ein spezielles Mikroskop, mit dem man Atome erkennen kann.

- Stell dir einen riesigen Strand vor. In einem einzigen Sandkorn befinden sich mehr Atome als Sandkörner an diesem Strand.

- Kennst du den Aufbau eines Atoms? In der Mitte des Atoms sitzt der Atomkern. Der besteht aus Protonen mit positiver elektrischer Ladung und aus Neutronen, die nicht geladen sind. Um den Kern herum schweben lauter kleine Punkte, die Elektronen genannt werden. Diese sind negativ geladen. Die positive und die negative Ladung heben sich gegenseitig auf, weshalb das Atom selbst keine Ladung hat, also neutral ist. Zwischen den Elektronen herrscht Leere. Alles, was du siehst, besteht also aus einem Atomkern, um den kleine Teilchen kreisen, aber dazwischen ist auch viel leerer Raum.

- Es gibt verschiedene Arten von Atomen in der Natur. Die können sich miteinander verbinden, sodass sie zum Beispiel einen Rennwagen, ein Huhn oder einen Apfel ergeben. Weil alle verschiedenen Atome auf unterschiedliche Weisen miteinander kombiniert werden können, gibt es eine unendliche Vielfalt auf der Welt. Du bist aus einem völlig anderen Atompaket gemacht als dein Freund oder deine Freundin – natürlich seid ihr beide Menschen, aber eben nicht gleich.

- In Kernkraftwerken werden winzig kleine Atomkerne gespalten. Bei dieser »Kernspaltung« wird eine ungeheure Menge an Energie freigesetzt. Diese nennen wir »Kernenergie« oder »Atomkraft«.

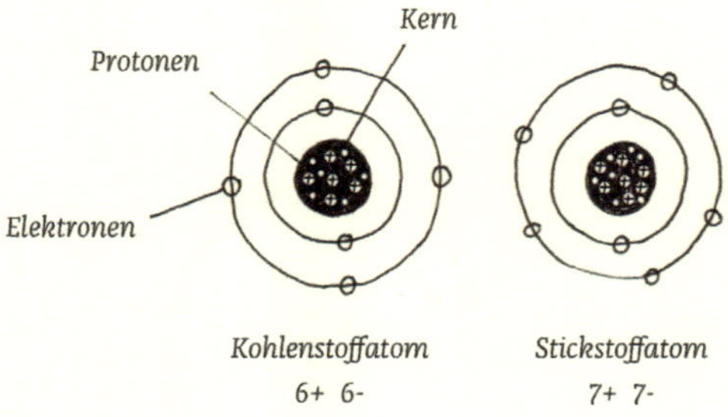

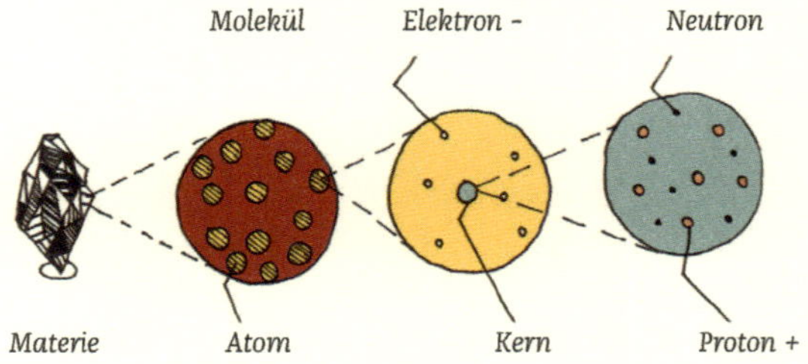

Alles

221 FLIEGENDE AUTOS GIBT ES SCHON
(ABER KAUFEN KANN MAN SIE NOCH NICHT)

Hast du auch schon mal auf einer Fahrt in den Urlaub im Stau gestanden? Und hast du da nicht auch gedacht, wie praktisch und angenehm es wäre, das Auto jetzt einfach abheben zu lassen und über alle anderen hinwegzufliegen?

Dann haben wir eine gute Nachricht für dich! Fliegende Autos existieren schon.

- Unter dem Namen *Terrafugia* (eine Kombination aus »Erde« und »Fliegen«) arbeitet seit 2006 ein Team amerikanischer Ingenieure fleißig an ihrer Entwicklung. Die ersten Testfahrten/-flüge sind schon durchgeführt worden.

- Mit so einem Terrafugia-Auto kannst du ganz normal auf der Straße und der Autobahn fahren. Abends stellst du es einfach in die Garage. Wenn du es aber mal richtig eilig hast oder eine weite Strecke zurücklegen musst, kannst du einen Flughafen ansteuern und mit deinem Auto davonfliegen. In der Luft schaffen diese besonderen Fahrzeuge Geschwindigkeiten von bis zu 320 Stundenkilometern.

- Das Unternehmen rechnet damit, dass die ersten fliegenden Autos im Jahr 2023 verkauft werden können. Sie werden etwa so viel kosten wie die teuersten Luxusautos.

- Natürlich sind fliegende Autos eine feine Sache, und wir sind gespannt, ob wir dann auch in der Luft Verkehrsschilder und Ampeln haben werden. Und ob man geblitzt wird, wenn man mal zu schnell fährt … Pardon: fliegt.

222 JEDE SCHNEEFLOCKE IST EINZIGARTIG

Wenn es schneit, fallen Millionen, ach was: Milliarden von Schneeflocken vom Himmel. Ein fantastischer Anblick – besonders wenn man weiß, dass keine Schneeflocke der anderen gleicht.

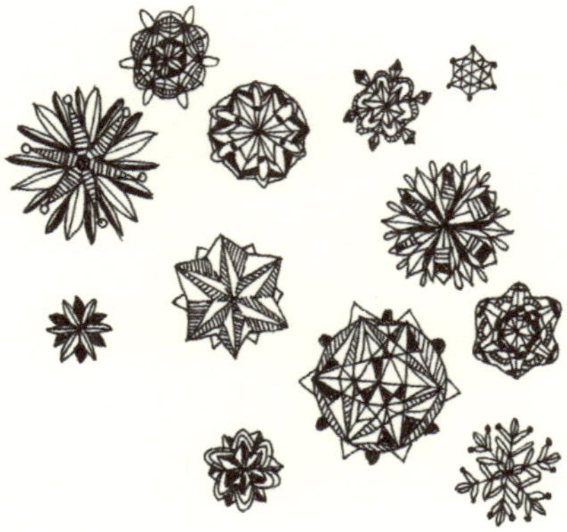

Es war Wilson Bentley, der 1865 feststellte, dass jede Schneeflocke einzigartig ist. Wilson lebte in Vermont. Das liegt im Norden der USA, wo es im Winter sehr kalt wird und viel Schnee fällt. Erst versuchte Wilson Bentley, die Schneeflocken unter dem Mikroskop zu untersuchen, doch sie schmolzen so schnell, dass er die komplexen Formen nicht abzeichnen konnte.

Um sie trotzdem festhalten zu können, machte er Hunderte von Fotos von den Schneeflocken. Weil es damals noch keine passenden Kameras gab, musste er selbst eine erfinden. Dafür schloss er seine Kamera an ein Mikroskop an. Manche Leute fanden es seltsam, dass Wilson sich so für Schneeflocken interessierte, und gaben ihm darum den Spitznamen *Snowflake* (Schneeflöckchen) Bentley.

Die Fotos wurden sehr schön, aber Wilson sah darauf auch etwas anderes. Ihm fiel auf, dass keine zwei Flocken gleich waren. Sie waren zwar alle sechseckig, hatten aber ansonsten alle eine einzigartige Form. Wilson kam zu dem Schluss, dass jede Schneeflocke einmalig war.

Heute wissen wir schon mehr darüber. Jede Schneeflocke beginnt als winzig kleiner Eiskristall. Während er zu Boden rieselt, frieren Wasserteilchen und winzig kleine Staubkörnchen an ihm fest, wodurch er größer wird. Wie die Flocke am Ende aussieht, hängt von vielen Dingen ab. Zum Beispiel davon, wie feucht die Luft ist und ob ein Wind geht. So bekommen die einzelnen Flöckchen alle eine einzigartige Struktur.

Natürlich fallen Milliarden von Schneeflocken auf die Erde, die wir unmöglich alle miteinander vergleichen können. So ganz sicher sein können wir uns also nicht, dass keine zwei Schneeflocken gleich aussehen.

Extra-Flöckchenwissen:

Schnee sieht ganz anders aus als Hagel. Schnee entsteht, wenn die Temperatur unter den Gefrierpunkt fällt. Dann verwandeln sich die Wassertropfen in den Wolken in Eiskristalle. Die kleinen Kristalle fallen zu Boden und werden zu Schnee, wenn sie mit winzigen Staubkörnern in der Luft in Berührung kommen und an ihnen festschmelzen.

Hagel besteht aus gefrorenen Wassertropfen, die auf sehr großer Höhe entstehen. Wenn es vor einem Gewitter sehr warm ist, blasen starke Aufwinde die Wasserteilchen in der Luft nach oben. Dort oben ist es eiskalt, sodass die Wassertropfen gefrieren. Sie verklumpen sich in der Wolke und werden zu einem Hagelkorn.

Die größte je entdeckte Schneeflocke war stolze 38 Zentimeter breit und 20 Zentimeter dick. Das war 1887 in Montana in den USA. Nicht ganz so einfach, die mit der Zunge aufzufangen ...

223 HAARE KÖNNEN SICH ELEKTRISCH AUFLADEN

Vielleicht hast du es schon mal erlebt, dass deine Haare beim Kämmen auf einmal senkrecht nach oben abstanden. Dann waren sie statisch aufgeladen.

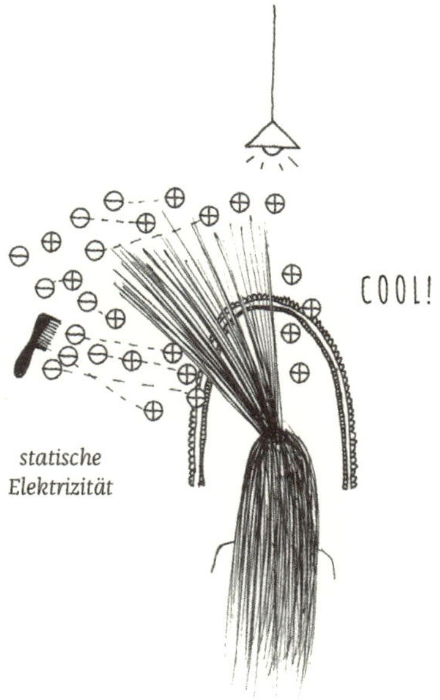

- Elektrizität ist die Energie, die entsteht, wenn sich die kleinen Teilchen in Atomen bewegen. Ein Atom besteht aus einem Kern mit Protonen, den positiv geladenen Teilchen. Um den Kern schwebt eine Wolke aus Elektronen. Das sind die negativ geladenen Teilchen. Die positive und negative Ladung heben sich gegenseitig auf, sodass das Atom selbst neutral ist.

- Normalerweise ist auch dein Körper elektrisch neutral. Aber wenn du dich bewegst, entsteht eine bestimmte Ladung in deinem Körper, die sich weiter aufbaut. Beim Kontakt mit anderen Gegenständen kommt es dann zu einer Entladung. Bestimmt hast du auch schon einmal einen elektrischen Schlag bekommen, als du eine Türklinke angefasst hast.

- Statische Elektrizität entsteht auch durch Reibung. Ein Kamm, der durch deine Haare fährt, verpasst ihnen zum Beispiel eine positive Ladung. Die ist für die interessante Frisur verantwortlich, bei der dir die Haare zu Berge stehen.

224 MIT EINER PRISE SALZ IM WASSER KÜHLT DEIN GETRÄNK SCHNELLER

Willst du eine Dose oder Flasche Limo schneller abkühlen lassen? Dafür gibt es einen einfachen Trick.

Fülle eine Schüssel mit Wasser und Eiswürfeln, und füge eine kleine Handvoll Salz hinzu. Leg dann die Dose in das eisgekühlte Wasser, und rühre das Ganze um. Warte zwei Minuten. Dein Getränk wird eiskalt sein.

Wie kann das sein? Salz lässt das Eis schneller schmelzen. Doch dafür braucht es Energie aus einer anderen Wärmequelle. Die holt es sich aus der Dose oder Flasche und zieht so die Wärme heraus.

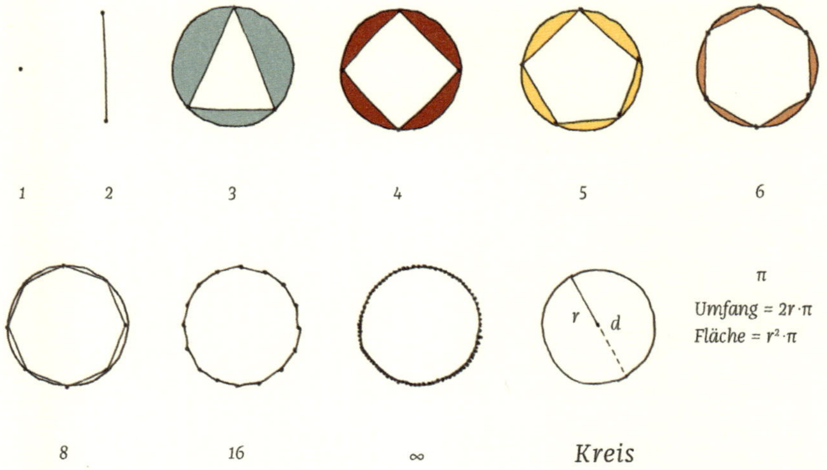

225 DIE ECKEN EINES KREISES KANN MAN NICHT ZÄHLEN

Ein Dreieck hat drei Kanten, ein Viereck vier, ein Fünfeck fünf, und so kann man ewig weitermachen. Je mehr Seiten man zeichnet, umso schwieriger wird es, alle Seiten zu sehen, und umso mehr ähnelt die Figur einem Kreis. Ein Kreis wird darum manchmal auch eine Form mit unendlich vielen Seiten genannt.

Bestimmt hast du im Matheunterricht schon von Pi gehört. Zur Berechnung von Pi muss man die Außenseite des Kreises messen. Das ist der »Umfang«. Dann wird die Größe des Kreises von einer Seite bis zum weitesten Punkt auf der anderen Seite gemessen. Das ist der »Durchmesser«. Wenn man den Umfang durch den Durchmesser teilt, erhält man die Kreiszahl Pi. Diese Zahl ist immer dieselbe, nämlich: 3,14159… Die Anzahl der Ziffern nach dem Komma ist unendlich und wiederholt sich nie.
Es gibt sogar Wettbewerbe zwischen Leuten, die die meisten Stellen nach dem Komma kennen. Den Weltrekord hält momentan Suresh Kumar Sharma, der ganze 70 030 Dezimalstellen aufzählen kann. Und wie weit kommst du?

226 DIE NATUR STECKT VOLLER MATHEMATIK

1, 1, 2, 3, 5, 8, 13, 21, 34, 55 – guck dir diese Zahlenreihe einmal genau an. Hast du's raus? Jede Zahl ist die Summe der vorherigen beiden Zahlen. Das ist die *Fibonacci-Folge*, eine der bekanntesten Reihen der Welt. Fibonacci, oder Leonardo von Pisa, wie er auch genannt wurde, war ein italienischer Mathematiker, der von 1170 bis ca. 1250 lebte.

Die Fibonacci-Folge wird auch manchmal die »Kanincheneihe« genannt, weil der Mathematiker sie erstmals mit dem Beispiel der Kaninchenzucht beschrieb. Das Muster findet sich überall in der Natur wieder. Vor allem bei Pflanzen kann man es beobachten: in der Anzahl Blätter an einem Baum, in der Anordnung von Samen und an den Zweigen.

An den Samen einer Sonnenblume und an einem Tannenzapfen kann man zwei Spiralen feststellen, die sich in entgegengesetzte Richtungen bewegen. Auch hier finden wir die Zahlen der Fibonacci-Folge wieder, zum Beispiel acht Spiralen entgegen dem Uhrzeigersinn und dreizehn Spiralen, die sich im Uhrzeigersinn drehen.

227 MAN KANN SEIN HANDY MIT EINEM T-SHIRT AUFLADEN

Wenn es nach einigen Wissenschaftlern in den USA geht, kannst du bald T-Shirts kaufen, die genug Elektrizität produzieren, um dein Handy aufzuladen.

Die Forscher haben ein Material entwickelt, das Temperaturunterschiede zur Stromerzeugung nutzt. Dafür backten sie Kohlenstoff-Nanoröhrchen in eine Schicht elastischen Kunststoff. Wenn nun die Temperatur an der Innenseite des T-Shirts sich von der Temperatur auf der Außenseite unterscheidet, entsteht genug Elektrizität, um zum Beispiel einen iPod aufzuladen. Sehr praktisch, wenn du joggen gehst und dein Akku leer wird.

Kohlenstoff-Nanoröhrchen sind nicht die einzige Methode, Elektrizität mit Kleidung zu erzeugen. Zum Beispiel entwickelte die niederländische Designerin Pauline van Dongen T-Shirts mit Solarzellen, mit denen man sein Smartphone innerhalb von zwei Stunden aufladen kann.

Leider gibt es all diese Sachen noch nicht im Geschäft zu kaufen, da sie vorerst noch zu teuer in der Herstellung sind. Aber wer weiß, vielleicht läufst du ja in Zukunft als wandelnde Ladestation herum.

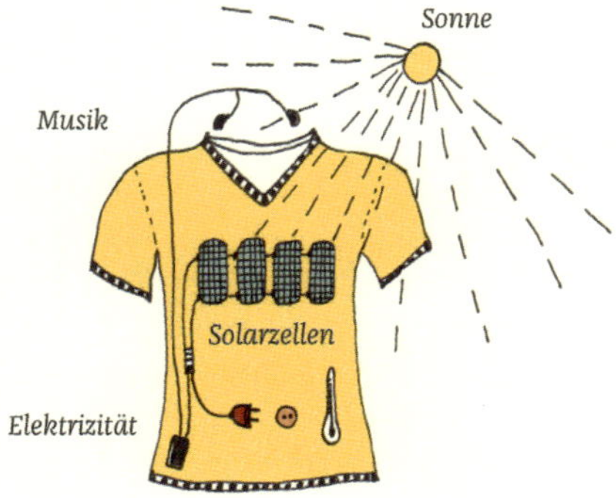

228 MIT RINDERFÜRZEN KANN MAN EINEN KÜHLSCHRANK ZUM LAUFEN BRINGEN

- Kühe rülpsen und furzen am laufenden Band. Damit tragen sie auch eine Mitschuld an der Erwärmung unseres Klimas. Wissenschaftlern zufolge sind sie damit für gut ein Viertel des gesamten Methangasausstoßes weltweit verantwortlich.

- In Argentinien leben sehr viele Kühe. Argentinische Forscher haben jetzt einen Weg gefunden, um ihr Methangas nutzbar zu machen. Dazu schnüren sie einer Kuh einen »Furzsack« auf den Rücken und schieben ihr einen Schlauch in den Darm. So können sie etwa 300 Liter Methangas pro Kuh pro Tag auffangen.

- Mit dieser Menge Methangas lässt sich Strom erzeugen, der zum Beispiel einen Kühlschrank 24 Stunden am Laufen halten könnte. Auf diese Weise könnte eine einzige Kuhherde ohne Probleme mehrere Häuser mit Strom versorgen.

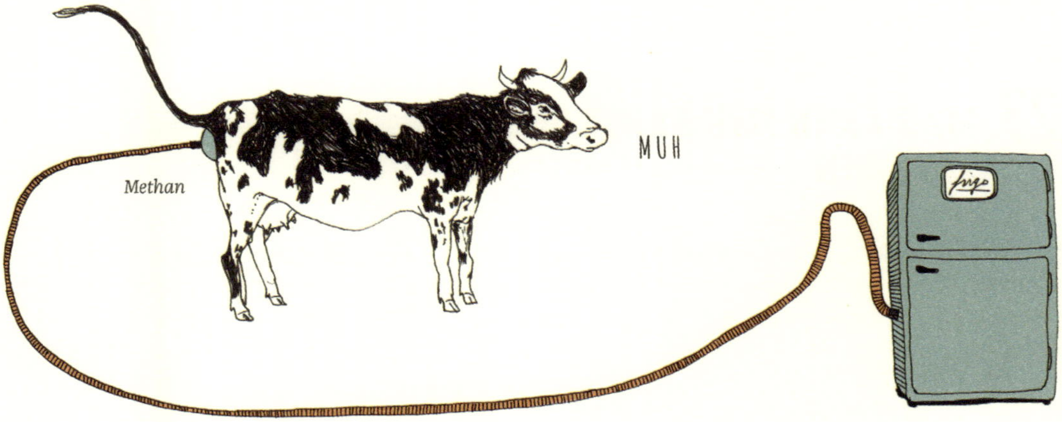

229 DIE MEISTEN MENSCHEN MÖGEN KEINE CLOWNS

Findest du Clowns zum Lachen? Oder findest du sie vielleicht sogar ziemlich gruselig? Da bist du bestimmt nicht allein! Sehr viele Menschen haben Angst vor Clowns, auch wenn sie im Zirkus versuchen, darüber zu lachen. Das Phänomen ist so verbreitet, dass die Wissenschaft sogar einen Namen dafür hat: *Coulrophobie.*

Es gibt Webseiten für Menschen mit einer Abneigung gegen Clowns (www.ihateclowns.com) und eine Facebook-Gruppe mit demselben Namen, die inzwischen fast eine halbe Million Mitglieder hat.

Doch warum fürchten sich so viele Menschen vor Clowns? Dafür gibt es verschiedene Erklärungen.

- Manche Wissenschaftler sagen, dass Menschen einfach keine Dinge mögen, die ihnen sehr ähneln, aber dennoch nicht menschlich sind. Auch Roboter, die wie Menschen aussehen, finden viele von uns sehr befremdlich.

- Andere Forscher meinen, dass Masken oder andere Verkleidungen vielen Menschen Angst einjagen, weil wir nicht sehen können, was die Person hinter der Maske denkt oder fühlt. Am Gesicht eines Menschen versuchen wir normalerweise abzulesen, ob er vertrauenswürdig, sauer oder glücklich ist. Wenn aber das ganze Gesicht von der Maske verdeckt wird, bleiben all diese Informationen verborgen.

Filmemacher wissen um die Gruseligkeit von Clowns und benutzen sie darum gern als angsteinflößende Charaktere, wie beispielsweise *Es* von Stephen King oder der Joker in Batman.

230 MIT WASSER LÄSST SICH DAS BRENNEN EINER CHILISCHOTE NICHT LÖSCHEN

In eine Chilischote zu beißen, ist nicht zu empfehlen. Es wird nicht lange dauern, bis es sich anfühlt, als würde dein Mund in Flammen stehen. Das kommt von dem Capsaicin, einem Molekül, das in den Früchten verschiedener scharfer Paprikasorten vorkommt und sich beim Verzehr an die Schmerzrezeptoren im Mund bindet. Das sind Zellen, die dein Gehirn warnen, dass etwas schiefgegangen ist und es irgendwo wehtut. Dein Gehirn reagiert, indem es einige Prozesse in Gang setzt: Deine Augen tränen, die Nase läuft, und du fängst an zu schwitzen. Das alles sind Reaktionen deines Körpers, die dafür sorgen sollen, dass das Capsaicin so schnell wie möglich aus deinem Körper verschwindet.

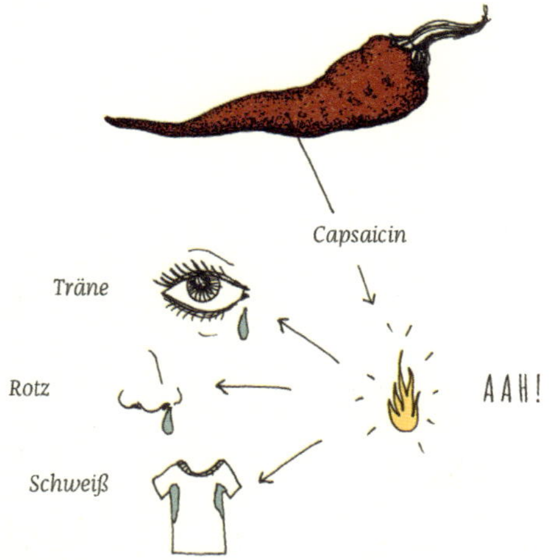

Manchmal wollen wir diesen Vorgang beschleunigen und greifen zu einem Glas Wasser, um den Schmerz zu beseitigen. Das ist aber keine gute Idee! Wasser macht es nämlich nur schlimmer. Wir brauchen etwas, an das sich das Molekül binden kann. Fetthaltig sollte es sein. Milch zum Beispiel soll ganz gut helfen, um das brennende Gefühl zu bekämpfen. Besorg dir also ein Glas Milch, falls du aus Versehen in eine Chilischote gebissen hast!

231 TESLA BAUT DIE GRÖSSTE FABRIK DER WELT

Die Boeingfabrik in Everett im amerikanischen Seattle ist dem Innenraum nach die allergrößte Fabrik der Welt. Darin wäre Platz für 55 Fußballfelder, und unter ihr verlaufen 3,7 Kilometer lange Fußgängertunnel. Das überrascht kaum in einer Fabrik, in der riesige Flugzeuge gebaut werden. Die Boeing 747 ist mit ihrer Höhe von 19 Metern eines der größten Flugzeuge der Welt. In bestimmten Teilen der Fabrik stehen manchmal bis zu 12 dieser Flugzeuge bereit, um lackiert zu werden. Dafür wird natürlich auch eine ganze Menge Platz benötigt.

Und doch kann es sein, dass demnächst eine noch viel größere Fabrik ihre Tore öffnet. Elon Musk ist der Chef von Tesla. In seiner Fabrik werden die Batterien für Elektroautos gebaut. Die Batterien sind es, die ein Elektroauto so teuer machen.

In der Wüste von Nevada will Elon Musk eine neue Fabrik von mehr als einem Quadratkilometer eröffnen. Und damit nicht genug: Herr Musk hat noch sechs Quadratkilometer dazugekauft, um dort insgesamt sieben solcher Fabriken zu bauen, wo jedes Jahr die Batterien für eine halbe Million Elektroautos hergestellt werden sollen. Wenn die Fabrik wirklich fertiggestellt wird, wird sie von der Fläche her sofort das größte Gebäude der Welt sein.

In der Fabrik sollen Akkus in großem Stil mit der modernsten Technik hergestellt werden. So sollen sie billiger und nach und nach mehr Autos damit ausgestattet werden. In den Fabriken sollen die Batterien auch recycelt werden, sodass die wichtigsten Rohstoffe wiederverwendet werden können, was gut für die Umwelt wäre.

Bonusinfo Fabrik:

Geht man nur nach der Grundfläche, verfügt zurzeit die Vereinigung der Blumenversteigerung Aalsmeer in den Niederlanden über das größte Gebäude. Mit 860 000 Quadratmetern ist es das größte überdachte Handelsgebäude der Welt.

232 UM AN DER DECKE ZU LAUFEN, BRAUCHT SPIDERMAN SCHUHGRÖSSE 145

Bist du auch manchmal neidisch auf all die Spinnen, Frösche und Geckos, die mühelos an der Decke laufen? Das können sie, weil sie sich mit ihren Füßen festsaugen. Je größer ein solches Tier, desto größer ist auch die Fläche seiner Fußsohlen. Tiere, die größer sind als ein Gecko, können nicht an der Decke laufen. Um Spiderman zu werden, bräuchtest du Schuhgröße 145.

Bei Geckos sitzen unter den Sohlen kleine Saugkissen, die »Haftlamellen« genannt werden. Mit denen können sie so gut wie jede Fläche erklimmen. Forscher haben lange gebraucht, um herauszufinden, wie die Geckos das anstellen. Dann entdeckten sie, dass aus den Lamellen kleine Hafthärchen herausragen. Die Moleküle an den Hafthärchen und die Moleküle der Oberfläche, auf der der Gecko läuft, ziehen sich gegenseitig an. Das nennen wir die Van-der-Waals-Kräfte. Die erlauben dem Gecko, sich festzusaugen. Leider kann der Gecko die Kraft nicht selbst aussetzen, sondern muss seine Füße in einem bestimmten Winkel drehen, um wieder loszukommen. Zum Glück wissen aber alle Geckos, wie das geht.

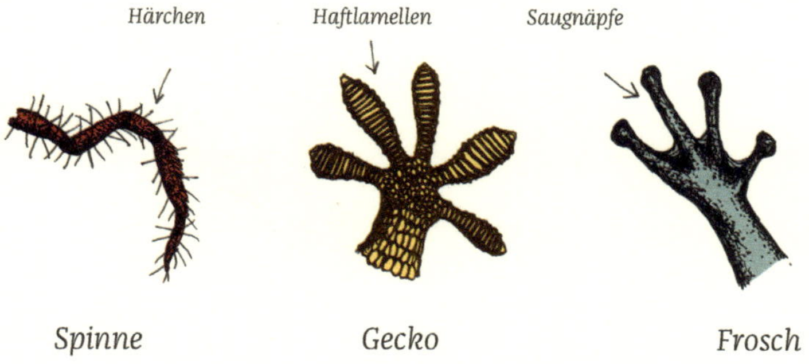

233 NUR MENSCHEN TANZEN

»Stimmt doch gar nicht!«, rufst du jetzt. »Ich habe schon von Tanzbären gehört!«

- Das kann schon sein, aber Bären tanzen nicht von allein. Sie lernen es nur, wenn sie eine Belohnung dafür bekommen. Kein Bär wird sich automatisch zum Rhythmus bewegen, wenn er Musik hört. Noch nicht einmal Menschenaffen wie Bonobos und Schimpansen tanzen. Tiere lassen sich also vom Rhythmus der Musik nicht beeindrucken.

- Menschen tanzen natürlich schon. Das liegt wahrscheinlich daran, dass Tanzen in unserem Gehirn einen Stoff freisetzt, der uns glücklich macht. Dieser Stoff heißt Endorphin. Er macht uns fröhlicher und zufriedener.

- Tanzen erlaubt uns Menschen auch, einander näherzukommen. Es ist ein bisschen so wie bei Menschenaffen, die sich gegenseitig das Fell pflegen. Wer tanzt, ist nicht gefährlich und lässt sich ein bisschen gehen. Tanzen ist also eine sehr soziale Tätigkeit.

Ey, Macarena

234 DÜSENJÄGER KÖNNEN IN DER LUFT TANKEN

Düsenjäger sind Flugzeuge, die unfassbar schnell fliegen können. Sie bieten meist nur Platz für ein oder zwei Personen und werden hauptsächlich vom Militär gebraucht.

Ein Düsenjäger verbraucht viel Treibstoff. Weil er sonst alle naselang landen müsste, ist es praktisch, dass er in der Luft auftanken kann. Dafür fliegt ein Tankflugzeug ganz nah an den Düsenjäger heran. Über ein langes Rohr am Tankflugzeug wird der Treibstoff blitzschnell zum Düsenjäger geleitet. Ziemlich spektakulär!

235 WER SICH VERIRRT HAT, LÄUFT IM KREIS

Man sieht es manchmal in Zeichentrickfilmen: Jemand hat sich verlaufen und rennt dann wie ein kopfloses Huhn im Kreis herum. Witzigerweise tun wir Menschen das wirklich. Wer sich etwa in einem Schneesturm oder in dichtem Nebel verläuft, irrt im Kreis herum.

Daran ist unser Gehirn schuld. Forscher haben Testpersonen in der Wüste und im Wald ausgesetzt und sind ihnen dann mit einem GPS-Gerät gefolgt. Während die Sonne schien, liefen die Personen ordentlich geradeaus. Aber sobald sie weg war, fingen alle an, im Kreis zu laufen. Immer wieder kamen sie, ohne es selbst zu merken, zum selben Punkt zurück. Mit verbundenen Augen geht es noch schneller. Dann laufen Menschen Runden von nur knapp 20 Metern.

Ohne Orientierungspunkte haben wir Menschen kaum ein Gefühl für Richtungen. Um den Weg zu finden, vertrauen wir stark auf unsere Augen. Ganz anders als Tauben, die jederzeit mühelos den Weg zu ihrem Schlag finden.

236 E = mc²

Bestimmt ist dir diese Formel schon einmal begegnet, denn sie ist die bekannteste Formel der Relativitätstheorie. Der Wissenschaftler Albert Einstein hat sie entwickelt. Das E in der Formel steht für Energie, das m für Masse und das c für die Lichtgeschwindigkeit. Energie ist also die Masse mal die Lichtgeschwindigkeit zum Quadrat. Weil die Lichtgeschwindigkeit unvorstellbar schnell ist (300 000 Kilometer pro Sekunde!), kann man also schon mit einer winzigen Masse eine enorme Menge an Energie erzeugen.

Mit dieser Formel lässt sich begreifen, wie ein Kernreaktor oder auch Atomreaktor funktioniert. In einem Kernreaktor findet Kernspaltung statt. Die erfordert eine etwas genauere Erklärung:

- In jedem Atom befindet sich ein Kern. Der besteht aus Protonen mit positiver Ladung und Neutronen ohne Ladung. Um den Kern herum schwirren Elektronen mit negativer Ladung. Die Anzahl der Elektronen und Protonen im Atom ist gleich.

- Die Neutronen unterscheiden sich von Atom zu Atom. Diese Varianten nennt man »Isotope«. Das Isotop eines Atoms kann stabil sein, wodurch der Kern gut zusammenhält. Aber es kann auch instabil sein, wodurch sich das Atom spalten lässt.

- Uran ist ein Element mit einem sehr instabilen Kern. Den kann man spalten, indem man ihn mit freien Neutronen beschießt. Der Kern zerfällt in zwei leichtere Kerne und mehrere freie Neutronen.

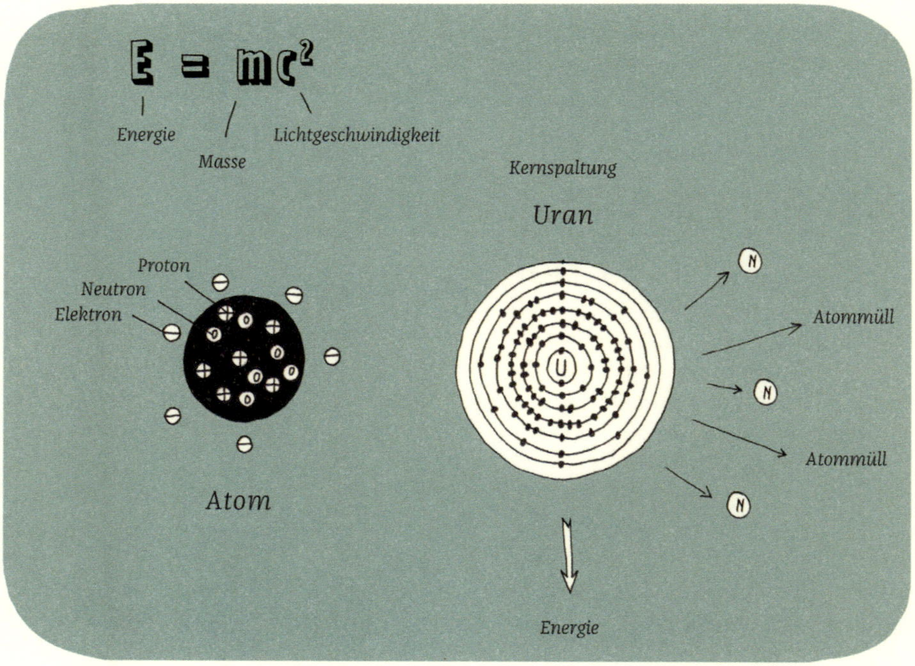

- Würden wir jetzt versuchen, den Kern wieder zusammenzusetzen, würden wir feststellen, dass etwas fehlt. Dieses Stück wurde in eine riesige Menge Energie umgewandelt. Das hat Einstein in seiner Formel erfasst.

- Die durch die Kernspaltung erzeugte Energie wird »Kernenergie« genannt. In einem Atomkraftwerk wird mit der so erzeugten Wärme Wasser zum Kochen gebracht. Dabei entsteht Dampf, der über eine Turbine einen großen Generator antreibt. Auf diese Weise wird elektrischer Strom erzeugt, mit dem du dann in deinem Haus den Computer benutzen oder das Licht einschalten kannst.

237 PAPIERGELD IST NICHT AUS PAPIER

Komisch, aber wahr: die Scheine, mit denen du im Geschäft bezahlst, werden nicht wie normales Papier aus Holzstoff hergestellt.

- Banknoten werden aus Baumwollfaser hergestellt. Dadurch verblassen und verschleißen sie viel langsamer als normales Papier. Außerdem sind sie fester, weil die Scheine bei der Herstellung in Gelatine getaucht werden. Die meisten haben eine Lebensdauer von etwa zwei Jahren.

- Die ersten Banknoten entstanden, als Gold- und Silbermünzen zu schwer wurden, um sie bei sich zu tragen. Die ersten Scheine waren Papierzettel, auf denen stand, wie viele Gold- und Silbermünzen jemand schuldig war. Die Summe wurde dann später von einer Bank ausgezahlt. So eine Banknote nannte man *Promesse*, was »Versprechen« bedeutet. Man versprach also auf Papier, dass der andere sein Geld bekommen würde.

- Inzwischen werden für Geldscheine auch andere Materialien verwendet, wie etwa ein spezieller Kunststoff. Der hält länger und ist schwieriger zu fälschen.

Bonusinfo Geldscheine:

- Ende des 19. Jahrhunderts herrschten die Russen über Alaska. Sie druckten ihre Geldscheine auf Robbenhäuten.

- Während des Burenkriegs in Afrika wurde Geld auf Kleiderfetzen gedruckt.

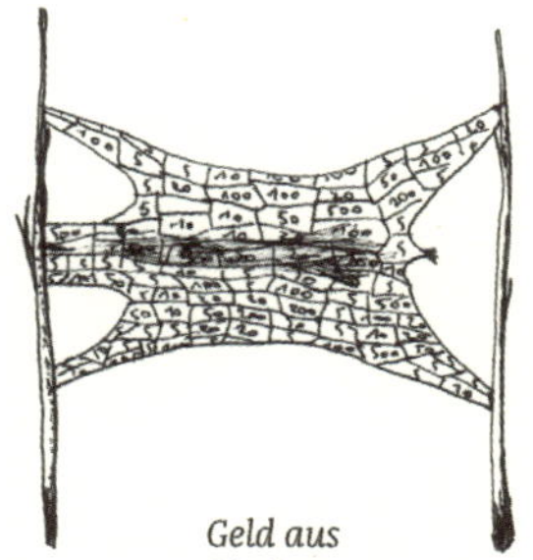

Geld aus Tierhaut

238 BLAUES BLUT GIBT ES WIRKLICH

Von Königen und Königinnen wird manchmal gesagt, dass blaues Blut durch ihre Adern fließt. Das ist aber nicht wahr. Könige, Königinnen, Prinzen, Prinzessinnen und alle anderen Adeligen haben rotes Blut, genau wie du und ich. Wenn du sie das nächste Mal triffst, kannst du ja fragen, ob du ihnen mal in den Finger piksen darfst. Dann siehst du es sofort. Aber woher kommt dann das Gerücht?

Die Farbe Blau galt schon immer als etwas Besonderes.

- In vielen Kulturen signalisiert sie, dass jemand wichtiger ist als der Rest. Adelige Frauen und Männer trugen früher blaue Kleidung, um zu zeigen, wie bedeutend sie waren, aber auch in der Kirche wurde zum Beispiel die Marienfigur mit einem blauen Mantel versehen.
- Aber es gibt noch andere Erklärungen. Die Adeligen mussten nicht auf dem Feld arbeiten, wodurch sie auch seltener in die Sonne kamen. Darum waren sie viel blasser als die anderen Menschen, und unter ihrer Haut waren die bläulichen Adern deutlicher zu sehen.
- Außerdem benutzten die Adeligen viele Gegenstände aus Silber. Dieses Metall kann, wenn man viel Kontakt damit hat, einen blauen Schimmer verursachen.

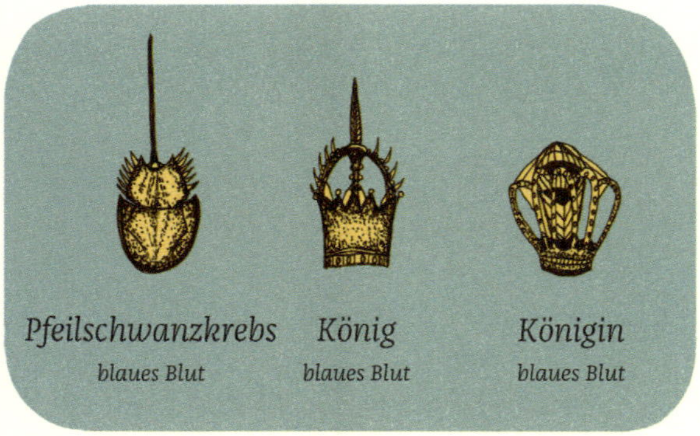

Menschen haben also kein blaues Blut. Die Adern, die man direkt unter der Haut sieht, mögen vielleicht blau aussehen, aber das hat nichts zu bedeuten. Das liegt einfach daran, dass unsere Haut nur die blaue Farbe durchscheinen lässt, aber das Rot zurückhält. Die rote Farbe in unserem Blut wird durch einen Stoff namens Hämoglobin verursacht, der sicherstellt, dass der Sauerstoff, den wir einatmen, jede Zelle unseres Körpers erreicht.

Es gibt aber sehr wohl Tiere mit blauem Blut, darunter Tintenfische und Pfeilschwanzkrebse. Die Kraken zum Beispiel, die in der bitterkalten Antarktis leben, haben blaues Blut, weil darin spezielle Stoffe enthalten sind, durch die sie viel mehr Sauerstoff aufnehmen können. Ohne den Extrasauerstoff könnten sie nicht überleben.

Bonusinfo Blaublütigkeit:

Es kann übrigens gut sein, dass dir schon einmal ein Pfeilschwanzkrebs das Leben gerettet hat. Sein Blut wird nämlich benutzt, um verschiedene Medikamente und Impfstoffe zu testen. Das blaue Blut ist deshalb so besonders, weil es keine Abwehrstoffe enthält. Dafür enthält es aber einen anderen Stoff, LAL, der bakterien- oder virenverseuchtes Blut gerinnen lässt. Wenn man herausfinden will, ob eine Medizin oder ein Impfstoff verunreinigt ist, spritzt man LAL hinein. Wenn es nicht gerinnt, ist alles in Ordnung.

PLATSCH

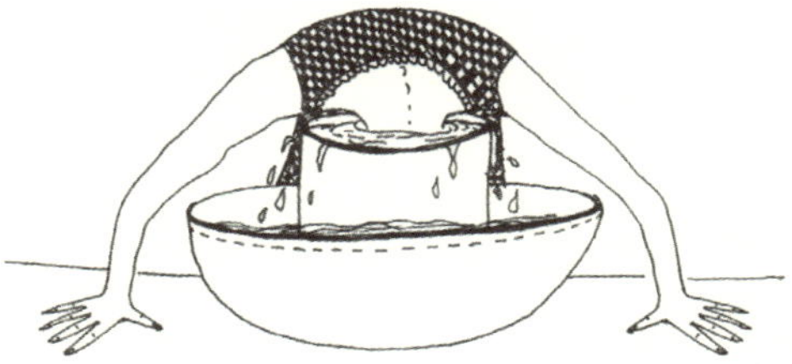

239 UM DEINEN KOPF ZU WIEGEN, MUSST DU IHN IN EINEN EIMER WASSER STECKEN

Und nein, du musst ihn vorher nicht abhacken. Das wäre ja auch blöd, weil du ihn danach nicht mehr gebrauchen könntest.

Mach es lieber so: Fülle einen Eimer bis zum Rand mit Wasser. Stelle ihn in eine große Schüssel und tauche deinen Kopf ins Wasser.

Zieh ihn wieder raus und nimm den Eimer aus der Schüssel. Wiege das in der Schüssel verbliebene Wasser. Das ist in etwa das Gewicht deines Kopfs. Das liegt daran, dass dein Kopf ungefähr die gleiche Dichte hat wie Wasser.

Das Experiment kannst du nicht nur mit deinem Kopf durchführen, sondern auch mit anderen Körperteilen oder sogar mit dem ganzen Körper. Nur brauchst du dann eben einen sehr großen Eimer und eine noch größere Schüssel.

Willst du lieber bis auf die Kommastelle genau erfahren, wie viel dein Kopf wiegt? Dann musst du ein CT, eine Computertomografie, machen lassen. Bei so einem Scan wird dein Kopf mit Röntgenstrahlen in dünne Scheiben geschnitten. Natürlich nicht in echt, sondern nur auf dem Bild. Der Computer kann die Dichte jedes einzelnen Punktes berechnen. Dann erstellt er ein dreidimensionales Bild und bestimmt das Gewicht.

Der Kopf eines Erwachsenen wiegt ohne Haare zwischen 4,5 und 5 Kilo. Jetzt weißt du schon einmal ungefähr, was du erwarten kannst.

240 BEI HELLEM LICHT MUSS MAN NIESEN

Die meisten Menschen reagieren auf grelles Licht, indem sie ihre Augen schließen, aber eine von vier Personen reagiert mit Niesen. Das nennt man den photischen Niesreflex.

- Schon Aristoteles wusste, dass der Blick in die Sonne ein Niesen auslösen kann. Er glaubte, es liegt daran, dass die Sonne die Nase erwärmt.

- Auch Francis Bacon, ein Wissenschaftler des 17. Jahrhunderts, wollte der Sache auf den Grund gehen. Er musste beim Blick in die Sonne nur niesen, wenn er die Augen offen hielt. Also konnte das Niesen nicht von der Wärme kommen, sondern musste durch das Licht ausgelöst werden. Francis zufolge ließ die Sonne seine Augen tränen, wodurch seine Nase gekitzelt wurde.

- Inzwischen wissen wir, dass der Gesichtsnerv, der für unsere Sinneswahrnehmungen zuständig ist, dahintersteckt. Durch unsere Augen fällt das Licht ein, worauf ein Signal an unser Gehirn gesendet wird. Doch irgendwo zwischen den Augen und dem Gehirn geht etwas schief. Das Gehirn denkt, dass anstelle der Augen die Nase gekitzelt wurde. Darauf reagiert es mit dem Niesreflex.

- Der Niesreflex wird vor allem dann ausgelöst, wenn man vom Dunkeln ins Licht geht. Meist müssen wir nur ein oder zwei Mal niesen, aber manche Menschen niesen bis zu vierzig Mal.

photischer Niesreflex

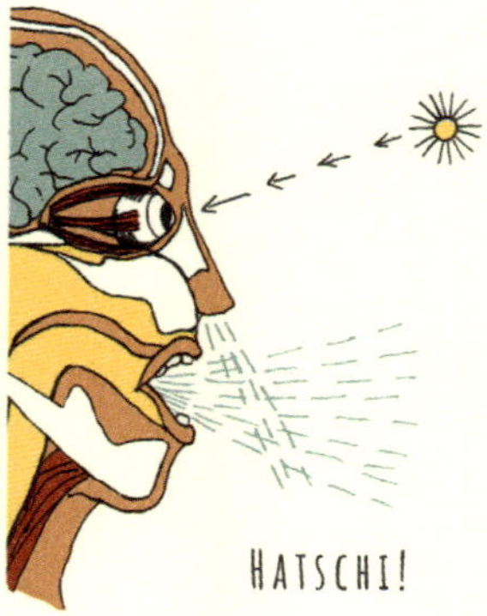

Extra-Nies- und -Nasenwissen:

Wenn du lügst, wird deine Nase zwar nicht länger, aber sehr wohl wärmer. Wenn du dich schuldig fühlst, strömt nämlich mehr Blut in bestimmte Regionen deiner Nase. Zwar kann man das nicht sofort sehen oder fühlen, aber die Wissenschaftler können es messen. Das ist der Grund, warum sich Menschen, die lügen, oft an die Nase fassen.

241 EIN BRILLENMACHERLEHRLING HAT DURCH ZUFALL DAS FERNROHR ERFUNDEN

Es wird erzählt, dass in einer Werkstatt im niederländischen Middelburg der Lehrling eines Brillenmachers mit zwei Linsen herumspielte. Die eine Linse hielt er direkt vor sein Auge, die andere auf Armlänge vor sich. Als er durch beide Linsen gleichzeitig guckte, schien alles plötzlich viel näher.

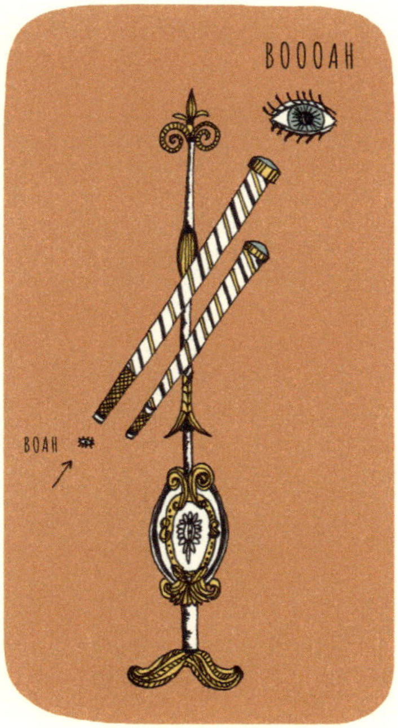

Sein Meister, Hans Lippershey, schimpfte mit ihm, weil er herumspielte, anstatt zu arbeiten. Doch dann begann er in seinem Büro selbst mit den Linsen zu experimentieren und erfand so im Jahre 1608 das Fernrohr. Die Nachricht über die neue Erfindung verbreitete sich wie ein Lauffeuer durch das Dorf und weit darüber hinaus. Als der Italiener Galileo Galilei von der Idee hörte, begann er sofort damit, eins zu bauen. Ein Jahr später hatte er bereits ein Fernrohr mit dreißigfacher Vergrößerung angefertigt.

Mit seinem neuen Fernrohr studierte Galilei gerne den Sternenhimmel. Er entdeckte, dass die Erde um die Sonne kreist und nicht umgekehrt. Davon hielt der Papst aber gar nichts. Er war fest davon überzeugt, dass die Erde der Mittelpunkt von allem war, weil Gott die Erde und den Menschen nach seinem Bild erschaffen hatte.

Nachdem Galileis Werk geprüft worden war, sollte er einige Behauptungen zurücknehmen. Das tat er auch, schrieb allerdings zwanzig Jahre später ein Buch, in dem er seine ursprünglichen Erkenntnisse wiederholte und den Papst damit lächerlich machte. Später stellte sich heraus, dass Galilei mit seiner Vermutung völlig richtiggelegen hatte. Heute wissen wir, dass die Erde sich um die Sonne dreht und nicht umgekehrt.

– 9 –

ÜBER WÖRTER UND SPRACHE

242 DIE BLINDENSCHRIFT WURDE VON EINEM BLINDEN ERFUNDEN

- Louis Braille war erst drei Jahre alt, als er bei einem Unfall ein Auge verlor. Auf dem anderen Auge bekam er eine Infektion und wurde blind. Seine Eltern zogen ihn so normal wie möglich groß und schickten ihn auf eine spezielle Blindenschule.

- Mit fünfzehn Jahren entwickelte Louis ein Alphabet für Blinde. Er ließ Punktmuster in Papier pressen, die man von hinten mit den Fingerkuppen als kleine Erhöhungen ertasten konnte. Das erlaubte blinden Menschen, mit ihren Fingern anstatt mit den Augen zu lesen.

- Das Braille-Alphabet basiert auf drei Reihen mit jeweils zwei Punkten. Für den Buchstaben A wird der erste Punkt links oben belegt, für B der erste und der zweite links. So erhalten alle Buchstaben einen »Code«.

- Wer Braille gut beherrscht, liest ungefähr so schnell wie ein Sehender.

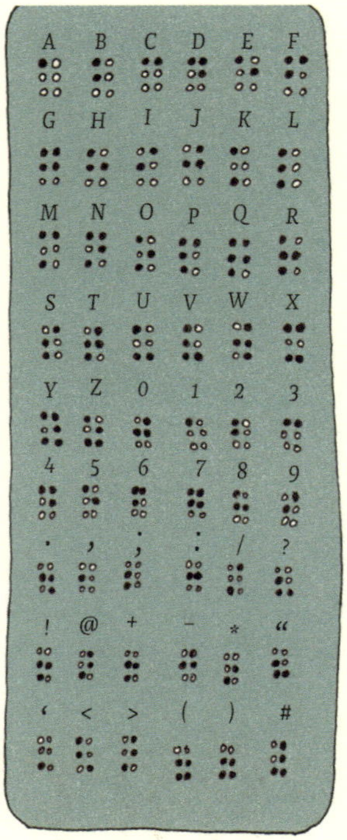

Braille

- Durch die speziellen Zeichen nehmen Bücher in Braille viel mehr Platz ein als gedruckte Bücher. Ein Buch in Brailleschrift ist etwa fünfmal so dick wie ein herkömmliches Buch.

243 MENSCHEN AUS PATAGONIEN UND AUS WALES KÖNNEN EINANDER VERSTEHEN

Walisisch ist eine keltische Sprache mit einer sehr eigentümlichen Aussprache und Schreibweise. Sie wird weltweit von ungefähr 800 000 Menschen gesprochen, von denen die meisten in Wales in Großbritannien leben.

Doch auch im argentinischen Patagonien leben zwischen 5000 und 12 000 Menschen, die Walisisch sprechen. Das sind die Nachfahren der Waliser, die um 1865 nach Argentinien auswanderten.

Noch bis heute werden Lehrkräfte aus Wales nach Argentinien geschickt, um dort Sprachunterricht zu geben. Zurzeit gibt es in Patagonien drei zweisprachige walisisch-spanische Schulen.

Zwar sprechen die Menschen aus Wales und aus Patagonien leicht unterschiedliche Dialekte, aber sie können einander trotzdem bestens verstehen.

244 BABYLON BEDEUTET »VERWIRRUNG«

Wenn Menschen einander nicht verstehen, ist öfter die Rede von einer »babylonischen Sprachverwirrung«. Hinter diesem Ausdruck steckt eine Erzählung aus der Bibel.

Im 1. Buch Mose ist zu lesen, dass auf der Erde einst nur eine einzige Sprache gesprochen wurde. Die Menschen, die sich in Schinar, nicht weit vom Fluss Euphrat, ansiedelten, beschlossen eines Tages, einen Turm zu bauen, der bis in den Himmel reichen und ihnen Ruhm bringen sollte.

Gott sah sich das Bauvorhaben an und hielt nichts davon. Er stieg zur Erde hinab und entschied, dass alle Menschen von nun an unterschiedliche Sprachen sprechen würden. So konnten sie einander nicht mehr verstehen und mussten somit den Bau des Turms abbrechen. Die Stadt, wo sich das abspielte, wurde fortan »Babylon« genannt. Das soll »Verwirrung« bedeuten.

245 EIN BARBAR WAR JEMAND, DER EINE FREMDE SPRACHE SPRACH

Mit »Barbar« meinen wir normalerweise einen Menschen, der sich ungehobelt benimmt.

- Der Ausdruck stammt von den alten Griechen. Sie nannten Fremde *barbaros.* Damit meinten sie das Geräusch, das jemand machte, der kein Griechisch sprach, also einfach nicht zu verstehen war. Mit dem Wort »bar-bar-os« äfften sie die Laute des Fremden nach. Solche nachahmenden Wörter nennt man »Onomatopoetika«.

- Auch die Römer benutzten das Wort später, allerdings schrieben sie es anders. Bei ihnen gab es den *barbarus.* Das war jemand, dessen Sprache und Kultur sie einfach nicht verstanden. Man konnte also noch so gebildet sein und trotzdem zum Barbaren erklärt werden. Die Griechen und Römer nannten sogar die Perser *barbaroi*, weil die ihnen ein bisschen weiblich vorkamen.

- Inzwischen hat das Wort »Barbar« eine völlig andere Bedeutung angenommen. Es meint jemanden ohne Geschmack, der von Kunst und Kultur nichts versteht oder der keinen Respekt vor anderen Menschen hat. Also überleg es dir gut, bevor du jemanden einen Barbaren nennst!

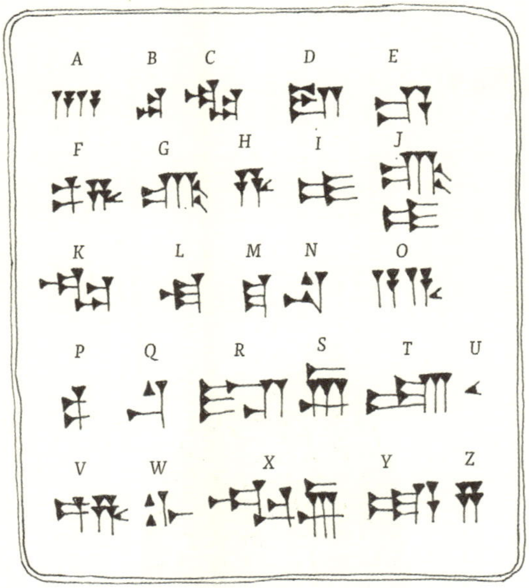

Keilschrift

246 DIE KEILSCHRIFT WURDE NICHT MIT KEILEN GESCHRIEBEN

Eine der ältesten Schriftformen wurde zwischen 3300 und 2900 vor Christus von den Sumerern entwickelt, die in Mesopotamien lebten.

Die Sumerer stellten Tontafeln her, auf die sie mit Rohrgriffeln Zeichen ritzten. Da diese Zeichen die Form von Keilen hatten wird die Schrift »Keilschrift« genannt.

Die Sumerer verwendeten die Keilschrift für die Buchhaltung. Auf den Tontafeln hielten sie fest, wie viel Vorrat sie noch hatten oder wer ihnen noch etwas schuldete.

247 IN EINER SPRACHE WIRD VOR ALLEM GEKLICKT

Du wirst vermutlich nur Bahnhof verstehen, wenn jemand dir auf **Xhosa** etwas erklären will.

- Kein Wunder, denn Xhosa ist eine Klicksprache, die hauptsächlich in Südafrika und Lesotho gesprochen wird.
- Ungefähr acht Millionen Menschen sprechen Xhosa als Muttersprache, womit es nach Zulu die zweithäufigste Muttersprache in Südafrika ist. Auch Nelson Mandela, der bekannte Kämpfer gegen die Apartheid und ehemaliger Präsident Südafrikas, sprach Xhosa.
- Im Xhosa gibt es drei Grundarten von Klick- oder Schnalzlauten:
  - **C** klingt wie tsk
  - **X** klingt wie der Laut, mit dem man Pferde anspornt
  - **Q** klingt wie das Entkorken einer Champagnerflasche
- All diese Klicklaute kommen in sechs verschiedenen Formen vor, und jedes Wort kann mehrere Klicks enthalten.
- Neben den Klicks gibt es auch noch Vokale und nicht-klickende Konsonanten.

Xhosa

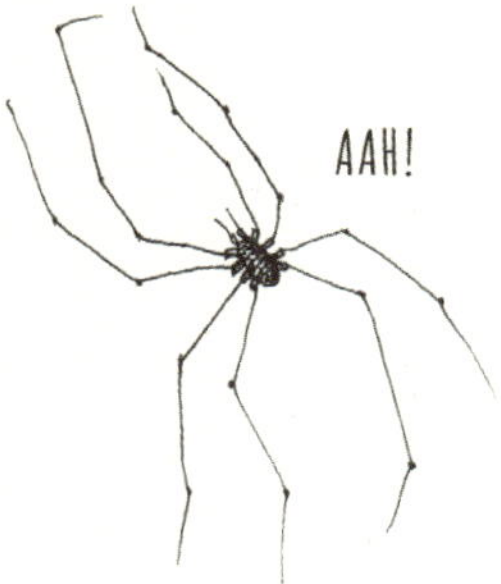

Arachno-phobie

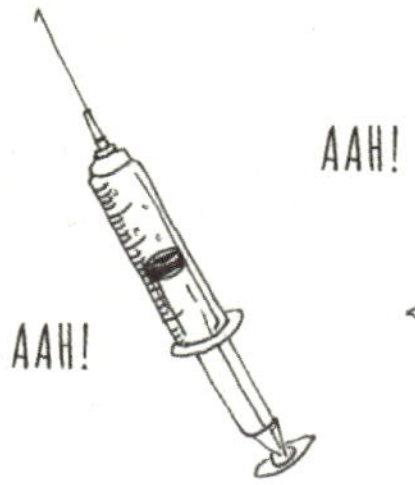

Trypano-phobie

Paraskavedekatria-phobie

Noch mehr Phobien:

Lust zu schwänzen? Vielleicht kannst du ja deinen Eltern weismachen, dass du an einer Didaskaleinophobie leidest, einer krankhaften Angst vor der Schule, oder einer Sophophobie, der Angst, etwas Neues zu lernen.

248 DU LEIDEST NICHT AN EINER BIBLIOPHOBIE

Woher wir das wissen? Würdest du an Bibliophobie leiden, würdest du dich nicht trauen, ein Buch anzufassen oder gar zu lesen. Und das ist ja genau das, was du jetzt gerade tust.

- Wer eine **Phobie** hat, hat furchtbare Angst vor etwas, ohne dass es einen guten Grund dafür gibt. Es ist zwar ganz normal, sich ein bisschen zu ekeln, wenn man eine Spinne sieht. Wenn du dich aber nicht mehr in dein Zimmer traust, weil du fürchtest, dass sich da irgendwo eine Spinne versteckt, leidest du wahrscheinlich an einer Arachnophobie, einer krankhaften Spinnenangst.

- Phobien können einem das Leben furchtbar schwer machen. Du kannst zum Beispiel so große Angst vor Spritzen haben (Trypanophobie), dass dir der Arzt keine Spritze geben kann, wenn du mal wirklich krank bist.

- Wer unter seiner Phobie leidet, sollte sich von einem Therapeuten behandeln lassen.

- Manche Phobien haben echt seltsame Namen, mit denen du bei deinen Freunden Eindruck schinden kannst. Nimm zum Beispiel die Paraskavedekatriaphobie, die krankhafte Angst vor Freitag, dem Dreizehnten. Oder die Sesquipedalophobie, die Angst vor dem Lesen oder Aussprechen langer Wörter – diese Angst wird auch manchmal Hippopotomonstrosesquippedaliophobie genannt. Bei dem Wort ist es kein Wunder, wenn du panische Angst hast, dir beim Vorlesen die Zunge zu verknoten.

- Menschen können vor fast allem Phobien entwickeln, und für sie alle gibt es einen schlauen Fachausdruck.

- Und ja, natürlich kann man auch eine Phobie vor Phobien haben. Das heißt dann Phobophobie.

249 BIBLIOTHEKEN GIBT ES SCHON SEIT URALTEN ZEITEN

Bibliotheken gibt es wirklich schon sehr lange.

- In Mesopotamien soll schon 2300 vor Christus eine gestanden haben. Natürlich war das keine Bibliothek, wie wir sie heute kennen, wo alle Bücher ordentlich in Reih und Glied in den Regalen stehen. Meistens handelte es sich um Tempel, in denen Priester ausgebildet wurden. Die »Bücher« bestanden aus Tontafeln. Die allerdings standen auch in Regalen.

- In Ebla, einer alten Stadt im Nordwesten des heutigen Syriens, stand einst eine sehr bekannte Bibliothek voll mit Tontafeln. Zwar wurde die Bibliothek selbst durch ein Feuer zerstört, doch die Tontafeln wurden durch den Brand gebacken. Dabei wurden sie so hart wie Stein und konnten über Jahrhunderte bewahrt werden. Man kann sie auch heute noch lesen, vorausgesetzt natürlich, man beherrscht die Keilschrift.

- Die Bibliothek von Alexandria ist die berühmteste Bibliothek des Altertums. Berichten zufolge musste jedes Schiff, das in der Stadt anlegte, die Bücher an Bord der Bibliothek schenken. Dort wurden sie sofort abgeschrieben. Das Original wurde fortan in der Bibliothek aufbewahrt, während die Reisenden die Kopie wieder mitnehmen durften. Die Bibliothek versammelte vor allem Papyrusrollen. Leider sind von dieser Urbibliothek bisher keine Überreste gefunden worden.

250 NIEMAND KONNTE DIE HIEROGLYPHEN ENTSCHLÜSSELN

(BIS JEMAND EINEN RIESIGEN ENTSCHLÜSSELUNGSSTEIN FAND)

Im Juli 1799 machten französische Soldaten bei Ausgrabungen im ägyptischen Rosetta eine sensationelle Entdeckung. Sie fanden einen dunklen Stein von etwa 112 mal 76 Zentimetern Größe, auf dem ein Text geschrieben stand.

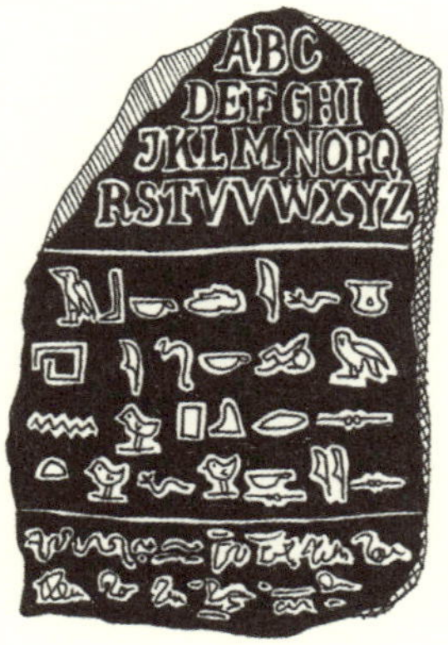

- Das Besondere an diesem Stein war, dass der Text auf drei verschiedene Arten geschrieben war: in ägyptischen Hieroglyphen, in der altägyptischen Schrift Demotisch und auf Griechisch.

- Wissenschaftler machten sich sofort an die Arbeit. Sie erkannten, dass es sich bei der Inschrift um ein von Priestern erlassenes Dekret handelte, in dem der Status von König Ptolemaius V. bestätigt wurde. Der Text wurde im Jahr 196 vor Christus verfasst.

- Der Stein war vor allem deshalb so wertvoll, weil er dabei half, die Hieroglyphen zu entziffern. Hunderte von Jahren lang hatten Wissenschaftler schon versucht, ihre Bedeutung zu verstehen. Durch den Stein von Rosetta wurde dies nun endlich möglich, da sie die Übersetzung gleich mitgeliefert bekamen.

- Möchtest du den Stein von Rosetta mit eigenen Augen sehen? Dann musst nach London ins British Museum, wo er seit 1802 aufbewahrt wird.

251 BEYONCÉ WAR NAMENSPATIN FÜR EINE FLIEGE

Mit vollem Namen heißt sie *Scaptia beyonceae* oder einfach Beyoncé-Fliege. Es handelt sich um eine Bremse oder Pferdefliege, die in Australien heimisch ist. Das Hinterteil der Fliege ist mit einer Schicht leuchtend goldener Härchen bedeckt. Wahrscheinlich inspirierte das den Entdecker dazu, das Insekt nach der bekannten Sängerin Beyoncé Knowles zu benennen.

Die südamerikanische Sängerin Shakira wiederum stand Namenspatin bei einer Wespenart: *Aleiodes shakirae*. Diese Wespe ist ein Parasit, der seine Eier im Körper einer Raupe ablegt. In ihrem Abwehrkampf krümmt sich die Raupe wie in einem Zwangs-Bauchtanz, der die Wissenschaftler an Shakira erinnerte.

Auch Barack Obama war für Naturwissenschaftler eine große Inspiration. Nach ihm benannten sie unter anderem zwei Spinnen (*Aptostichus barackobamai* und *Spintharus barackobamai*), einige Fische (*Etheostoma obama*, *Tosanoides obama* und *Teleogramma obamaorum*), einen Pferdehaarwurm (*Paragordius obamai*), einen Vogel (*Nystalus obamai*) und eine Biene (*Lasioglossum obamai*). Sogar ein ausgestorbenes Reptil wurde nach dem ehemaligen amerikanischen Präsidenten benannt: das *Obamadon gracilis*.

Du hättest auch gern ein nach dir benanntes Tier? Dann solltest du am besten Biologin oder Biologe werden und versuchen, einen möglichst wichtigen Beitrag zur Wissenschaft zu leisten. So hast du die besten Chancen, dass ein neu entdecktes Tier deinen Namen bekommt.

Scaptia beyonceae

252 ES GIBT ÜBER SECHSTAUSEND SPRACHEN AUF DER WELT

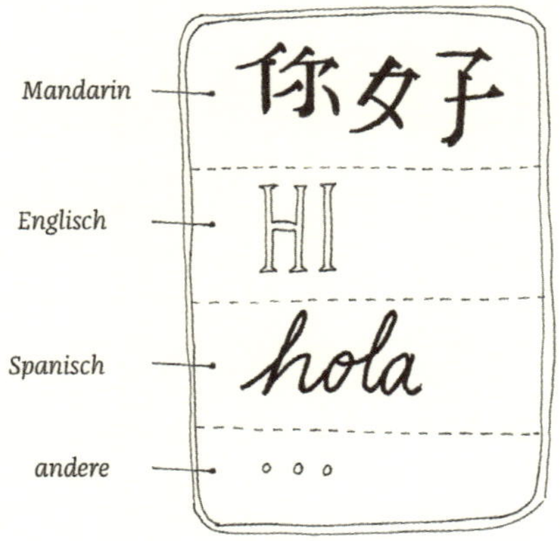

Wie viele Sprachen es genau auf unserem Planeten gibt, können Wissenschaftler nicht mit Bestimmtheit sagen, aber es sind zwischen sechstausend und siebentausend. Manche Sprachen werden von sehr vielen Menschen gesprochen, andere nur von ganz wenigen. Wenn die letzten Sprecher einer Sprache sterben, verschwindet ihre Sprache mit ihnen. Deshalb sinkt die Anzahl der Sprachen auf der Erde.

- Die am meisten gesprochene Sprache der Welt ist Mandarin. 1051 Millionen Menschen sprechen diese chinesische Sprache. Die meisten von ihnen wohnen in China, aber auch in Taiwan und anderen Teilen der Welt wird Mandarin gesprochen. Diese Sprache hat viele verschiedene Dialekte. Manchmal unterscheiden sie sich so stark, dass die Sprecher verschiedener Dialekte einander nicht verstehen.

- Die zweitgrößte Weltsprache ist Englisch mit 1010 Millionen Sprechern. Das liegt vor allem an der großen Anzahl von Menschen, die Englisch als Fremdsprache sprechen. Als Muttersprache wird Englisch »nur« von ungefähr 500 Millionen Menschen gesprochen.

- Auch Spanisch wird von knapp 500 Millionen Menschen als Muttersprache gesprochen, doch weniger Menschen sprechen es als Zweit- oder Fremdsprache. Insgesamt können auf der Welt ca. 570 Millionen Spanisch.

253 EINE INSEL NAMENS BIKINI

Der Bikini wurde 1946 von dem französischen Modedesigner Louis Réard erfunden. Vorher hatte es nur einteilige Badeanzüge gegeben. Viele Menschen hielten anfangs nichts von der neuen Bademode. Viel zu nackt!

Zu der Zeit wurden auf der Pazifikinsel Bikini Atombombentests durchgeführt. Von den schrecklichen Tests hatte natürlich jeder gehört. Louis Réard beschloss also, seine neue Erfindung »Bikini« zu nennen, um den zwei Stoffteilen zusätzliche Aufmerksamkeit zu verschaffen.

Außerdem erklärte er, dass das »bi« im Namen auf das lateinische Wort für »zwei« verwies. Schließlich war das neue Kleidungsstück ein Zweiteiler. Später kam dann auch der Monokini, der nur noch aus einer Badehose bestand, die bis zu den Rippen reichte, und zwei Trägern. Die Brüste bleiben dabei unbedeckt. Als er 1964 erstmals präsentiert wurde, war der Monokini eigentlich nur als Modegag gedacht. Der moderne Monokini ist ein Badeanzug, der zwar einen tiefen Ausschnitt hat, aber die Brüste der Trägerin bedeckt.

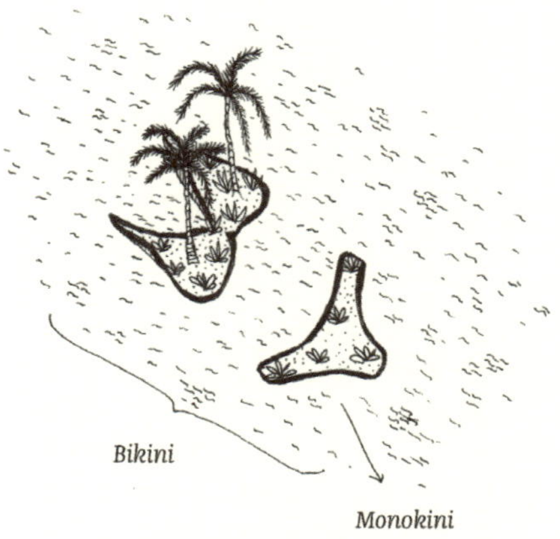

254 DIE GEBÄRDENSPRACHE IST NICHT ÜBERALL GLEICH

Viele gehörlose Menschen benutzen die Gebärdensprache, um zu kommunizieren.

- Die Gebärdensprache ist nicht überall auf der Welt gleich. Nur ungefähr 60 % der Gebärden, die gehörlose Menschen benutzen, sind in fast allen Ländern gleich.

- Auch in der Gebärdensprache kann man rufen oder flüstern:

  - Zum Rufen richtet man sich auf und macht große Gebärden. Statt nur die Hand zu benutzen, verwendet man den ganzen Arm.

  - Und man flüstert, indem man die Hand vor den Brustkorb hält und die Bewegungen so klein wie möglich ausführt.

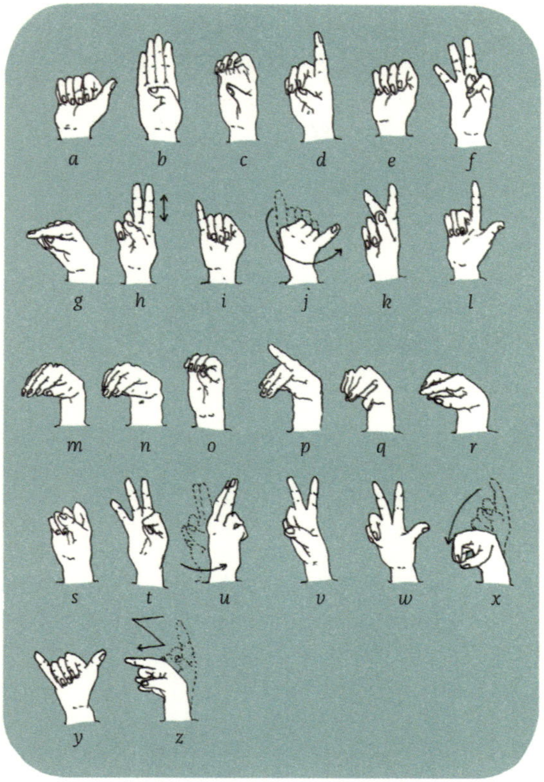

255 DAS MEISTÜBERSETZTE BUCH IST DIE BIBEL

Über 600 Mal ist die gesamte Bibel übersetzt worden, daneben existieren mehr als 2500 Teilübersetzungen. Das Alte Testament wurde ursprünglich auf Hebräisch verfasst, aber schon bald darauf übersetzt. Schon ab dem 2. Jahrhundert vor Christus machten Übersetzungen die Runde, und man konnte das Alte Testament auf Griechisch lesen. Im 4. Jahrhundert wurde dann die gesamte Bibel ins Lateinische übersetzt. In den folgenden Jahrhunderten kamen viele andere Übersetzungen hinzu.

Die erste in deutscher Sprache gedruckte Bibel war die 1460 von dem Straßburger Drucker Johannes Mentelin gedruckte Mentelin-Bibel. Eine viel bedeutendere und sprachlich höherwertige Übersetzung schuf jedoch Martin Luther. Die 1534 erschienene Lutherbibel hat unsere Sprache entscheidend geprägt und ist bis heute für evangelische Christen die wichtigste Bibelübersetzung ins Deutsche.

An zweiter Stelle der meistübersetzten Bücher der Welt steht der Kinderroman *Pinocchio* des italienischen Autors Carlo Collodi. Er wurde in 260 Sprachen übersetzt.

256 WIR BENUTZEN NOCH IMMER WÖRTER AUS JULIUS CÄSARS ZEITEN

Vor langer Zeit, als sich das Römische Reich über einen großen Teil der Welt erstreckte, war Latein eine Weltsprache. Um sich zu verständigen, sprachen die Herrscher Latein miteinander. Manche der Wörter von damals werden heute noch gebraucht.

- *Diktator* bedeutet wörtlich: »Der, der spricht«. Denk nur an das Wort »Diktat«, bei dem der Lehrer etwas vorspricht und du mitschreiben musst. Bei den Römern war ein Diktator eine wichtige Person. Erst später wurde daraus jemand, der sich zum Alleinherrscher aufspielt.
- Ein *Campus* war zu römischen Zeiten ein Feld oder ein offener Platz. Heute meinen wir damit das Gelände um eine Universität.

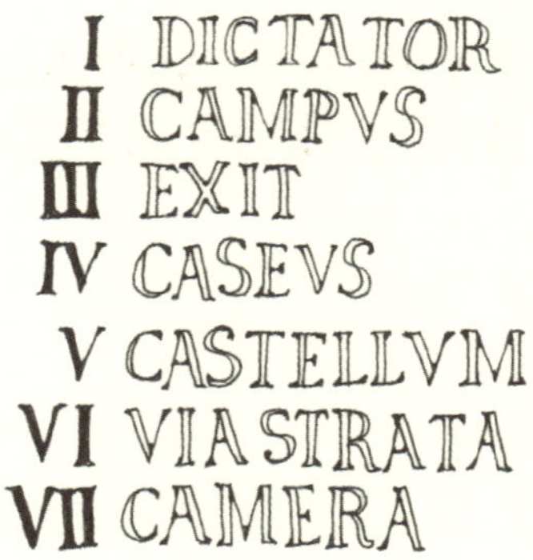

- Liest du irgendwo das Wort »Exit«? Dann weißt du sofort, dass da der Ausgang ist. Auf Latein bedeutete *exit*: »er oder sie geht raus«.
- Manchmal finden wir lateinische Wörter in unserem alltäglichen Wortschatz wieder. Da wären zum Beispiel Käse *(caseus)*, Fenster *(fenestra)*, Straße *(via strata)*, oder Körper *(corpus)*.

257 CHINESEN BRAUCHEN EIN PHÄNOMENALES GEDÄCHTNIS

In der chinesischen Sprache gibt es unglaubliche 106 230 Schriftzeichen. Jedes Zeichen stellt einen eigenen Gegenstand oder einen abstrakten Gedanken dar. Die chinesische Schrift wird deshalb auch »Bilderschrift« genannt. Zum Glück braucht man zum Zeitunglesen oder für andere alltägliche Zwecke »nur« etwa 3000 dieser Zeichen.

In unserem Alphabet brauchen wir nur 26 Buchstaben, um alle Wörter, die wir kennen, aufzuschreiben. Das nennt man eine »Buchstabenschrift«, bei der jeder Buchstabe für einen bestimmten Laut steht.

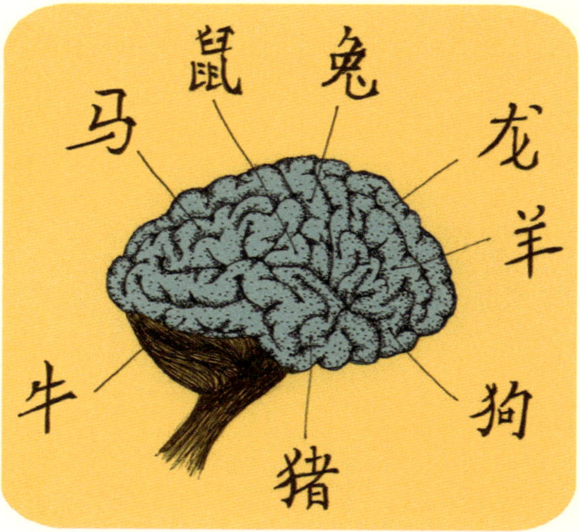

258 DIE BERÜHMTESTE ENTE DER WELT HAT NICHT ÜBERALL DEN GLEICHEN NAMEN

Du kennst ihn einfach als Donald Duck. Das ist auch der Originalname, den Walt Disney der lustigen Ente gab. In vielen anderen Ländern aber wird der Name übersetzt. Und welcher gefällt dir am besten?

- Italien: Paperino
- Spanien: El Pato Donald
- Schweden: Kalle Anka
- Dänemark: Anders And
- Finnland: Aku Ankka

Auch Micky Maus (engl. Mickey Mouse) bekommt dort einen anderen Namen:

- Finnland: Mikki Hiiri
- Italien: Topolino
- Schweden: Musse Pigg

259 MANCHE MENSCHEN VERSCHLINGEN BÜCHER

Wortwörtlich. Sie essen ein ganzes Buch.

- Das nennt man **Bibliophagie**. Früher wurden Menschen manchmal sogar dazu gezwungen, denn Bibliophagie war eine Strafe. Wenn jemand ein Buch über Religion oder Politik schrieb, waren die Machthaber damit oft nicht einverstanden. Zur Strafe ließen sie den Autor sein Buch aufessen.

- Dann gibt es die Biblioklasten, die unbedingt Bücher zerstören wollen. Wahrscheinlich sind sie mit dem Inhalt eines bestimmten Buches nicht einverstanden und wollen es deshalb verschwinden lassen. Der Drang ist so stark, dass sie es tun, ohne darüber nachzudenken. Oft haben es Biblioklasten auf die Bibel oder andere religiöse Schriften abgesehen.

- Der Bibliokleptoman wiederum ist jemand, der Bücher stiehlt, ohne dass er etwas dagegen tun kann.

- Zum Glück gibt es aber auch viele Bibliophile. Das sind Menschen, die Bücher lieben, sammeln und sich gut um sie kümmern.

– 10 –

ALLES, WAS DA GRÜNT UND BLÜHT

260 MAMMUTBÄUME WERDEN SO GROSS WIE EIN HOCHHAUS MIT 25 STOCKWERKEN

Der Riesenmammutbaum wächst in Kalifornien, einem Bundesstaat im Westen der USA. Diese Bäume können bis zu 75 Meter groß und fast 2000 Tonnen schwer werden. Damit ist der Riesenmammutbaum, fachsprachlich *Sequoiadendron giganteum* genannt, das größte Lebewesen der Erde.

- Der Riesenmammutbaum ist zwar der größte Baum auf der Erde, aber nicht der höchste. Diese Ehre wird dem Küstenmammutbaum zuteil, der auch in Kalifornien wächst und bis zu 115,5 Meter hoch werden kann. Das ist höher als die meisten Wolkenkratzer!

- Der allergrößte Mammutbaum misst 83,8 Meter, steht im Sequoia Nationalpark in Kalifornien und hat sogar einen Namen: General Sherman. Sein Stamm hat einen Durchmesser von 7,7 Metern. General Sherman ist wahrscheinlich 2300 bis 2700 Jahre alt und damit nicht nur der größte, sondern auch der älteste Mammutbaum.

- Im 19. Jahrhundert schlugen Menschen manchmal Tunnel in die Stämme von Mammutbäumen, um Wagen durchfahren zu lassen. Das passiert heute zum Glück nicht mehr, aber einige alte Tunnel kann man in den Parks noch besichtigen.

- Die Rinde des Mammutbaums kann stolze 90 Zentimeter dick werden. Wenn im Wald ein Brand ausbricht, wird die Rinde zwar beschädigt, aber der Baum selbst würde kein Feuer fangen. Manchmal sind Brände sogar notwendig für diese Bäume, denn ihre Samen fallen nur bei großer Hitze zu Boden.

Rafflesia arnoldii

261 ES GIBT EINE BLUME, DIE NACH DEM TOD STINKT

Die meisten Blumen haben einen tollen Duft, aber auf die *Rafflesia arnoldii* oder Riesenrafflesie trifft das nicht zu.

- Diese Pflanze lebt im Dschungel von Südostasien. Sie wächst als Parasit auf Lianen.

- Sie bringt riesige rotbraune Blüten mit weißen Tupfern hervor – die allergrößte alleinstehende Blüte, die es auf der Erde gibt. Sie kann 11 Kilo wiegen, und ihr Durchmesser beträgt bis zu einem Meter. Sie verbreitet einen Geruch, der an verfaulendes Fleisch erinnert. Der furchtbare Geruch zieht Aasfliegen an, die für die Bestäubung der Pflanzen sorgen sollen.

- Die Bestäubung ist aber alles andere als einfach, denn dafür sind eine männliche und weibliche Blume nötig, die zur selben Zeit blühen. Hinzu kommt, dass die Blüten nur fünf bis sieben Tage leben. Die Chancen auf Vermehrung stehen also ziemlich schlecht. Weil außerdem große Teile des Waldes, in dem diese Blumen vorkommen, infolge von Abholzung allmählich verschwinden, ist die Chance, dass eine männliche und eine weibliche Blume nah beieinander gleichzeitig blühen, noch kleiner. Darum ist die Riesenrafflesie inzwischen fast ausgestorben.

262 TOMATEN SIND DIE FRÜCHTE EINER GIFTPFLANZE

Tomaten sind gesund. Aber von der Pflanze, an der diese roten Früchte wachsen, solltest du besser die Finger lassen.

- Die Tomate gehört zur Familie der Nachtschattengewächse. Ihr Stängel und ihre Blätter enthalten Solanin, manchmal auch Tomatin genannt. Das ist ein Gift, das die Pflanze produziert, um sich gegen allerlei Krankheitserreger zu schützen. Das Gift kann auch Menschen schaden.

- Unreife Tomaten enthalten noch eine kleine Menge an Gift, doch wenn die Tomate rot, saftig und süß ist, ist es verschwunden.

- Wie die Tomatenpflanze sind auch die Pflanzen von Kartoffel, Aubergine und Paprika giftig.

- Solanin ist nur in größeren Mengen giftig für uns, aber es kann Bauchschmerzen und Durchfall verursachen oder uns sehr schläfrig machen. Wenn du nur reife Tomaten benutzt, brauchst du dir überhaupt keine Sorgen zu machen und kannst gefahrlos weiter Spaghetti mit Tomatensoße genießen.

Nachtschattengewächs

263 IM KORALLENRIFF WIRD HEFTIG GEKNUTSCHT

Korallen bestehen aus Milliarden winzig kleiner Tiere, sogenannten Polypen. Sie leben in großen Kolonien auf dem Meeresboden. So eine Kolonie wird »Korallenriff« genannt.

- Vor Kurzem haben Forscher entdeckt, dass Polypen nachts ihre Münder aneinanderdrücken, so als würden sie heftig herumknutschen. Wahrscheinlich tun sie das, um Nährstoffe und andere wichtige Stoffe auszutauschen.

- Das haben die Wissenschaftler zum ersten Mal im Golf von Akaba durch ein spezielles Unterwassermikroskop beobachtet, das viel genauer ist als alle Mikroskope, die zuvor benutzt wurden.

- Aber Korallen knutschen nicht nur. Ab und zu kämpfen sie auch miteinander. Wenn fremde Korallen ihnen zu nahe kommen, fühlen sie sich bedroht. Dann stülpen ihre Polypen feine Fäden aus ihrem Verdauungsorgan heraus, die bestimmte Stoffe, sogenannte Enzyme, abgeben. Die ätzenden Enzyme greifen die fremde Koralle an und können sie zerstören. So etwas passiert aber nur zwischen Korallen verschiedener Arten. Korallen können also Freund und Feind voneinander unterscheiden.

264 DANK BÄUMEN UND PFLANZEN KÖNNEN WIR ATMEN

Die meisten Lebewesen auf der Erde brauchen zum Überleben irgendein Gas. Sehen können wir die Gase nicht, aber sie sorgen dafür, dass unsere Erde ein schöner, lebendiger grün-blauer Planet ist. Diese Gase sind Kohlendioxid, Wasserdampf und Sauerstoff.

- Wenn du einatmest, saugt sich deine Lunge voll Luft. Die enthält Sauerstoff, das Gas, das jede Zelle deines Körpers zum Leben braucht. In deinen Zellen entsteht daraus Kohlendioxid, das du beim Ausatmen wieder ausstößt.

- Blumen, Bäume und andere Pflanzen brauchen zum Überleben Kohlendioxid, Wasser und Sonnenlicht.

    - Das Wasser wird über die Wurzeln der Pflanze aus dem Boden gezogen, zusammen mit verschiedenen Mineralien. Sehr feine Rohre transportieren das Wasser nach oben, bis in die Äste und Blattspitzen.

    - Kohlendioxid atmen die Pflanzen durch winzig kleine Poren in ihrem Stamm oder in den Blättern ein, genauso wie du Luft durch deinen Mund nach innen saugst. Diese Poren heißen Spaltöffnungen.

    - Das Sonnenlicht sorgt dafür, dass das Kohlendioxid und Wasser in Baustoffe umgewandelt werden, die die Pflanzen wachsen lassen.

    - Umgekehrt bringen andere kleine Röhren die während der Photosynthese (siehe auch Info 274) entstandenen Stoffe bis in die Wurzeln.

    - Durch diesen ganzen Prozess gelangt Sauerstoff durch die Blätter in unsere Luft, der uns erlaubt zu atmen.

    - Es ist sehr wichtig, dass die kleinen Röhrchen in den Pflanzen immer mit Wasser gefüllt bleiben. Wenn nicht mehr genug Wasser darin ist, verschließen sich die Spaltöffnungen, um das Wasser festzuhalten. In dem Moment kann die Pflanze auch kein Kohlendioxid mehr aufnehmen. Wenn das zu lange dauert, stirbt sie.

Das nächste Mal, wenn du an einer großen Eiche vorbeikommst, vergiss also nicht, dich für den Sauerstoff zu bedanken!

Photosynthese

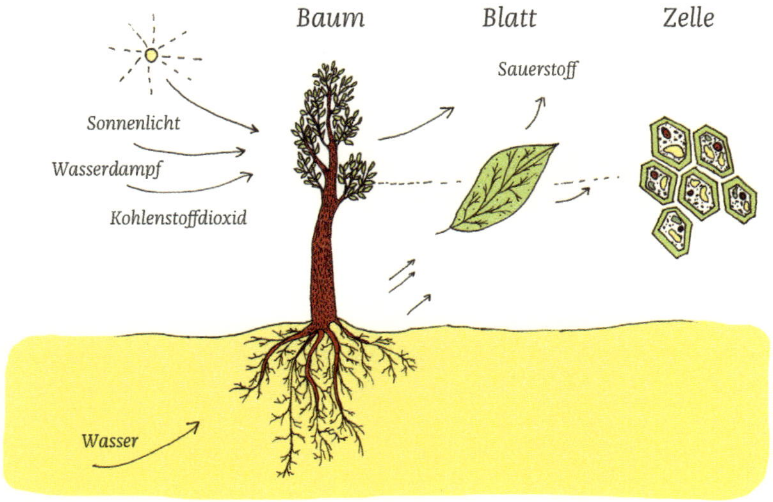

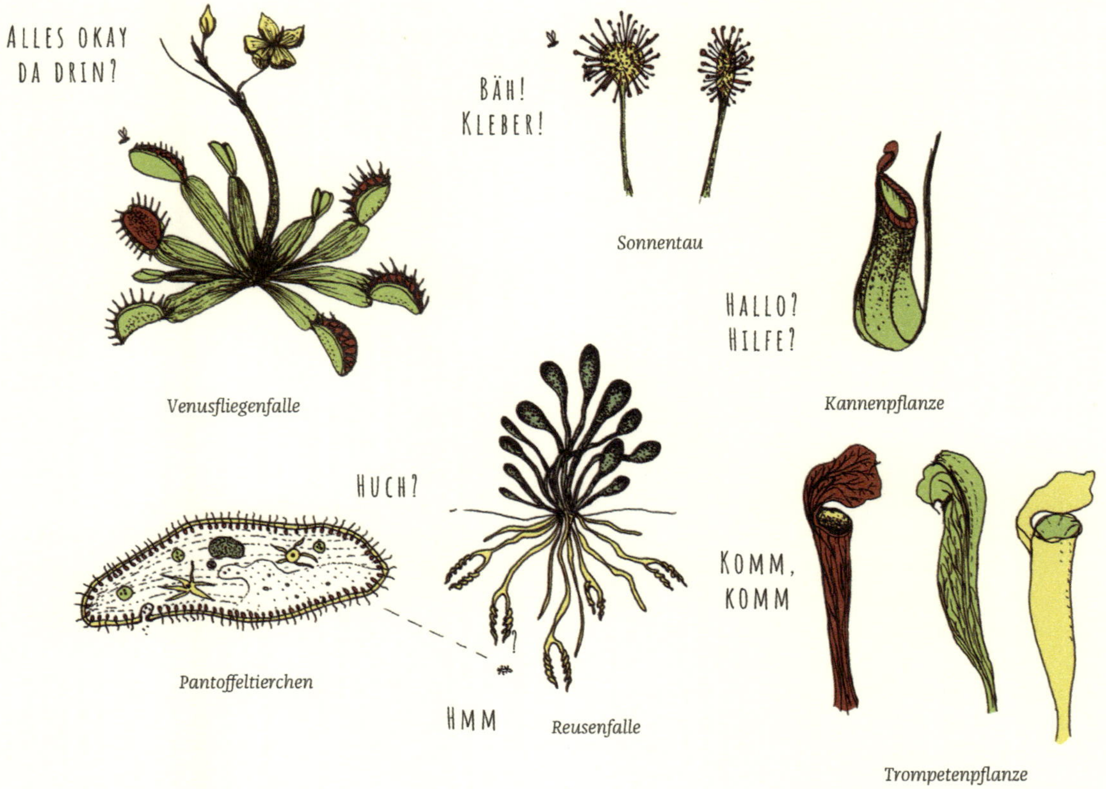

265 MANCHE PFLANZEN SIND FLEISCHFRESSER

Neben Kohlenstoffdioxid und Wasser haben Pflanzen auch Mineralien zum Überleben nötig. Die holen sie sich aus dem Erdboden. Für gutes Wachstum zum Beispiel ist besonders das Element Stickstoff wichtig. Manchmal wachsen Pflanzen aber auf nährstoffarmen Böden, die nur wenige Mineralien enthalten. Um doch an ihren Stickstoff zu kommen, haben sie einen schlauen Trick gefunden: Sie fangen Insekten und fressen sie auf.

Nicht alle fleischfressenden Pflanzen funktionieren auf die gleiche Weise.

- Die Venusfliegenfalle verfügt über ein Fangblatt, das sich blitzschnell schließt, sobald ein Insekt sich daraufsetzt.
- Der Sonnentau hingegen hat klebrige Tentakel, an denen die Insekten kleben bleiben.
- Pflanzen aus der Gattung der Kannenpflanzen verlassen sich auf ihre kannenförmige, mit einem Verdauungssaft gefüllte Fallgrube. Wenn ein Insekt hineinfällt, wird es mithilfe des Saftes langsam verdaut.

- Schlauchpflanzen, auch Trompetenpflanzen genannt, verfügen auf der Innenseite über kleine, nach innen gerichtete Härchen. Wenn ein Insekt darauf landet, kommt es nicht mehr los und wird mit Haut und Haar verzehrt.

- Die Reusenfalle ist eine ganz besondere fleischfressende Pflanze. Sie frisst kleine Insekten mithilfe ihrer unterirdischen, korkenzieherähnlichen Blätter. Die haben kleine Öffnungen, gerade groß genug, dass winzige Insekten durchpassen. Die kriechen nichts ahnend in die Blätter hinein, wo aber kleine Härchen sitzen. Durch die kann das Beutetier nur noch in Richtung des »Magens« schwimmen, wo es von der Pflanze verdaut wird.

266 KARTOFFELN SIND (EIN KLITZEKLEINES BISSCHEN) GIFTIG

Kartoffeln enthalten wie Tomaten Solanin, einen Giftstoff, der dich ziemlich krank machen kann. Der Stoff wird in den grünen Teilen der Kartoffelpflanze gebildet. Sobald die Knollen ans Licht kommen, werden sie grün und bilden Solanin.

- Gegen Ende des 16. Jahrhunderts wurden die ersten Kartoffelpflanzen nach Europa gebracht. Sie kamen aus Lateinamerika. Weil aber die Blüten, Blätter und Beeren der Pflanze so giftig waren, wollten die Menschen hier nicht glauben, dass man die Knollen essen konnte. Es dauerte ganze 200 Jahre, bis sich die meisten Europäer trauten, eine Kartoffel zu schälen und zu essen.

- Krank wird man nur, wenn man über 200 Milligramm Solanin verzehrt. Ein Kilo Kartoffeln enthält 40 Milligramm Solanin. Man muss also erstmal 5 Kilo Kartoffeln runterbekommen, bevor einem der Stoff gefährlich werden kann. Dann wird man zwar krank, aber sterben tut man davon noch nicht. Erst ab 400 Milligramm ist Solanin für den Menschen tödlich. Eine Kartoffel mit grünen Flecken solltest du aber besser wegwerfen. Das Solanin breitet sich immer in der ganzen Knolle aus und verschwindet auch nicht, wenn du die Kartoffel kochst.

- Solltest du jetzt besser deine Portion Kartoffeln oder Pommes stehen lassen? Absolut nicht! Alle Lebensmittel enthalten Stoffe, die man nicht in rauen Mengen essen sollte. Solange wir viele verschiedene Dinge essen, gibt es keinen Grund zur Sorge.

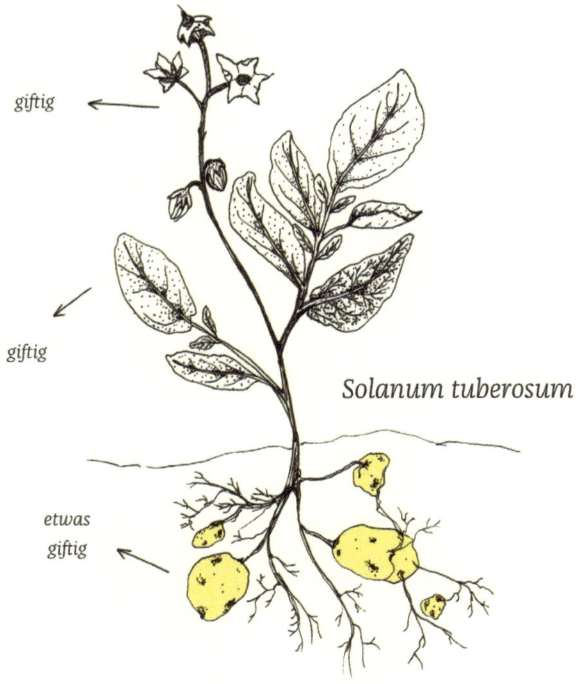

Lodoicea maldivica
Seychellenpalme

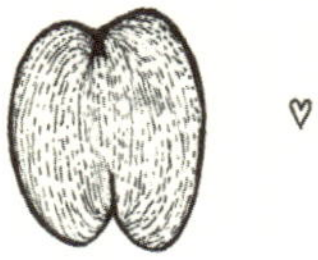

♀
Samen aus der Frucht

♂
Männlicher Blütenstand

Blatt

267 MANCHE SAMEN BRINGEN 30 KILO AUF DIE WAAGE

Denkst du bei »Samen« an einen kleinen braunen Kern in der Mitte eines Apfels? Dann haben wir eine Überraschung für dich. Die Samen der Seychellennuss oder auch Seychellenpalme, die auf den Seychelleninseln Praslin und Curieuse heimisch ist, können einen Durchmesser von gut 50 Zentimetern und ein Gewicht von bis zu 30 Kilo erreichen. Damit sind es die größten Samen aller uns bekannten Pflanzen. Die Form des Samens erinnert an die Pobacken einer Frau, weshalb er von Seeleuten früher *callipyge* genannt wurde. Das Wort stammt aus dem Griechischen und bedeutet »schönes Hinterteil«.

Weil die Bäume auf Inseln wachsen, landen die Samen oft im Wasser. Dann werden sie auf anderen Inseln angespült, wo sie aber nicht auskeimen. Heute wissen wir, warum das so ist. Aufgrund ihres enormen Gewichts sacken sie zunächst auf den Meeresboden hinunter, wo sie eine ganze Weile liegen bleiben. Irgendwann beginnt die Nuss dort zu faulen. Dabei wird ein Gas freigesetzt, das sie wieder an die Oberfläche treibt und auf einer Insel anschwemmen lässt. Danach kann der Samen nicht mehr auskeimen.

Früher wunderten sich die Leute über diese seltsamen angespülten Objekte und wussten nicht genau, was sie davon halten sollten. Darum schrieben sie ihnen oft magische Kräfte zu und dachten sich allerlei Geschichten dazu aus.

- Manche Seefahrer glaubten, dass die Samen von einem großen Wald mit riesigen Bäumen stammten, der sich am Grund des Meeres befand. In diesen Bäumen hatten der Legende zufolge auch Vögel ihre Nester. Manche von ihnen sollen so riesig gewesen sein, dass sie Jagd auf Elefanten und Tiger machten, aber auch ab und zu ein ganzes Schiff mit Seeleuten vertilgten.

- Auf den Malediven musste man eine gefundene Seychellennuss sofort zum König bringen. Wer das nicht tat, riskierte die Todesstrafe.

- Selbst als die Menschen längst wussten, woher die Samen stammten, blieben manche Geschichten bestehen. Das hat auch mit der Form der Bäume zu tun. Seychellenpalmen können männlich oder weiblich sein. Die weiblichen Bäume tragen die Samen, die an einen weiblichen Hintern erinnern. Die männlichen Bäume verfügen über längliche Fortsätze, die ein bisschen wie ein Penis aussehen. Die Menschen erzählten sich Geschichten, in denen sich die männlichen Bäume aus dem Boden lösten und sich auf die Suche nach einer Partnerin machten. Wer je ein Baumpärchen dabei erwischte, wie sie »es« miteinander taten, würde auf der Stelle blind.

- Weil die Wissenschaft bis heute noch nicht klären konnte, wie die Bestäubung der Seychellenpalme genau abläuft, lebt die Legende weiter fort.

268 IN DEN LETZTEN FÜNFUNDZWANZIG JAHREN IST EIN ZEHNTEL DER WILDNIS VERSCHWUNDEN

Um unsere Natur ist es nicht so gut bestellt. In nur fünfundzwanzig Jahren verlor die Erde ein Zehntel ihrer Wildnis. Das ist eine ganze Menge: eine Fläche von 3,3 Millionen Quadratkilometer, doppelt so groß wie Alaska.

Unter »Wildnis« verstehen Wissenschaftler Landschaften, in die der Mensch noch nicht eingegriffen hat. Er hat dort nichts gepflanzt, keine Straßen angelegt und keine Bäume gerodet.

Heute bleiben nur noch 30 Millionen Quadratkilometer unberührter Natur auf der Erde übrig. Das ist etwa ein Fünftel der gesamten Landfläche auf unserem Planeten. Der Großteil der verbleibenden Wildnis liegt in Nordamerika, Australien, Nordasien und Nordafrika. In Deutschland gibt es, wie in ganz Europa, zwar kaum noch echte Wildnis, doch durch spezielle Schutzprogramme soll an einigen Orten die Wildnis wieder entstehen. Viele der neueren (fast) wilden Landschaften befinden sich in Ostdeutschland auf früheren Truppenübungsplätzen. Wilde Flecken gibt es außerdem in den großen Nationalparks wie dem Bayrischen Wald, der Eifel oder dem Harz.

Wir müssen also alle gemeinsam dafür sorgen, dass nicht noch mehr Wildnis verschwindet. Denn was einmal weg ist, kommt nicht mehr zurück. Darum rufen Wissenschaftler und Umweltschützer uns alle dazu auf, die Wildnis, die uns noch bleibt, so gut wie möglich zu schützen.

269 NICHT ALLE PFLANZEN BRAUCHEN (VIEL) SONNE

Bei Nummer 264 hast du gelesen, dass Pflanzen zum Überleben Sonnenlicht brauchen. Aber nicht alle Pflanzen brauchen gleich viel. Manche wachsen und blühen sogar in der dunkelsten Kammer.

- Die Grünlilie zum Beispiel braucht gar kein Sonnenlicht, sondern gibt sich mit einer Leuchtstofflampe zufrieden. Sie ist überhaupt ziemlich bescheiden. Du hast eine Woche oder gar einen Monat lang das Gießen vergessen? Kein Problem, das hält sie aus. Für Menschen ohne grünen Daumen also die ideale Pflanze.

- Dein Bad hat nur ein winzig kleines Fenster? Dann wird die Bromelie sich dort wie zu Hause fühlen. In dunklen, feuchten Räumen findet sie es äußerst gemütlich. Wie die Grünlilie braucht diese tropische Pflanze nur wenig Sonnenlicht, eine normale Lampe genügt ihr. Diese Verwandte der Ananas hat übrigens eine wunderschöne rote Blüte, die dein dunkles Badezimmer so richtig aufblühen lässt.

- Schließlich ist da noch die Sansevieria, auch Bogenhanf genannt. Gibt ihr einfach ein bisschen Sonne, ab und zu etwas Wasser – mehr braucht sie nicht. Im Gegenteil: Gibst du ihr aus Versehen zu viel Wasser, wird sie es vielleicht nicht überleben.

270 SCHLAFEN BÄUME NACHTS?

Unglaublich, aber wahr: Bäume lassen nachts die Zweige hängen und scheinen regelrecht einzudösen. Man sieht, dass sie wieder »wach« sind, wenn sie ihre Zweige aufrichten.

Natürlich muss man genau hingucken, um es mitzubekommen. Ein fünf Meter hoher Baum lässt seine Zweige etwa 10 Zentimeter absacken. Das ist mit bloßem Auge kaum zu sehen. Österreichische und finnische Forscher haben spezielle Scanner benutzt, mit denen sie die kleinsten Bewegungen des Baums messen konnten. Dabei entdeckten sie, dass der Baum seine Äste jeden Abend ein kleines Stück herunterhängen ließ. Kurz vor Sonnenaufgang hingen die Äste am tiefsten. Am Morgen ragten sie dann aber wieder stolz in die Höhe.

Wahrscheinlich schlafen die Bäume aber nicht wirklich. Das Phänomen hat vermutlich mit dem Saftstrom zu tun. Im Dunkeln schließen sich die Spaltöffnungen der Bäume, und die Spannung in den Ästen und Zweigen lässt nach. Sobald es hell wird, gehen die Spaltöffnungen der Bäume wieder auf. Das Wasser verdampft aus den Blättern und die Wurzeln ziehen neues Wasser aus dem Boden. So scheint es, als würde der Baum wach sein und schlafen.

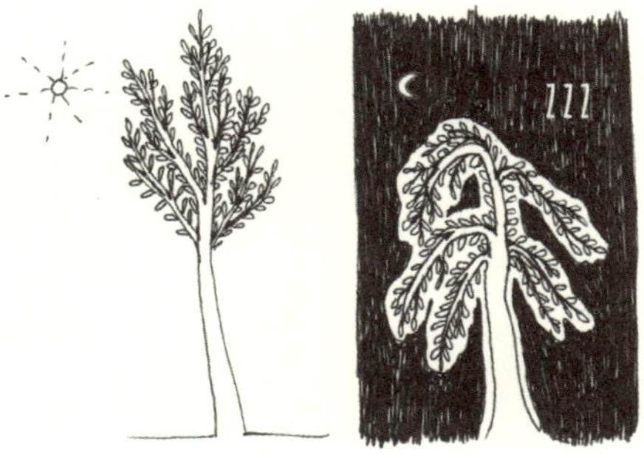

tagsüber *nachts*

271 ORANGEN WACHSEN NICHT IN FREIER NATUR

Der Mensch hat die Orange erfunden. Irgendwann kam ein schlauer Obstzüchter auf die Idee, eine Mandarine mit einer Pampelmuse zu kreuzen. Dabei kam die Orange heraus. Die Orange war allerdings grün statt orange. An vielen Orten der Welt werden auch heute nur grüne Orangen verkauft.

Eine Orange bekommt dann eine orange Farbe, wenn sie in einem nicht zu heißen Klima wächst. Sobald die Temperatur fällt, wird die Schale orange. In warmen Ländern wie Honduras bleiben Orangen grün. Wenn die Honduraner ihre Orangen in westliche Länder verkaufen, werden sie durch die Behandlung mit dem unschädlichen Gas Ethylen künstlich orange gemacht. Die grüne Farbe verschwindet, und schwups: haben wir unsere orange Orange.

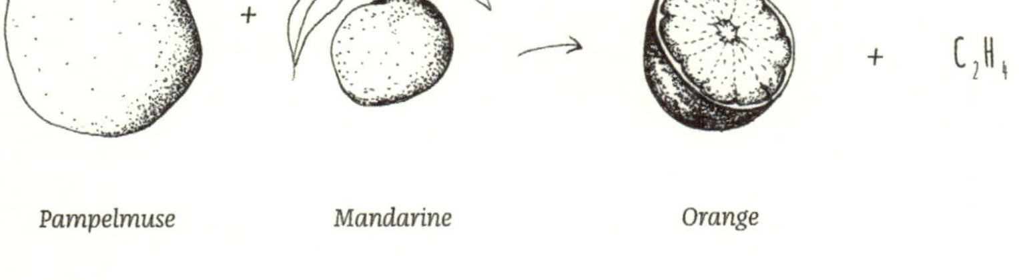

Pampelmuse *Mandarine* *Orange*

272 MANCHE PILZE ZEIGEN DIR DINGE, DIE ES NICHT GIBT

Pilze wachsen vor allem im Spätsommer und im Herbst. Sie kommen aus dem Boden, wo fadenförmige Zellen, sogenannte *Hyphen*, sitzen. Wenn männliche mit weiblichen Hyphen verschmelzen, kann ein Pilz entstehen.

- Bei uns gibt es ungefähr 5000 Arten von Pilzen. Davon sind etwa 100 essbar, und sechs Sorten sind extrem giftig.

- Manche Pilze lassen dich Dinge sehen, die es nicht gibt. Sie enthalten nämlich *Psilocybin*, einen Stoff, der Halluzinationen erzeugt. Diese Pilze werden auch manchmal Zauberpilze oder Psilos genannt.

- Einer der schönsten Pilze ist der Fliegenpilz, ein Giftpilz, der auch als Glücksbringer gilt. Er hat einen roten Hut mit weißen Sprenkeln und gehört zur Gattung der Wulstlinge. Er ist oft in der Nachbarschaft von Birken zu finden.

- Achtung! Ein Cousin des Fliegenpilzes ist einer der tödlichsten Pilze überhaupt: der Grüne Knollenblätterpilz. Er schmeckt allerdings ziemlich gut, und man merkt erst nach 6 bis 24 Stunden, dass man einen Fehler gemacht hat. Leider ist es dann oft schon zu spät.

273 AUF UNSERER ERDE STEHEN 3000 MILLIARDEN BÄUME

Natürlich kann niemand jeden einzelnen Baum zählen, aber Wissenschaftlern ist es gelungen, mithilfe von Satellitenbildern, Supercomputern und Beobachtungen weltweit die Anzahl von Bäumen zu schätzen.

- Ohne Bäume können wir Menschen nicht leben. Sie geben den Sauerstoff, den wir einatmen, erst in die Luft ab, und ziehen das Kohlenstoffdioxid, das wir ausatmen, wieder heraus.

- Die dichtesten Wälder stehen in Russland, Skandinavien und Nordamerika.

- Die größten bewaldeten Gebiete liegen in den tropischen Ländern. Dort wächst auch etwa die Hälfte aller Baumarten.

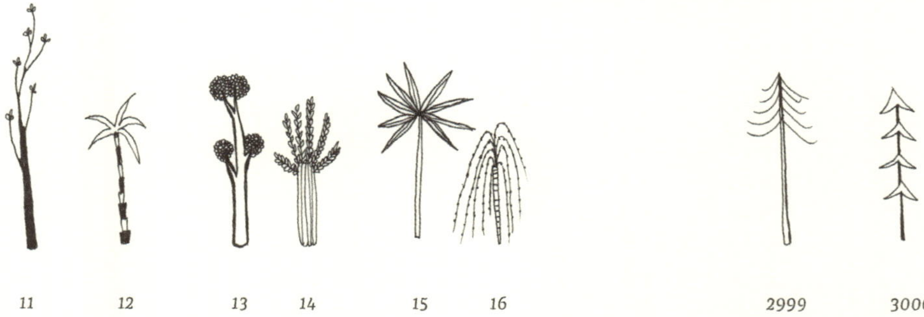

274 GRÜNE PFLANZEN, ALGEN UND EINIGE BAKTERIEN BEREITEN SICH IHRE NAHRUNG SELBST ZU

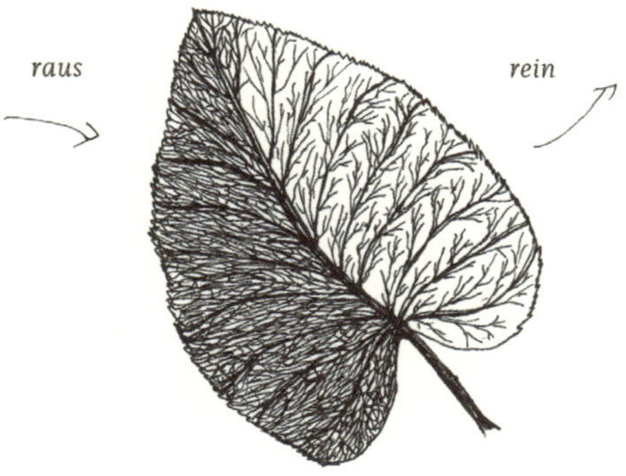

grüne Pflanze

Nein, das heißt nicht, dass sie zu Hause am Herd stehen und in einem Topf selbst gekochter Suppe rühren.

- Sie nutzen die Sonnenenergie, um Kohlendioxid und Wasser in Kohlenhydrate umzusetzen. Kohlenhydrate sind sehr wichtige Nährstoffe und die Bausteine für neue Pflanzenzellen.

- Hinterher können Pflanzen die Kohlenhydrate auch wieder abbauen, um Energie zu gewinnen. Die Energie wird für alle Lebensfunktionen der Pflanze benötigt.

- Kohlenhydrate sind damit sowohl ein Baustoff als auch ein Brennstoff für Pflanzen.

- Diese Umsetzung wird »Photosynthese« genannt. Photosynthese kann nur stattfinden, wenn Pigmente vorhanden sind, die Licht einfangen können. Bei grünen Pflanzen ist das Chlorophyll, der Farbstoff, der sie grün macht. Bakterien und Algen haben verschiedene Pigmente, um Licht aufzunehmen.

275 IN DEN TROPEN WACHSEN GIGANTISCHE SEEROSEN

Kennst du die *Victoria amazonica*, auch Amazonas-Riesenseerose genannt?

- Das Blatt dieser Seerose hat einen hochgewölbten Rand und kann einen Durchmesser von gut zwei Metern erreichen. Die Blätter hängen an acht Meter langen Stängeln.

- So ein Blätterboot kann bis zu 40 Kilo Gewicht tragen. Vielleicht kannst du ja selbst auf einem stehen!

- Die Blüten der Seerose werden bis zu 40 Zentimeter groß. Jede Blüte blüht zwei Nächte lang. In der ersten Nacht kommt die weiße Blüte zum Vorschein. Die zieht Käfer an, die für die Bestäubung sorgen. Tagsüber schließt sich die Blüte wieder. Wenn sie in der darauffolgenden Nacht ihre Blütenblätter wieder öffnet, ist sie rosa gefärbt.

- Die Amazonas-Riesenseerose kommt nur in stillen oder sehr langsam strömenden Gewässern vor. Sie wächst in Bolivien, Brasilien, Guyana und Peru.

- In Deutschland und Österreich kannst du die Seerose in verschiedenen botanischen Gärten bewundern.

276 BAKTERIEN KANN MAN NICHT TOTHAUEN

Bakterien sind buchstäblich überall. Sie sind nur 1–2 Mikrometer groß. Ein Mikrometer ist ein Tausendstel eines Millimeters, also ganz, ganz klein. Auf einem Quadratzentimeter können also Zehntausende von Bakterien leben.

Von einem Klaps deiner Hand lässt sich eine schädliche Bakterie nicht wirklich beeindrucken, denn sie hat eine starke Zellwand, die sie gegen Druck von außen schützt. Außerdem berührst du die Bakterie mit einem Klaps deiner bloßen Hand kaum. Der Druck wird im Vergleich zur Bakterie über eine riesige Fläche verteilt.

Aber wie kriegen wir die Bakterie dann tot?

- Um Bakterien in Lebensmitteln zu töten, müssen wir spezielle Säuren oder Konservierungsstoffe verwenden, die durch die Zellwand der Bakterien dringen und sie abtöten.
- Man kann die Nahrung auch erhitzen, aber nicht alle Bakterien lassen sich damit bekämpfen. Sie hinterlassen Sporen, aus denen wieder neue Bakterien entstehen können. Um auch die Sporen zu beseitigen, muss man die Nahrung bis 120 oder 130 °C erhitzen. Das nennt man Sterilisation oder Entkeimung. Sie sorgt zum Beispiel dafür, dass Milch länger haltbar ist.

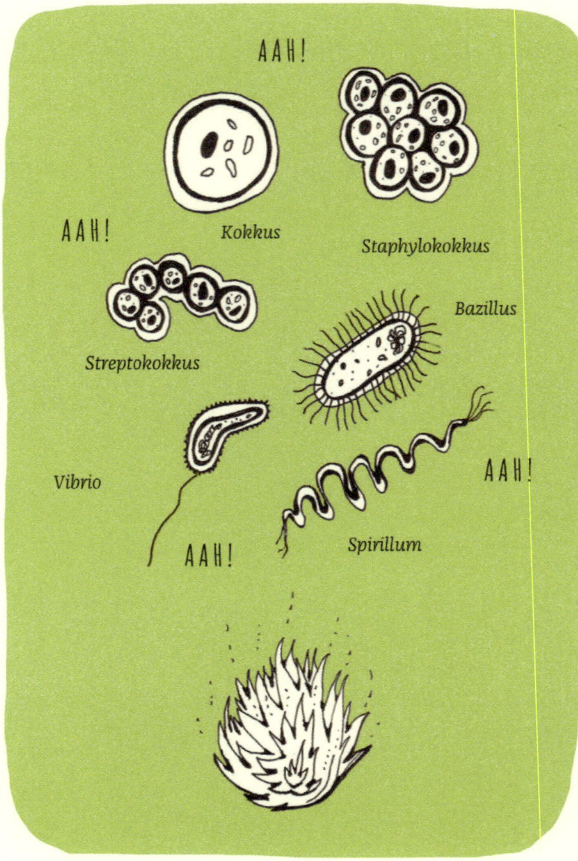

- Bei niedrigen Temperaturen vermehren sich Bakterien viel langsamer. Darum bewahren wir viele Nahrungsmittel im Kühlschrank auf.

277 DRACHENBÄUME SPUCKEN KEIN FEUER

Auf der Insel Sokotra in Jemen leben Tiere und Pflanzen, die man nirgendwo anders findet. Ungefähr ein Drittel aller auf Sokotra heimischen Pflanzen kommen nirgendwo anders auf der Welt vor. Das liegt daran, dass die Insel 350 Kilometer vom Festland entfernt liegt. Sie brach vor sechs Millionen Jahren ab und trieb von da an weiter hinaus.

Bonusinfo:
Wenn ein Tier oder eine Pflanze nur an einem einzigen Ort vorkommt, nennt man sie »endemisch«.

Eine dieser besonderen Pflanzen ist der Drachenbaum *Dracaena cinnabari.* Der Baum erinnert an einen riesigen Sonnenschirm. Die Blätter und die Rinde enthalten ein blutrotes Harz. Die früheren Einwohner von Sokotra waren überzeugt, dass es sich dabei um Drachenblut handelte und gaben dem Baum seinen schaurigen Namen.

278 AUCH AUF EINER UNBEWOHNTEN INSEL KANN MAN ÜBERLEBEN

Der Schotte Alexander Selkirk war kein einfacher Junge.

- Als er für sein ungehorsames Verhalten eine Strafe riskierte, heuerte auf einem Schiff voller Bukanier an. Das waren Abenteurer aus Europa und entflohene Sklaven aus Afrika, die wie Piraten andere Schiffe überfielen.

- Im September 1704 legte das Schiff an einer unbewohnten Insel an. Alexander war der Meinung, dass das Schiff nicht mehr sicher war und dass es vor der Weiterreise repariert werden musste. Der Kapitän aber wollte nichts davon hören. Der Dickkopf Alexander rief: „Ich bleibe lieber auf der Insel, als dieses klapprige Schiff zu betreten!" Der Kapitän hatte ihn schon eine ganze Weile sattgehabt, und ehe Alexander sich versah, war das Schiff weg, und er blieb mutterseelenallein auf der Insel zurück.

- Zu essen gab es zum Glück genug auf der Insel. Alexander ernährte sich von essbaren Pflanzen, Früchten, Wurzeln und Beeren. Zwischendurch gönnte er sich ein Vogelei oder fing einen Fisch.

- So überlebte Alexander vier Jahre und vier Monate komplett auf sich allein gestellt, bis er am 2. Februar 1709 von Kapitän Woodes Rogers gefunden wurde. Rogers schrieb später ein Buch über seine Reisen, *Cruising Voyage Round the World*, in dem er auch von Alexander Selkirk erzählte. Seine Berichte dienten später Daniel Defoe als Inspiration für seinen Roman *Robinson Crusoe*.

- Die unbewohnte Insel Más Fuera wurde zu Ehren des einsamen Inselbewohners 1966 offiziell in Alejandro Selkirk umbenannt.

Noch ein Überlebenskünstler:

Das Schiff von Steven Callahan wurde 1982 während einer Seereise schwer beschädigt. Zum Glück hatte Steven ein Rettungsboot dabei und konnte noch ein paar Dinge aus dem Schiff retten, bevor es langsam, aber sicher auf den Meeresboden sank.

Als seine Nahrungsvorräte verbraucht waren, bastelte er sich einen primitiven Speer, um Fische und Vögel damit zu fangen. Zum Trinken fing er Regenwasser auf. So überlebte Callahan 76 Tage auf See, bis er gerettet wurde. Zwar war er stark abgemagert und hatte am ganzen Körper Wunden, aber er lebte.

Bambus wächst durch alles.

279 BAMBUS WÄCHST MANCHMAL MEHR ALS EINEN METER PRO TAG

Bambus wächst fast überall auf der Welt und kommt in unterschiedlichen Arten vor.

- Der Riesenbambus kann über 35 Meter hoch werden, und seine Stängel können einen Durchmesser von 10 bis 35 Zentimetern erreichen. Es gibt aber auch viel kleinere Bambusarten mit Stängeln von nur wenigen Zentimetern Durchmesser.
- Man findet Bambus in den Tropen ebenso wie in kalten Bergregionen.
- Unterirdisch können sich die Wurzeln rasend schnell ausbreiten. So kann ein Bambus plötzlich an einer ganz anderen Stelle auftauchen als da, wo du ihn gepflanzt hattest.
- Manche Bambusarten wachsen unglaublich schnell, über einen Meter pro Tag. Damit ist der Bambus die am schnellsten wachsende Pflanzenart der Welt.
- Es gibt schaurige Berichte, nach denen in Asien zum Tode verurteilte Menschen früher über einem Feld mit schnell wachsendem Bambus festgebunden wurden. Ihre Körper wurden dann von den Bambusstangen durchbohrt. Wissenschaftler haben dafür allerdings bisher keine Beweise gefunden, also ist das wahrscheinlich bloß erfunden.

280 IN AFRIKA GIBT ES GEHEIMNISVOLLE KREISE

Die Einwohner von Namibia und Südafrika entdecken manchmal seltsame Kreise im Gras. Die stammen aber nicht von außerirdischen Wesen, sondern wahrscheinlich von superschlauen Sandtermiten.

Die Termiten knabbern an den Wurzeln junger Pflanzen, bis die Pflanzen sterben. So entstehen kahle runde Stellen im Gras.

Das ist ziemlich schlau durchdacht von den Termiten, denn so kann das Wasser, wenn es regnet, durch den kahlen Boden nach unten sickern. Auf diese Weise legen sich die Termiten einen praktischen Wasservorrat an. Das Wasser sorgt dafür, dass das Gras am Rand des kahlen Kreises stärker wächst. Und das wiederum bringt Samen, an denen sich die Termiten satt essen können.

Doch die Termiten sind vielleicht nicht die einzigen Verursacher der Kreise. Einige der kleineren Kreise könnten auch von den Pflanzen selbst stammen, die untereinander um Wasser kämpfen und es mit ihren langen Wurzeln aus dem Grund ziehen.

Bei der Kreisfrage wird es also noch eine Weile rundgehen.

– 11 –

SCHLEMMEN UND SCHMAUSEN

281 DER TEUERSTE KAFFEE IST AUS KATZENKOT

Wusstest du, dass *Kopi Luwak*, oder ganz allgemein Kaffee aus Katzenkot, 150 bis 500 Euro kosten kann?

- Normalerweise werden Kaffeebohnen getrocknet, geröstet und dann gemahlen. Anschließend kann man Kaffee daraus machen.

- Bei Kopi Luwak läuft die Ernte der Bohnen auf etwas ungewöhnliche Weise ab. *Luwaks* oder Fleckenmusangs aus der Familie der Schleichkatzen fressen Kaffeebohnen. In ihrem Darm wird die Frucht selbst verdaut, aber der Kern, also die Kaffeebohne, wird wieder ausgeschieden. Wenn der wieder nach draußen kommt, hat er einen ganz besonderen Geschmack. Diese Kerne werden gesammelt und hinterher wie normale Kaffeebohnen verarbeitet.

- Von diesem besonderen Kaffee wird nur ganz wenig produziert: nur wenige Hundert Kilo pro Jahr.

- Aber falls dir das noch nicht verrückt genug ist, halte Ausschau nach dem Kaffee von wilden Luwaks in Vietnam. Der kann mal eben 2500 Euro pro Kilo kosten. Und das ist wirklich teuer für ein Tässchen ... Katzenkacke.

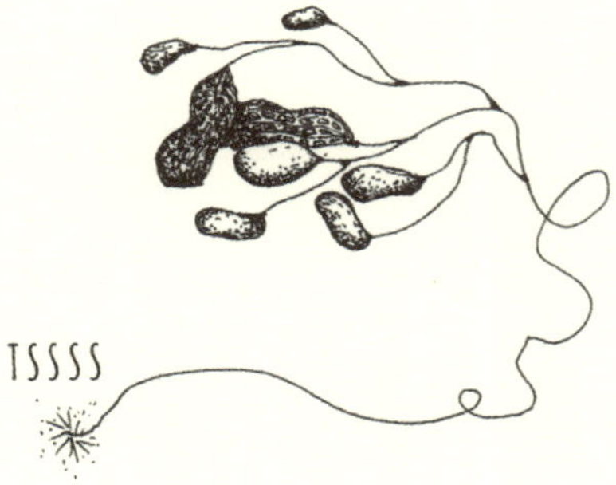

282 DYNAMIT STECKT VOLLER ERDNÜSSE

Nein, du braucht keine Angst zu haben, dass dir eine Erdnuss beim Reinbeißen im Mund explodiert. Aber es stimmt trotzdem, dass Dynamit Erdnüsse enthält.

Wie alle anderen Nüsse sind Erdnüsse ölhaltig. Das aus Erdnüssen gepresste Öl kann man zum Kochen, aber auch zur Herstellung von Glyzerin verwenden, dem wichtigsten Bestandteil von Nitroglyzerin. »Aha!«, rufen jetzt die Schlaumeier und Schlaumeierinnen unter euch. »Nitroglyzerin. Das hat was mit Explosionen zu tun.«

Das stimmt. Nitroglyzerin ist ein gefährlicher Sprengstoff, der rasend schnell in der Luft explodiert. Für Dynamit wird Nitroglyzerin mit einem anderen Material gemischt, wie zum Beispiel Sägemehl oder Lehm. Dadurch lässt sich Dynamit sicherer handhaben als Nitroglyzerin.

Aber lass dir davon das Schälchen Erdnüsse nicht vermiesen.

283 FUGU IST EIN LECKERBISSEN, DER DEN TOD BEDEUTEN KANN

Fugu ist eine japanische Spezialität, die aus Kugelfischen oder Igelfischen zubereitet wird.

- Diese Fische sind extrem giftig. Ihre inneren Organe enthalten einen Stoff namens Tetrodoxin, der hundert Mal giftiger ist als Zyankali. Wer das Gift aus Versehen zu sich nimmt, dessen Muskeln erschlaffen. Erst werden Zunge und Lippen taub, bis am Ende der ganze Körper gelähmt ist und man erstickt.

- Doch trotzdem gilt Fugu in Japan als Delikatesse und wird nur in den allerfeinsten Restaurants serviert. Köche, die ihn auf ihrer Speisekarte anbieten wollen, müssen erst eine spezielle Ausbildung absolvieren. Um zu beweisen, dass der Fisch perfekt zubereitet ist, muss der Koch immer den ersten Bissen nehmen.

- Manchmal geht trotzdem etwas schief. In Tokio musste eine Frau nach dem Verzehr von Kugelfisch im Restaurant Fugu Fukuji ins Krankenhaus. Sie wollte unbedingt die Leber des Fisches essen, um ihren Mut zu beweisen. Eigentlich hätte der Koch sich weigern müssen, doch die Frau bekam schließlich ihren Willen. Zum Glück überlebte die Frau die Mutprobe. Der Koch wurde entlassen.

- In Japan wird »Fugu« oft *fuku* ausgesprochen was »Glück« bedeutet. Einen seltsamen Humor haben sie, diese Japaner!

Noch nicht genug vom Fugu?

- Fugu wird in Japan schon seit über 2300 Jahren gegessen.

- Fugu ist das einzige Gericht, das der Kaiser von Japan nicht essen darf.

- Fugu ist eigentlich gar nicht so besonders lecker. Kennern zufolge schmeckt das Fleisch etwas fade. Es scheint also mehr um den Kick als um den Geschmack zu gehen.

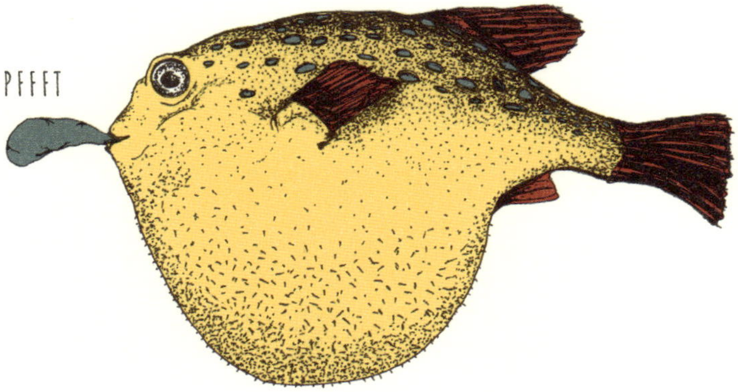

284 EIN PILZ, SO TEUER WIE EIN HAUS

Der chinesische Geschäftsmann Stanley Ho hat einmal 330 000 Dollar für einen Pilz bezahlt. Natürlich war das kein normaler Pilz. Nein, es handelte sich um einen anderthalb Kilo schweren Trüffel, den Cristiano Savini in der Nähe von Pisa ausgegraben hatte. Eigentlich war es sein Hund Rocco, der ihn gefunden hatte. Hoffentlich bekam der an dem Abend eine Extraportion Leckerlis!

Trüffel wachsen auf Baumwurzeln, meist auf denen von Eichen. Um sie zu finden, werden zahme Schweine oder Hunde eingesetzt. Der Pilz hat einen sehr feinen Geschmack. Weil er so teuer ist, wird er meistens nur in ganz kleinen Mengen gegessen.

285 FRÜHER WAR KETCHUP MEDIZIN

Dr Miles Compound Extract of Tomato – ein vornehm klingender Name, doch es handelt sich dabei um ganz normales Ketchup.

In der ersten Hälfte des 19. Jahrhunderts wurde Ketchup als Medizin verwendet. Laut dem Mann, der es verkaufte, konnte es so gut wie jedes Leiden lindern. Allerdings enthielt die »Medizin« die gleichen Zutaten wie unser heutiges Ketchup – so gesund kann sie also nicht gewesen sein.

Trotzdem ist Ketchup nicht ungesund. Es wird aus Tomaten gemacht, die Lykopin enthalten, einen Stoff, der den Körper gegen allerlei schlimme Krankheiten schützt. Aus den Tomaten selbst kann der Körper diesen Wirkstoff nur schwer aufnehmen. Werden die Tomaten aber erhitzt, gelingt es doch. So liefern Tomatensuppe, Tomatensoße und Ketchup eine leckere Dosis Lykopin.

Mit Coca-Cola fing es ähnlich an. Das Getränk wurde 1866 von dem Apotheker und Arzt John Pemberton erfunden. Schon früher hatte er versucht, Medikamente zu entwickeln, aber niemand wollte sie kaufen. Deshalb überlegte er sich etwas Neues und erfand ein Erfrischungsgetränk. Zwar hatte er auch damit erst keinen Erfolg, doch schließlich brummte das Geschäft. Bis heute ist das Rezept von Coca-Cola ein großes Geheimnis.

Ob Coca-Cola gesund ist? Leider nein, denn sie enthält sehr viel Zucker. Du solltest davon also besser nicht allzu oft trinken.

286 IN ZUKUNFT ESSEN WIR GEBRATENE WÜRMER UND HEUSCHRECKEN

Grillenchips, Mehlwurmburger, Heuschrecken am Spieß. Du kriegst schon beim Lesen eine Gänsehaut? In vielen Ländern ist es ganz normal, Insekten zu essen.

- Im Kongo kommt eine Familie locker auf ein halbes Kilo Raupen pro Woche.
- Und versuch mal, einen Südafrikaner zu finden, der nicht verrückt nach Mopane-Raupen ist.
- Geröstete Bienenmaden und frittierte Seidenraupen gelten wiederum in China als Delikatesse.
- In Mexiko kommt anstelle von Chips eine Schale frittierter Grillen auf den Tisch. Auch Raupen, Ameisen und Würmer sind beliebte Snacks.

Für über zwei Milliarden Menschen auf der Erde ist es überhaupt nicht komisch, Insekten zu essen.

Es wäre keine schlechte Idee, auch bei uns öfter Insekten auf dem Speiseplan zu setzen. Sie enthalten nämlich viele wertvolle Eiweiße, die für starke Knochen und Muskeln sorgen. Außerdem brauchen Insekten selbst nur wenig Nahrung, weil sie Kaltblüter sind. Sie benötigen keine Energie, um ihre Körpertemperatur zu steuern. Dadurch ist es für die Umwelt besser, Insekten statt Schweine, Kühe oder Schafe zu züchten. Käfer, Heuschrecken, Mehlwürmer und andere Krabbelviecher stoßen außerdem fast keine schädlichen Treibhausgase aus, vor allem im Vergleich mit Säugetieren.

Wissenschaftler auf der ganzen Welt erforschen gerade, wie man Insekten am besten züchten kann. Sie suchen auch nach Wegen, um mehr Menschen dazu zu bringen, Insekten zu probieren.

Wer weiß, vielleicht beißt du ja schon bald in einen saftigen Wurmburger und weißt es noch nicht einmal ...

Noch mehr Krabbelsnacks:

In Kambodscha sind frittierte Taranteln eine Spezialität. Die Riesenspinnen werden im Ganzen mit Limette und einer Dipsoße serviert. Lecker, an so einem Spinnenbein zu saugen.

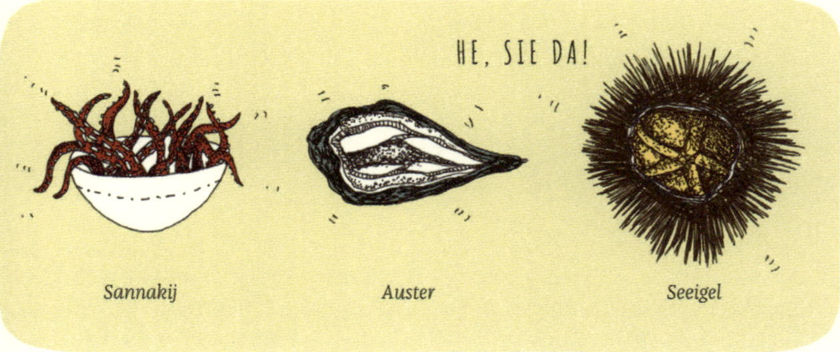

287 KOREANER ESSEN LEBENDEN TINTENFISCH

- Überleg es dir gut, wenn man dir im Korea-Urlaub *Sannakij* anbietet. Das ist nämlich roher Tintenfisch, der in Stücke geschnitten wurde, aber auf dem Teller noch weiterlebt. Das ist ein Gewimmel vom Feinsten! Liebhaber dieser seltsamen Delikatesse werden dir erzählen, dass sie es angenehm finden, wenn sich die Saugnäpfe des Tintenfischs in ihrem Mund festsaugen.

- Nicht nur Koreaner finden es toll, wenn ihr Essen lebt. Die Japaner mögen *Ikizukuri*, einen Fisch, der lebend filetiert wird. Sein Herz schlägt noch, wenn er auf den Tisch kommt.

- In China wird manchmal ein Schälchen »betrunkene Garnelen« serviert. Die Tiere werden mit einem hochprozentigen Getränk übergossen, das sie betrunken macht. Dann wird die Schüssel mit einem Teller abgedeckt, weil die Garnelen sonst das Weite suchen würden. Anschließend werden die Tiere lebend gegessen.

- Wird dir langsam etwas flau? Eins haben wir noch: Aborigines in Australien essen gerne Witchetty-Maden, große Larven von Motten, die angeblich nach Mandeln schmecken. Man schlürft sie leer, während sie noch am Leben sind.

- Aber eigentlich musst du gar nicht so weit reisen, um lebende Tiere zu essen. Bei uns gelten Austern und Seeigel als Delikatessen. Und auch die werden lebend verdrückt.

288 FÜR VERDORBENEN KÄSE MUSST DU NACH SARDINIEN

Wir meinen hier nicht den normalen Stinkekäse mit Blauschimmel. Es geht wirklich um Käse, aus dem die Maden herauskriechen. Er wird *Casu Marzu* – fauler Käse – genannt und aus Schafsmilch hergestellt. Der Käse reift so lange, bis er Maden enthält. Die Würmer oder Maden fressen den Käse nicht nur, sie scheiden ihn auch wieder aus. Das gibt dem Käse seinen typischen Geschmack: mild, cremig, würzig. In Sardinien brechen die Leute den Käse auf und löffeln ihn dann mit großem Genuss. Die Maden werden dabei einfach mitgegessen.

Die Maden im Casu Marzu sind etwa 8 Millimeter lang. Außerdem können sie springen. Wenn du den Käse öffnest, mach du besser die Augen zu. Sonst könnte eine Made drin landen.

Leider darf dieser Käse nicht im Laden verkauft werden. Um ihn zu probieren, muss man einen Bauernhof besuchen, auf dem er hergestellt wird.

Casu Marzu

Surströmming

289 DIE SCHWEDEN STEHEN AUF STINKENDEN HERING

- In Schweden wird *Surströmming* gegessen. Das ist fermentierter Hering. Der Fisch wird erst eingelegt und darf dann drei Monate lang bei konstanter Temperatur gären. Danach wird er in Dosen gepackt, in denen das Gären weitergeht. Man kann sich denken, was für ein Geruch einem entgegenströmt, wenn man eine Dose Surströmming aufmacht. Aus Erfahrung raten wir, das im Freien zu machen. Manchmal werden die Dosen auch unter Wasser oder unter einem nassen Tuch geöffnet. So verringert man das Risiko, dass die braune Flüssigkeit, in der der Hering gegärt hat, einem mitten ins Gesicht spritzt.
- In Norwegen wiederum mag man *Rakfisk,* gesalzene Forelle. Der Fisch wird erst mit Salz eingerieben und dann in einen Behälter gelegt. Darauf kommt ein großes Brett und darauf dann die nächste Lage Fisch. Nach drei Monaten wird der Behälter geöffnet, und die Norweger können ihren Rakfisk endlich genießen. Auf jeden Fall ist der Geschmack erst einmal gewöhnungsbedürftig!

290 IN SPANIEN GIBT ES PLÄTZCHEN DER BESONDEREN ART

Criadilla. Klingt lecker, oder? Klingt nach Knuspergebäck. Doch weit gefehlt. Criadillas oder auch *Huevos del Toro* bedeutet »Stiereier«. Und, fällt der Groschen?

Genau! Criadillas sind Hoden, zum Beispiel von einem Stier, der am Vorabend beim Stierkampf in der Arena verloren hat. Die Hoden werden platt geklopft und dann gebraten.

Auch an anderen Orten der Welt werden Stierhoden verspeist. In den Vereinigten Staaten heißen sie *Rocky Mountain Oysters* – die Austern der Rocky Mountains.

Nicht nur die Hoden von Stieren werden gegessen. Auch die von Ziegen, Schafen und Hähnen werden manchmal als Nahrungsmittel zubereitet.

291 MÖCHTEST DU GERN EIN OMELETT, EIN RÜHREI … ODER DOCH LIEBER EIN TAUSENDJÄHRIGES EI?

- Das tausendjährige Ei ist besonders in China beliebt. Der Name stimmt nicht ganz, denn es dauert »nur« hundert Tage, das Ei zuzubereiten.

- Dafür nehmen die Chinesen ein Entenei, das sie mit Kalk, Asche, Tee und Salz einreiben. Dann vergraben sie es in einem Kasten mit Erde und buddeln es 100 Tage später wieder aus. Das Ei ist jetzt ganz schwarz und hart. Wenn man es öffnet, sieht man innen grünen Dotter, umgeben von goldfarbenem Eiweiß. Es stinkt nach faulem Ei, was es ja auch ist. Essen kann man es aber trotzdem.

- Noch seltsamer ist das Balut-Ei. Dabei handelt es sich um ein Entenei, in dem ein Küken steckt, das fast schon schlüpfen könnte. Das Ei wird gekocht und dann ganz, mit Küken und allem Drum und Dran, aufgegessen. Erst schlürft man die Flüssigkeit um das Küken auf und anschließend pellt man die Schale ab. Auf den Phillipinen gilt es als leckerer Snack für zwischendurch. Das Küken kann einfach so aus der Eierschale gegessen, aber auch gebraten oder gekocht werden.

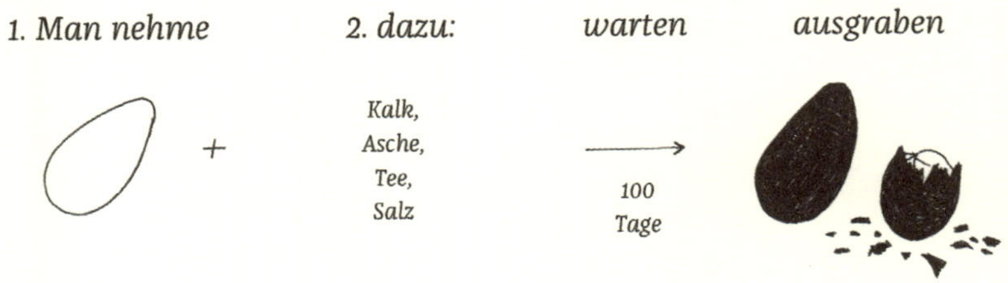

292 DANK NAPOLEON KANNST DU DIR NUSS-NUGAT-CREME AUFS BROT SCHMIEREN

Isst du morgens auch gern eine Scheibe Brot mit Schokoladencreme? Und magst du besonders die bekannte Marke mit Haselnüssen?

Es ist Napoleon zu verdanken, dass diese Art von Schokocreme erfunden wurde. Weil Napoleon so strenge Importregeln eingeführt hatte, war Schokolade im italienischen Turin im Jahr 1806 sehr teuer. Deshalb vermischten die Menschen dort die Schokoladencreme mit einer Haselnusscreme, die vor Ort hergestellt wurde. Die Creme bekam den Namen Gianduja.

293 IM MITTELALTER TRANKEN KINDER BIER

Und dafür gab es einen sehr guten Grund!

- Bier war zu der Zeit viel gesünder als Wasser. Die Menschen damals hatten ja keinen praktischen Hahn zu Hause, aus dem immer sauberes Wasser strömte, sondern mussten es von dort holen, wo es herkam. Die Kanäle, die durch die Städte flossen, waren meist sehr stark verschmutzt, weil die Menschen dort Abfälle entsorgten. Sie verrichteten auch ihr kleines und großes Geschäft in den Kanälen, wodurch das Wasser viel zu dreckig zum Trinken wurde. Verschmutztes Trinkwasser war die Ursache vieler Krankheiten und Epidemien.

- Dasselbe Wasser wurde auch zur Bierherstellung benutzt, aber weil die Bierbrauer es erst kochten, starben die krank machenden Bakterien größtenteils. Außerdem tötete der Hopfen, den die Brauer benutzten, einen Teil der schlechten Bakterien ab und machte das Bier länger haltbar. Und weil Hopfen auch bestimmte Vitamine enthält, die man in normalem Wasser vergeblich sucht, gab es die noch dazu.

- Die Leute im Mittelalter tranken bestimmt 300 Liter Bier pro Jahr. Da es aber weniger Alkohol enthielt als unser heutiges Bier, wurden sie davon nicht so schnell betrunken. Für Kinder gab es »Scharrebier«, das noch weniger Alkohol enthielt, aber meist tranken sie einfach mit ihren Eltern mit.

Wer bekommt ein Extrabier?

Heute sind es vor allem die Tschechen, die sehr viel Bier trinken: etwa 572 Gläser pro Jahr, das macht knapp elf pro Woche. Deutschland folgt auf Platz zwei.

Bierkränzchen

294 DIE RÖMER BEKAMEN DEN HALS NICHT VOLL

Die Römer liebten große Feste mit riesigen Mengen Essen. Bei den reichen Römern ging es manchmal ganz schön dekadent zu.

- Wann immer ein wohlhabender Römer Gäste einlud, setzte er alles daran, seinen Reichtum zur Schau zu stellen. Die Gäste konnten sich an enormen Mengen Eiern, Käse, Oliven, Brot und Fleisch satt essen. Stets standen Sklaven mit Schüsseln voller Köstlichkeiten bereit. Noch bevor eine Schüssel leer war, wurde eine neue aufgetischt.

- Messer und Gabeln wurden nicht benutzt. Die Römer aßen mit den Händen und wuschen sich die Finger in den Wasserschälchen, die die Sklaven bereithielten.
- Während der ganzen Mahlzeit wurde natürlich auch viel Wein getrunken.
- Beim Bankett wurden die Gäste durch Musikanten, Tänzer oder Dichter unterhalten.
- Die Römer saßen dabei nicht auf Stühlen, sondern lagen, auf ihre Ellbogen gestützt, vor niedrigen Tischen.
- Bei einer so riesigen Auswahl der tollsten Leckereien wäre es natürlich schade gewesen, nicht alles probieren zu können. Aber dafür hatten sie einen Trick: Waren sie vollgefressen, kitzelten sie sich mit einer Feder so lange im Hals, bis alles, was sie gegessen hatten, wieder oben herauskam. Sobald der Magen leer war, ging die Völlerei wieder von vorne los.

295 EIN KARTEN SPIELENDER GRAF ERFAND DAS SANDWICH

John Montagu, der vierte Graf von Sandwich, lebte im 18. Jahrhundert. Er war ein leidenschaftlicher Kartenspieler. So leidenschaftlich, dass er sich weigerte, den Kartentisch zu verlassen, um seinen Teller mit Kartoffeln und Fleisch aufzuessen.

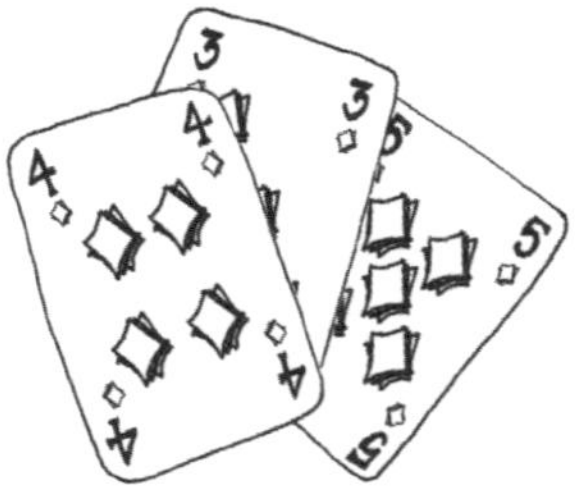

Hunger bekam der Graf natürlich trotzdem. Dann trug er seinen Dienern auf, ihm ein Brot mit kalten Fleischresten zu belegen. Um es zu essen, brauchte er kein Besteck, sodass er stets eine Hand frei hatte. Und weil das Fleisch zwischen zwei Brotscheiben steckte, wurden die Karten auch nicht fettig.

Weil der Graf nicht aufstehen wollte, mussten seine Mitspieler auch sitzen bleiben. Natürlich wurden die auch mal hungrig und bestellten fortan »das Gleiche wie Sandwich«. Der Name blieb haften, und so werden zwei Brotscheiben mit etwas dazwischen bis heute »Sandwich« genannt.

296 EIN BONBON SCHMECKT ZWEIMAL

Bon, bon. Lecker, lecker. Jeder, der ein bisschen Französisch versteht, sieht es sofort: ein Schokoladenbonbon ist zweimal lecker.

- Pralinen sind eine besondere Art von Bonbon. Sie hießen ursprünglich *Prasline*, nach Marschall du Plessis-Praslin. Der ließ seinen Gästen (und den Frauen, die er beeindrucken wollte) gebrannte Mandeln mit einer Zuckerschicht drum herum servieren. Das war eine Erfindung seines Kochs. Die Gäste waren von der Süßigkeit so begeistert, dass sie sie spontan »Prasline« tauften.

- Die Praline, wie wir sie heute kennen, ist erst später entstanden. Dabei handelt es sich um ein Schokoladenbonbon mit einer Füllung, die flüssig, weich oder knusprig sein kann. Manchmal enthält sie auch Alkohol. Der Erfinder der modernen Praline ist wahrscheinlich der Schweizer Jean Neuhaus. Er war nach Brüssel ausgewandert, wo er eine schicke Konditorei besaß, in der er seine gefüllten Schokoladenbonbons machte.

- Noch heute ist Belgien das Land, in dem die leckersten Pralinen hergestellt werden.

297 CROISSANTS SIND GAR NICHT SO FRANZÖSISCH

Was könnte französischer sein als ein Croissant?

- Schon der Name *croissant* ist Französisch und bedeutet »zunehmender Mond«, in Anspielung auf die Form des Gebäcks. Das Wort kommt von dem Verb *croître* (wachsen, zunehmen).

- Trotzdem war der Erfinder des Croissants kein Franzose, sondern Österreicher: August Zang aus Wien. Er eröffnete in Paris eine Bäckerei mit dem Namen *Boulangerie Viennoise* (Wiener Bäckerei), wo er verschiedene Backwaren verkaufte. Das mondförmige Gebäck aus Blätterteig, das er erfunden hatte, wurde von den Franzosen »croissant« genannt. Der Name setzte sich durch.

- Es gibt noch eine andere schöne Legende über das Croissant. Demnach hörten eines Morgens die Bäcker in Wien einen furchtbaren Lärm, der von unter der Erde zu kommen schien. Als sie der Sache auf den Grund gehen wollten, sahen sie, dass die Türken dabei waren, einen Tunnel unter die Stadtmauer zu graben. Sie verständigten sofort die Polizei, die die Angreifer in die Flucht schlug. Ganz Wien war erleichtert, dass die Bäcker sie gewarnt hatten, und die Stadtverwaltung erlaubte ihnen, zur Feier des Sieges Brötchen in der Form des türkischen Halbmonds zu backen. Die wurden fortan »Hörnchen« genannt, ein Name, der auch heute noch in Deutschland und Österreich für Croissants benutzt wird. Außer dem Namen ist aber leider an der Geschichte nichts wahr.

298 SEEGURKEN SIND NICHT MIT SALATGURKEN VERWANDT

Klingt doch lecker, so eine Gurke aus dem Meer. Vielleicht etwas salziger als ihre Kollegin vom Land, aber bestimmt köstlich im Salat.

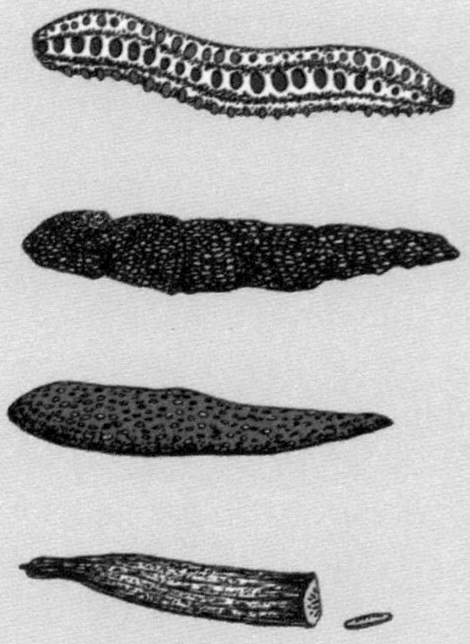

(See)gurke

- Hast du geglaubt, eine Seegurke ist einfach ein Gemüse, das im Meer wächst? Da liegst du falsch. Seegurken sind Tiere, die am Meeresboden kriechen. Sie sehen zwar ein bisschen wie Gurken aus, aber da hören die Gemeinsamkeiten auch schon auf.
- Essbar sind die allerdings auch. Dazu werden die Tentakel und Innereien herausgeschnitten und getrocknet.
- Bevor man allerdings eine Portion Seegurke essen kann, müssen sie erst in Wasser aufgeweicht und gekocht werden. Das Ganze sieht ziemlich glibberig aus, wie bei einer Qualle. Es schmeckt auch glibberig – aber lecker!

299 KAUGUMMI WIRD AUS ERDÖL HERGESTELLT

Nimmst du dir auch ab und zu ein Kaugummi für frischen Atem? Wusstest du, dass du dabei Erdöl kaust?

- Kaugummi wird aus Erdöl hergestellt, dem Farbe, Zucker und andere Geschmacksstoffe hinzugefügt werden. Die Zutaten werden erhitzt, damit sie schmelzen. Die Masse erinnert ein bisschen an Brotteig. Dieser Teig wird zu dünnen Streifen gepresst und in Form geschnitten.

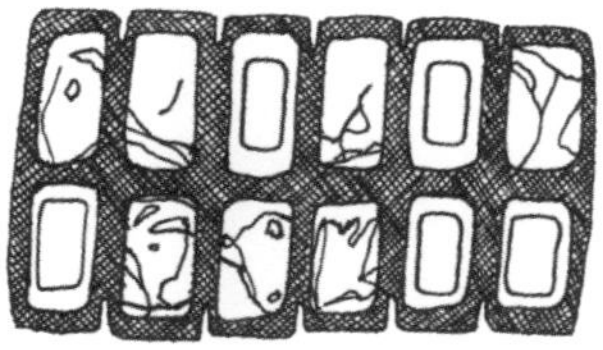

* *enthält Erdöl*

- Diese Art von Kaugummi ist nicht abbaubar. Die Überreste der auf die Straße gespuckten Kaugummis werden in die Seen, Flüsse und Meere und Ozeane gespült, wo sie in kleine Plastikstücken zerfallen und von den Fischen gefressen werden. Dadurch kommen sie zurück in unsere Nahrungskette.
- Zum Glück gibt es auch Kaugummi aus natürlichem Gummi. Dazu klettert ein *Chiclero* in einen Breiapfelbaum, auch Sapodillbaum genannt. Er macht einen zickzackförmigen Schnitt in die

Rinde und fängt den herauslaufenden Milchsaft auf. Dieser Milchsaft heißt *Chicle* und ist der Rohstoff für natürliches Kaugummi. Für die Gewinnung von Chicle muss kein Baum gefällt werden.

Am besten ist es also, natürliches Kaugummi zu kauen, das auch natürlich abbaubar ist.

Zum Weiterkauen:

Die Menschen fanden es schon immer gut, auf etwas herumzukauen. Die Eskimos nahmen dazu Walfischhaut, und die Chinesen bevorzugten Ginsengwurzeln. Am häufigsten aber benutzte man hart gewordenen Baumsaft. Vor einigen Jahren fanden Archäologen in Schweden ein Stück Kaugummi, das über neuntausend Jahre alt war.

300 DER HAMBURGER KOMMT WIRKLICH AUS HAMBURG

Ein Hamburger ist etwas typisch Amerikanisches. Denken wir. Aber das Original kommt aus Deutschland.

- Im 19. Jahrhundert herrschte in Europa große Armut, und viele Menschen zogen nach Amerika, um sich dort ein besseres Leben aufzubauen. Das ging damals noch nicht per Flugzeug, sondern mit dem Schiff. Die Überfahrt dauerte natürlich sehr lang.

- Zu dieser Zeit entstand in Deutschland auch der Fleischwolf. Damit konnte Fleisch sehr fein gemahlen und mit Brotkrumen und zerkleinerten Zwiebeln vermischt werden. Diese Fleischgerichte waren besonders in Hamburg beliebt.

- In Amerika ließ man die Bewohner dann diese typisch deutsche Mahlzeit probieren. Den Amerikanern schmeckte das Fleisch, und sie steckten es in ein Brötchen.

*enthält Kuh

- Wer genau den Hamburger, wie wir ihn heute kennen, erfunden hat, wissen wir nicht. Viele haben behauptet, dass sie die Ersten waren. Aber in jedem Fall waren die Brötchen so lecker, dass die Amerikaner sie zu ihrem Nationalgericht machten.

– 12 –

ZU DEN STERNEN UND WEITER

301 IM WELTRAUM WOHNEN RIESEN

Einer davon ist VY Canis Majoris.

- Er ist ein Überriese oder auch Riesenstern. Canis ist gut 1400 Mal größer als die Sonne und wiegt ungefähr 20 Mal so viel wie sie.
- Wenn man weiß, dass die Erde 109 Mal in den Durchmesser der Sonne hineinpasst, begreift man, dass es sich um einen enormen Stern handelt. Wäre Canis Majoris im Zentrum unseres Sonnensystems, würde er bis in die Umlaufbahn von Jupiter hineinreichen.
- VY Canis Majoris ist rot und produziert etwa 500 000 Mal (also eine halbe Million Mal) mehr Licht als die Sonne.

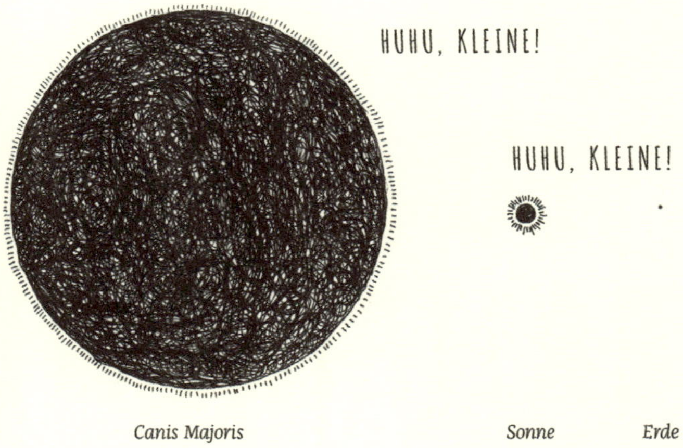

302 EINE STERNSCHNUPPE IST SO KLEIN WIE EIN KIESELSTEIN

Hast du schon mal eine Sternschnuppe gesehen? Das ist ein kurzer Lichtblitz, der sich am dunklen Himmel bewegt und bei dem man sich etwas wünschen kann. Sternschnuppen sieht man am besten, wenn der Nachthimmel wolkenlos und hell ist.

Eigentlich ist eine Sternschnuppe nichts anderes als ein kieselgroßer Gesteinsbrocken, der mit enormer Geschwindigkeit in die Erdatmosphäre eintritt. Die hohe Geschwindigkeit erzeugt viel Reibung, durch die das Steinchen – oder der Meteor, wie er offiziell heißt – buchstäblich verdampft. Der Meteor knallt dabei gegen Moleküle, die in der Luft herumschweben. Diese zerfallen dadurch in kleine Teilchen, die elektrisch geladen sind. Wenn sie wieder zusammentreffen, entsteht eine Leuchtspur: Fertig ist die Sternschnuppe.

Lustige Info:

Der Urin und der Kot von Astronauten werden im Raumschiff getrennt. Der Kot wird in einem Speichertank aufbewahrt und gefroren, um alle Bakterien abzutöten. Wenn der Tank voll ist, wird er in ein kleines Raumschiff gesteckt und ins All geschossen. Wenn das Raumschiff wie ein Meteor in Atmosphäre verbrennt, entsteht wieder eine Sternschnuppe … Du kannst also nie sicher sein, ob dein Wunsch eine echte Sternschnuppe oder doch eine Ladung Astronautenkot erreicht.

303 WIR WISSEN NICHT, WIE GROSS DAS ALL IST

Eigentlich wissen wir sowieso nicht so viel über das Weltall, denn wir können vom gesamten Universum nur einen winzig kleinen Teil sehen.

Das Weltall ist 13,8 Milliarden Jahre alt. Alles, was weiter als 13,8 Milliarden Lichtjahre (siehe Info 314) von uns entfernt ist, kennen wir nicht, weil uns das Licht dieser Sternsysteme noch nicht erreicht hat.

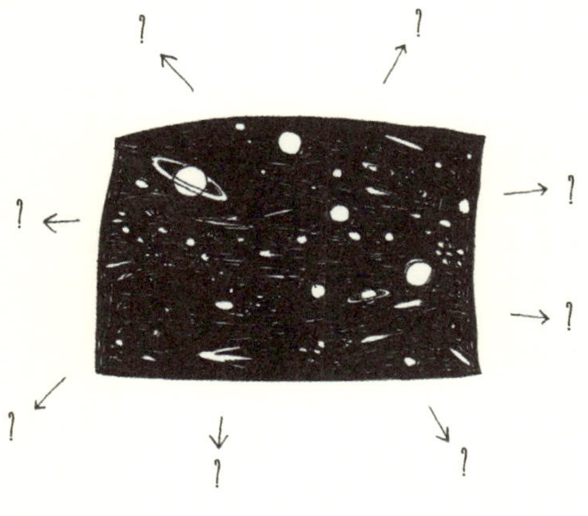

In dem Weltall, das wir kennen, befinden sich 350 Milliarden große Sternsysteme, die oft aus Billionen von Sternen bestehen. Das »sichtbare« Universum umspannt von einem zum anderen Ende 90 Billionen Lichtjahre. Das sind 90 000 000 000 000 – eine unfassbar hohe Zahl. Bei all den großen Zahlen schwirrt einem schnell der Kopf, und sogar Wissenschaftler finden es schwierig, sich eine Vorstellung davon zu machen. Deshalb nutzen sie manchmal Vergleiche, um etwas zu verbildlichen. So sagen sie zum Beispiel, dass sich im beobachtbaren Universum mehr Sterne befinden als Sandkörner an unseren Küsten. Mehr noch: Sie schätzen, dass es mehr Sterne im Universum gibt als Sandkörner auf der ganzen Welt.

Das Weltall könnte unendlich groß sein, aber wir wissen es nicht. Wir können es uns nicht vorstellen. Wenn es aber doch endlich ist, was liegt dann wohl dahinter?

304 KOMETEN SIND GIGANTISCHE EISKUGELN

Kometen sind kleine Himmelskörper aus Eis, die am äußeren Rand unseres Sonnensystems ruhig ihre Runden drehen. Wenn ein Komet auf eine näher an der Sonne gelegene Bahn gezogen wird, verwandelt sich das Eis durch die Wärme in Gas. Dieser Vorgang wird »sublimieren« genannt. Der Sonnenwind weht das Gas vom Kern weg, wodurch eine Art Schweif entsteht. Der Kern hat meistens nur einen Durchmesser von 10 Kilometern, der Schweif aber kann Millionen von Kilometern lang sein. Er besteht aus dünnem, leuchtendem Gas. Die Hülle aus Staub und das Gas um den Kern eines Kometen nennen wir die »Koma«.

Der Komet Hyakutake etwa hatte einen Schweif von stolzen 570 Millionen Kilometern Länge, der bis in die Außengrenzen des Asteroidengürtels reichte.

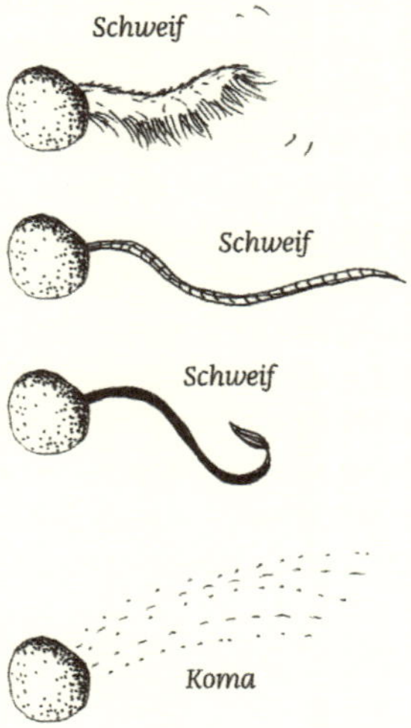

305 STERNE STERBEN

Das tun sie mit einem enormen Knall. Wenn zum Beispiel der Stern VY Canis Majoris den Geist aufgibt (siehe auch Info 301), wird er mit unglaublicher Kraft zerbersten. Bei Sternen mit einer über achtmal so großen Masse wie die der Sonne kommt es zu einer »Supernova«, einer gigantischen Sternenexplosion (unsere Sonne wird also nie auf diese Weise enden, weil sie zu klein ist). Die Materie wird dabei als riesige Staub- und Gaswolke in den Weltraum geblasen. Übrig bleibt eine Art Nebel.

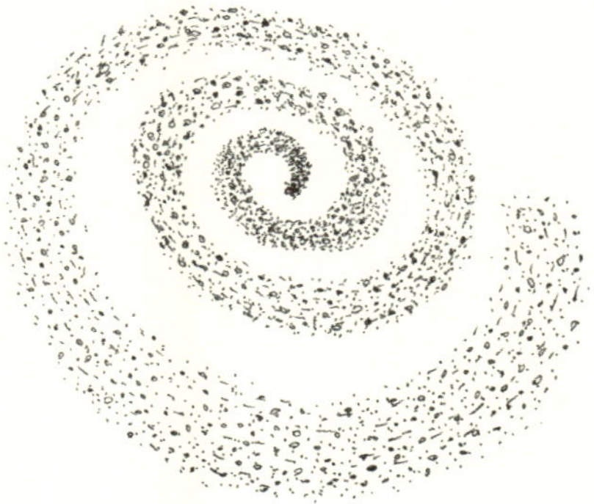

Es kann aber auch sein, dass Canis Majoris in einem schwarzen Loch endet. Die Schwerkraft in solch einem Loch ist so groß, dass alle Masse in einen einzigen Punkt zusammengepresst wird, aus dem noch nicht einmal Licht entkommen kann (siehe auch Info 307).

Das Innere des Kerns eines explodierten Riesensterns nennt man »Neutronenstern«. Den muss man sich als einen glühend heißen Ball vorstellen, etwa so groß wie eine Stadt mit 30 Kilometern Durchmesser. Die Temperatur in einem Neutronenstern beträgt über eine Million Grad Celsius. Ein stecknadelkopfgroßes Bruchstück eines Neutronensterns wiegt mehr als eine Million Tonnen. Damit ist es ungefähr so schwer wie drei große Wolkenkratzer zusammen. Im Weltall haben wir es mit riesigen Zahlen zu tun, die oft unsere Vorstellungskraft übersteigen.

306 DIE RAUMSTATION ISS SAUST MIT 27 600 STUNDENKILOMETERN DURCHS ALL

ISS steht für International Space Station, die Internationale Raumstation. Sie besteht aus vielen verschiedenen Einzelteilen und Modulen, die voneinander getrennt in den Weltraum gefeuert werden. Das erste Modul war russisch und startete im Jahr 1998. Seit 2000 wohnen permanent Raumforscher auf der ISS.

Manchmal kann man die ISS als hellen Lichtpunkt sehen, der von Westen nach Osten geht. Es sieht aus, als würde sie sich langsam bewegen, aber in Wahrheit düst sie mit einer Geschwindigkeit von 27 600 Stundenkilometern durchs All und dreht alle 91 Minuten eine neue Runde um die Erde. Die Raumstation ist ungefähr 400 Kilometer von der Erde entfernt. In dieser Höhe ist die Atmosphäre so dünn, dass es kaum Reibung gibt. Dadurch kann sie fast mühelos mit dieser rasenden Geschwindigkeit durchs All rauschen.

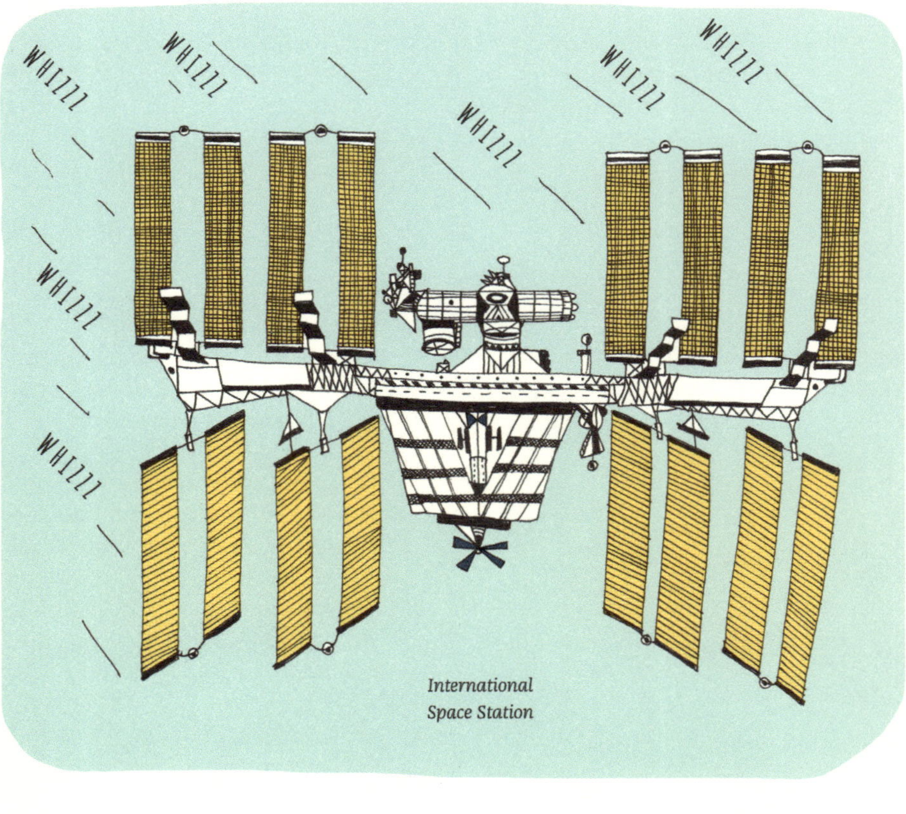

307 SCHWARZE LÖCHER SIND GANZ SCHÖN GRUSELIG

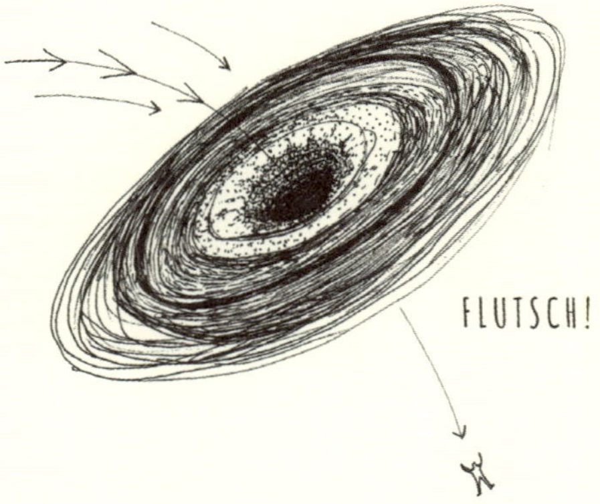

- Unter einem schwarzen Loch versteht man einen Ort im Weltraum, an dem die Schwerkraft so groß ist, dass nichts daraus entkommen kann, noch nicht einmal Licht. Deshalb heißen sie »schwarze« Löcher.
- Ein schwarzes Loch ist kein besonders angenehmer Ort. Alle Materie im Weltall, wie etwa Felsen und Steine, aber auch ganze Sterne, wird mit enormer Kraft hineingesogen, in Richtung der sogenannten »Singularität«. Das ist der Kern oder auch das Zentrum des schwarzen Lochs. Was von einem schwarzen Loch verschluckt wird, kommt nicht mehr heraus und wird vernichtet.
- Allerdings verlieren schwarze Löcher mit dem Alter an Schwerkraft. Wer in einem alten schwarzen Loch landet, hat also vielleicht noch eine Chance, lebend herauszukommen.
- Manche glauben, dass schwarze Löcher Tunnel sind, die zu einem anderen Teil des Weltalls führen. In Filmen sieht man manchmal Raumschiffe durch schwarze Löcher fliegen und so auf fantastischen Raum- und Zeitreisen fremde Welten erkunden. Das ist aber reine Science-Fiction und sehr unwahrscheinlich. Vorerst kennen wir nur einen einzigen Planeten, auf dem wir leben können, und das ist unsere altbekannte Erde.

308 DIE ERDE IST NICHT RUND

Natürlich werden wir jetzt nicht behaupten, dass die Erde flach ist. Aber ein richtiger Ball ist sie auch nicht.

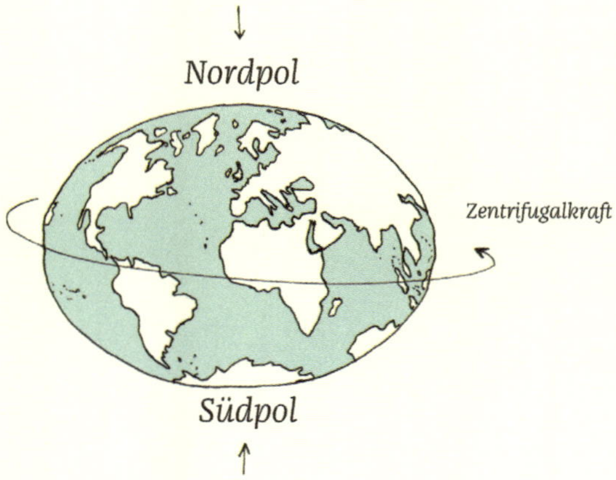

- Wenn man über den Äquator um die Erde reist, braucht man einige Dutzende Kilometer länger, als wenn man über die Pole reist.
- Das kommt daher, dass sich die Erde schon seit langer Zeit um die eigene Achse dreht. Dadurch ist die Kugel an den Polen platter geworden. Das nennt man »Erdabplattung« aufgrund der zentrifugalen Kraft. Die Erde hat sich also mit der Zeit von einer Kugel zu einem Oval entwickelt.
- Schon im 17. Jahrhundert gab es Wissenschaftler, die vermuteten, dass die Erde oval ist. Aber es sollte noch bis 1735 dauern, bis es mithilfe von Erdmessungen in Lappland und Peru endlich bewiesen wurde.

Himmelskörper	Sonne	Jupiter	Erde	Mars	Mond
Gewicht in kg	560	50,6	20	7,6	3,3
	840	75,9	30	11,4	4,9
	1120	101,2	40	15,2	6,6
	1400	126,5	50	19	8,2
	1680	151,8	60	22,8	9,8
	1960	177,1	70	26,6	11,5
	2240	202,4	80	30,4	13,1
	2520	227,7	90	34,2	14,8
	2800	253	100	38	16,4

weniger Schwerkraft →

309 AUF DEM MARS BIST DU VIEL LEICHTER ALS AUF DER ERDE

- Wer auf der Erde 50 Kilo auf die Waage bringt, wiegt auf dem Mars nur noch 19 Kilo. Das liegt daran, dass die Schwerkraft auf dem Mars so viel geringer ist. Der Planet ist nämlich weniger groß und schwer als die Erde. Um herauszufinden, was du auf dem Mars wiegst, musst du dein Gewicht in Kilogramm mit 0,38 malnehmen. In unserem Beispiel sind das also 50 Kilo x 0,38 = 19 Kilo.

- Auf dem Mond bist du sogar noch leichter als auf dem Mars, weil die Schwerkraft noch geringer ist. Ein 50 Kilo schwerer Mensch wiegt hier nur etwa 8,2 Kilo.

- Es geht aber auch andersherum. Auf dem großen Planeten Jupiter ist alles schwerer als auf der Erde. Unsere Testperson würde hier plötzlich 126,5 Kilo auf die Waage bringen.

- Am schwersten ist man auf der Sonne. Hier verwandeln sich die 50 in satte 1400 Kilo.

Mehr vom Mars:

Seit dem 6. August 2012 fährt auf dem Mars ein Roboter herum, der dort alles untersucht. Man hat ihn auf den Namen *Curiosity* (Neugier) getauft. Zu seinem ersten Geburtstag ließen die Forscher, die den Roboter steuern, ihn für sich selbst *Happy Birthday* singen.

310 IM INNERN DER SONNE HERRSCHEN 15 MILLIONEN °C

- Das ist heiß. Sehr heiß. Da ist es schon erstaunlich, dass die Oberfläche der Sonne viel weniger heiß ist: »nur« 5700 °C. Natürlich ist das immer noch ziemlich warm, wenn man bedenkt, dass kochendes Wasser 100 °C misst.

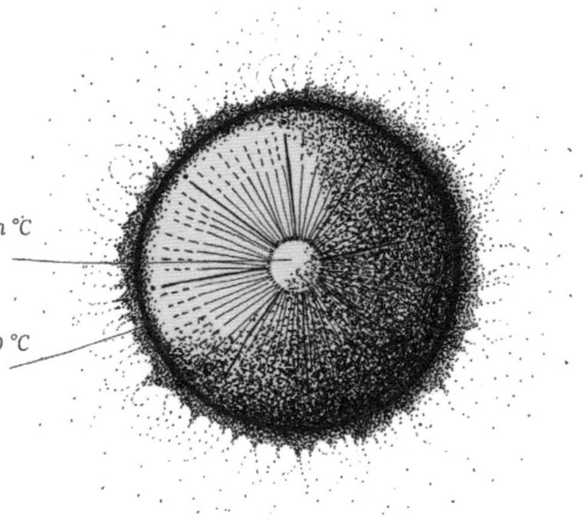

Die Sonne

- Die Sonne besteht aus Wasserstoff. Das Gas wird in der Sonne so fest zusammengepresst, dass ein anderer Stoff entsteht: Helium. Weil die zusammengeklebten Teilchen enorm viel Energie freisetzen, ist es im Innern der Sonne so unglaublich heiß: 15 Millionen °C.

- In der Atmosphäre der Sonne ist es außerdem viel heißer als auf ihrer Oberfläche. Das liegt daran, dass um die Sonne herum viele Magnetfelder aktiv sind. Die lassen Gase explodieren und machen die Atmosphäre dadurch noch viel heißer.

- Albert Einstein hatte eine Theorie darüber entwickelt, wie all diese Dinge zusammenhängen, aber inzwischen können wir mithilfe von Raumschiffen und speziellen Teleskopen in der Praxis sehen, was genau passiert.

311 IM WELTALL HERRSCHT TOTENSTILLE

Geräusche bestehen aus Wellen und Schwingungen. Das kann man am besten spüren, wenn man die Hand auf einen Lautsprecher legt. Dann spürst du die Schwingungen. Diese verursachen Schallwellen, die durch die Luft schwingen und deine Ohren erreichen. Dort erklärt dir dein Gehirn, was genau du gerade hörst.

Schallwellen verbreiten sich überall durch die Luft, weshalb du sogar, wenn du ganz still stehst, viele verschiedene Geräusche hören kannst. Sie können auch mühelos durch Wasser dringen und noch einfacher durch Wände. Darum hörst du auch deine Nachbarn so gut, wenn du das Ohr an die Wand drückst.

Im Weltall aber gibt es keine Luft und kein Wasser, und Wände stehen da auch nicht. Weil da nichts ist, was sie befördern kann, können die Schallwellen nirgendwohin. Deshalb kann man im Weltall nichts hören. Es herrscht absolute Totenstille. Das bedeutet auch, dass es beim Urknall keinen Knall gab.

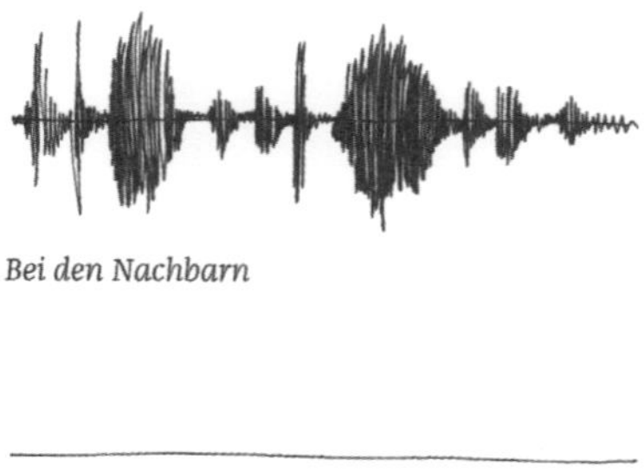

Bei den Nachbarn

Im Weltall

312 PLUTO HAT EIN HERZ AUS EIS

Pluto ist ein Zwergplanet.* Er hat einen Durchmesser von 2370 Kilometern und dreht sich in 248 Jahren einmal um die Sonne.

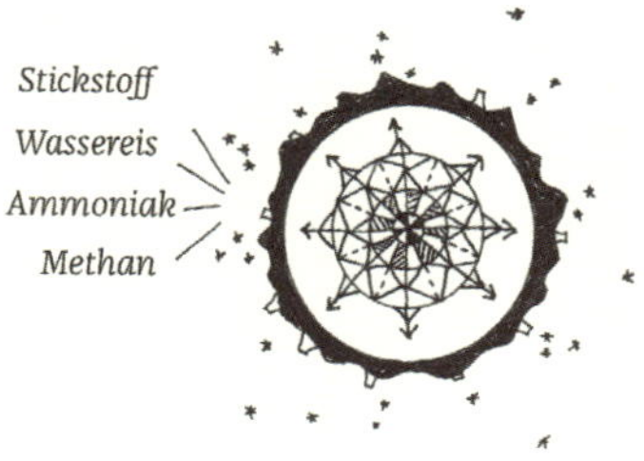

Pluto

Auf seiner Oberfläche stehen Berge von über 3000 Metern Höhe, von denen manche ein Loch in der Spitze haben. Bei ihnen handelt es sich wahrscheinlich um Eisvulkane. Sie spucken keine Lava, sondern eine Mischung aus Stickstoff, Wassereis, Ammoniak und Methan.

Der Grund dafür ist, dass sich im Innern von Pluto ein riesiger Gletscher von etwa vier Kilometern Tiefe und 1000 Kilometern Breite befindet. Der Gletscher besteht aus Stickstoffeis, Kohlenstoffmonoxid und Methan.

Woher wir das alles wissen? 2006 wurde *New Horizons*, eine unbemannte Raumsonde, in den Weltraum geschickt, um Pluto zu untersuchen. Seitdem erforscht New Horizons das Aussehen, die Zusammensetzung und die Atmosphäre von Pluto und seinen Monden. Die von der Sonde gesammelten Daten werden zur Erde geschickt. Alle Daten zur Erde herunterzuladen dauert sechzehn Monate.

* Dass Pluto als »Zwergplanet« bezeichnet wird, hat nicht so viel mit seiner Größe zu tun. Der Unterschied zwischen einem Planeten und einem Zwergplaneten ist, dass Planeten keine anderen Himmelskörper auf ihrer Umlaufbahn haben, Zwergplaneten aber schon. In Plutos Umlaufbahn um die Sonne befinden sich zum Beispiel noch eine ganze Reihe anderer Zwergplaneten und Planetoiden. Bei »echten« Planeten ist die Umlaufbahn dagegen frei.

313 IM WELTALL WABERN RIESIGE ALKOHOLWOLKEN

Im Weltraum und sogar in unserer eigenen Milchstraße befinden sich gigantische Wolken, die randvoll mit Alkohol gefüllt sind. Diese Wolken sind unvorstellbar groß, manchmal bis zu 1000 Mal so groß wie die Entfernung von der Erde zur Sonne. Ein Teil des Alkohols in den Wolken ist die gleiche Sorte wie die, die man in Wein und Bier findet, nämlich Ethanol. Leider können wir den Alkohol aber hier auf der Erde nicht nutzen, da er daneben zu viele giftige Stoffe enthält.

Die Wolken werden von dem Kometen Lovejoy ausgespuckt. Übersetzt bedeutet der Name »Liebesglück«. An einem guten Tag stößt der Komet jede Sekunde genug Alkohol für gut fünfhundert Flaschen Wein ins All. Hat hier vielleicht jemand Lust auf einen Weltraumcocktail?

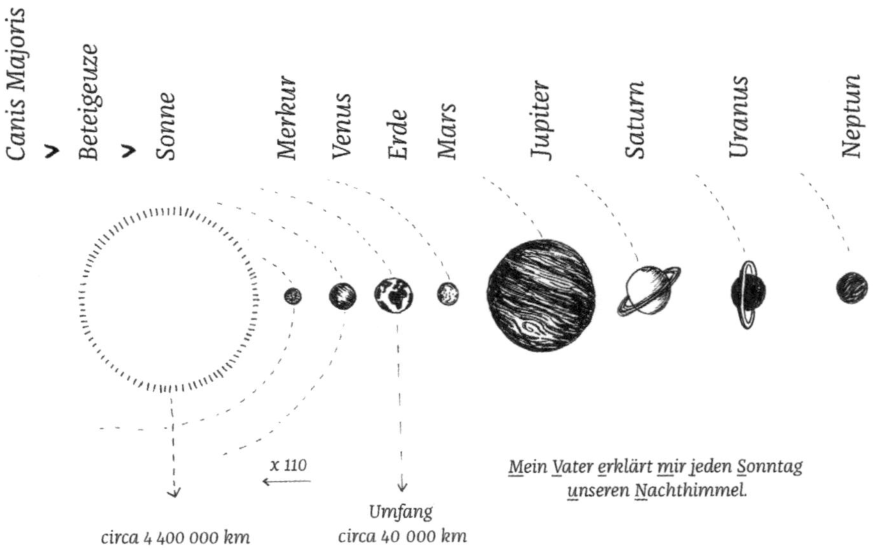

314 DIE SONNE IST GUT 110 MAL SO GROSS WIE DIE ERDE

Unsere Erde hat einen Umfang von etwa 40 000 Kilometern. Der Umfang der Sonne beträgt ungefähr 4 400 000 Kilometer. Damit ist sie gut 110 Mal so groß wie die Erde.

Trotzdem ist die Sonne nur ein kleiner Stern im Weltall. In gut 600 Lichtjahren Entfernung befindet sich zum Beispiel Beteigeuze, ein Riese mit einem Umfang von gut 900 000 000 Kilometern. In 4900 Lichtjahren Entfernung finden wir VY Canis Majoris (siehe Info 301), den allergrößten Stern. Wollte man Canis Majoris mit einem Flugzeug umrunden, wäre man gut tausend Jahre unterwegs.

Bonuswissen:

Ein Lichtjahr wird in der Astronomie verwendet, um Entfernungen zu messen. Darunter versteht man die Strecke, die ein Lichtstrahl mit einer Geschwindigkeit von 300 000 Kilometern pro Sekunde in einem Jahr zurücklegen kann. Die Länge der Strecke ist 9 469 730 472 580 800 Meter oder 9461 Billionen Kilometer.

Der Durchmesser der Milchstraße – dem Sternsystem, in dem unser Sonnensystem sich befindet – beträgt ungefähr 100 000 Lichtjahre.

315 STERNE SIND KEINE PLANETEN
(UND UMGEKEHRT)

Guckst du oft in den Himmel? Dann möchtest du vielleicht wissen, ob du Sterne oder Planeten siehst.

- Aus der Nähe unterscheiden sich Planeten und Sterne deutlich. Ein Stern ist ein großer Ball aus heißem Gas. Im Innern eines Sterns finden Kernschmelzen statt. Dadurch erzeugen Sterne Licht und Wärme. Unsere Sonne ist ein Stern.

Planeten – Sterne

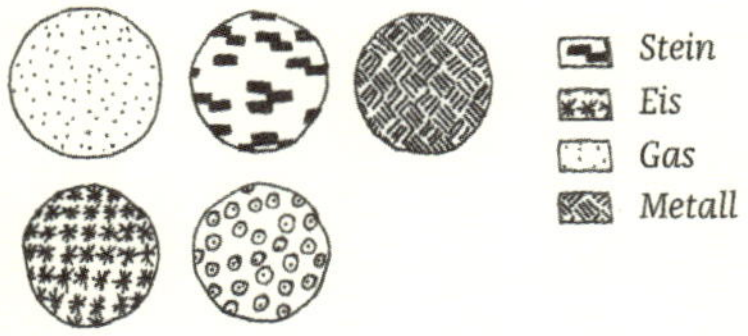

- Ein Planet ist kleiner und kälter. Er besteht aus Stein, Eis, Gas oder Metall. Wenn es dort Licht und Wärme gibt, bekommt er das von dem Stern, um den er sich dreht. Unsere Erde ist ein Planet.

- Wenn du nach oben schaust, siehst du vor allem helle Punkte. Trotzdem lässt sich mit bloßem Auge erkennen, ob man es mit einem Stern oder einem Planeten zu tun hat. Planeten fallen stärker auf, aber funkeln weniger als Sterne.

- Außerdem bleibt ein Stern im Verhältnis zu anderen immer am selben Ort stehen. Planeten hingegen bleiben nicht stehen. Ihr Name bedeutet dementsprechend auf Griechisch auch »Wanderer«. Wenn du lange genug in den Himmel schaust, kannst du sehen, welche Lichtpunkte stehen bleiben und welche sich bewegen. Streng genommen stehen Sterne auch nicht still. Sie sind nur sehr viel weiter von der Erde entfernt, sodass wir ihre Bewegungen nicht wahrnehmen können.

- Mit bloßem Auge kannst du fünf Planeten am Himmel erkennen. Venus ist der hellste Planet. Nach Merkur hältst du am besten während der Morgen- und Abenddämmerung Ausschau. Der Mars ist etwa alle zwei Jahre eine ganze Weile lang gut zu sehen. Ihn erkennst du an seiner orangen Farbe. Jupiter ist auch ein heller Planet, genau wie Saturn. Auch diese beiden sind jedes Jahr ein paar Monate lang gut zu erkennen.

316 DAS NORDLICHT BESTEHT AUS SONNENLICHT

In der Nähe des Nordpols und des Südpols kann man ab und zu ein unglaublich schönes Spektakel bewundern. Auf einmal erscheinen am Himmel große Windböen aus vielfarbigem Licht. Diese Erscheinung wird Polarlicht oder Nordlicht genannt. Die alten Römer nannten es »Aurora«, nach der römischen Göttin der Morgendämmerung.

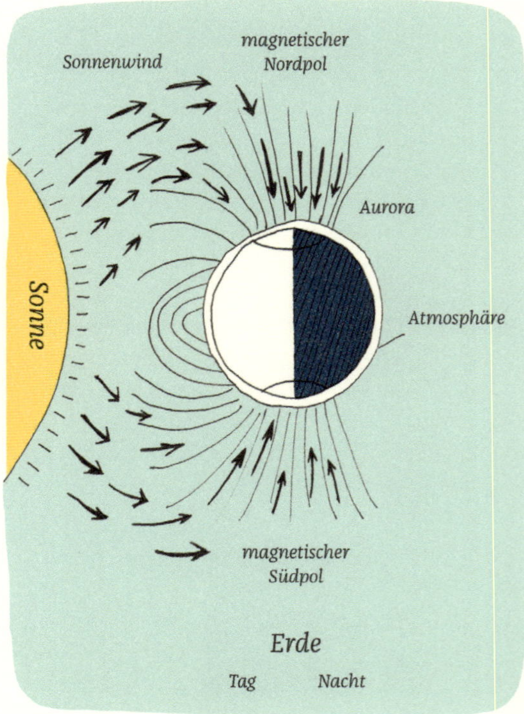

- Tatsächlich wird das Nordlicht von der Sonne verursacht. Die sendet ununterbrochen geladene Teilchen in den Weltraum. Das ist der »Sonnenwind«.
- Wenn diese Teilchen in unsere Atmosphäre eintreten, treffen sie auf Sauersoff- und Stickstoffmoleküle. Dabei entsteht Energie, die als Licht ausgestrahlt wird.
- Die Farbe des Lichts kann grün, rotbraun, blau oder rot sein – das hängt davon ab, auf welche Art Molekül ein geladenes Teilchen trifft.
- Man kann das Polarlicht deshalb in der Nähe von Nord- und Südpol sehen, weil dort auch die Pole des Magnetfeldes liegen, die den Sonnenwind anziehen.

317 DIR KÖNNTE EIN METEORIT AUF DEN KOPF FALLEN

(ES IST ABER SEHR UNWAHRSCHEINLICH)

Unsere Erde wird die ganze Zeit mit Gesteinsbrocken aus dem All bombardiert. Die Meteoriten landen meistens in den Ozeanen oder in einem unbewohnten Teil der Erde. Manchmal aber fällt jemandem auch einer auf den Kopf.

- 1954 wurde Ann Hodges im Schlaf von einem Meteoriten getroffen. Glücklicherweise kam sie mit dem Schrecken davon. Sie hatte nur eine Brandwunde an der Seite ihres Körpers.
- Eine Kuh in Venezuela hatte leider weniger Glück. Sie wurde 1972 von einem Meteoriten erschlagen.
- 1992 bekam ein ugandischer Junge einen 3 Gramm schweren Meteoriten auf den Kopf.
- Manchmal geht es richtig böse aus. Am 15. Februar 2013 explodierte ein großer Meteor über Russland. Die Bewohner der Stadt Tscheljabinsk sahen am Himmel einen Feuerball mit Schweif.

- Dann hörten sie einen lauten Überschallknall, dessen Druckwelle viele Fensterscheiben zerplatzen ließ. Fast 1500 Menschen wurden von herumfliegenden Splittern verletzt.

- Aber du brauchst dir wirklich keine Sorgen zu machen. Die Chance, dass dich ein Meteorit trifft, ist äußerst klein. 2014 errechnete Professor Stephen A. Nelson, dass die Chance, von einem Meteoriten getötet zu werden, bei 1 zu 1,6 Millionen liegt.

- Man muss übrigens nicht von einem Meteoriten erfasst werden, um daran zu sterben. Allein der Einschlag des Meteoriten kann tödlich sein, weil er eine solche Verwüstung anrichtet. Die Chance, dass dir mal ein Stückchen Weltraumschutt auf den Kopf fällt, ist noch viel kleiner und damit fast nicht vorhanden.

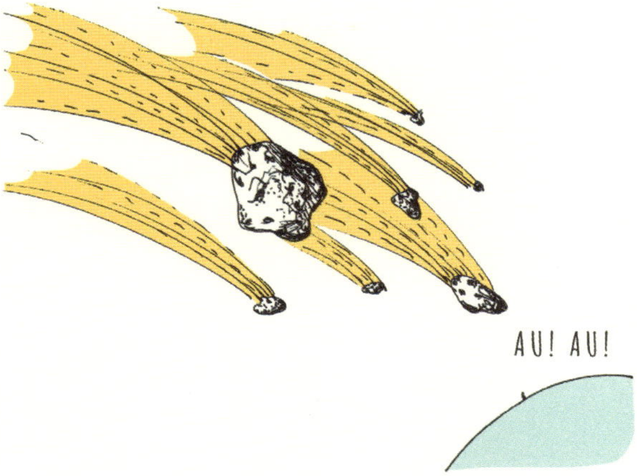

318 WISSENSCHAFTLER ERFORSCHEN GERADE, WIE SIE ASTEROIDEN AUS IHRER BAHN WERFEN KÖNNEN

Die Raumfahrtorganisationen NASA und ESA arbeiten gemeinsam daran, den Einschlag eines Asteroiden, auch Kleinplanet oder Planetoid genannt, auf der Erde zu verhindern. Schon der Einschlag eines großen Asteroiden könnte alles Leben auf der Erde ausmerzen. Im Jahr 2022 wollen NASA und ESA eine Raumsonde mit dem Asteroiden Didymoon zusammenprallen lassen, um ihn aus seiner Bahn zu bringen. 2020 werden sie einen Satelliten zum Didymoon schicken, um Informationen zu sammeln. Ein Jahr später wird die Raumsonde gestartet. Die soll dann nach einer Reise von 11 Millionen Kilometern mit einer Geschwindigkeit auf den Planeten stürzen, die ausreicht, um seine Umlaufbahn zu verändern.

Mit dem Projekt wollen die Wissenschaftler vor allem herausfinden, ob es gelingen kann, einen Planetoiden aus seiner Bahn zu befördern. Mit den dabei gesammelten Daten können sie dann überlegen, was zu tun ist, wenn einmal wirklich Gefahr droht.

319 DIE ERDE IST 4,57 MILLIARDEN JAHRE ALT

Woher wir das wissen?

- Sehr lange wurde die Bibel herangezogen, um die Frage nach dem Alter der Erde zu beantworten. Die Gelehrten kamen so auf das Jahr 4004 vor Christus. Inzwischen wissen wir es besser.

- Im 19. Jahrhundert machten Wissenschaftler sich daran, das Alter unseres Planeten zu erforschen. Dafür wandten sie verschiedene Methoden an. Biologen versuchten es mithilfe der Evolutionslehre. Darwin ging davon aus, dass es Hunderte Millionen von Jahren dauerte, bis sich aus einzelligen Lebewesen der Mensch entwickelt hat. Die Erde musste also mindestens so alt sein.

- Geologen stützten sich zum Beispiel auf das Ansteigen des Salzgehalts in den Meeren, oder auf die Zeit, die es brauchte, bis die Sonne auf ihren heutigen Umfang angewachsen war.

- Aber die Wissenschaftler waren sich nicht einig. Den Durchbruch brachte vor allem die Entdeckung der Radioaktivität. Wenn man weiß, wie schnell Uranatome zerfallen, kann man berechnen, wie lange Uran schon in einem Stein lagert.

Das Alter der Erde bestimmen

So entdeckten die Wissenschaftler, dass das älteste bekannte Erdgestein 4,4 Milliarden Jahre alt ist.

- Der älteste je gefundene Meteorit ist 4,57 Milliarden Jahre alt. Wenn wir davon ausgehen, dass die Erde ungefähr so alt ist wie der Rest des Sonnensystems, muss sie etwa so viele Jahre auf dem Buckel haben wie dieser Meteorit. Bis ein älterer Meteorit gefunden wird, bleibt dies das offizielle Alter der Erde.

320 DER GRÖSSTE SEE LIEGT AUF EINEM MOND

Der Titan ist ein Mond des Planeten Saturn.

- Eine Raumsonde hat entdeckt, dass sich auf dem Titan ein über 388 500 Quadratkilometer großer See befindet. Das ist enorm. Der größte See auf der Erde ist das Kaspische Meer mit 370 400 Quadratkilometern.

- Der See auf dem Titan ist aber nicht mit Wasser gefüllt. Dort ist es nämlich unglaublich kalt, ungefähr -181 °C. Wasser würde sofort gefrieren. In dem See auf dem Titan befindet sich ein flüssiges Gas, das aus Methan und Ethan zusammengesetzt ist.

- Wissenschaftler vermuten, dass die Atmosphäre auf der Erde der des Titan vor sehr, sehr langer Zeit ganz ähnlich war. Nur dass es hier niemals so kalt wurde. Heute gibt es jedenfalls kein Leben auf dem Mond Titan, weil es zu kalt ist und es kein flüssiges Wasser gibt.

- Der Titan wurde 1654 von dem Niederländer Christian Huygens entdeckt. Der war ein besonders genialer Wissenschaftler. Er schrieb unter anderem ein Buch darüber, wie man beim Würfeln seine Chancen richtig einschätzen konnte, baute die erste Uhr mit einem Pendel und stellte erste physikalische Vergleiche an. Und er entdeckte den Mond Titan.

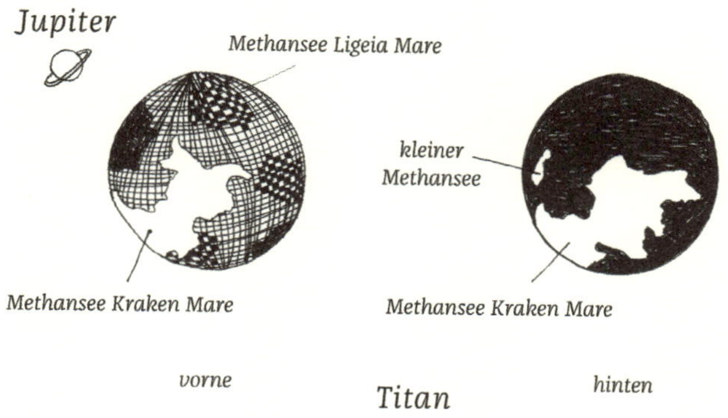

321 WENN MAN WEISS, WAS EIN UFO IST, IST ES KEIN UFO MEHR

UFO steht für »Unbekanntes Flugobjekt«, also ein nicht-identifiziertes fliegendes Objekt. Wenn sich am Himmel etwas bewegt, von dem wir nicht wissen, was es ist, nennen wir es UFO.

- Menschen sehen öfter mal ein UFO. Meistens kann nach kurzen Untersuchungen geklärt werden, um was es sich handelt: einen Satelliten, einen Meteor, eine Kong-Ming-Laterne, einen Vogel, eine komische Wolke, die Venus, einen Wetterballon, die ISS ... Sie alle werden manchmal für UFOs gehalten. Aber sobald man weiß, was es ist, ist es natürlich kein UFO mehr.

- Die meisten UFO-Sichtungen werden aufgeklärt. Aber es gibt immer noch eine Reihe von Beobachtungen, die noch nicht aufgelöst worden sind. Manche Leute glauben in solchen Fällen, dass wir Besuch aus dem Weltraum bekommen. Für sie ist ein UFO ein Raumschiff mit fremden Wesen an Bord, die vorbeischauen, um zu sehen, was bei uns Menschen so los ist.

- Wir wissen nicht, ob es wirklich außerirdische fliegende Untertassen gibt, die die Erde besuchen. Solange die Aliens sich nicht zu erkennen geben, brauchst du dir da auch keine Sorgen zu machen. Bis dahin bleibt ein UFO einfach das, was es ist: ein Objekt, das durch die Luft schwebt und von dem wir nicht wissen, was es ist.

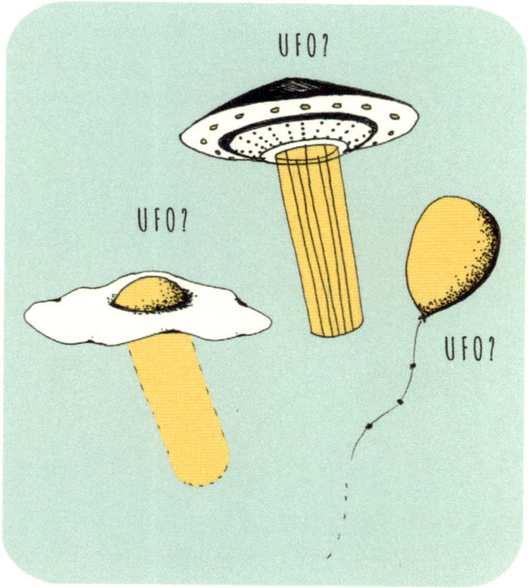

Die Originalausgabe erschien 2017 unter dem Titel *321 superslimme dingen die je moet weten voor je 13 wordt* bei Lannoo.

Mit herzlichem Dank an die Experten fürs Gegenlesen der Texte:

Nora Van Elst	*Wundersame Tierwelt*
	Dein Körper, das Wunderwerk
Jordi De Beule	*Sport ist (meistens) gesund*
Dieter Wildemauwe	*Berühmte und berüchtigte Menschen*
Toon De Kegel	*Eine Reise durch die Geschichte*
Tom Van Gaever	*Unser toller Planet Erde*
	Auf Weltreise
	Die wunderbare Welt der Wissenschaft
	Zu den Sternen und weiter
Steven Delarue	*Über Wörter und Sprache*
Cecile Vanderschaeve	*Wundersame Tierwelt*
	Dein Körper, das Wunderwerk
	Alles, was da grünt und blüht
Marleen Van Thuyne	*Schlemmen und schmausen*

Wir haben uns bemüht, alle Informationen in diesem Buch zu überprüfen. Natürlich können bestimmte Informationen schnell veralten, und die Wissenschaft entwickelt sich ständig weiter. Die hier präsentierten Fakten sind daher nur eine Momentaufnahme – sie stimmen, bis das Gegenteil bewiesen ist.

Dieses Buch wurde mit Unterstützung der Flanders Literature herausgegeben (flandersliterature.be).

FLANDERS LITERATURE

2. Auflage 2018

ISBN 978-3-446-26060-3

Umschlag: nach einem Entwurf von Louize Perdieus & Studio Lannoo, Mieke Verloigne
Satz im Verlag | Druck und Bindung: Printer Trento S. R. L. | Printed in Italy